História da
fala pública

Dados Internacionais de Catalogação na Publicação (CIP)
(Câmara Brasileira do Livro, SP, Brasil)

História da fala pública : uma arqueologia dos poderes do discurso / Jean-Jacques Courtine, Carlos Piovezani, (orgs.). – Petrópolis, RJ : Vozes, 2015.

ISBN 978-85-326-5070-2

1. Análise do discurso 2. Oratória 3. Retórica 4. Sociologia política I. Courtine, Jean-Jacques. II. Piovezani, Carlos.

15-05315   CDD-320.014

Índices para catálogo sistemático:

1. Discurso político : Linguagem e comunicação : Ciência política   320.014

História da fala pública
Uma arqueologia dos poderes do discurso

Jean-Jacques Courtine
Carlos Piovezani
(*organizador*)

EDITORA
VOZES

Petrópolis

© 2015, Editora Vozes Ltda.
Rua Frei Luís, 100
25689-900 Petrópolis, RJ
www.vozes.com.br
Brasil

Todos os direitos reservados. Nenhuma parte desta obra poderá ser reproduzida ou transmitida por qualquer forma e/ou quaisquer meios (eletrônico ou mecânico, incluindo fotocópia e gravação) ou arquivada em qualquer sistema ou banco de dados sem permissão escrita da editora.

Diretor editorial
Frei Antônio Moser

Editores
Aline dos Santos Carneiro
José Maria da Silva
Lídio Peretti
Marilac Loraine Oleniki

Secretário executivo
João Batista Kreuch

Editoração: Maria da Conceição B. de Sousa
Diagramação: Sheilandre Desenv. Gráfico
Capa: SGDesign
Ilustração de capa: Oração fúnebre de Péricles. Philipp Foltz (1852).

ISBN 978-85-326-5070-2

Editado conforme o novo acordo ortográfico.

Este livro foi composto e impresso pela Editora Vozes Ltda.

SUMÁRIO

Introdução – Por uma arqueologia dos poderes e perigos da fala pública, 7

FUNDAÇÕES CLÁSSICAS
Da Grécia antiga ao século XVII, 23

Falar em público e ficar em silêncio na Grécia clássica, 25
Silvia Montiglio (Johns Hopkins University)

A tribuna, a pregação e a construção do público cristão na Idade Média, 53
Hervé Martin (Université de Rennes)

Entre Proteu e Prometeu – A retórica no humanismo do Renascimento Europeu, 68
Belmiro Fernandes Pereira (Universidade do Porto)

O corpo eloquente: *actio* e *pronuntiatio rhetorica* no século XVII, 83
Marc Fumaroli (Collège de France)

Política católica, instituição retórica e oratória sacra no Brasil colonial, 118
João Adolfo Hansen (Universidade de São Paulo)

REVOLUÇÕES MODERNAS
Da Revolução Francesa ao século XIX, 155

Falas democráticas e poderes intermediários durante a Revolução Francesa, 157
Jacques Guilhaumou (École Normale Supériéure de Lyon)

A retórica no Brasil do século XIX: dos anos de glória à perdição, 185

Roberto Acízelo de Souza (Universidade do Estado do Rio de Janeiro)

"A eloquência da tribuna livrava-se de seu silêncio e falava..." – A renovação da fala pública na Europa do século XIX, 202

Françoise Douay (Université de Provence / Aix-Marseille)

MUTAÇÕES CONTEMPORÂNEAS
Da era das massas ao século XXI, 259

A voz do povo – A fala pública, a multidão e as emoções na aurora da era das massas, 261

Jean-Jacques Courtine (University of Auckland / Université de la Sorbonne Nouvelle)

Falar em público na política contemporânea – A eloquência *pop* e popular brasileira na idade da mídia, 290

Carlos Piovezani (Universidade Federal de São Carlos)

Sobre os autores, 339

Introdução
Por uma arqueologia dos poderes e perigos da fala pública

20 de outubro de 2002. A campanha eleitoral para a presidência da República está em plena efervescência e chegará ao seu fim em apenas sete dias. Diante das câmeras de televisão, o então candidato Luiz Inácio Lula da Silva inicia assim um de seus carismáticos e populares pronunciamentos, cujos segredos de execução conhece como poucos: "Meus amigos e minhas amigas do Brasil, estamos a uma semana das eleições. Talvez, da mais importante eleição da nossa história. Desta vez, o povo não quer mais errar, pois tem a clara consciência de que sempre que há um erro é sempre ele, o mais fraco, o mais sofrido, que arca com a maior fatia do sacrifício. É exatamente, por isso, que neste momento, eu quero ter uma conversa franca com você..."

Falar francamente: eis aí esta exigência que percorre desde muito tempo o campo da fala pública, ainda que não possamos ter a certeza de que tal exigência sempre tenha sido escrupulosamente respeitada. Os gregos da Antiguidade possuíam ao menos desde o período Clássico uma palavra para designar essa condição da prática de falar em público: *parrhēsía*. É esse o direito de que Íon pretende usufruir, ao chegar em Atenas[1], depois que deixasse o oráculo de Delfos e acompanhasse Xuthos, seu pretenso e recém-descoberto pai. Se os primeiros registros escritos da noção de *parrésia* encontram-se no teatro clássico, também a descobrimos frequentando a ágora grega. Demóstenes,

---

1. "E se posso expressar um desejo, ei-lo: que eu seja filho de uma ateniense, para que eu, pela filiação materna, tenha o direito de falar livremente." Sem essa filiação, mesmo que se trate de um cidadão, ao chegar numa outra cidade-estado grega, o indivíduo não pode desfrutar de tal direito e "sua língua permanece servil e a fala livre não lhe é permitida" (EURÍPIDES. "Íon". *Les tragiques grecs* – Eschyle, Sophocle, Euripide: Théâtre Complet. Paris: Fallois, 1999, versos 670-675, p. 1.354).

em seu *Discurso sobre a embaixada*, ressalta a necessidade de se falar com *parrésia*, ou seja, sem nada refrear nem esconder[2].

Em nossos tempos, Michel Foucault soube depreender perfeitamente a importância da fala parresiástica para os antigos na genealogia que dedicou às técnicas do cuidado de si, no interior das quais as práticas de produção e de apropriação dos discursos verdadeiros são absolutamente incontornáveis[3]. O filósofo francês destaca justamente e uma vez mais o emprego que Demóstenes faz do termo *parrésia* na *Primeira Filípica*: "Eu, que nunca busquei bajulá-los e que somente tomei a palavra quando os interesses da cidade estavam em jogo, senti-me uma vez mais à vontade para lhes dizer livremente toda a verdade de meu pensamento e sem nada edulcorá-lo. [...] Enfim, qualquer que seja o modo como os senhores receberão meu conselho, me é suficiente que eu o creia vantajoso à cidade, para que me sinta impelido a dizê-lo aos concidadãos"[4].

Para Foucault, um dos sentidos privilegiados da *parrésia* é o de uma fala pública verdadeira, comprometida e arriscada, uma vez que i) consiste na franqueza de dizer livremente e em sua totalidade o que se pensa; ii) postula uma forte adesão do sujeito em relação aquilo que ele enuncia e iii) requer uma coragem em seu proferimento, pois expressa não raras vezes uma verdade que pode incomodar seus ouvintes e lhes despertar reações adversas e hostis. Com efeito, a *parrésia* é, numa palavra, "a coragem de dizer a verdade por parte daquele que fala e que assume o risco de dizer toda verdade de seu

---

2. "As falas... Louvemo-las, se elas forem livres, verídicas e salutares. Mas, se elas forem mentirosas, venais e perniciosas, devemos condená-las! Porque o maior mal que eu poderia lhes fazer, caros concidadãos, seria o de lhes esconder a verdade, o de não lhes falar francamente. Onde estaria o fundamento de um governo baseado na fala, se essa fala não fosse sincera?" (DEMÓSTENES. "Sur l'ambassade". *Playdoyers politiques*. Tomo III. Paris: Les Belles Lettres, 1956, parágrafo 183, p. 24-129).

3. "Em suma, poderíamos dizer que a ascese é o que permite, de um lado, adquirir os discursos verdadeiros, dos quais se tem necessidade em todas as circunstâncias, acontecimentos e peripécias da vida, a fim de se estabelecer uma relação adequada, plena e acabada consigo mesmo; de outro e ao mesmo tempo, a ascese é o que permite fazer de si mesmo o sujeito desses discursos verdadeiros, é o que permite fazer de si mesmo o sujeito que diz a verdade e que, por essa enunciação da verdade, encontra-se transfigurado, e transfigurado precisamente pelo fato de dizer a verdade. [...] Fazer sua a verdade, tornar-se sujeito da enunciação do discurso verdadeiro: é isso, creio, o próprio cerne da ascese filosófica" (FOUCAULT, M. *A hermenêutica do sujeito*. São Paulo: Martins Fontes, 2011, p. 296-297).

4. DEMÓSTENES. "Première Philippique". In: *Harangues*. Tomo I. Paris: Les Belles Lettres, 1968, parágrafo 51, p. 31-50.

pensamento, a despeito dos perigos que corre ao fazê-lo. Mas, ela também consiste na coragem do interlocutor de recebê-la como verdadeira a verdade que lhe foi endereçada e que é por ele ouvida"[5]. Há tempos, entre outros aspectos, observamos relações inextrincáveis entre aqueles que falam em público, os que ali ouvem seus pronunciamentos e as verdades ou mentiras que os atravessam e constituem.

Estamos, pois, diante de uma longa história e da reivindicação de um exame da interminável genealogia dessa injuração sobre a fala pública que ressurge repentinamente na boca daquele que seria o futuro presidente do Brasil. Conforme vimos, as primeiras ocorrências da palavra *parrésia* deram-se na literatura grega do século V a.C. O direito de falar livremente e as exortações a fazê-lo francamente em nome da justiça e da utilidade pública precedem e sucedem as aspirações do *Íon*, de Eurípides. Antes, a prerrogativa e a exigência de assim proceder no exercício da fala pública frequentam assídua e distintamente em diferentes tempos e lugares suas práticas e as representações que se produzem a seu respeito. Se essa é uma das pedras de toque e um dos núcleos duros que irrompem já nas primeiras linhas deste livro, isto se deve ao fato de que o ressurgimento contemporâneo dessa longínqua memória dos princípios que governam real, imaginária ou simuladamente o exercício de falar em público anuncia muito apropriadamente o projeto desta obra.

Ora, antes de mais nada, porque se trata aqui de reinscrever a fala pública em sua longa duração histórica, na medida em que essa é a abordagem mais adequada para dar sentido ao conjunto das consideráveis transformações pelas quais ela passou no decurso do tempo e em diversos espaços. Com efeito, para nós, que nos tornamos espectadores muito frequentemente passivos ante o espetáculo político contemporâneo, as tecnologias de produção e de difusão da fala e da imagem que desde então reinam sobre a representação política tendem a fazer *tabula rasa* da totalidade da história dos diferentes fatores e processos que as antecederam. Este é um dos efeitos ideológicos essenciais das inovações tecnológicas, a saber, a pretensão de zerar o cronômetro da história, de apresentar e de fixar sua emergência como o momento de uma fundação e de um progresso sem precedentes.

---

5. FOUCAULT. M. *Le courage de la vérité* – Le gouvernement de soi et des autres. Paris: Gallimard, 2009, p. 14.

Quem hoje se lembraria sem algum esforço que já houve vida antes dos telefones celulares? Quem ainda conservaria a memória das vozes fortes e dos gestos largos dos palanques, quando a televisão tornou-se o meio hegemônico de produção e difusão da fala pública política e mesmo religiosa? Quem poderia se recordar, numa época em que as mensagens políticas são transmitidas com voz baixa e com um corpo domesticado em estúdios cuidadosamente mobiliados para criar um ambiente de sala de estar das classes médias, que Jean Jaurès era capaz no início do século XX de dirigir-se sem microfone a milhares de ouvintes que se espremiam diante da tribuna? É provável que boa parte de nossa juventude tome a fala pública veiculada pelos monitores da tevê ou do computador como um dado de natureza, sem se dar conta de que há poucas décadas, ao final dos anos de 1970, Lula exercia a condição de uma das lideranças das greves do ABC paulista como um orador que dispunha somente de seu corpo e de sua voz, por vezes de um megafone e por outras de um microfone, que ampliavam consideravelmente os sons e sentidos de suas falas, porque estavam nutridos pelo desejo de mudanças nos rumos da nação.

Reside justamente aí a necessidade primeira que nos impeliu à ideia e, em seguida, à realização deste livro: a demonstração de que o espetáculo político contemporâneo é um processo histórico e o produto oriundo de um *duplo apagamento*.

Um apagamento, antes de tudo, como dissemos, de sua própria história, da longa memória das palavras, dos corpos e das vozes, das cenas, dos lugares e dos públicos que o antecederam e concorreram para sua constituição. A retórica, essa arte imemorial de saber e de ensinar a falar em público, essa arte de seduzir e de convencer pela eloquência, foi já há bastante tempo retirada dos programas curriculares do ensino formal, após um longo período durante o qual sua instrução fora obrigatória tanto na Europa quanto na América e, no interior desta, no Brasil. Mas, essa é apenas uma das formas desse desaparecimento. A suspensão do ensino escolar da retórica está em conjunção com o apagamento da memória daqueles que eram em outros tempos os grandes porta-vozes e os inesquecíveis oradores, à época religiosamente ouvidos, ensinados e aprendidos, citados e reproduzidos como modelos, porque, mais do que exemplo de eloquência, eram frequentemente concebidos como mensageiros da Palavra de Deus e/ou como estafetas da autoridade do Estado. Também eles desapareceram, esses fantasmas cujas vozes tornadas mais ou menos mudas assombram e formam a história, que esta nossa obra esforça-se para recompor criticamente.

Sua primeira tarefa será arqueológica[6], ou seja, consistirá em ressuscitar os universos perdidos e singulares das práticas de fala pública de outros tempos, lugares e mentalidades. Não se trata aqui, contudo, de sustentar qualquer nostalgia em relação a uma origem esquecida nem tampouco de celebrar a cintilação e a potência que não raras vezes atribui-se aos discursos fundadores. Não se trata também de corroborar a ideia bastante difundida de que a fala pública seguiria pelo caminho de um inelutável e fatídico declínio, sob a forma da recitação do lugar-comum da derrocada da eloquência[7]. Para tanto, julgamos suficiente a prova definitiva dada pelo fato de que o próprio tema desse declínio tenha justamente sido declinado em todas as épocas da história. Um de seus primeiros registros encontra-se entre os romanos, que, na que criam ser a da decadência imperial, já enlutavam-se pela perda da firmeza viril do verbo cuja pujança exclusiva era atribuída aos fundadores da República.

---

6. "A arqueologia busca definir não os pensamentos, as representações, as imagens, os temas, as obsessões que se ocultam ou se manifestam nos discursos; mas os próprios discursos, enquanto práticas que obedecem a regras. Ela não trata o discurso como documento, como signo de outra coisa, como elemento que deveria ser transparente, mas cuja opacidade importuna é preciso atravessar frequentemente para reencontrar, enfim, aí, onde se mantém à parte, a profundidade do essencial; ela se dirige ao discurso em seu volume próprio, na qualidade de monumento" (FOUCAULT, M. *A arqueologia do saber*. Rio de Janeiro: Forense Universitária, 1997, p. 159). Trata-se, pois, aqui, de abordar as práticas de fala pública e os discursos as atravessam e constituem como uma combinação do que é visível e do que é enunciável em cada estrato histórico. As formações discursivas são as lentes por meio das quais em cada tempo e lugar os homens percebem todas as coisas ao seu redor, isto é, são os quadros históricos que nos fazem pensar, fazer e falar de um modo singular. Noutros termos do próprio Foucault: "O discurso é constituído pela diferença entre o que poderíamos dizer corretamente em uma época (segundo as regras da gramática e aquelas da lógica) e o que é dito efetivamente. O campo discursivo é, em um momento determinado, a lei dessa diferença" (*Ditos e escritos*. Vol. 6. Rio de Janeiro: Forense Universitária, 2010, p. 14). No comentário que lhe dedicou Paul Veyne, observamos nitidamente as linhas de força do pensamento arqueológico que nos são aqui fundamentais: "Cada um dos discursos sucessivos encontra-se no âmago das leis, dos gestos, das instituições, das práticas e dos poderes, dos costumes e mesmo dos edifícios, que os põem em funcionamento e que formam o que Foucault chama de dispositivo. [...]. Ontologicamente falando, somente existem variações, o tema trans-histórico é apenas um nome destituído de sentido: Foucault é nominalista como Max Weber e como todo bom historiador. Heuristicamente, convém, antes, partir do detalhe das práticas, do que se fazia e se dizia num dado tempo, no intuito de esforçar-se intelectualmente para explicitar o discurso que os engendra" (*Foucault*: sa pensée, sa personne. Paris: Albin Michel, 2008, p. 19).

7. Cf. LEVY, C. "Le lieu commun de la décadence de l'éloquence romaine chez Sénèque le Père et Tacite". In: BONNAFOUS, S. et al. (orgs.). *Argumentation et discours politique*. Rennes: PUR, 2003, p. 237-247.

A ideia de uma interminável decadência, aliás, tanto percorre toda a extensão da história da fala pública quanto atravessa todo desenvolvimento da história da virilidade[8]. Quase não há aí algo com que se possa surpreender-se, se nossa memória guarda ao menos dois dos elementos fundamentais, que este livro ressalta: o orador foi durante muito tempo uma figura exclusivamente masculina e, consequentemente, a potência vocal e corporal do tribuno permaneceu, senão permanece ainda, como uma das encarnações mais duráveis do poder fálico. A seguinte anedota, encontrada na sessão "Painel" do Caderno "Poder" da *Folha de S. Paulo*, em sua edição do dia 19 de março de 2011, atesta a força dos ecos desse poder: "Eles e ela: Em uma reunião das frentes parlamentares ligadas à saúde, a Deputada Alice Portugal (PCdoB) lutava para discursar, enquanto colegas falavam alto em conversas paralelas. No comando dos trabalhos, o presidente da Frente das Santas Casas, Antonio Britto (PTB), chamou a atenção dos presentes. E o ministro da Saúde, Alexandre Padilha, pegou carona: 'É a primeira mulher a falar, vamos respeitar...' Meio sem jeito, a deputada se justificou: '*É a falta de testosterona na voz*. Mas o importante é que os eleitores do meu Estado me ouvem sempre!'"

Há ainda um segundo apagamento, desta feita operado pelas formas contemporâneas da fala pública. Trata-se do apagamento do próprio dispositivo tecnológico de produção e difusão, cuja pesada materialidade – composta de estúdios repletos da mais sofisticada aparelhagem eletrônica, de iluminação artificial absolutamente controlada, de técnicas e de tecnologia de ponta para a digitalização da imagem, de softwares de última geração para o tratamento e manipulação da voz e dos sons, de uma pletora, enfim, de instrumentos, de ofícios e de artifícios hiperespecializados... – isto é, cujo enorme fardo material e técnico volatiliza-se num fluxo de ondas invisíveis para, em seguida, rematerializar-se em evanescentes signos de sombra, luz e som a partir da superfície plana de uma tela e de suas caixas de ressonância. A fala pública entrou na era dos avatares. Faz-se mister apreender e compreender as consequências desse processo.

Isso porque a rápida observação de uma expressão tão corriqueira como "a imagem presidencial" já é o bastante para que nos perguntemos o seguinte: por meio de qual subterfúgio chegamos ao ponto de conceber essa

---

8. Cf. COURTINE, J.-J. "Impossible virilité". In: CORBIN, A.; COURTINE, J.-J. & VIGARELLO, G. (orgs.). *Histoire de la virilité, de l'Antiquité au XXIème siècle*. Paris: Le Seuil, 2011, vol. III, p. 7-12.

peça cuidadosamente montada e regulada num cenário, em que se constroem sucessos e fracassos, nos meandros e na superfície do espetáculo político, como a própria figura do presidente? Não deveríamos, antes, tomar o termo ao pé da letra e considerar que estamos efetivamente diante da construção de uma imagem e não em face de uma pessoa de carne e osso, cujos corpo, voz e olhar talvez menos fabricados, intermediados e distantes nos pudessem dar indícios mais tangíveis do que se passa em sua cabeça e em seu coração? Será que já depreendemos adequadamente a medida dos efeitos da radical ausência do corpo daquele que fala ao público pelas mídias modernas e contemporâneas e, ao mesmo tempo, da obstinada onipresença de seu avatar, quando a proximidade imediata e carnal do corpo e da voz foi durante tanto tempo a garantia da força e da verdade da fala dos oradores sagrados e seculares?

Eis aqui um aspecto capital da história da fala pública, cujas complexidades confundem-se com suas transformações e seus apagamentos[9]. Talvez pudéssemos tomar a emergência das tecnologias da voz amplificada – justamente quando de modo manifesto a imagem sonora começou a se destacar da imagem corporal, quando paradoxalmente o corpo da voz cresceu de maneira significativa, ao passo que mais ou menos proporcionalmente a envergadura do corpo diminuiu bastante – como um possível ponto de sinalização ou de partida, em todo caso, ao menos, como um ponto emblemático do conjunto desses desaparecimentos. A extensão desse processo culminou no perfeito acabamento das tecnologias da voz transmitida e, agora, modificada, quando não de construção de vozes sintéticas, maquinais e digitais, de cuja produção não mais participa nem o clássico nem o romântico sopro da alma humana. Parece que estamos, de algum modo, no fim de um ciclo em que se completou a separação radical entre o corpo e a voz e, simultaneamente, no princípio de um novo no qual se deu a constituição de um *corpo vocal* autônomo, primeiro avatar sonoro da presença, desde então invisível, do orador.

---

9. Em outros textos, buscamos contribuir com a interpretação e a crítica de alguns componentes dessa história. Cf., p. ex.: COURTINE, J.-J. "Os deslizamentos do espetáculo político". In: GREGOLIN, M.R. (org.). *Discurso e mídia*: a cultura do espetáculo. São Carlos: Claraluz, 2003, p. 21-34. • COURTINE, J.-J. *Metamorfoses do discurso político*: as derivas da fala pública. São Carlos: Claraluz, 2006 [Org. e trad. de Carlos Piovezani e Nilton Milanez]. • PIOVEZANI, C. "Metamorfoses do discurso político contemporâneo – Por uma nova perspectiva de análise". *Revista da Abralin*, vol. 6, n. 1, 2007, p. 111-128. • PIOVEZANI, C. *Verbo, corpo e voz* – Dispositivos de fala pública e produção da verdade no discurso político. São Paulo: Unesp, 2009.

Essa desaparição é o produto do aperfeiçoamento tecnológico, mas é antes e mais fundamentalmente um dos sintomas eloquentes de novas configurações nas relações sociais. Se no século XIX o microfone, o fonógrafo, o telefone e o rádio contribuíram para sua produção, e se no início do século XX o cinema de propaganda institucional lhe potencializou e lhe deu novos contorno e alcance, na segunda metade desse mesmo século a televisão a alçou ao absoluto paroxismo de seu paradoxo: o de uma ausência imperiosamente tão próxima e presente em que estranha, mas naturalmente o contíguo nos é dado pela diferença entre os tempos e pela distância entre os espaços de fala e de escuta e ainda pela intermediação de um enorme aparato tecnológico. Parece-nos que essas e outras consequências políticas dessa entrada da fala pública na era dos avatares ainda esperam por sua devida compreensão. A genealogia[10] que este livro esforça-se para retraçar pretende contribuir com essa necessária reflexão, sob a forma de um convite para identificar e compreender na longa duração histórica os efeitos políticos dessa *desencarnação*.

Apreendemos, portanto, o objetivo essencial desta nossa proposta: ressituar o ato de falar em público no centro do campo político concebido em

---

10. Da inspiração genealógica de Nietzsche e de Foucault, alguns aspectos são particularmente importantes para uma história da fala pública que busca descrever e compreender os poderes do discurso: trata-se aqui de empreender uma análise histórica que se opõe à procura de origens bem-estabelecidas e de fins bem definidos; trata-se igualmente de depreender a singularidade dos acontecimentos sem aspirar a preencher lacunas nem tampouco a postular evoluções; trata-se ainda de reconhecer que as relações sociais são conflituosas, de que a paz civil e a sociedade igualitária e democrática devem ser consideradas com distanciamento e desconfiança, uma vez que, sendo e comportando continuações da guerra, compreendem com maior ou menor grau de manifestação as lutas políticas, os conflitos e confrontos do poder e pelo poder de agir sobre as ações dos sujeitos sociais; trata-se, finalmente, de abrigar irrestritamente a contingência da história e o potência do dizer. Num texto dedicado a Nietzsche, Foucault afirma que "a verdade das coisas se liga a uma verdade do discurso que logo a obscurece e a perde. [...] A verdade, espécie de erro que tem a seu favor o fato de não poder ser refutada, sem dúvida porque o longo cozimento da história a tornou inalterável. [...] A humanidade não progride lentamente até uma reciprocidade universal, em que as regras substituiriam para sempre a guerra; ela instaura cada uma de suas violências em um sistema de regras e prossegue assim de dominação em dominação" ("Nietzsche, a genealogia e a história". *Microfísica do poder*. 5. ed. Rio de Janeiro, Graal, 1985, p. 15-37). Em suma, tomar a fala pública como objeto histórico numa abordagem de inspiração genealógica significa compreender: i) que o que se fala em público, as maneiras de fazê-lo, as relações entre orador e ouvintes e os instrumentos e rituais que estão envolvidos em sua produção possuem singularidade histórica e modificam-se em tempos, espaços e relações sociais distintas; ii) que não interessam e se recusam suas origens míticas, suas finalidades ideais e sua essência natural; e iii) que o exercício de falar em público é um fato social e um objeto privilegiado da materialização e do desenvolvimento das lutas entre os sujeitos e os grupos de uma sociedade.

sentido amplo como relações sociais de força que se processam em diversos âmbitos de uma sociedade, livrá-lo tanto quanto possamos fazê-lo dos equívocos naturalistas e universalizantes que o enredam e, para tanto, restituir-lhe toda a profundidade de sua história complexa e toda a espessura material e social dos dispositivos que o tornaram possível. A busca por tal objetivo remete-nos à aposta central deste trabalho coletivo que consiste em tratar, na esteira de Marcel Mauss, a fala pública como "fato social total"[11]; o que nos impõe acrescentar que sua história não poderia ser reduzida, em hipótese alguma, àquela da eloquência, tal como a retórica a construiu desde há muito tempo, ao codificar e prescrever suas formas e seus conteúdos. A retórica e sua história estão sem dúvida alguma compreendidas em nossas arqueologia e genealogia, de modo inclusive que lhes tenha sido concedido um lugar privilegiado, mas nossa empreitada não se limita absolutamente a elas.

A história da fala pública deve ser mais ampla do que uma história da retórica, que pretendesse considerar apenas e abstratamente a *inventio*, a *dispositio*, a *elocutio*, a *actio* e a *memoria*, ou do que uma restritiva análise dos discursos, que buscasse identificar propriedades sintáticas, semânticas e pragmáticas dos enunciados: trata-se antes aqui de uma história dos dispositivos materiais que produzem, transmitem e registram o exercício da fala pública; é também uma história do corpo, da voz e dos gestos dos oradores de distintos campos, épocas e lugares; consiste, ainda, numa história que trata tanto das falas quanto dos diferentes silêncios que as atravessam, frequentam e constituem. Trata-se também de uma história dos públicos ouvintes e espectadores, de seus diversos regimes de atenção e de escuta, de seus momentos de apaziguamento, de seus instantes de indiferença e de seus eventuais acessos de cólera. Nosso propósito é, ainda e finalmente, o de ressaltar certas facetas de uma outra história, por vezes amplamente esquecida, a da

---

11. Com vistas a demonstrar que as trocas de bens e os contratos de contraprestação de presentes entre os membros de várias sociedades compreendem dimensões políticas, econômicas, religiosas, jurídicas e culturais e que a natureza dos bens trocados não é meramente material, mas sobretudo simbólica, Marcel Mauss avança a hipótese de que tais trocas e contratos consistem em "fatos sociais totais", nos quais "exprimem-se, de uma só vez, as mais diversas instituições: religiosas, jurídicas e morais – estas sendo políticas e familiares ao mesmo tempo; econômicas – estas supondo formas de particulares da produção e do consumo, ou melhor, do fornecimento e da distribuição; sem contar os fenômenos estéticos em que resultam esses fatos e os fenômenos morfológicos que essas instituições manifestam" (MAUSS, M. *Sociologia e antropologia*. São Paulo: Cosac & Naify, 2003, p. 187).

sexuação presente de modo decisivo, mas não necessariamente patente, tanto nas práticas de falar em público e nas cenas oratórias quanto nos efeitos de dominação que aí se processam. Ora, o gênero da fala pública, por fim, tanto em francês como em português, parece frequentemente ser feminino apenas do ponto de vista gramatical.

Um último aspecto deste livro deve, finalmente, ser sublinhado: sua dimensão comparada, que conduz ao questionamento das práticas e das representações da fala pública tanto na história da Europa quanto na do Brasil. Tais histórias não são nem paralelas nem simétricas, mas entre elas se estabelece um jogo de remissões, de reflexos e de refrações que concorrem para esclarecê-las reciprocamente. Ainda que este não seja um seu objetivo fundamental e que seus resultados não incidam diretamente sobre tal propósito, esta obra inscreve-se assim tendencialmente na perspectiva de uma possível história global, porque é com base no fundamento desse horizonte teórico que será preciso sem mais tardar começar a pensar a globalização das formas de fala pública, quer se trate dos discursos dominantes de governos e mercados quer se trate dos gritos de revolta de oprimidos e de seus porta-vozes.

Os protestos dos *indignés* franceses e dos *indignados* espanhóis ou os clamores daqueles que pretendiam recentemente "ocupar Wall Street" em Nova York e conquistar hospitais e escolas "Padrão Fifa" no Brasil se fazem ver e ouvir em nossos tempos quase imediatamente em Hong-Kong, no Peru e na Islândia segundo formas evanescentes de circulação, de ciclos temporais cada vez mais efêmeros, de lógicas vertiginosas de desterritorialização e de processos de liquefação majoritariamente pouco empenhados em efetivos processos emancipatórios; são todas elas formas inéditas de discursos que se formulam e circulam em superfícies ou hologramas de imagens mais ou menos editadas e em sons e vozes captadas, modificadas e transmitidas não raras vezes conforme parâmetros das grandes agências midiáticas internacionais. Esta é uma tarefa à qual hoje e amanhã devem dedicar-se aqueles que ontem tinham como objetivo a análise dos discursos políticos. É justamente por essa razão que a leitura deste livro não deve ser considerada como uma recapitulação, mas, antes, como um ponto de partida, como o primeiro passo de um trabalho a ser contínua e intensamente feito, indispensável para quem queira compreender os dispositivos de dominação e de disseminação da fala pública num mundo global.

* * *

Passemos sem mais demora a um ligeiro comentário sobre o conjunto de capítulos que compõem esta obra e sobre sua disposição. Uma *História da fala pública*, que se pretende uma *arqueologia dos poderes e perigos do discurso*, não poderia ter início sem o devido exame de suas fundações clássicas, que costumam figurar como modelo ideal e sempre idealizado da *ars bene dicendi*. É exatamente tal exame o que é empreendido na primeira parte do livro e o que nos conduz das práticas e representações da fala pública na Antiguidade clássica, passando pela sermonística medieval, aos humanismos e classicismos presentes tanto nos desempenhos da palavra em público quanto nos discursos a seu respeito produzidos a partir do Renascimento e estendendo-se até aqueles erigidos no clássico século XVII.

Podemos observar nesse longo período o estabelecimento daqueles elementos frequentemente concebidos como as propriedades fundamentais da fala pública eloquente, perfeitamente criada e executada. Assim, Silvia Montiglio, em "Falar em público e ficar em silêncio na Grécia clássica", capta na eloquência antiga a emergência de oposições fundadoras da oratória ocidental: a contraposição inicial entre a fala e o silêncio, a partir da qual os antigos identificam e distinguem os silêncios passivos e eloquentes e as falas injuntivas e apassivadoras; o contraste entre o orador e os ouvintes, a partir do qual se processam não somente a fala do primeiro e a escuta dos segundos, mas também os distintos silêncios do tribuno e as diferentes intervenções de seu público; e o cotejamento entre os estilos oratórios que vão da áspera veemência à doçura lisonjeira, passando por suas mesclas e inversões. Assim já se pode intuir a formação de uma percepção sexuada da fala pública, cujo destino será longo e consistente: nela contrapõem-se a força viril do orador que fala e vence o tumulto dos auditórios e a passividade feminina sob a forma cômoda do silêncio; contrastam-se a virtude masculina da coragem exigida pela *parrésia* e o vício feminino da bajulação e do eufemismo; demarcam-se, finalmente, o ideal masculino da voz, que se assentaria na harmonia firme e viril da fala e que remonta à força dos gritos de guerra e caça, e a feminidade sedutora do canto, no qual ecoariam a melodia de ninfas e sereias.

Também os dispositivos materiais que a produzem, ampliam, difundem e registram não poderiam estar ausentes desta história da fala pública. No capítulo "A tribuna, a pregação e a construção do público cristão na Idade Média", Hervé Martin identifica, por seu turno, ao longo do período baixo medieval, o advento de púlpitos de distintas sortes, de tribunas fixas e mó-

• 17

veis e, mais geralmente, de uma série de cátedras e palanques cuja função é a de elevar o orador acima da massa de ouvintes, alçando-o empírica e simbolicamente a uma posição intermediária entre Deus e os homens. Com Martin, ainda aprendemos que os lugares de enunciação da fala pública religiosa começam a se tornar mais bem delimitados e que seus desempenhos oratórios teatralizam-se e especializam-se, visando cada vez mais frequentemente e a contragosto dos pregadores às audiências da população urbana, cujos regimes de escuta tendem a oscilar consideravelmente. Quais seriam os legados dos fins da Idade Média, que conheceu o surgimento da prensa e dos tipos móveis e a pretensa hegemonia da escrita, para a fala pública da época seguinte? Que espaço teria então a retórica nas diversas práticas da vida renascentista?

Esta última é a questão formulada por Belmiro Fernandes Pereira e para a qual o autor busca dar respostas em seu texto "Entre Proteu e Prometeu: a retórica no humanismo do Renascimento europeu". Se eventualmente temas e debates eram herdados da Idade Média, tal como a polêmica sobre a hierarquia das artes e ciências, o postulado da "cultura geral" da Antiguidade recompunha-se sob a égide da retórica e impunha-se definitivamente. A correção gramatical perde sua autonomia medieval e incorpora-se uma vez mais à oratória eloquente, segundo o postulado de Quintiliano. Há ainda na reflexão de Pereira a repercussão de uma longa polêmica: A eloquência é um dom ou o fruto de trabalho humano? Se, por um lado, Prometeu representa a dádiva divina da arte da palavra oferecida aos homens virtuosos como força civilizatória, por outro, Proteu indica que é preciso o labor da imitação para a conquista da arte de falar bem. Demonstra-se, desse e de outros modos, os rumos trilhados e os papéis fundamentais exercidos pela retórica como um dos vetores essenciais da renovação do humanismo, fazendo reinar as práticas oratórias no continente europeu renascentista, no mesmo momento em que se desenvolvem os estados monárquicos e suas administrações de gabinete, o mundo da escrita e a civilização do livro.

Uma história da fala pública não dispensaria sem ônus as considerações atentas sobre o corpo e sobre a voz, tais como as que são realizadas por Marc Fumaroli em "O corpo eloquente: *actio* e *pronuntiatio rhetorica* no século XVII". A eloquência da cátedra é também a da carne, porque para salvar as almas dos cristãos é preciso contar com o corpo do orador sagrado. Esse é o princípio compartilhado pelos jesuítas, exímios conhecedores da retórica e das práticas de falar em público, que com singular esmero é apresentado e desenvolvido pelo Padre Louis de Cressolles em seu tratado *Vacationes autumnales sive de perfecta oratoris actione et pronuntiatione*, publicado em Paris no ano de 1620. Conforme nos mostra Fumaroli, nos comentários e cotejamentos que dedica ao tratado do Padre de Cressolles, os discursos sobre a fala pública religiosa e suas práticas no século XVII consagram grande preocupação a todos os recursos do corpo eloquente, com vistas a fazer ouvir a fala divina em meio ao recrudescimento das formas seculares do exercício de falar em público, que então ocorriam nas artes cênicas ou na teatralização profana da vida na corte.

Tais preocupações, se não são idênticas às dos europeus, não são, contudo, estranhas aos jesuítas que se encontram no Brasil colonial, tal como observamos no capítulo "Política católica, instituição retórica e oratória sacra no Brasil colonial", de João Adolfo Hansen. Nesse capítulo, recusa-se a atribuição do conceito de "literatura" às práticas letradas coloniais, uma vez que a dominante da oratória no Brasil de 1549 até 1760 consistia, de fato, numa interpretação escolástica de noções e preceitos da retórica antiga. Ademais, Hansen expõe o funcionamento da eloquência sacra colonial brasileira, a partir de uma análise do Sermão da Sexagésima, de Antônio Vieira, na qual detalha sua doutrina oratória católica, que, ante a tese protestante de que o clero, os ritos e as cerimônias da Igreja deveriam ser substituídos pela leitura individual e silenciosa da Bíblia, opõe o imperativo da pregação oral aos cristãos; nela deve imperar, antes, a clareza do verbo que a eloquência do corpo, embora ambas sejam necessárias no propósito de governar as almas pela fala de Deus e de seus porta-vozes sagrados.

A entrada na Modernidade tardia virá perturbar esses equilíbrios antigos, porque novos atores surgem no palco da história da fala pública. Com a Revolução Francesa, finalmente parcelas do povo conquistam o direito à fala e fazem ouvir sua voz. Jacques Guilhaumou revela no texto "Falas democráticas e poderes intermediários na Revolução Francesa" como a emergência da soberania popular oferece à fala pública um novo campo de experimentação, no qual se elaboram formas modernas do discurso político e onde surgem novas figuras do orador, tais como o popular e o cidadão. O advento de tais formas e figuras deve-se à aparição e ao fortalecimento de procedimentos igualitários de formação de opiniões políticas e à constituição de novos usos de um espaço público até então inédito, no interior dos quais as falas democráticas e as vozes populares começam a adquirir certa legitimidade. Porém,

• **19**

enquanto as eloquências proletárias e burguesas triunfam na esfera pública desde o final do século XVIII e durante boa parte do século XIX, a retórica começa pouco a pouco a conhecer seu declínio institucional e simbólico na segunda metade desse último século.

Sua derrocada é perceptível em vários campos, tais como na política, na religião, na literatura e na escola. Em "A retórica no Brasil do século XIX: dos anos de glória à perdição", Roberto Acízelo de Souza descreve e interpreta o modo como se processou tal declínio na sociedade letrada brasileira. Em pouco mais de um século, entre 1782 e 1892, a retórica vai de sua institucionalização, passa por sua consolidação e goza de uma condição privilegiada e predominante em diversas esferas sociais, até caminhar rumo à sua progressiva queda e definitiva extinção. Seu ensino perde o caráter universal e "nacionaliza-se", antes de extinguir-se, ao passo que a literatura brasileira, inicialmente, a louva, para, em seguida, desdenhá-la, mas também reserva espaço em seu interior para os autores que numa mistura à brasileira criticam-na e dela fazem uso. O século XIX testemunha ainda outra mistura, desta feita, transatlântica, o aparecimento com as sociedades de massa dos estilos oratórios "mistos"[12], mais próximos da linguagem ordinária das ruas, de modo a distingui-los dos modelos antigos da eloquência. O que acontece no Brasil e nos Estados Unidos é similar ao que ocorre na Europa, em geral, e na França, em particular.

É isso o que nos apresenta Françoise Douay, em seu texto "'A eloquência da tribuna livrava-se de seu silêncio e falava...' – A renovação da fala pública na Europa do século XIX". Enquanto a eloquência renova-se e consolida-se sob formas até então desconhecidas e o discurso político alça altos voos, a retórica perde paulatina, mas constantemente o lugar hegemônico que ocupava até bem pouco tempo atrás, fosse nas cátedras religiosas, nas tribunas políticas ou nas salas de aula. Da reflexão de Douay, talvez se possa depreender que a maior conquista da fala pública oitocentista foi o inegável desenvolvimento de uma eloquência popular, herdeira dos legados revolucionários. A euforia que poderia nos trazer a descoberta desse fenômeno

---

12. A emergência dos estilos oratórios "mistos" e de um "idioma democrático" nos Estados Unidos do século XIX foi farta e solidamente demonstrada por Kenneth Cmiel, em sua obra: *Democratic Eloquence*: The Fight over Popular Speech in Nineteenth-Century America. Berkeley: University of California Press, 1991.

possuiria, contudo, prazo de validade determinado: por um lado, porque o mesmo século que viu nascer a *retórica popular* também assistiu ao início de seu esquecimento; e, por outro, porque o surgimento e principalmente o desenvolvimento exponencial das tecnologias de linguagem a partir do final do século XIX e ao longo do século XX puderam não raras vezes provocar a reificação daquilo que talvez seja a propriedade mais intrínseca da condição humana, isto é, a nossa capacidade de falar. Lançada ao final de suas considerações, a questão de Douay desperta profundas inquietações: "O holograma que em breve falará conosco poderá ainda ser considerado 'eloquente'?", ao que acrescentaríamos: O que haverá ou restará de humano nessa projeção eletrônica de luzes e sons?

Mutações de outra natureza, deslocamentos de outra amplitude e transtornos de outra profundidade vão, portanto, afetar drasticamente o uso da palavra em circunstâncias públicas ao longo dos séculos XX e XXI. Tais fenômenos são, antes de mais nada, políticos. É no começo desse período que se inventam as máquinas falantes e as massas poderosas e perigosas, diante das quais e para as quais teriam surgido novos gestos, novas vozes e novos estilos oratórios, em cujo cerne encontram-se projetos políticos de dominação inéditos. No capítulo "A voz do povo – A fala pública, a multidão e as emoções na aurora da era das massas", Jean-Jacques Courtine reflete sobre a emergência entre as últimas décadas do século XIX e as primeiras do século XX das formas modernas e contemporâneas de governo das massas, sobre as metamorfoses da fala pública dirigida às até então jamais vistas multidões e sobre as transformações pelas quais passou o carisma secular do orador em meio a tal processo. Em suma, Courtine postula que a era das massas é também o tempo de nascimento dos chefes[13] e a idade de ouro da propaganda. A história das práticas de fala em público não poderia passar incólume por abalos dessa monta.

Mas, as mutações contemporâneas da fala pública são tanto políticas quanto tecnológicas, sendo ambas fundamentalmente históricas e sociais. É partindo desse pressuposto que, em "Falar em público na política contemporânea – A eloquência *pop* e popular brasileira na idade da mídia", Carlos Piovezani analisa as propriedades e os efeitos de uma série de dispositivos que produziram a ampliação e a disseminação da voz e do corpo dos oradores políticos de nossos dias, tanto mais onipresente quanto maior é a ausência de

---

13. Cf. COHEN, Y. *Le siècle des chefs* – Une histoire transnationale du commandement et de l'autorité (1890-1940). Paris: Éd. Amsterdam, 2013.

sua presença física e talvez também anímica das condições de produção e das cenas de enunciação dos discursos. São justamente estes alguns dos paradoxos centrais da fala pública na era das mídias de massa: aquele que fala goza do poder da ubiquidade, mas, ao mesmo tempo, poucas vezes se apresenta real, simbólica e imaginariamente diante daquele para quem se fala. Talvez daí derive a generalização tão apropriada quanto perigosa de um dos lugares-comuns de nossos dias: "Eles não me representam". No bojo desse paradoxo, eis outro: ao orador pós-moderno cabe dirigir-se a todos, como se falasse exclusivamente com cada um. Não nos surpreenderemos com o fato de que as formas contemporâneas da oratória estejam em larga medida destinadas a encenar a imediatez concreta das interações verbais que praticamente já desapareceram: "É exatamente, por isso, que neste momento, eu quero ter uma conversa franca com você..."

Também não há maiores surpresas ao reencontrarmos no encerramento desta apresentação o verbo, o corpo e a voz do célebre orador com o qual a iniciamos. Isto porque a questão que advém da presença do ex-presidente do Brasil é a do carisma secular, *pop* e popular do qual Lula é uma figura exemplar e um de seus tipos mais emblemáticos e bem-acabados. Essas interrogações sobre as diversas procedências, sobre os diferentes graus e mesmo sobre as distintas naturezas do carisma atravessam direta e/ou indiretamente a totalidade desta obra, assim como perpassa toda a história da fala pública. Afinal, ao refletirmos sobre as propriedades e as metamorfoses da eloquência que congrega o peso da autoridade e a leveza da graça dos oradores carismáticos, o que observamos, ao mirarmos o conjunto de transformações pelas quais passou o exercício da fala pública no decurso de sua história, quer se tratasse de oratória sagrada ou profana, da retórica deliberativa ou judiciária ou ainda dos pronunciamentos de palanques ou do *show* televisivo, é a reiteração de um fato que sempre se nos apresentou, encantou e espantou e que ainda hoje continua a fazê-lo, sem perder nada de sua força: esse fato consiste nos poderes e nos perigos do discurso e daqueles que aprenderam a fazer dessa maravilhosa arte humana um objeto privilegiado de sua força. Esse poder, que produz as piores dominações e as melhores emancipações, continua a ser ainda e em boa medida um enigma. O livro que ora apresentamos ao leitor não pretende decifrá-lo, mas espera, isto sim, reduzir consideravelmente as distâncias entre nós e o seu deciframento.

Jean-Jacques Courtine e *Carlos Piovezani*
Auckland, Paris / São Carlos, novembro de 2014.

FUNDAÇÕES CLÁSSICAS

Da Grécia antiga ao século XVII

Falar em público e ficar em silêncio na Grécia clássica[*]

Silvia Montiglio
Johns Hopkins University

Pode parecer inicialmente bastante paradoxal evocar o silêncio dos atenienses. Se há um povo que usou a fala pública, não é justamente aquele da Atenas dos séculos V e IV a.C.? É um fato que o sistema político então hegemônico nessa cidade permitia a cada cidadão intervir livremente no decurso de uma assembleia no momento em que julgasse conveniente. *Isêgoria* e *parrésia* eram as palavras-chave: a primeira, significando o direito à fala equipolente para cada cidadão, e a segunda, o exercício concreto desse direito em toda sua extensão[1]. Isso de tal sorte que a liberdade de fala chegava mesmo a caracterizar, de maneira proverbial, a Atenas democrática, tal como testemunha a sarcástica advertência que lança Sócrates a um certo Polos: "Tu sofrerias um tratamento atroz se, ao ir a Atenas, o lugar da Grécia em que se tem a maior liberdade de fala, tu foste o único a ser dela privado" (PLATÃO. *Górgias*, p. 461e).

Contudo, o acesso igualitário à fala não poderia significar a licença de tudo dizer. Se os atenienses têm o direito de falar livremente, as formas pelas quais se desenvolve essa fala livre são igualmente formas que se pretendem controladas. Do mesmo modo que a democracia grega exige de seus magistrados que considerem suas obrigações, ela exige de seus oradores que justifiquem seus discursos. Ademais, desde quando cada cidadão torna-se livre para intervir a qualquer momento no debate público, impõe-se a ele a neces-

---

[*] Texto originalmente publicado com o título "Prises de paroles, prises de silence dans l'espace athénien", na revista *Politix*, vol. 7, n. 26, 1994, p. 23-41. © Presses de Sciences Po. Tradução de Carlos Piovezani.

1. Sobre a diferença semântica entre os dois termos, cf. SPINA. L. *Il cittadino alla tribuna* – Diritto e liberta di parole nell'Atene democratica. Nápoles: Liguori, 1986.

sidade de incorporar o silêncio à sua fala, ao menos para convencer o auditório de que ele não abusa das liberdades democráticas. Tomar a fala e ficar em silêncio formam assim um par indissociável, de tal modo que o segundo gesto vem em alguma medida garantir que se faz bom uso do primeiro.

Mas o gesto de ficar em silêncio no espaço público ateniense pode igualmente nos informar sobre a natureza das relações que se estabelecem entre o orador e seu público. Estamos longe de uma relação "disciplinada" entre aquele que fala e aqueles que se calam. Ao contrário do romano, o auditório grego, que se pretende composto de virtuais falantes, não gosta de ser qualificado como "silencioso". Esse público prefere, antes, que se lhe reprove o ato de gritar.

A democracia idealizada sob a prova da tribuna

Existe nos séculos V e IV a.C. em Antenas duas representações do livre-exercício da fala. A primeira exalta a superioridade da fala sobre o silêncio. A segunda, mais ambígua, corresponde à atitude dos protagonistas da tribuna. Temos uma ideia da primeira com o elogia que Teseu faz do direito de fala em as *Suplicantes*, de Eurípedes: "Eis aqui a liberdade: Quem quer lançar ao público uma opinião útil à cidade? Quem deseja fazê-lo, torna-se célebre, quem não o quer permanece em silêncio" (438-441). Para Teseu nada é mais admirável que essa frase, pela qual o arauto abre a assembleia às intervenções e convoca a falar todos aqueles que têm algo de útil a dizer. Pode-se, certamente, permanecer em silêncio, mas a glória está prometida àquele que tomará a fala.

No polo oposto situa-se a imagem que o orador concebe de sua própria fala, no momento em que ele se faz ouvir. Impelido a falar, o orador apresenta-se ao auditório como um silencioso; condição que deixa somente pela imperiosa necessidade de servir ao bem comum, que o arranca do silêncio. Essa ficção produziu o *topos* do "orador tranquilo", do orador inexperiente nos debates e inimigo das querelas de má-fé[2]. É preciso fingir falar, apesar de si, arrastado pela importância do que se diz, para conquistar um público

---

2. Cf. DEMONT, P. *La cite archaïque et classique et l'idéal de tranquillité*. Paris: Belles Lettres, 1990, p. 95ss.

que desconfia do orador que opina sobre tudo: "Eu preferiria que um outro falasse em um lugar..."; "Jamais fui envolvido num processo..."[3]

Entre Teseu e o orador tranquilo aparece toda distância que separa a representação idealizada da democracia daquela, mais realista, que os atores da tribuna nos oferecem. No elogio das *Suplicantes*, o reconhecimento que a fala proporciona – e que a torna preferível ao silêncio – confunde-se com a utilidade dessa própria fala, incorporada desde então à fórmula do arauto: "Quem quer trazer ao público uma opinião *útil* à cidade?" Não ocorre exatamente o mesmo na realidade, em que o orador é frequentemente suspeito de não conjugar seu interesse individual com a utilidade pública de suas falas. Quem se dispõe a falar invocará, como condição lamentada, um silêncio impossível.

Mas os oradores não consideram somente sua fala, eles devem também considerar seu silêncio. Porque a significação do silêncio que a passagem das *Suplicantes* apresenta não é tampouco evidente nas situações concretas de fala. Conforme vimos, Teseu afirma que o silêncio é algo "menor", sem, no entanto, lhe infligir uma condenação moral. Calar-se é simplesmente a atitude neutra do homem anônimo. Em contrapartida, os oradores devem legitimar sua decisão de calar-se, que não poderia ser interpretada sem dúvida como a escolha inocente daquele que nada tem a dizer. A oposição simples de Teseu, que pressupõe um único tipo de fala – a fala útil – e um único tipo de silêncio – o silêncio do homem sem brilho – é aqui complexificada e transmutada em múltiplas oposições, nas quais os termos fala e silêncio tornam-se igualmente questionáveis. A batalha travada entre Esquines e Demóstenes em torno da escolha pelo silêncio é testemunha desse imbróglio. Obrigado a justificar suas ausências na tribuna, Esquines espera poder contar com um público disposto a compreender não somente o elogio da fala "útil", preferível ao silêncio, mas também o silêncio "útil", preferível à fala. Assim ocorre na célebre apologia que ele faz de seus silêncios, no discurso *Contre Ctésiphon*: "Nas oligarquias, aquele que fala ao povo não é quem o quer, mas quem tem o poder de fazê-lo; nas democracias, ao contrário, fala quem quer e quando se lhe parece apropriado. Falar de modo intermitente significa fazer política, em função das circunstâncias e da utilidade, enquanto não deixar passar um

---

3. Cf. p. ex.: LÍSIAS. *Sobre a oliveira sagrada*, p. 1; *Contra Eratóstenes*, p. 3. • DEMÓSTENES. *Filípicas*, I, p. 1; *Contra Áfobos*, I, p. 2; *Contra Áfobos*, III, p. 1; *Contra Timócrates*, p. 6; *Prólogos*, XII. • ESQUINES. *Contra Timarco*, p. 1.

• 27

único dia sem falar denuncia um homem que o faz por profissão e somente para receber um salário" (p. 220).

Tachando de assalariado o orador que fala excessivamente, Esquines busca opor-lhe seu próprio comportamento silencioso, que ele chega a qualificar de democrático. Embora a liberdade de não intervir seja igualmente invocada nas *Suplicantes*, Teseu não faz o elogio do silêncio como uma atitude que auxilia forjar uma fala útil. Em contrapartida, é justamente essa a argumentação de Esquines, que considera a fala útil o resultado de uma participação intermitente.

Contra Esquines, Demóstenes reivindica o primado da fala. O silêncio somente é uma hipótese abstrata de comportamento: "Mesmo que eu tivesse decidido calar sobre alguma coisa, agora estou sendo impelido a falar" (*Sur l'Ambassade*, p. 225). Mas, Demóstenes pretende principalmente dizer que ele escolheu não se calar, de modo que sua defesa apaixonada da participação o impele a recusar ao homem político a própria liberdade de manter-se em silêncio. Esquines dá prova de sua má-fé, ao se calar: porque o orador não poder permanecer tranquilo, "quando isso lhe parece conveniente", para intervir somente quando os cidadãos já estejam fatigados de ouvir "aquele que fala sem interrupção" (*Sur la Couronne*, p. 308). Retomando os termos empregados por seu adversário, Demóstenes afirma que o imperativo de falar para o bem comum deve sobrepujar o direito ao silêncio. Enquanto Esquines "permanecia sem voz" (p. 191), Demóstenes tomou a fala na assembleia. E ele vai ainda mais longe: "Faz-se alguma coisa que lhes parece útil? Esquines está sem voz" (p. 198); e ainda (p. 199): "Você não proferiu uma única palavra".

É que o silencioso pode sempre ser suspeito de lassidão e até mesmo de desonestidade. Assim, enquanto Esquines acusa aquele que fala sem cessar de ser um orador assalariado, Demóstenes, ao contrário, afirma que o dinheiro serve para comprar o silêncio. Aristogitão é prova disso: inicialmente indignado contra um certo Agatão, na ocasião em que o condenou publicamente, permaneceu sem voz, "após ter recebido certa quantia" (*Contre Aristogiton*, I, p. 47). Quanto a Esquines, Demóstenes reprova-lhe com todas as letras sua cumplicidade silenciosa com o inimigo. Negligenciando o dever de uma denúncia explícita, que seria a salvação da Grécia, Esquines manteve secretas as intenções hostis de Felipe: tendo sido pago por um tirano, "Esquines dissimulou em benefício de seu pagador", ele empreendeu uma política do silêncio (*Sur l'Ambassade*, p. 247-250).

Na visão de Demóstenes, o orador honesto e corajoso é finalmente aquele que proclama a necessidade de uma fala que não poderia ser calada, qualquer que fosse o risco de dizê-la: "Mas eu prefiro, se isso me ocorrer, dar a impressão de dizer besteiras a manter-me em silêncio sobre o que me parece ser proveitoso para a cidade e, assim, permitir a alguns de lhes enganar" (*Pour les Mégalopolitains*, p. 3). Demóstenes relembra como sua voz se fez ouvir solitariamente em meio ao silêncio embaraçado dos atenienses (*Sur la Couronne*, p. 170-173): "O arauto perguntou: 'Quem quer tomar a palavra?' E ninguém se apresentava. Várias vezes o arauto reiterou a questão; e ainda e sempre ninguém se levantava. E, contudo, todos os estrategistas estavam lá, todos os oradores; e a pátria clamava por aquele que falaria para sua salvação [...]. Este homem apareceu naquele dia: esse homem era eu..."[4]

Falar pelo bem comum: o elogio silencioso de si

À luz dessas implicações múltiplas da fala e do silêncio, torna-se possível compreender as razões pelas quais os oradores atenienses cobrem seus discursos com tantas preterições[5]. Com efeito, a preterição, conforme veremos, aparece para esses oradores como o melhor meio para conciliar a exigência de falar e a necessidade de se calar.

Se lhes cremos, os oradores atenienses jamais dizem tudo aquilo que poderiam dizê-lo. Ouçamos Demóstenes, por exemplo: "Eu deixaria isso de lado e tudo mais desse gênero. Mas que a ordem inteira da cidade e das leis, atenienses, seja perturbada e destruída por suas obras, isso eu ainda penso que posso lhes demonstrar exatamente. Não direi nada de novo, nem de supérfluo e nem tampouco de privado, mas somente aquilo que vocês sabem tanto quanto eu" (*Contre Aristogiton*, I, p. 19ss.). Por meio de sua preterição, Demóstenes consegue abordar uma problemática da qual ele sublinha inicialmente a utilidade para o bem comum e a gravidade, em oposição às preocupações "privadas" do litigante. A preterição é o que permite aqui dis-

---

4. Segundo uma anedota interessante, Demóstenes respondia a um ator, que se vangloriava de ter recebido um talento de ouro para atuar durante dois dias: "E eu recebi cinco talentos de ouro para me calar por um dia" (PSEUDO-PLUTARQUE. *Vies des dix orateurs*, p. 848b).

5. Preterição é uma figura retórica por meio da qual o orador fala de algo, simulando não querer fazê-lo [N.T.].

tinguir os especialistas em acusações exclusivamente pessoais daqueles que se pretendem portadores de interesses coletivos: descartando os primeiros, ela dá voz aos segundos[6]. O orador forja assim falas que supostamente são de interesse cívico e busca criar a cumplicidade e até mesmo a identificação do júri com sua causa. Demóstenes insiste neste aspecto da preterição no discurso *Contre Midias*: "Toda perturbação que ele me causou [...], eu a manterei em silêncio: porque não ignoro o fato de que em mim, que fui então maltratado e ultrajado, isso provocava a mesma cólera que as ofensas mais graves, enquanto para vocês, que não se encontram concernidos nessas ofensas, essas coisas podem não parecer dignas de um processo; em contrapartida, vou falar do que vai suscitar em vocês a mesma indignação que foi suscitada em mim" (p. 15).

Aos juízes, Demóstenes sugere que ele não lhes submeterá as histórias privadas, mas somente irá fazê-lo quanto ao que concerne tanto a toda comunidade quanto ao próprio litigante. Abstendo-se de dedicar-se a todos os ultrajes sofridos, ele espera que o júri lhe conceda uma escuta séria e benevolente. A preterição coloca-se, portanto, a serviço da utilidade da fala, purificando-a de qualquer egoísmo excessivo. Isso ocorre essencialmente em dois sentidos: por um lado, os litigantes condicionam por meio de uma preterição a condenação de uma fala que se arriscaria passar por presunçosa e, por outro, eles simulam refrear a impetuosidade de suas injúrias. O litigante que anuncia "Eu não vou lhes falar de tudo aquilo que me honra" oferece ao júri a imagem de um homem modesto. É verdade que as referências pessoais são atraentes aos olhos do público vulgar (DEMÓSTENES. *Sur la paix*, p. 4), mas o orador deve tomar cuidado para se destacar dos demais e demonstrar que ele somente fala de si, porque as circunstâncias assim exigem-no. "Obrigado" a tratar de sua conduta exemplar, ele busca a benevolência de um auditório cuja simpatia não poderia ser concedida à exaltação de um indivíduo que se arroga de seus próprios méritos. Isócrates estava consciente disso, ao emprestar a forma da defesa jurídica para falar de si mesmo no discurso *Sur l'échange*, e isso porque, dizia ele, o elogio explícito de si seria deselegante e provocaria o ciúme (p. 8). Tanto isso é verdade que Isócrates chega ao ponto de simular que uma parte importante de seu autoelogio fora proferida por

---

6. Cf. tb. Esquines (*Contre Ctésiphon*, p. 51ss.), a preterição que recobre a "vida" de Demóstenes, em benefício dos "crimes públicos", que merecem ser relatados com "maior riqueza de detalhes".

uma terceira pessoa, um de seus discípulos, que o teria advertido sobre o ato de se louvar diante de um público malevolente ou com costumes bastante distintos dos seus (p. 141-149). O conselho final deste desconhecido teria sido o de incorporar a reticência ao elogio de si: "Pense sobre aquilo que você deve dizer e sobre aquilo que você deve manter em silêncio" (p. 149).

A realidade da tribuna confirma, desse ponto de vista, a ficção isocrática. É assim que Demóstenes lamenta ser constrangido a se louvar para defender seu direito contra Esquines (*Sur la Couronne*, p. 3-4): ele sabe perfeitamente que os homens têm tendência a "escutar com prazer os insultos e as acusações, e a se aborrecer com aquele que faz elogios a si mesmo"; contudo, a então atual circunstância impunha que ele falasse de seus próprios méritos pessoais: "Eu tentarei, portanto, ser o mais moderado possível; detendo-me, por isso, no cerne do próprio litígio, porque é sobre ele que deve recair o julgamento, uma vez que ele desencadeou um processo".

Preso entre a necessidade de louvar seus atos e a busca por uma imagem de orador discreto, Demóstenes recorreu à preterição para conciliar habilmente essas duas exigências, forjando o que se poderia chamar de um *elogio silencioso de si*. Ele hesitará em exaltar suas origens: "Que ninguém, por Zeus, me acuse pelo uso de um tom inapropriado. Não considero inteligente aquele que reprova alguém por sua pobreza, nem aquele que, criado em meio à abundância, orgulha-se dessa criação. Mas são os insultos e calúnias deste indivíduo insuportável que me obrigam a retomar tais proposições, das quais, aliás, vou fazer uso da maneira mais moderada possível" (*Sur la Couronne*, p. 256). Embaraço para vangloriar a si mesmo, necessidade de fazê-lo "apesar de tudo" e promessa de fazê-lo ainda assim com equilíbrio: amparado por essas premissas, Demóstenes pode então desenvolver o incômodo tema de sua riqueza. Em seguida, uma vez mais, ele detém-se nessa temática: "Vivi, portanto, em meio a essa fortuna, e a despeito de eu ter muito a dizer sobre isso, não o farei, tomando o cuidado de não afligir alguém com meu orgulho" (p. 258).

Temendo a vaidade, Demóstenes cala-se sobre uma questão tão delicada quanto essencial para sua defesa. Mas trata-se somente de uma suspensão temporária. Porque, após ter empreendido seu ataque contra Esquines – ataque esse, conforme veremos, repleto de preterições – Demóstenes retoma o elogio discreto de si: "Em minha vida privada, se todos vocês não sabem que sou afável, humano e solidário, eu me calo e não falo nada sobre isso; não tra-

• 31

rei nenhum testemunho a esse respeito [...]. Porque este é o meu pensamento: creio que aquele que recebeu benefícios deve lembrar-se disso para sempre, enquanto o benfeitor deve esquecer-se de seu ato imediatamente: assim, o primeiro se comportará como um homem solícito e o segundo não dará provas de pequeneza da alma [...]. Quero, portanto, deixar de lado minha vida privada, para lhes falar ainda um pouco sobre minha vida pública" (*Sur la Couronne*, p. 268-270).

A preterição em torno de seus próprios méritos faz do eloquente Demóstenes alguém que exalta sua vida privada "a despeito de sua própria vontade". O que permite essa preterição é ainda a transição do privado ao público, domínio no qual o elogio pessoal pode ganhar repercussão menos timidamente. Mas aqui também é preciso estar atento para que o orador não vá longe demais. É por isso que o cliente de Isócrates, no processo *Contre Callimachos* (p. 58), não dirá tudo: "Em relação a mim mesmo, eu omitirei todos os demais serviços públicos, para lembrá-los somente daquele que deve obter, justamente, seu reconhecimento e que deve lhes servirá de testemunha sobre todas as minhas ações".

A preterição é para o orador um meio de enfatizar sua integração ativa no tecido cívico, sem insistir nisso impudicamente. Sobretudo se suas virtudes o elevam acima dos demais, dos membros do júri e mais genericamente dos cidadãos. Isócrates instrui o filho de Alcebíades a falar que ele tem escrúpulos para relatar as contribuições de seu pai; porque, assim, as contribuições dos demais cidadãos comparativamente parecerão pouca coisa (*Sur l'Attelage*, p. 35). Ao recusar-se a louvar os méritos extraordinários de Alcebíades, seu filho acaba por deixar subentendido que, na verdade, ninguém saberia louvá-los convenientemente. Sua face é, contudo, salva pela ficção do silêncio. O orador pode assim continuar a falar, sem temer a arrogância que lhe poderia ser imputada: "Quanto à sua vida pública, ela não deve ser silenciada, uma vez que ele próprio jamais a negligenciou, mas, ao contrário, ele sempre foi considerado, aos olhos do povo, bastante superior às pessoas mais estimadas..." (*Sur l'Attelage*, p. 36). A hesitação em dizer converte-se em impossibilidade de se calar: esse movimento do silêncio à fala torna esta última necessária, os méritos de Alcebíades não podem ser silenciados, mesmo tendo em vista a natureza discreta e sensata do orador. O elogio reticente é um elogio que parece obrigatório.

Conter a fala indecorosa: insultar sem insultar

A fala do orador pretende-se ainda mais silenciosa, quando ela se destina a insultar. Nesse sentido, é importante a diferença entre os processos judiciários e as arengas políticas. Certamente não podemos negar que tanto nos primeiros quanto nas segundas o orador vale-se de uma linguagem agressiva, apoiando-se no princípio de Isócrates, segundo o qual a injúria é uma boa conselheira quando está a serviço da utilidade pública (*Panégyrique*, p. 130). Nas arengas jamais se insulta diretamente os adversários presentes. Nelas, o orador faz alusões tão cortantes quanto indiretas; e essas alusões visam, antes, aos grupos de pessoas que lhe são hostis que aos indivíduos; elas não nomeiam singularmente os inimigos políticos internos[7]. Demóstenes, ao menos, afasta-se desse que, segundo ele, era um hábito de alguns de seus contemporâneos, ao sublinhar que o discurso político não deve atacar este ou aquele cidadão e que esse espírito de querela deveria voltar-se contra os inimigos externos: contra eles e não contra os membros da assembleia, é legítima e proveitosa a vontade de "vencer" (*Prologues*, XXX, p. 1; XXXIV, p. 3). O conselheiro não é um acusador e essas duas funções distinguem-se pelo fato de a primeira conceber o futuro, enquanto a segunda trata do passado (*Prologues*, X e XXIX)[8]; tanto isso é verdade que o acusador não tem por objetivo a utilidade pública (*Prologues*, X), de onde surge, como vimos, a necessidade de fazer aparecer o interesse comum subjacente aos litígios privados.

O silêncio que dissimula o insulto é um traço quase inexistente nas arengas, porque o insulto pessoal está idealmente banido das assembleias. O que não impede que a relação entre o orador e o conjunto de cidadãos se pretenda direta e tolere a reprimenda, seja ela a mais dura que possa ouvir. De modo análogo ao que ocorre com a própria cidade de Atenas, que, na condição de guia dos outros gregos, também deve lhes dirigir reprimendas (*Philippiques*, III, p. 73), Demóstenes insiste em sua franqueza, na *parrésia* a qualquer preço, e exorta a assembleia a suportar a escuta das verdades desagradáveis[9]. Por meio de suas arengas, o orador deve convencer seus pares, perturbando-os,

---

7. É nisso que consiste, para Aristóteles (*Retórica*, III, 1.418a, p. 27ss.), a diferença essencial entre o discurso proferido na assembleia e aquele do processo judiciário.

8. Cf. tb. ibid., V; XIX; XXIV, p. 2.

9. Cf., p. ex.: *Sur l'organisation financière*, p. 15. • *Olynthiennes*, III, p. 3 e 32. • *Prologues*, IV. • *Philippiques*, II, p. 31; III, p. 3ss.; IV, p. 54.

ao passo que em seus processos judiciários, ele deve captar as simpatias do júri contra o adversário, construindo uma imagem desfavorável deste último. Mas ele não deve tampouco dar a impressão de insultá-lo por simples prazer, ao contrário, o orador deve guardar, ao menos por princípio, uma língua pura.

Com efeito, são numerosas as restrições que buscavam conter a liberdade excessiva de fala. Para sua cidade ideal, Platão sonhava com uma arena pública purificada de toda e qualquer desmesura: juramentos, imprecações, súplicas e gemidos femininos. O orador será, ao contrário, instado a falar e a escutar respeitando a conveniência da linguagem, a *euphèmia* (*Lois*, XII, p. 949a-b). As disposições do filósofo são categóricas: "Sobre a injúria, haverá uma única lei para todos os casos. Ei-la: que ninguém, independentemente de quem quer que seja, cometa injúria. Nas discussões, os adversários devem, seja na fala seja na escuta, abster-se completamente de injuriar tanto seus oponentes quanto as pessoas presentes. Porque, quando os homens deixam-se apoderar pelos insultos mútuos e quando eles se atacam mediante palavras vergonhosas, à maneira das mulheres, inicialmente trata-se de meras falas, de coisas efêmeras, das quais nascem de fato os ódios e as inimizades mais pesadas e duradouras [...]. Nessas disputas, todos têm o hábito de zombar frequentemente de seu adversário [...]. Que ninguém, portanto, jamais pronuncie uma palavra dessa ordem num lugar consagrado aos concursos, na praça pública, no tribunal, enfim, em nenhum lugar de reunião" (*Lois*, XI, p. 934e-935b).

Em sua ambição de purificar a fala pública, o filósofo tinha em Sólon seu predecessor; Sólon, de acordo com Plutarco, teria editado uma lei que interditava toda injúria "nos lugares consagrados, nos tribunais, nas residências dos magistrados e nas ocasiões de concursos" (*Vie de Solon*, 21, p. 2). O legislador modelo, aquele a quem se considera ter garantido a participação popular no tribunal e na assembleia[10], é igualmente considerado como quem tomou medidas contra os abusos verbais. Desse modo, chega-se a dizer que a extensão do direito de fala é necessariamente acompanhada pelo cuidado em estabelecer seus limites.

A lei de Sólon, sem dúvida, não foi respeitada, conforme indicam as prescrições indignadas de Platão. Tomando de empréstimo as palavras de Glotz, Atenas "era sempre partidária da opinião de que a *parrésia* é bem mais

---

10. ARISTÓTELES. *Constitution des Athéniens*, VII, p. 3. • *Politique*, II, 12, p. 3 (1.274a).

conveniente à democracia que a *euphèmia*"[11]. Contudo, os oradores no júri representam-se como inimigos do insulto, que eles praticam, segundo dizem, a contragosto. Para tanto, a preterição vem ao seu auxílio, uma vez que permite ao mesmo tempo insultar e manifestar sua moderação e seu equilíbrio. Nesse sentido, a preterição que dissimula o insulto ao outro está próxima daquela que dissimula o elogio de si, tal como se evidencia no emprego paralelo que Demóstenes faz desses dois tipos de preterição no discurso *Sur la Couronne*: ali onde, como observamos, o orador marca por meio de silêncios seu embaraço para louvar a si mesmo, também marca por meio de silêncios seu embaraço para insultar seu adversário. Louvores e insultos silenciosos alternam-se na passagem em que Demóstenes "deve" falar de sua origem social: depois de ter interrompido o elogio de sua condição para não pecar por orgulho (p. 258), ele interrompe o insulto a Esquines para não pecar por insolência: "Embora tenha muitas outras coisas a dizer sobre ele, eu me calo. Porque não creio que seja necessário dizer indistintamente todas as torpezas que eu poderia mostrar desse homem, vou me limitar a dizer somente aquelas que não são demasiadamente vergonhosas" (p. 264).

Esquines, em seu discurso *Contre Timarque*, sublinha igualmente a moderação que o impede de dizer todos os atos obscenos cometidos por seu adversário e, ao fazê-lo, ele delega aos juízes a tarefa de imaginá-los: a abjeção do tema dá ensejo às reiteradas reticências, mediante as quais o orador sugere o indizível[12]. Ele chegará ao ponto de estender seus escrúpulos às testemunhas, que ele recusa reproduzir, porque essas testemunhas recusam-se a falar (p. 107): ao renunciar a um instrumento de acusação, os depoimentos das testemunhas, Esquines multiplica suas acusações por meio da mudez dessas testemunhas.

O silêncio que encobre o insulto permite, portanto, dizer sem dizer: é justamente aí que reside a força alusiva das figuras do silêncio[13], a qual os precursores da retórica antiga jamais deixaram de ressaltar. Para eles, a preterição não era absolutamente um verdadeiro silêncio, mas um silêncio afetado, que "consiste em expressar seus pensamentos, sob o pretexto de calá-los"

---

11. "Kakègorias dikè". In: DAREMBERG, C. & SAGLIO, E. (orgs.). *Dictionnaire des Antiquités*. Paris, 1899, p. 788-791, em particular a p. 791.

12. Cf., p. ex., p. 39, 40, 52, 53, 55, 70, 76, 109.

13. A expressão é de Ricottilli: *La scelta del silenzio* – Menandro e l'aposiopesi. Bolonha, 1984, p. 12.

• 35

(*Rhetores graeci*, VII, p. 1.167). O não dito, sublinham esses teóricos, desperta a suspeita dos ouvintes, aumentando consideravelmente o empreendimento do discurso, "porque, pelo próprio fato de silenciá-la, uma coisa parecerá extraordinária, mesmo que ela não tenha nenhum valor" (p. 1.167)[14]. Esta é a ênfase, no sentido grego, a amplificação potente, porque dissimulada[15].

As reticências, mais insultantes que o insulto explícito, agradam um auditório que prefere, segundo Demóstenes, ouvir o orador injuriar outrem a elogiar a si mesmo (*Sur la Couronne*, p. 3-4) e que permanece sentado a escutar os insultos trocados na tribuna (*Prologues*, LII, p. 1). Mediante simulações de silêncio, o orador satisfaz a duas exigências opostas: a demanda de insultos, proveniente de seu público, e o imperativo de conservar a pureza de sua boca. A preterição ajuda nessa dupla tarefa, graças à sua dupla função, enfática e moral. Quanto à sua dimensão enfática, ela permite compreender que haveria uma abundante fonte de insultos; já no que se refere à moral, ela permite ao orador demonstrar que ele evita a *blasphèmia*.

Assim, os oradores atestam sua repugnância pela própria linguagem, da qual eles se valem: os insultos que eles endereçam ao adversário acabam por não se parecer com o desabafo de uma fala impudente, mas aparenta, antes, uma incômoda necessidade. Arrogando-se defensor da decência enquanto desfia injúrias, o orador afirma que é a própria vida do adversário que o motiva a falar de coisas, sobre as quais sua inclinação natural preferiria manter calar-se.

O orador que previne o júri de seus silêncios pode exigir uma escuta comprometida, porque, se ele insultar seu adversário, o fará contra sua própria vontade – projeta-se uma vez mais o efeito de o orador sê-lo contra seu próprio desejo: "Todos os erros que ele cometeu com seu corpo, quando ele era ainda criança, eu os omitirei [...]. Mas o que ele fez já tendo atingido a idade da razão, quando ele já era um jovem moço que já conhecia as leis da cidade, sobre isso eu vou fazer minha acusação, e eu creio que vocês devem prestar toda sua atenção a isso" (ESQUINES. *Contre Timarque*, p. 39). Ao fazer essa distinção entre as coisas ditas e as coisas silenciadas, o orador conduz o júri

---

14. Cf. tb. III, p. 408; VIII, p. 450, 452, 532, 536; IX, p. 48 e 109.

15. A diferença entre o uso antigo e o moderno do termo "ênfase" foi demonstrada por Ahl no artigo "The Art of Safe Criticism in Greece and Rome" publicado na revista *AJPh.*, n. 105, 1984, p. 174-208.

não somente a supor o que o silêncio oculta, mas também a conceder às suas falas uma escuta muito mais favorável do que as demais que serão ouvidas de outro modo. Em outras passagens, Esquines chegará ao ponto de convidar o auditório a considerar seus silêncios: "Quanto a vocês, façam um julgamento que seja justo e útil à cidade, considerando as falas que foram ditas e aquelas que foram silenciadas" (*Contre Ctésiphon*, p. 260). Apelando às consciências dos jurados, conforme as regras do gênero, Esquines exorta-os a ponderar sobre seu discurso em sua totalidade imaginária, que ultrapassa as palavras pronunciadas. Seus silêncios, dizia ele, são silêncios plenos de significado, são silêncios falantes, falas, enfim, cujo conteúdo não foi explicitado[16].

Sugerir que há o não dito, envolver as palavras pronunciadas com palavras não ditas, permite encorpar a imagem de um orador que intervém somente em nome da utilidade coletiva. A declaração do silêncio, que pretende livrar o discurso de tudo o que não é pertinente nem conveniente, escolhe, entre as palavras possíveis, aquelas que são supostamente necessárias. Ou, antes, ela as faz parecer necessárias. Se, por um lado, o silêncio, na condição de comportamento "moral" no pano de fundo das falas, impregna estas últimas com o peso do inevitável, por outro lado, na condição de escolha no interior do discurso, ele sublinha a urgência do que será dito.

Silenciamento ou impotência da fala?

É, portanto, para justificar sua fala que o orador decide calar-se. Seu silêncio, no entanto, deve ser anunciado, para que o público o interprete como uma marca da força oratória. Trata-se, com efeito, de um "silenciamento" e não de um repentino vazio de fala, de uma fraqueza. Porque a declaração de silêncio sugere que o orador tem à sua disposição uma fonte abundante, diante da qual é preciso triar, ao passo que a mera suspensão da fala evoca sobretudo a falta de prontidão ou o mal-estar de um orador que não sabe o que dizer. Assim ocorria com Alcebíades, que, de acordo com Plutarco, interrompia seu discurso para buscar a expressão que lhe havia fugido: "Porque

---

16. Podemos aproximar a conclusão de *Contre Ctésiphon* daquela de *Plataïque*, de Isócrates, p. 63: "Haveria muitas coisas a serem ditas, que talvez lhes conduzissem a preocuparem-se com sua saúde, mas não pude falar de tudo em meu discurso; cabe a vocês considerar também aquilo que foi mantido sob silêncio..." Cf. tb. LÍSIAS. *Contre Alcibiade*, I, p. 47: "Ao considerar o que foi dito e o que foi silenciado, vocês o condenarão sem dúvida..."

ele buscava não somente o que era preciso dizer, mas também as palavras e as frases para dizê-lo, e porque não dispunha de muitos recursos, uma vez que a fala lhe escapasse, Alcebíades errava frequentemente, calava-se no meio de seu discurso e esperava que as palavras lhe ocorressem novamente, esforçando-se para retomar a situação e para tentar dar prosseguimento à sua reflexão (*Vie d'Alcibiade*, 10, p. 4). Longe de se calar para conter um excesso de fala, Alcebíades hesitava e se calava por inépcia, ele buscava se resguardar sob um silêncio reflexivo para retomar o controle de si e das palavras.

O silêncio não declarado é assim representado como um sintoma de impotência, que o imaginário grego chegará até a assimilar à incapacidade física de falar. É exatamente em termos patológicos que Esquines descreve o silêncio de Demóstenes, vangloriando-se ante a oposição de sua eloquência à fragmentada fala de seu adversário. Na ocasião da expedição comum até Felipe, relata Esquines, Demóstenes foi vítima de uma verdadeira crise de silêncio (*Sur l'Ambassade*, p. 21ss.). Inicialmente, apresenta-se a imagem que o orador gostava de fazer de si mesmo: "Ele prometeu fontes inesgotáveis de falas..." (p. 21); em seguida, a realidade: "Todos estavam atentos, crentes de que escutariam um discurso dotado de uma força extraordinária [...]. Então ele fê-los ouvir uma introdução, uma espécie de monstro obscuro [...], e, depois de ter avançado um pouco no assunto, ele abruptamente se calou, encontrando-se num embaraço, e acabou por manter-se sem ideias [...]. Uma vez perturbado e tendo esquecido o que havia escrito, ele não foi mais capaz de se controlar e, após duas tentativas, ele recaiu no mesmo estado. Tendo em vista que o silêncio continuava, o arauto ordenou que nós nos retirássemos" (p. 34ss.).

Ao cabo de um exórdio incompreensível, Demóstenes perde sua fala. Seu silêncio aporético é representado como uma súbita desordem da razão. Semelhante a um doente que sofre de afonia, ele se esforça para articular sua fala e para retomar o controle: em vão. O estado de Demóstenes é ainda mais grave que aquele de Alcebíades, é uma deficiência temporária que se transforma aqui num mutismo definitivo, que destrói a imagem do orador dotado de uma fonte inesgotável de eloquência.

O silêncio de Demóstenes, na hábil construção de Esquines, corresponde ao silêncio que lhe vem como resposta. Felipe, como já seria previsível, não há nada a dizer a propósito da "proeza" de Demóstenes, ao passo que se entrega generosamente à intervenção de Esquines: "Como era justo, Felipe deteve-se sobretudo em minhas falas; porque eu nada omiti, penso eu, do que se poderia dizer a ele; e amiúde ele pronunciou meu nome em seu discurso. Mas com Demóstenes, que havia se tornado tão ridículo, ele não discutiu, creio eu, sobre nenhum ponto. Demóstenes foi sufocado pela dor" (p. 38).

Onde a fala exaustiva usufrui de uma resposta extensiva e da honra de ser evocada em várias retomadas do nome de seu orador, a afasia apenas recebe um outro silêncio, que, por seu turno, sufoca, estrangula. Esquines, parece-nos, regozija-se ao figurar o silêncio do adversário, no intuito de melhor refutar as pretensões de prontidão verbal que lhe são atribuídas. Porque o relato que lemos não é o único em que Esquines apresenta um Demóstenes a quem falta as palavras: "O que você fez, o que você disse então? Se você quisesse, eu lhe teria cedido a tribuna, até que você terminasse de falar. Mas vejo que você se calou, porque você não encontrou uma saída; perdoo-te por isso, mas o que você disse então, agora sou eu quem o dirá" (*Contre Ctésiphon*, p. 165ss.).

A aporia silenciosa, objeto de um relato no discurso *Sur l'Ambassade*, é aqui imaginada no caráter mais vívido do presente afrontamento e apresentada à consideração do júri. Mediante o "generoso" convite para tomar lugar à tribuna, Esquines não pretende oferecer a seu adversário a real oportunidade de se exprimir, antes, pretende realçar sua incapacidade para fazê-lo. Do embaraço de Demóstenes destaca-se a eloquência de Esquines, que parece fornecer sua voz ao outro orador silencioso.

A equação aparece entre silêncio e derrota, de um lado, e fala e vitória, de outro. Sob um outro prisma, o "vencedor", desta vez, é Demóstenes. Acusando Esquines e Filocrates de má-fé, o orador ressalta que eles não ousaram dizer nada, quando foram atacados publicamente por ele: "Qual é a razão pela qual os mais impudentes da cidade [i.e., Filocrates], aqueles que falam com maior vigor [i.e., Esquines], foram vencidos por mim, eu que sou o menos audacioso entre todos, eu que não consigo falar mais forte do que ninguém? É que a verdade é poderosa e que, ao contrário, é frágil a sua consciência, essa que os acusa de terem eles manobrado os interesses públicos. É essa consciência que lhes suspende a audácia, lhes embaraça a língua, lhes fecha a boca, que os sufoca e os reduz ao silêncio" (*Sur l'Ambassade*, p. 208).

Demóstenes sobrepõe-se aos seus adversários, impedindo-os de lhe responder. É verdade que o orador concebe sua vitória como corolário da verdade, uma vez que ele enfatiza contra o silêncio dos vencidos não a potência de seu discurso pessoal, mas uma força impessoal. Substituindo sua fala pela verdade, Demóstenes pretende insistir na justiça objetiva de seu triunfo, que não corre o risco de ser concebido como a vitória de um homem subversivo e preocupado exclusivamente com seu poder[17]. Entretanto, ele não negligencia o desenvolvimento da oposição entre sua fala e o silêncio de um Esquines, a quem faltam os argumentos; desde o princípio do ataque, Esquines é apresentado como aquele que "fala mais forte que todos os demais e que o faz com a voz mais clara que se possa desejar" (p. 206); em seguida, o "tímido" Demóstenes apenas emite suas palavras: "Em cada assembleia, em todas as ocasiões em que falamos deles, vocês sempre me ouviram denunciá-los, acusá-los, vocês sempre me ouviram dizer diante deles que receberam dinheiro e que manobraram todos os interesses públicos. E ninguém entre eles, ao ouvir tudo isso, jamais respondeu, jamais abriu sua boca, nem se apresentou" (p. 207).

Demóstenes insiste enfaticamente sobre sua fala, à qual ele opõe, com a mesma ênfase, o silêncio invisível dos adversários. O silêncio de Esquines, em particular, é destacado não somente ao ser contraposto à fala de seu antagonista, mas também à sua própria voz. O orador sonoro tornou-se um culpado silencioso. Por conseguinte, esse mesmo contraste retorna sob termos ainda mais marcados: porque "aqueles que falam mais forte" estão assujeitados ao silêncio por quatro verbos, dos quais os três primeiros ressaltam o impedimento físico da fala (p. 208).

Vencer o tumulto do público

Se o orador teme o silêncio, é porque ele acredita estar ameaçado por seu auditório. Aqueles que deveriam escutar não querem tampouco se calar, de modo que o orador é coagido a interromper sua fala para não ser, por seu turno, interrompido: "Que ninguém não me interrompa com gritos, antes que eu tenha dito tudo" (DEMÓSTENES. *Sur l'organisation financière*, p. 14); e ainda: "Quanto a mim, digo o que é necessário – e não me interrompam com gritos, enquanto eu lhes falo, mas julguem depois de terem ouvido..." (p. 3). Poderíamos continuar a mencionar outras passagens que tratam desse mesmo fenômeno[18].

---

17. Relembremos que, segundo Demóstenes, o homem político não deve afirmar seu *kratos* contra os demais cidadãos.

18. Cf. tb., p. e., ibid., p. 34. • DEMÓSTENES. *Sur la paix*, p. 15. • *Contre Eubolidès*, p. 50.

A interrupção é uma figura de afrontamento, que se pretende defensiva contra um público sempre perturbador. Com efeito, ante os dizeres dos oradores, o tumulto de um auditório hostil os espreita sem cessar. Para Demóstenes, o auditório concebe o discurso como uma imposição lamentável, um "incômodo" ao qual ele é obrigado a se submeter (*Prologues*, XI, p. 1): contudo, por meio de sua resistência a escutar, ele não "se livra" dos discursos, mas, justamente ao contrário, é forçado a ouvir de fato palavras sem nenhuma utilidade (*Prologues*, LV, p. 3). A experiência da escuta é assim concebida como uma provação à qual é preciso se submeter pacientemente: "Se vocês ouvirem em silêncio e se vocês suportarem..." (*Prologues*, XLIII, p. 2); "Que ele examine tudo, suportando escutar..." (*Prologues*, XVII); "Se vocês suportarem ouvir estas duas opiniões..." (*Prologues*, XVIII).

Desde sua subida à tribuna, portanto, Demóstenes se queixa de ser impedido de exercer sua função e ele reclama com uma ênfase por vezes patética pelo silêncio que permite a escuta: "Se vocês fazem tumulto, sua impaciência traz o risco de privá-los de muitas ideias úteis; em contrapartida, se vocês escutarem, em ordem e em silêncio, poderão seguir os bons conselhos" (*Prologues*, III, p. 2); "Meu segundo ponto é que vocês escutem em silêncio" (*Prologues*, LV, p. 3); e ainda: "Eu lhes peço [...], eu lhes suplico, eu lhes imploro que vocês me escutem em silêncio" (*Contre Euboulidès*, p. 1)[19].

Inicialmente, trata-se aqui de uma situação padrão produzida pela eloquência a título de escusa. Porque, desde a *Ilíada*, o orador toma precauções contra as dificuldades de sua tarefa, já pressupondo a hostilidade do público. Na ocasião em que Agamenon, no canto 19, levanta-se para falar depois de Aquiles ter renunciado à sua cólera, ele já prevê os gritos de protesto dos guerreiros e busca contê-los pela lembrança da conveniência da escuta: "Meus valorosos Aquivos, servidores do deus Ares, é decoroso em silêncio escutardes-me agora; até mesmo os oradores mais hábeis aparte importuno os perturba. Como é possível que em meio ao barulho falar alguém possa, ou ser ouvido, ainda mesmo dotado de voz retumbante" (p. 78ss.).

De modo análogo a Agamenon, os oradores da época clássica se protegem contra os eventuais assaltos do auditório; para eles, o tumulto constitui uma ameaça ainda mais grave que para os oradores homéricos. Nas assem-

---

19. Cf. tb. *Sur la paix*, p. 3. • *Prologues*, XX, p. 4. • *Sur la Couronne*, p. 6. • *Philippiques*, I, p. 14. • *Contre Polyclès*, p. 3. • ESQUINES. *Sur l'Ambassade*, p. 44 e 102.

bleias da *Ilíada*, com efeito, parece que o tumulto limita-se à fase inicial e para o orador o problema é, portanto, o de apresentar-se como superior no ponto de partida de sua intervenção; mas, uma vez que sua fala se desenvolve, as interrupções barulhentas do público ou de um outro herói, que lhe assaltaria a palavra, não mais ocorrem. A epopeia interessa-se mais pela sequência ininterrupta das intervenções, representadas como binárias, que pela polifonia de múltiplas tomadas de fala. Trata-se de uma maneira de sublinhar que o povo homérico não tem voz nas deliberações, que ele está excluído da produção dos discursos, que segue a alternância regulada da troca entre deuses e heróis. Cada membro do auditório de um Demóstenes, ao contrário, está sempre no pleno direito de tomar a palavra.

Por mais absolutamente arraigado que esteja entre os medos dos oradores, o *topos* do público tumultuoso não é, nem por isso, uma de suas especialidades. Primeiramente, eles o partilham com Aristófanes, que, parodiando as assembleias, detém-se com prazer em sua balbúrdia. Para o amante dos processos, os violentos tumultos do tribunal tornam equivalentes o poder do júri e aquele de Zeus tonitruante: "Quando fazemos tumulto, todos os transeuntes dizem: 'Que agitação no tribunal, ó Zeus!'" (*Guêpes*, p. 620-625). Temos uma observação sobre essas manifestações fragorosas na *Assemblée de femmes*: gritos e aplausos elevam-se para louvar o discurso de Praxágora, antes mesmo que ela tivesse terminado (p. 213); o público e o orador gritam no relato que Chrémes faz da assembleia (p. 399 e 403); e Praxágora, como Demóstenes, pede para não ser interrompida, assim que ela tomar a palavra: "Que ninguém entre vocês não me contradiga nem me interrompa, antes de conhecer minha ideia e de ter ouvido sua explicação" (p. 588ss.).

Na assembleia cômica, tal como na assembleia real, é preciso impor o silêncio a um auditório concebido como ruidoso: "Silêncio! Calem-se! Atenção! Porque ela tosse, assim como fazem os oradores" (*Thesmophories*, p. 381ss.). E um pouco adiante: "Parem de se insultar; porque uma mulher avança rapidamente em sua direção. Calem-se, antes que ela esteja aqui, para ouvir de forma ordeira o que tem a lhes dizer" (p. 571-573). A paródia cômica chega a encenar assembleias em que o arauto pede silêncio a um único indivíduo: ao rebelde Dicéopolis, por exemplo (*Acharniens*, p. 58ss., 64 e 123); ou a Philocléon, no início do processo, em *As Vespas* (p. 905). Na transição do sério ao cômico, o auditório tumultuoso transforma-se num indivíduo subversivo.

Por que a representação que Aristófanes produz da assembleia coincide, no que respeita ao comportamento de seus participantes, com aquela produzida pelos oradores? Responderemos, naturalmente, que Aristófanes inspira-se no *topos* elaborado pela eloquência. De certo, mas ele inspira-se nesse *topos*, ao assistir com seus próprios olhos e ouvidos às assembleias. Na deformação cômica, a retomada do *topos* dos oradores é, ao mesmo tempo, uma caricatura das reuniões políticas em seu conjunto, que o poeta interpreta a partir de sua própria experiência: é nas assembleias que ele ouve os oradores exortarem o público ao silêncio; é nas assembleias que ele os ouve reclamar do tumulto.

Isso não significa que a assembleia ateniense era exatamente tal como a descreve Aristófanes e os oradores. A coincidência nas representações não permite necessariamente tirar conclusões absolutas sobre a realidade. Não podemos, contudo, nos agarrar à hipótese de que a assembleia teria sido descrita como tumultuosa somente porque os oradores pretendiam se proteger. Porque entre os historiadores, igualmente, a descrição da assembleia é quase tão animada quanto aquelas do teatro e da oratória: na ocasião do enfrentamento entre Temístocles e Adeimantus, relatado por Heródoto (VIII, p. 59ss.), o chefe militar ateniense é interrompido duas vezes por seu antagonista, que chegará ao limite de ordenar que ele se cale. Em Tucídides, tumultuosa é a assembleia na qual os atenienses de Samos propõem o retorno de Alcebíades (VIII, p. 53) e ainda mais agitada é o confronto entre os enviados dos Quatrocentos e os democratas da frota que permaneceu em Samos (VIII, p. 86). O mesmo ocorre na assembleia que delibera sobre a condenação à morte dos comandantes arginusos (XENOFONTE. *Helênicas*, I, p. 7 e 12ss.): contra os cidadãos que se opunham à condenação, "a multidão se pôs a gritar que se tratava de algo indigno não deixar que se fizesse a vontade do povo". O tumulto constrange os oponentes a abandonar sua causa e, na sequência, ouvem-se novamente os gritos, exprimindo agora o acordo do povo com o homem que propôs a pena capital.

É fato que as assembleias aqui mencionadas são particularmente tensas e irregulares, mas isso não implica que a assembleia "normal" possa ser, por oposição, pensada como silenciosa. Bem distante disso, o silêncio da assembleia sugere, conforme veremos, algo completamente distinto do bom desenvolvimento de uma reunião pacífica e disciplinada. Em se tratando de assembleias "normais", aliás, os historiadores negligenciam a atitude do orador e do público para privilegiar o conteúdo dos debates, como se apenas as assembleias repletas de problemas merecessem ser descritas no decurso de seu desenvolvimento. Nada impede que avancemos a hipótese de que a assembleia problemática, com sua balbúrdia, fosse o modelo de representação de toda e qualquer assembleia. Mas é preciso que, antes, nos detenhamos uma vez mais nos arredores da eloquência.

A imagem de uma fala constantemente frequentada pelo tumulto atravessa toda a *Retórica a Alexandre*, atribuída a Aristóteles, que emprega o vocabulário do antagonista no intuito de descrever a condição do orador. Esse manual prático da eloquência consagra, com efeito, uma longa explanação aos conselhos para vencer o tumulto que se ergue nos prólogos e nos desenvolvimentos do discurso (1.432b, p. 11; 1.433a, p. 32). Embora o autor distinga três tipos de auditórios – benevolente, hostil e indiferente –, ele detém-se na sequência principalmente na hostilidade do público e nas maneiras de seu espírito (1.436 b, p. 17ss.). O mesmo verbo "suportar", que Demóstenes utiliza várias vezes para descrever a experiência da escuta, ressurge igualmente nesse tratado (1.433a, p. 3). Quanto ao "encontro" entre o orador e o tumulto, sua representação nesse texto dá-se sob a forma do enfrentamento próprio do combate[20].

A relação entre o orador e seu público é, portanto, imaginada como a luta entre duas emissões sonoras que procuram se fazer ouvir uma contra a outra: desde o momento em que a voz do orador corrompe-se, o tumulto eleva-se (PSEUDO-PLUTARCO. *Vie des dix orateurs*, p. 848b), e, por seu turno, ameaça reduzir o orador ao silêncio[21]. Aquele que se prepara para a vida política deve exercitar a força e a postura vocal precisamente no intuito de opor-se frontalmente ao tumulto: o esforço de Demóstenes, que exercitava sua voz contra a agitação da quebra das ondas do mar, tinha por objetivo lhe permitir resistir "ao tumulto do povo" (*Vie des dix orateurs*, p. 844s.).

A importância de possuir uma bela voz para dominar o auditório justifica os ataques reiterados que Demóstenes lança contra a eufonia de Esquines e o esplendor de sua elocução teatral. De modo análogo aos atores, dos quais

---

20. Cf. 1.432b, p. 33 e 35; 1.433a, p. 13, 26 e 32.

21. Cf. DEMÓSTENES. *Sur l'Ambassade*, p. 113. • ESQUINES. *Contre Timarque*, p. 34.

ele era um medíocre representante (*Sur la Couronne*, p. 313), Esquines fala com a voz mais forte e mais clara (*Sur l'Ambassade*, p. 199 e 206), com uma tal desenvoltura que lhe permite articular as palavras sem retomar o fôlego (*Sur la Couronne*, p. 308). Ao invés de falar visando a utilidade pública, Esquines encena com sua voz (*Sur la Couronne*, p. 287), voz essa que ele exercitou ao custo de repetidas vocalizações (*Sur la Couronne*, p. 280).

Evidentemente, a condenação erigida por Demóstenes é defensiva: sendo ele próprio pouco dotado, ele previne o júri para que este último não ceda ao charme de seu adversário, tal como se o confirma pelo longo desenvolvimento que ele dedica às virtudes vocais de Esquines no discurso *Sur l'Ambassade* (p. 337-340): "E, no entanto, é preciso que eu fale também sobre sua voz", começa Demóstenes, mostrando-se ao mesmo tempo embaraçado pela aparente frivolidade da temática e consciente de sua real importância. Demóstenes apresentava seu estranhamento diante do fato de que o mesmo público, que decretou o fracasso de Esquines como ator, então se deixasse seduzir por sua bela voz. Um embaixador não é um arauto, de quem com razão deve-se exigir a *eufonia*. Felizmente, continua Demóstenes, o júri detém o poder controlar por sua oposição a "força da fala" de seu adversário, ante a qual não surtirá nenhum efeito em razão da ausência de uma predisposição favorável da escuta.

Essa tentativa constante de prevenir o auditório contra os encantamentos da bela voz é testemunha da influência da voz sobre o público ateniense. A realidade, sem nenhuma dúvida, não é aquela com que sonha Demóstenes, na qual o júri daria provas de sua indiferença à sedução estabelecida por meio da voz de um ator. Com efeito, sabemos que uma voz fraca e defeituosa impediria seriamente o orador de se inserir na vida política, de tal modo que Isócrates tinha por hábito dizer que ele teria pagado uma enorme soma para receber o dom da voz[22]. E o mesmo Demóstenes, que, a despeito de seu sarcasmo contra a voz forjada de Esquines, não negligenciou o exercício da sua própria voz, segundo uma célebre anedota ele teria ido desenvolvê-la na escola do ator Andrônico (QUINTILIANO, XI, p. 3 e 7).

---

22. *Vie des dix orateurs*, p. 4ss. e 29ss. Cf. tb. o anônimo *Vie d'Isocrates*, p. 34-40 e 123-125, e ainda as próprias declarações desse orador em *Philippe*, p. 81 e *Panathénaïque*, p. 10ss.

Por uma assembleia sem silêncio

A voz contra o tumulto: numa tal representação da relação entre o orador e seu público, em que consiste o silêncio? Imagem de paralisia do orador, ele parece sugerir também o embaraço do auditório. Porque as conotações do tumulto são bastante ambíguas: por um lado, insubmissão e violência, por outro, reação livre e explícita às falas do orador. Embora Aristóteles tenha ressalvas quanto ao modo espartano de votar mediante o grito, modo esse que ele qualifica como pueril (*Política*, II, p. 9 e 27)[23], os oradores atenienses fazem do grito a expressão imediata do julgamento. Demóstenes, com efeito, concebe o tumulto no mesmo plano que o voto propriamente dito, quando reprova à assembleia de não fazer corresponder o segundo ao primeiro: "Seu voto secreto contradiz seu tumulto manifesto" (*Philippiques*, IV, p. 44).

Na condição de expressão pública e aberta, o tumulto parece ser sincero, distante dos cálculos do isolamento e do silêncio. Representado como a reação ativa em face das falas ouvidas, o silêncio é o tumulto é o indicador coletivo do preço cobrado pela escuta[24]. Os oradores, com o propósito de sublinhar seu sucesso, apelam aos gritos e aplausos do auditório suscitados por seus discursos. É esta a estratégia de Esquines, ao evocar o "grande tumulto e os gritos" que explodem na assembleia após suas falas (*Contre Ctésiphon*, p. 122); é também a estratégia de Demóstenes, ao lembrar aos atenienses sua própria reação ao discurso desse orador: "Vocês fizeram tanto tumulto e barulho quanto as pessoas que aprovaram e que tiveram os mesmos sentimentos que este orador" (*Contre Midias*, p. 14).

Em contrapartida, os oradores não celebram o silêncio de uma multidão que se põe à escuta de suas falas. Este é um detalhe espantoso, tendo em vista o fato de que a eloquência romana não é abundante em alusões ao silêncio de um público absorto e seduzido. É verdade que os oradores, em Roma com na Grécia, buscam os sonoros aplausos (QUINTILIANO, XI, p. 3 e 121); não é menos verdade que o auditório romano tenha se tornado conhecido por sempre ter sabido ouvir em silêncio: "A maioria dos oradores [...] não pode suportar esse grande e atento silêncio", escreveu Quintiliano (IV, p. 2 e 37).

---

23. Sobre as modalidades desse voto gritado, cf. PLUTARCO. *Vie de Lycugue*, p. 26.

24. Cf., p. ex., DEMÓSTENES. *Philippiques*, II, p. 26. • *Sur l'Ambassade*, p. 195. • ESQUINES. *Contre Timarque*, p. 82, 83 e 174. • ISÓCRATES. *Panathénaïque*, p. 2 e 264.

Tácito segue nessa mesma direção, ao discorrer sobre os prazeres que a arte oratória proporciona, "a alegria de se erguer e de assistir a alguém em meio ao público silencioso, em que todos os olhares convergem sobre um único indivíduo" (*Diálogo dos oradores*, VI, p. 4). E, finalmente, Plínio, o jovem, concorda com Tácito, ao louvar o silêncio "concentrado, atento e ávido por escutar mais" (*Lettres*, II, 10, p. 7).

Esse auditório mudo, que sucumbe às falas de um mestre da eloquência, não é o auditório de um Demóstenes: distante dos tumultos do combate político, esse público deleita-se com a escuta das declamações. Seu silêncio admirativo indica, portanto, a ausência de participação, representa o comportamento de um público não engajado. É verdade que a apreciação desse comportamento não é negativa entre os oradores romanos, que nele observam, ao contrário, a influência de suas falas.

Mas, há ainda mais: porque em Roma o silêncio de um público atento é evocado mesmo pelos oradores republicanos. Cícero, ao menos, vangloria-se do total silêncio que se fez, quando se falava dele, na ocasião de uma assembleia. Mais egocêntrico do que nunca, ele escreve: "P. Lentulus, quando era cônsul, propõe uma assembleia sobre mim; o povo romano nela apresentou-se prontamente; todas as classes, a Itália inteira a assistiu. Ele defendeu minha causa com uma eloquência tão rica, tão potente e em meio a um tal silêncio e a uma tal aprovação, que parecia que nada tão popular já havia alcançado os ouvidos do povo romano [...]. Que silêncio estabeleceu-se entre os melhores cidadãos, quando falavam sobre mim!" (*Pour Sestitus*, p. 107ss.).

Os ouvintes, a despeito de seu grande número e de suas diferenças sociais, manifestam pelo silêncio seu consentimento extasiado ou, antes, ao menos, Cícero toma o cuidado de representar assim seu público. Mesmo quando lhe ocorre de postular a escuta, ele pode fazê-lo invocando o silêncio do auditório: "Eu peço a vocês, escutem o que ainda resta a ser dito com uma atenção igual àquela que vocês prestaram até aqui; estejam certos de que eu não direi nada que não lhes pareça digno desta reunião e deste silêncio, de sua aplicação e de seus ouvidos" (*Pour Cluentius*, p. 66). Diferentemente de Demóstenes, Cícero solicita a escuta atenta de seu público, sublinhando seu real silêncio, o que sugere que a assembleia à qual ele se dirige gosta de ser concebida como "silenciosa". Então, para fazer cessar os gritos, Cícero evoca o "povo silencioso", ao mesmo tempo ausente e onipresente: "Esse tumulto não me perturba, antes, ele me assegura de que os ignorantes, entre vocês,

• 47

não são numerosos. Creiam-me, jamais este povo romano, que mantém o silêncio, teria me elegido cônsul, se tivesse pensado que seu tumulto poderia me perturbar" (*Pour Rabirius*, p. 18).

Contra os protestos de uma minoria barulhenta, que coincide talvez com a totalidade dos jurados, mas que o orador opõe ao conjunto de todo povo, Cícero faz valer os direitos de uma "maioria silenciosa", que representa a solidez das instituições. O tumulto, cuja conotação é unicamente negativa, não mais tem força face à idealização de um "povo romano que mantém o silêncio".

A distância não poderia ser mais significativa entre essa representação do público silencioso e aquela oferecida pelos oradores da Grécia clássica. Inicialmente, na Grécia o silêncio reina na assembleia logo após o anúncio de uma notícia lamentável. Demóstenes demonstra-o, ao acusar aqueles que atacam Midias em seu profundo estado mórbido: ao se anunciar uma má notícia..., "o precipitado ergue-se prontamente e toma a palavra, desconsiderando a ocasião e regozijando-se do silêncio pelo qual vocês mostram sua aflição ante os eventos" (*Contre Midias*, p. 203).

Os historiadores, além disso, percebem o silêncio da assembleia como uma atitude densa, tensa e imóvel. "Tranquilos" é o modo como são designados os atenienses que não ousam votar contra a expedição à Sicília, por temerem o grande número de seus antagonistas (TUCÍDIDES, IV, 24, p. 4). Silenciosos, para Xenofonte, são os mercenários gregos que bem recebem as lágrimas de um orador aflito (*Anabase*, 3, p. 2). É verdade que o mesmo Xenofonte menciona também o silêncio disciplinado que precede o começo da assembleia: "Nesse momento, Ciáxaro saiu, pomposamente vestido, e foi sentar-se sobre um trono de Média. Quanto foram reunidos todos aqueles que eram necessários e quando o silêncio se estabeleceu, Ciáxaro tomou a fala..." (*Cyropédie*, VI, 1, p. 6). Trata-se do silêncio de um grupo que se prepara para escutar os oradores. Mas qual grupo e quais oradores? A assembleia de que se trata aqui ocorre entre os Medas e toda sua cerimônia não tem nada de grego. No decurso da discussão, aliás, não há conflito: também a ordem silenciosa, que inaugura essa assembleia, prefigura a ausência de enfrentamento oratório.

Não nos surpreendemos, portanto, com o fato de Heródoto colocar o silêncio principalmente do lado dos persas e de interpretá-lo como um obstáculo que impede a expressão das opiniões contrárias. Na assembleia dedicada à guerra contra a Grécia, o rei dos persas, que abriu a sessão, concluiu assim sua intervenção: "Para não parecer que delibero sozinho, coloco a questão entre todos vocês, convidando quem entre vocês quiser a manifestar sua opinião" (VII, 8, p. 50-52). O primeiro a tomar a palavra é o adulador Mardônios, que se posicionou evidentemente em favor da opinião de Xerxes. Em seguida, "uma vez que os outros persas mantiveram-se em silêncio e não ousaram manifestar opinião contrária àquela que havia sido apresentada, Artabano, filho de Histaspes, que era tio de Xerxes e que tinha plena confiança nesse vínculo, tomou a palavra..." (VIII, 10, p. 3-6).

Heródoto não esconde seu julgamento: para ele, o silêncio dos persas é a marca de sua condição de assujeitados. Com um belo efeito de ironia, o historiador ressalta a distância entre a aparência "democrática" dessa assembleia e a realidade: de um lado, o convite de Xerxes que lembra bastante a fórmula que abre o debate na assembleia ateniense, de outro, a fala aduladora e o silêncio com que se responde a esse convite. Aliás, aquele que rompe o silêncio somente o faz usufruindo de sua posição privilegiada e não sem ter tomado precauções de fala[25].

Se o silêncio dos persas evoca sua ignorância da liberdade[26], o que ele é nas assembleias gregas? Ele é esperado e incentivado pela política de Esparta, que o impõe a seus aliados (V, p. 92): "Assim falaram os lacedemônios, tranquilos, com exceção de Sócles, que disse..." (I, p. 7-10). Ele ousou, sozinho, opor-se ao plano dos espartanos, posição à qual todo público da assembleia aderiu, assentindo ao orador corajoso (p. 93): "Os outros aliados tinham se mantido tranquilos até então; mas, quando ouviram Sócles falar livremente, todos ergueram suas vozes e adotaram a opinião do corintiano..."

Nessa passagem, que certamente subentende uma crítica ao governo de Esparta, Heródoto faz provir do silêncio coletivo a fala livre de um indivíduo. Além disso, não há como impedir que se veja aí mais que um acaso da narrativa na continuidade entre a menção ao descontentamento e a valorização do silêncio. Porque a aprovação positiva, de modo bastante distinto do que ocorria em Roma, não poderia se manifestar pelo silêncio. A narrativa de Xenofonte atesta essa posição, ao tratar das negociações entre Atenas e Esparta,

---

25. Cf. o início de seu discurso (p. 10): "Rei, se não exprimimos opiniões discordantes, não é possível escolher a melhor..."

26. Cf. tb. IX, p. 42.

• **49**

no livro seis das *Helênicas*, que opõe silêncio e satisfação (p. 3 e 10): um certo Autoclés, com seu discurso desagradável, "provocou o silêncio geral, mas com isso ele promoveu grande prazer entre os lacedemônios que o desejavam". Em Heródoto, igualmente, os aliados calam-se, descontentes, até o ponto em que um entre eles rompe a situação imóvel. Nas antípodas do mal-estar silencioso, Heródoto identifica o movimento repentino de uma voz que estala, voz que talvez não seja de uma fala, mas que deve ser a de um grito[27].

Nesses textos, trata-se, portanto, do pesado e inerte silêncio daqueles que seriam chamados a intervir. Mas a representação da assembleia clássica vai ainda mais longe: porque o silêncio da escuta aí é evocado somente com sentido pejorativo, para significar não a ordem, mas a idiotice de um auditório passivo e estupefato; podemos pensar aqui no uso de Aristófanes do verbo *chainein/chaskein* – permanecer de boca aberta – cujo uso aplica-se aos "participantes" de uma assembleia.

Atitude ao mesmo tempo de tédio e de extremo desejo (*Acharnienes*, p. 3 e 10) é aquela descrita pelo verbo *chainein* e seu derivado que caracteriza a estupidez dos atenienses reunidos para deliberação[28]: reduzi-los a esse estado é a especialidade de Cleon (*Cavaliers*, p. 804), demagogo que enaltece a multidão para lhe roubar suas virtudes, desde o momento em que ela esteja de "boca aberta" (*Cavaliers*, p. 1.030). Mas *chainein* indica, mais geralmente, a atitude normal do povo: "Ó Demos [povo], como é belo teu império! Todos te temem como um tirano. Mas tu és facilmente conduzido pelo teu nariz: tu amas ser enaltecido e enganado, sempre escutando os faladores de boca aberta, e teu espírito, permanecendo em tua morada, viaja ao longe" (p. 1.111-1.120)[29].

A reprovação do gosto pelos enaltecimentos é acompanhada por um comportamento silencioso que denuncia a inércia intelectual: desprovidos de inteligência, ausentes deles próprios, os atenienses dispõem-se a escutar passivamente os oradores. Seu espírito viaja ao longe, ao invés de permanecer junto deles, mas quando eles se sentam às assembleias seu espírito continua

---

27. Cf. MACAN, R.W. (org.). *Herodotus*, Londres/Nova York, 1908, p. 243.

28. Cf. tb. TAILLARDAT, J. *Les images d'Aristophane*. Paris, Belles Lettres, 1965, p. 264ss., que traduz belamente esse verbo com a locução *bayer aux corneilles*, ou seja, perder seu tempo olhando estupidamente para o nada.

29. A tradução é de Van Daele, H. *Aristophane*. Paris: Les Belles Lettres, 1972.

em suas casas: "Porque este velho [Demos, o povo], em sua morada, é o mais fino dos homens: mas, uma vez que ele se assenta sobre a pedra dos lugares públicos, ele permanece de boca aberta..." (p. 752-755).

A assembleia, na qual se exigiria a participação vigilante, sob uma forma vazia na paródia cômica, apresenta-se como um lugar em que os oradores falam diante de um público, seja ele tumultuoso ou estupidamente passivo em sua escuta. Essa escuta silenciosa inscreve-se antes no olhar que na audição, conforme o sugere a significação do próprio verbo *chainein*, ou seja, "escutar ou olhar de boca aberta". A memória está presente no julgamento do Cleon representado por Tucídides: "Vocês foram vencidos, diz ele aos seus concidadãos, pelo prazer da escuta e se parecem muito mais com os espectadores dos sofistas, sentados em suas cadeiras, do que com homens que deliberam sobre a cidade" (III, 38, p. 7).

Cleon, que para Aristófanes seria em grande medida responsável por ter reduzido os atenienses a ouvir estupefatos, também é reprovado por Tucídides em razão dessa mesma atitude. A contradição aparente mostra que se trata aqui de uma crítica partilhada sobre o comportamento da assembleia, tendo por alvo uma escuta que apenas olha: uma escuta-olhar. Ou, antes, uma escuta que, pelo próprio fato de ser olhar, já não é mais escuta. Poderia fazer minhas as observações de Loraux a propósito desses versos de Sólon que acusam os atenienses de serem demasiadamente sensíveis às falas vazias de Pisístrato[30]: "Vocês são apenas olhos para a língua e para as palavras de um homem hipócrita e, para o ato que ele prepara, vocês não têm nenhuma visão" (11 West, p. 7-8). Ao retomar esses versos do fragmento de Tucídides, Loraux observa que a crítica do poeta incide sobre uma perturbação ilegítima do sentido: ao invés de olhar os fatos e de escutar as falas, os atenienses utilizam "seus olhos para não ouvirem".

Assim, a escuta ativa e circunspecta do cidadão não poderia ser absorvida pelo olhar. Aristóteles confirma-o, ao distinguir dois tipos de ouvintes segundo as funções do discurso, chamando de "espectador" aquele que deve avaliar unicamente a força e a beleza das falas, sem ser interpelado a falar sobre o futuro, tal como ocorre na assembleia, nem sobre o passado, tal como

---

30. "Solon et la voix de l'écrit". In: DETIENNE, M. *Les savoirs de l'écriture en Grèce ancienne*. Lille: Presses Universitaires, 1988, p. 95-129, em particular, p. 121. Empresto de Loraux a tradução do fragmento citado.

• 51

ocorre no tribunal (*Retórica*, I, p. 1.358ss.). Situada no limite entre o olhar e a escuta, a atitude descrita pelo termo *chainein* é, portanto, uma escuta que não conduz à deliberação: uma escuta fisicamente silenciosa, em que o órgão da fala abre-se, mas permanece imóvel, enquanto os olhos dilatam-se, ou seja, é uma escuta amiga dos discursos aduladores, que impede o exame ativo dos pronunciamentos, esse exame invocado por Demóstenes[31]. Também o orador, tal qual Cleon é retratado por Tucídides, preveniu os atenienses para que não se comportassem como o público no teatro (*Prologues*, XXXII, p. 2), isto é, "sentados a ouvir injúrias pessoais".

Dos elementos que provocam o silêncio do auditório, as descrições gregas apenas conhecem a rejeição impotente e a estupidez de um público de espectadores. Elas não conhecem a disciplina que permite a escuta inteligente e fecunda. A imagem de uma escuta em ato, ordenada e silenciosa choca-se com a representação de uma assembleia constituída virtualmente de cidadãos iguais, em que todos e cada um são chamados a falar o que creem ser útil. Interpretado em termos de espanto, de paralisia e de medo, o silêncio que se faz na assembleia apenas poderia agradar aqueles que se vangloriam, como Cícero, de serem apoiados por uma maioria invisível e silenciosa.

---

31. *Prologues*, XXXI, p. 3ss.

A TRIBUNA, A PREGAÇÃO E A CONSTRUÇÃO DO PÚBLICO CRISTÃO NA IDADE MÉDIA[*]

Hervé Martin
Université de Rennes

Introdução

O título deste capítulo nos convida a refletir historicamente sobre a articulação entre um gênero de discurso (a pregação, destinada a ensinar as verdades da fé católica), um lugar de fala (a cátedra: supostamente um lugar universal) e um público (o povo cristão, pretensamente concebido como homogêneo e unânime), durante a Idade Média. Em cada um desses três domínios, é necessário que nos voltemos às ideias fundamentais.

A imagem clássica do pregador na cátedra necessita de uma observação mais detalhada para que possamos reconstituir a efetiva concretude das situações medievais da fala pública sacra daquele período. O conceito comumente disseminado do sermão da Baixa Idade Média – interpretado como sendo confuso, prolixo e ininteligível – não é, de fato, mais sustentável. E é necessário, sobretudo, que nos desvencilhemos da visão generalizada de que o público cristão era homogêneo. Com efeito, o sermão se dirige à assembleia das pessoas batizadas – tomando de empréstimo aqui a expressão consagrada –, mas ele interpela também outros públicos visivelmente almejados, mas ainda não filiados à doutrina católica e cristã.

Observando o mais próximo possível esse fenômeno, podemos contribuir para esclarecer de maneira mais profunda as modalidades de cristianização do fim da Idade Média. Esse período contribuiu para o poder de um sistema "pré-midiático", que Jean-Claude Schmitt (1990) não hesitou em

---

[*] Texto originalmente publicado com o título "La chaire, la prédication et la construction du public des croyants à la fin du Moyen Âge", na Revista *Politix*, vol. 7, n. 26, 1994, p. 42-50. © Presses de Sciences Po. Tradução de Dirceu Cleber Conde e Carlos Piovezani.

qualificar, recentemente, como "máquina de pregar", cuja eficácia pode ser percebida, por exemplo, pela observação do modo como tornou menos temíveis as almas penadas e como organizou as relações ordenadas entre os vivos e os mortos no imaginário popular. De nossa parte, preferimos tratar da "fala pública instituída" para reforçar a interdependência estreita entre os locutores titulados (clérigos laicos e religiosos ditos mendicantes), as regras discursivas condicionantes dessa fala e os lugares privilegiados em que se processa sua intervenção: o santuário, o adro, a praça, o cemitério. Essa prática social altamente regulada dá lugar a uma reelaboração da iconografia, à qual é necessário consultar.

Temas e lugares da pregação sagrada

Nem todo pregador nem tampouco todo missionário da Baixa Idade Média discursava do alto de uma cátedra. As bíblias moralizadas, ilustradas com vinhetas, apresentam em paralelo os profetas do Antigo Testamento, os apóstolos do Novo Testamento e os servos da Igreja então contemporânea, e podem demonstrar o simples colóquio fraternal entre os enviados de Deus e seus irmãos congêneres mais ou menos receptíveis à mensagem da verdade. O locutor figura no mesmo nível de seus ouvintes ou se lhes sobrepõe apenas sutilmente, o que corresponde muito bem ao modo de intervenção espontânea dos primeiros discípulos de Francisco de Assis e de Domenico de Gusmão, verdadeiros apóstolos e efetivamente pobres, que pregaram oportuna e inoportunamente, em circunstâncias favoráveis e desfavoráveis, em praças e feiras, em esquinas, pontes, entre outros lugares e contextos.

No entanto, poder-se-ia colocar a seguinte questão: Onde exatamente ficavam os pregadores nas igrejas? Sobre esse ponto, as opiniões divergem consideravelmente. Muitos estimam que no século XIII era ainda comum que os oradores sacros se dirigissem aos fiéis a partir do ambom, espécie de tribuna ou púlpito localizado ao lado do coro, de onde os clérigos liam as Escrituras e instruíam os fiéis. É precisamente no decurso do século XIII que a cátedra do pregador, inicialmente um móvel em madeira, então fixado a um pilar ou à parede, teria substituído o ambão, sem que essa substituição se operasse em todos os santuários, bem longe disso, inclusive. Para outros medievalistas, parece que, a partir dessa época, as cátedras foram amplamente disseminadas. Alguns documentos parecem lhes dar razão, como os registros episcopais de visitas anteriores a 1300, nos quais são descritas cátedras tão antigas, ameaçadas de ruírem "a tal ponto que os padres não ousam se demorarem nelas nem mesmo uma hora completa".

Algumas que chegam a esse estado estão aos pedaços e de tal modo desgastadas de longa data que os vermes e os arbustos ali se multiplicam (conforme um relato da Diocese de Noyon). Ou seja, as cátedras constituem elemento banal e antigo do mobiliário das igrejas, pelo qual o clérigo paroquial parece já se desinteressar, como se a "máquina de pregar" sofresse de alguns defeitos e imperfeições.

A partir do século XIV e ainda mais no século seguinte, figuram frequentemente nas pinturas e nas iluminuras vários oradores em cátedras, inclinados com metade de seus corpos ultrapassando os limites de uma espécie de caixa de madeira de formato quadrado, retangular ou poligonal, montada sobre andaimes ou fixada na parede ou no pilar das igrejas, bem próxima por sua vez das cátedras dos mestres das universidades, a partir das quais precisamente pregavam e ensinavam os teólogos. O fato de aceder a uma cátedra relativamente elevada e de física e simbolicamente dominar seu público confere ao orador um estatuto de mediador entre Deus e os homens, dotando-o ainda de uma condição de locutor legitimado, habilitado e crível pela instituição eclesiástica.

Em caso de necessidade, instalava-se para o "difusor da boa e santa doutrina" uma cátedra portátil – denominada de *chafaud* ou *échafaud*, que se tratava de fato de uma tribuna acomodada sobre um andaime – colocada nos adros do santuário ou nas praças que se situavam diante dos templos. Do alto da tribuna desce o pão da palavra, comparada ao maná enviado por Jeová ao povo de Israel. Desse alimento incomparável, é preciso não perder uma única migalha sequer. Se nos fiarmos nas iluminuras, o bom povo de Deus parece estar bastante convencido disso. As incontáveis gentes devotas bebem as palavras do pregador, que se projeta com benevolência sobre seu público. Essa atitude benevolente contrasta com a rigidez do *magister*, que inculca aparentemente seu saber aos estudantes.

Quando um orador famoso deve realizar uma pregação ao ar livre, em tese, de modo semelhante aos comícios na era das "massas", um célebre pregador como Vincent Ferrier, em Perpinhão, no ano de 1415, ou como Thomas Cornette, em Arras, no ano de 1429, instalava-se um *hourd*, que era um estrado para os oradores, construído com dois andares e que comportava um púlpito superior, ao qual os contemporâneos denominavam *tribuna*. Segundo os relatos depositados no processo de canonização de Vincent Ferrier, essa tribuna era tão elevada que o dominicano catalão sofria consideravelmente para escalá-la. Posto no alto de seu púlpito, o idoso, quase impotente, transformava-se em um homem na flor da idade, dotado do carisma de um profeta.

Do *hourd*, uma posição excepcional, porque altíssima, somente desciam as palavras graves e absolutamente incontestáveis, dirigidas a todo povo cristão reunido em um espaço preparado – a praça, o cemitério – onde não devia reinar nenhuma confusão entre os estratos sociais. Todos reunidos, ouvindo uma mesma palavra, mas sendo devidamente respeitadas as diferenças. Como testemunha desse fato, uma obra de 1480, conservada no Museu de Oxford, representa a pregação de Vincent Ferrier, em Perpinhão, no ano de 1415. No espaço bem delimitado de uma praça fechada, o estrado que sustenta a tribuna do missionário apoia-se em uma parede da igreja: diante dela, bancos estão dispostos para a multidão; dos lados, camarotes e galerias foram construídas para os vultos notáveis daquela sociedade. Até mesmo os judeus foram convidados a ouvir as admoestações do Anjo do Apocalipse. Alguns dos dignitários satisfaziam-se em permanecer em pé sobre o estrado, que se encontra próximo da cátedra.

Os preparativos para os sermões-espetáculos podiam ser comparados aos dos teatros erguidos em praça pública para se representar os autos dos mistérios, outro meio muito importante no ensino religioso no século XV. Esse paralelo pode conduzir-nos a pensar que os espectadores das homilias pronunciadas pelos grandes missionários do século XV possivelmente não eram tão mais numerosos que os espectadores dos autos sagrados, público de que se pode avaliar o número de modo suficientemente preciso. Torna-se, por essa razão, necessário imaginar uma plateia entre quatro e cinco mil indivíduos diante dos oradores mais concorridos e não uma multidão imensa de vinte a trinta mil, como repetem com complacência os cronistas sempre tão propensos às hipérboles. Esta avaliação prudente está de acordo com a "baixa maré" demográfica própria do fim da Idade Média (cf. RUSSEL, 1987).

Da cátedra descia a palavra da verdade, que não era a simples paráfrase das Santas Escrituras como a homilia tradicional, mas um discurso sábio, submetendo os textos bíblicos e evangelísticos a uma sistematização de tipo escolar, esforçando-se para responder às diferentes objeções que poderiam ser formuladas contra a mensagem cristã. Cada pregador tecia suas variações pessoais sobre os temas conhecidos. Sentados aos pés da cátedra, taquígrafos ou *reportatores*, os precursores dos nossos repórteres, esforçam-se para registrar as ideias do orador. Quando Vincent Ferrier prega, os clérigos mais cultos não encontram dificuldades para compreender e memorizar suas palavras; em contrapartida, boa parte da população encontrava grande dificuldade para fazê-lo. Dito de outro modo, tornava-se necessária a existência de um grupo de *experts* aptos a julgar as *performances* oratórias e assegurar a sua difusão para o maior proveito possível da "máquina de pregar".

A fala e a escrita, longe de serem antinômicas, entretinham uma relação dinâmica: o pregador busca e encontra nos livros escritos o que falar em seus sermões, que, por seu turno, são posteriormente reagrupados sob a forma de antologias utilizáveis por seus colegas mais apressados. O sistema de *reportatio* prestou-se às práticas universitárias e conferiu a toda pregação notável uma segunda vida, por vezes, mais longa, a serviço da instituição eclesiástica. É comum esquecermo-nos de que os anos de 1480-1520, dito de transição entre o Cristianismo Flamboyant e a Reforma, foram inundados por numerosas antologias de sermões medievais, resultado da imprensa recentemente instalada. A prensa e os tipos móveis então nascentes também renderam belas homenagens a um gênero oral profundamente polivalente que, longe de se limitar a ensinar o que é preciso crer e o que é preciso fazer, tornou-se então uma espécie de dicionário universal da época.

Não cremos que seja interessante compor aqui um resumo da doutrina e da moral veiculadas pelos sermões, a não ser que nosso objetivo fosse o de demarcar a distância entre o "catecismo" de ontem e o de hoje. Tentemos, antes, ressaltar certos aspectos mais interessantes e desconhecidos desse tipo de pregação tão desconcertante, logo que se trava com ela um contato inicial. Esses aspectos somente podem aparecer ao cabo de várias "leituras" sucessivas. Se nos prendermos aos procedimentos didáticos, às histórias exemplares, às relações metafóricas ou às evocações da vida cotidiana, jamais nossa busca conduzirá a resultados insatisfatórios. Essa busca será igualmente conclusiva quando se trata de examinar a avaliação feita pelos oradores dos gritos e dos ecos da história e do esfacelamento da vida política contemporânea. Detenhamo-nos por ora neste último ponto. Não é exclusivamente a época da Guerra dos Cem Anos (BOUCHERON & KAPLAN, 1994) que encontrou eco na cátedra. Mesmo antes da eclosão do conflito, os clérigos franceses são instados a defenderem publicamente o justo direito de Filipe VI de Valois e de ressaltar a vaidade e a futilidade das pretensões de seu opositor, Eduardo III, da Inglaterra.

Quarenta anos depois, um prelado mobilizou suas ovelhas a seguirem Carlos V e as incitou a sustentar a reconquista por intermédio do pagamento de seus impostos. Entre 1411 e 1418, os horrores da Guerra Civil, ameaça mortal ao Reino da França, são denunciados com veemência por Jean Gerson – ilustre professor universitário parisiense – e por seus pares. Os oradores consagrados comprometem-se abertamente, seja via partido armanhaque seja via partido bourguinhão, com a defesa da memória de Louis de Orleans ou com a justificação de seu inimigo Jean Valois (o Destemido), ou ainda com os herdeiros dos Marmousets ou com os adeptos da Reforma Cabochiana.

Quando Joana d'Arc empreende o esforço de expulsar os ingleses do reino da França, a coloração partidária da pregação acentua-se consideravelmente. Um dos propagandistas da Donzela, o mais ardente, é o Padre Richard, um franciscano que mantinha os parisienses por horas em estado de alerta no Cemitério dos Inocentes em 1429. Uma vez desmascaradas suas simpatias aos armanhaques, todo seu crédito arruinou-se. Nem sempre é produtivo para a fala pública sagrada comprometer-se demasiada e manifestamente com os combates seculares. Uma vez libertada bela França dos ingleses, a fonte da argumentação e os recursos da retórica deslocam-se para vangloriar os méritos de Charles VII, o monarca vitorioso, ou para celebrar a desocupação de Orleans ou ainda para celebrar a reocupação da Normandia. Nessas condições, os pregadores comportam-se como encarregados de missões a serviço da nação francesa.

A crônica dos eventos contemporâneos torna-se mais robusta a partir do reinado de Luís XI. O relato da decapitação em 1475 do Chefe de Armas de Saint-Paul, o Conde de Saint-Paul que havia se unido aos ingleses, aproxima-se da evocação do trágico destino de Charles o Temerário, cujo rigor implacável contra seus inimigos é apresentado como uma antecipação do Julgamento Divino. Os fatos históricos são substituídos parcialmente por aspectos pitorescos oriundos do antigo arquivo de relatos exemplares. Trata-se de uma atitude nova: deseja-se que se tenha prazer em narrar o evento antes que de somente se lhe tirar uma lição. Mesmo correndo o risco de surpreender, não hesitamos em dizer que a pregação no fim da Idade Média constatou e repercutiu, mediante seus próprios meios, as mudanças políticas e em particular aquelas relacionadas à preparação do advento do Estado moderno.

Ela o fez ou sobre o modo de evocação direta ou sobre o quadro das metáforas sabiamente tecidas ou ainda pelo viés de inventivas tangenciais lançadas contra os oficiais do rei.

Tomados em seu conjunto geral, os sermões datados entre os anos de 1328 a 1500 constituem uma espécie de galeria, dando-nos a ver certas inovações ocorridas no campo político: o velho tema das três ordens não legitima mais a prevalência feudal, mas autoriza os subsídios recolhidos pelo rei para a defesa do reino; a entrada do rei em uma cidade adquire uma dimensão sagrada e procura se aproximar da entrada de Cristo em Jerusalém; o rei do céu, como o seu semelhante na terra, conta com a assistência de um conselho e de uma câmara financeira, suas ordens são transmitidas por bailios e por senescais, seus mandamentos redigidos por secretários etc.

Essas semelhanças impõem a ideia de uma concordância harmoniosa entre o poder terrestre e a monarquia celeste, mas a medalha tem seu reverso: o fortalecimento do Estado supõe impostos cada vez mais pesados – cuja legitimidade pode ser posta em questão por um e outro pregador, em caso de demandas repetidas de subsídios – e provoca a proliferação de oficiais de justiça e de finanças, apresentados como sanguessugas do povo, sem que nos esqueçamos das perversidades cometidas por bandos de mercenários, logo transformados em batedores de guarnições. Em todos esses domínios, as incursões dos pregadores permanecem breves e suas observações são fragmentárias, uma vez que seu propósito concernia essencialmente ao campo moral e religioso. No entanto, pode-se reconstituir o estado dessa nova atmosfera, no seio da qual as novas realidades sociopolíticas e os novos eventos contemporâneos emergem, mesmo que ao lado das evocações estereotipadas e dos clichês usuais, ainda dominantes.

O auditório e os distintos públicos dos pregadores baixo-medievais

Não contente com o fato de falar em nome de Deus, de nomear o mundo e de ditar sua história, não contente com o fato de tratar do mundo espiritual e do nosso pobre mundo terrestre, o sermão baixo-medievo definia, ou se preferirmos, "construía" seu público, repartindo-o em categorias e ainda assinalava a cada uma dentre elas "lugares" específicos. Com efeito, ele concebia toda uma gama de atitudes que se podia esperar do auditório, da boa vontade receptiva dos devotos até a franca hostilidade dos pecadores empedernidos.

• **59**

Era bastante notável, convenhamos, que um texto, nesse caso um típico intertexto sem bordas, não se contentasse em ser uma exposição, uma narração ou conjunto de preceitos, mas que se interrogasse sobre seu público e que vislumbrasse as modalidades de sua própria recepção. Os pregadores, desde o século XIII até o século XV, desejam controlar à montante e à jusante esse sistema, o que reforça o caráter "totalitário" de seu propósito.

Qual é então o público colocado em cena pelos oradores? Além disso, poder-se-ia dizer que esse público correspondia perfeitamente ao seu verdadeiro auditório? A situação era aparentemente bastante simples ao final do século XII e no século XIII, no tempo dos "padres fundadores" do sermão da Baixa Idade Média: Jacques de Vitry, Foulques de Neuilly e os primeiros pregadores mendicantes. Os sermões sobre o *tempo* e sobre *os santos* eram endereçados a todos os fiéis, já outros eram explicitamente destinados a públicos específicos: aos agricultores, aos artesãos, aos mercadores, aos juízes, aos peregrinos, às mulheres etc. Esses sermões *ad status* destinados aos diferentes segmentos da sociedade estiveram muito em voga no século XIII. Os clérigos dessa época descobriram a diversidade de condições sociais, empreenderam a adaptação de seus discursos e permitiram-se a reiteração de verdadeiros lugares-comuns de cada um desses estratos sociais. Eles celebram o trabalho dos lavradores e o labor dos artesãos, considerados como criadores de riquezas, ao mesmo tempo em que suspeitam das atividades dos mercadores, estigmatizados pelo amor ao lucro. Por esse mesmo meio, o vício dos camponeses, prontos a fraudarem a igreja e o reino, não merecia qualquer complacência.

Toda observação desses estratos sociais supunha que se tomasse cada um deles no interior de uma sua hierarquia. Nos séculos XIV e XV a situação é muito mais complexa. Os sermões *ad status* regressam nitidamente, ainda que seu conjunto pudesse pôr em paralelo os conselhos dados na cátedra aos cavaleiros, aos mercadores, aos camponeses e aos demais, distinguindo ainda a maneira de se lhes dirigir nas ocasiões de confissão. A prática mais corrente, porém, consistia em adornar vivamente os conjuntos de sermões, por exemplo, nos tempos da Quaresma, com passagens especialmente destinadas aos mercadores, aos juízes, aos advogados e *tutti quanti*. Alguns fragmentos de homilias *ad status*, mais ou menos atualizados e repetidos em função das necessidades da época, encontram-se perpassados de enunciados dirigidos ao conjunto dos fiéis, com o propósito de promover uma espécie de flagelação verbal das categorias mais explicitamente pecadoras.

Para além dessas agressões deliberadas e mais ou menos específicas, os pregadores parecem se dirigir mais regularmente a um público indistinto, que é composto por habitantes tanto da zona urbana quanto da zona rural, por homens e por mulheres, bem como por jovens, adultos e idosos. Eles pretendem tocar as boas pessoas, as gentes simples, os devotos, em suma, os fiéis, de acordo com sua missão. Convinha-lhes, mormente, distinguir a elite da massa ("se tu pregas diante de um príncipe ou se tu te diriges ao povo comum"...), distinguir também os jovens, cujos castos ouvidos precisam ser conduzidos, dos adultos que estão prontos a tudo compreender. Mas essas distinções tornaram-se finalmente muito raras. Tendo em vista a ambição manifesta de atingir a todos, o registro popular indistinto sobrepõe-se amplamente aos demais padrões linguísticos nos sermões, sob a forma de um discurso para todos, cujo propósito é o de apresentar-se como um anunciador das leituras que preparam indistintamente seu público para todos aquelas que ainda virão. Ademais, esse discurso recitava um patrimônio comum de observações e fórmulas prontas acessíveis a todos os que compunham seu público. As metáforas ordinárias proliferam: o destino da alma "mundana" é comparado ao do frango, que é exangue, depenado e assado; encontra-se descrita também a forma de encher uma bexiga de porco com palha, ou então de se lavar a louça com água misturada às cinzas. Além disso, os provérbios condensam uma sabedoria "eterna" sobre o mundo de feições que não eram nem urbanas, nem rurais: "O jarro tanto vai à fonte que um dia volta quebrado".

Tanto populismo pode nos valer uma versão muito simplista do mistério da Encarnação, ou a presença de Cristo no ventre da Virgem, que são assemelhados às situações triviais, "como o fruto ao seu ramo / como o mercador em seu batel / como o soberano em seu castelo". Tal populismo também conduz à introdução de elementos burlescos nos sermões. Ao diabo, desejoso de reencarnar na alma de um homem do qual ele havia sido expulso, o pregador dispara: "Oh presunçoso, como podes ter a audácia de chamar a alma de um homem de tua casa? Ela pouco te custou a edificar", antes de proclamar intrepidamente, "Nós bateremos a porta na tua cara; e ali nós colocaremos Deus e seu séquito". Quando o maligno se apresenta à porta, se lhe faz saber que a vivenda é habitada e plena: "Todos os aposentos estão ocupados, não resta qualquer lugar". Para desencorajá-lo firmemente, faz-se um jogo de expressões e de mímicas, nas quais o rosto mostra demasiadamente severo. Tal expediente cômico não vai muito longe, mas expressa uma boa e incontestável força popular.

Os hábitos do pregador

Aquém da indeterminação desse povo cristão de contornos bem pouco delimitados, percebe-se eventualmente nos textos a presença de públicos diferentes, que são os alvos principais dos pregadores. Estes, por sua vez, tinham muito gosto em misturar várias metáforas naturais e imagens rústicas, preferindo mais estas últimas às imagens tipicamente urbanas. Pouco dados a evocar a vida nas cidades, eles contavam projetar e atingir os tipos citadinos mais comuns. Cheios de suspeitas para com as fraudes dos boticários, os pregadores mal dissimulam sua admiração pelos grandes negociantes, de quem exaltam o relevante papel social. É verdade que pelo fato de viverem nas cidades, os profissionais da fala beneficiavam-se do acúmulo da riqueza comercial, sob a forma de ofertas ou de donativos diversos. Seu sentimento de pertença ao mundo urbano é, porém, tão afastado que eles chegavam a expor em termos urbanos os temas *a priori* rurais ou universais.

A parábola dos trabalhadores da vinha dera ocasião a denunciar os malfeitores da ociosidade, mal social muito disseminado nas cidades do século XV, e a comparar o trabalho sem fim dos viticultores ao trabalho claramente mais leve e delimitado dos artesãos. Terminadas as tarefas era-lhes possível repousar? Prosseguindo com a mesma verve e pela mesma via, o religioso, ao qual devemos estas observações, compara os fiéis a pessoas que possuem um ofício e sublinha a necessidade imperativa de se ter uma profissão para valorizar e sustentar a vida, sob a pena de se tornarem bandidos ou piratas, ou seja, de ficarem à margem das sociedades dos homens e de Deus. De forma muito reveladora, os pregadores aconselham suas ovelhas a não se tardarem nas periferias do pecado, *In suburbiis peccati, in occasionibus peccandi*, o que quer dizer que a cidade e seus arredores constituem o lugar privilegiado do pecado, onde a pregação torna-se ainda mais indispensável.

Poderíamos multiplicar os exemplos desses automatismos mentais a partir dos quais os oradores pensavam os problemas relacionados aos espaços urbanos, de acordo com o seu público-alvo e conforme seus tipos de auditórios mais comuns. Parecia-lhes por bem dirigirem-se aos camponeses, mas de modo intermitente, por ocasião das turnês, mediante as quais se recolhiam donativos nos campos, ou por ocasião dos convites dos párocos. Assim procedendo, nessas oportunidades, seus enunciados não pareceriam explicitamente demarcados dos demais, em função das temáticas já comuns e das já frequentes estratégias retóricas.

Entre os sujeitos urbanos que então emergiam e a quem dispensavam os pregadores moralistas baixo-medievais grande atenção dos moralistas estão os *medíocres* (os sujeitos das "classes médias", ou seja, os artesãos e mercadores) e os *majores* (os honoráveis, tais como os oficiais, os magistrados e os grandes negociantes); essas duas categorias constituíam-se como os alvos privilegiados dos oradores sagrados, em nome do princípio segundo o qual "Porque o Senhor repreende aquele a quem ama, assim como o pai ao filho a quem quer bem" (Pr 3,12). É preciso ainda mencionar o fato de que essa grande atenção dispensada estava repleta de agressividade resoluta. Poderíamos citar os ataques virulentos contra os especuladores e os agiotas, contra os juízes e advogados especialistas em embargar processos, contra as ingerências dos oficiais de finanças e contra as fortunas muito rapidamente constituídas à custa do pobre povo.

Esses ataques verbais emanam sempre de religiosos bastante rigorosos chamados de "observadores de sua época", que se caracterizavam principalmente por sua indignação contra o hedonismo dos círculos ociosos, libertinos ou exploradores. Apesar disso, as categorias sociais privilegiadas sempre acorriam aos sermões. Teriam elas escolhido inclinarem-se estoicamente a um ritual de flagelação verbal tolerável, com a condição de que as acusações não ultrapassassem os limites? Em casos de excesso, os poderosos deixavam transparecer seu mal-estar e não hesitavam em imputar-se às sanções que restabelecessem o *modus vivendi* então admitido. Mas podemos avançar ainda outra explicação para esse entusiasmo e por essa adesão aos sermões, explicação essa sugerida por uma recente análise da psicologia religiosa a respeito dos mercadores florentinos empreendida por Charles de la Roncière (1982): esses notáveis, tocados profundamente pela mensagem cristã dos oradores da fala sagrada e transpassados pelos escrúpulos religiosos, possuem consciências arrasadas e estão realmente inquietados em relação a sua salvação. As pregações eram momentos privilegiados de uma experiência espiritual marcada pela crença e pelo temor.

As pessoas respeitáveis ou bastante estimadas socialmente detinham certo nível de cultura bem representado pela designação de *leitores-escrito-*

• 63

res criada por Pierre Chaunu (1975). Ora, precisamente, o sermão baixo-medievo, com seu plano muito ramificado e seu pesado sistema de citações, dirige-se às pessoas que apreciam possuir o conhecimento para ter ora mais ora menos o gosto de ouvi-lo. As pregações desempenhavam o papel de um curso de teologia de baixo custo, sendo, portanto, ocasiões às quais essas respeitáveis gentes acorriam. A conivência circula entre esse público ilustrado e os sábios doutores em ciência religiosa, conhecedores de citações bíblicas. É por isso que para satisfazer tais "meios culturais" o sermão teatralizou-se a partir do fim do século XIV e que esse fenômeno acentuou-se no século seguinte.

Pode-se constatar que um sermão de Pierre d'Ailly, dedicado à Ressurreição, funcionou como uma verdadeira encenação litúrgica. Também pudemos observar o mesmo numa homilia sobre a Paixão de Cristo composta por um franciscano entre 1410 e 1420. Esta última contém refrãos populares versificados, prontos a serem repetidos pelo público, tal como ocorria nas encenações dos mistérios. Os versos "Quem minhas palavras guardará / Da morte do inferno escapará" constituem um desses coros próprio à memorização. Se os membros do povo introduzidos na cultura letrada possuem seu lugar e sentem-se à vontade na teatralização dos discursos, os semiletrados podem apenas ali encontrar algum deleite. Como testemunhas dessa condição há um mercador de Metz, chamado Philippe de Vigneulles, e um notário de Laval, chamado Guillaume Doyen, que são dois cronistas do fim da Idade Média e que tanto são apreciadores das belas pregações como entusiastas dos emocionantes mistérios.

Numa busca sobre os públicos visados pelos pregadores, seria também necessário dedicar um espaço aos devotos, estes são por vezes colocados em cena em seus exercícios de piedade ou são apresentados ao serem afetados por seus escrúpulos excessivos, que os faziam correr de um confessor a outro. A homilia dirigida a todos podia, porém, destinar-se às elites da piedade da Igreja, que poderiam receber um ensinamento religioso mais firme, no espaço das irmandades ou dos cenáculos animados por apóstolos zelosos. Ou seja, a pesada máquina de sermões ardentes satisfazia a imperativos gerais – doutrinar todos os fiéis de Cristo – e a exigências específicas, sobretudo, relacionadas às características urbanas de seu público, que era composto por toda a gama de níveis culturais. Tracemos uma comparação fácil: as igrejas do século XV acolhiam em suas vastas naves todos os fiéis que vinham aos templos, mas elas comportavam também um grande número de capelas e oratórios adaptadas à devoção de grupos restritos.

Imagens e reações à pregação na Baixa Idade Média

O discurso religioso e as representações figuradas, em particular, as iluminuras, que ilustram as Bíblias Moralizadas, expõem toda a gama de atitudes possíveis da parte do povo cristão e dos diferentes públicos que pudemos identificar em seu meio: a atenção extrema, a indiferença sonolenta, o deslocamento crítico e mesmo a franca hostilidade. As preleções exemplares fornecem também a ocasião de demonstrar a relação entre o orador e o seu público, ao avisar do castigo aos ouvintes desatentos, críticos ou totalmente fechados à mensagem religiosa. Tal fato era tão presente que um ilustrador chegou a representar uma altercação entre o ocupante da cátedra e alguns fiéis insubordinados e até mesmo uma expulsão, pura e simples, para fora da igreja de pecadores empedernidos.

Com constância, com habilidade e frequentemente com astúcia, os discursos religiosos e a iconografia sacra, não se contentando somente em oferecer o ensinamento consagrado a montante, esforçam-se também para controlá-lo a jusante, ou seja, buscam o controle da recepção da mensagem. Desse modo, eles construíam antecipadamente os "lugares" a serem ocupados pelas diferentes categorias de fiéis, de uma forma discretamente manipuladora. Se as situações conflituosas não são ignoradas, como pudemos ver, os casos de transmissão pacífica e ordenada da mensagem sagrada são visivelmente mais frequentes.

A pregação na praça ou na tribuna apoiada na fachada austera de uma igreja constitui um tema bastante caro aos pintores italianos da Renascença. Trabalhos recentes de Roberto Rusconi (1996) fornecem dois exemplos marcantes: no primeiro caso, já citado, trata-se de Vincent Ferrier pregando em Perpinhão diante de Bento XIII – papa desde 1480 oriundo da *Bottega degli Erri*; no segundo, trata-se de São João de Capistrano que prega na praça da catedral de Áquila, obra conservada no Museu de Áquila. Alguns ouvintes visivelmente não se mostram atentos às admoestações do franciscano italiano, mas um grande número de fiéis bebe avidamente as suas palavras e interiorizam a mensagem da verdade que advém da cátedra. Tal atitude receptiva é também a mesma do público em Perpinhão, inclusive a postura demonstrada pelos judeus.

Uma tela de Sebald Popp, conservada no Museu Histórico de Bamberg, mostra-nos as sequências do sermão: trata-se, mais uma vez, de São João de Capistrano que prega em uma praça, do alto de uma cátedra hexagonal; aos pés desta, brilha uma fogueira, na qual são atirados dados, cartas de baralho, ornamentos luxuosos, todos os objetos de perdição cujo uso era condenado pelo austero franciscano. A última palavra dessa pregação, que se apresenta de imediato tal como se fosse uma série de profecias ou até mesmo como um conjunto de exaltações, consiste justamente numa explícita coerção sob todas as suas formas: intelectual, moral e mesmo fisicamente, uma vez que a citada tela de Bamberg – datada por volta de 1480 – mostra-nos dois jovens, que junto a um respeitável judeu, obrigam-no a render-se ao sermão.

Nos séculos XI e XII, a palavra sagrada pôde acomodar-se a certa desordem e constituir-se em meio a uma grande espontaneidade. Todas essas características não foram abolidas a partir dos anos de 1200, mas é necessário reconhecer que os documentos datados entre os séculos XIII e XV revelam-nos mecanismos muito elaborados e estratégias muito reflexivas, para além das turbulências proféticas superficiais. Alguns pregadores titulados passam a se exprimir a partir de lugares claramente definidos e hierarquizados: o ambão, a cátedra de madeira, a tribuna em pedra no interior ou no exterior das igrejas e o *hourd* consideravelmente elevado. O discurso, regido por normas bastante coercitivas, manipula elementos intercambiáveis, abrindo-se aos vastos horizontes do universo, à diversidade de estados sociais e aos detalhes da história. A mensagem endereça-se ao povo cristão em sua totalidade e, em seu interior, a públicos almejados nitidamente mais precisos. A partir do século XIII, em suma a partir da explosão da demografia urbana, o discurso religioso foi adaptado à diversidade das condições de vida e dos meios profissionais. Nos séculos XIV e XV, tais aspectos diminuem aos poucos, sem, contudo, desaparecerem, em proveito de uma percepção mais apurada das variações culturais e religiosas. Em resumo, os sermões da Baixa Idade Média, outrora tão frequentemente denegridos, enriquecem nossas interpretações, se forem lidos como enunciados multifuncionais, aptos a abranger a diversidade social, cultural e religiosa, utilizando-se de vários registros linguísticos. Todos os públicos são ora mais ora menos considerados e contemplados, os auditórios urbanos mais que outros, e, entre estes últimos, mais os *médios* e os *honoráveis.* Ademais, as atitudes e as reações desses diferentes auditórios encontram-se de antemão descritas e julgadas pelo próprio discurso, que jamais economiza em suas manipulações.

Referências

BOUCHERON, P. & KAPLAN, M. *Le Moyen-Âge*: XI^è-XV^è siècles. Paris: Bréal, 1994.

CHAUNU, P. *Le temps de Réformes* – La crise de la Chretiente: L'éclatement, 1250-1550. Paris: Fayard, 1975.

LE GOFF, J. & SCHMITT, J-C. (orgs.). *Dicionário Temático do Ocidente Medieval*. Vols. I e II. Bauru/São Paulo: Edusc/Imprensa Oficial, 2002.

RONCIÈRE, C. *Prix et salaires à Florence au XIV^è siècle*. Roma: École Française de Rome, 1982.

RUSCONI, R. *Santo Padre* – La santità del papa: de Saint Pietro a Giovanni Paolo II. Roma: Viella, 1994.

RUSSELL, J. C. *Medieval Demography*: Essays. Nova York: AMS, 1987.

Entre Proteu e Prometeu
A retórica no humanismo do renascimento europeu[*]

Belmiro Fernandes Pereira
Universidade do Porto

Embora incorram em algum exagero aqueles que identificam a pedagogia humanista com a expansão e ubiquidade da arte oratória, não faltam razões para considerar a eloquência, se não a chave de compreensão da cultura renascentista, pelo menos um dos seus elementos mais característicos[1]. Na verdade, se outros dados não houvessem, para comprovar o relevo da retórica na época do Renascimento, bastaria atermo-nos ao número de manuais então produzidos: do período incunabular conhecem-se pelo menos 117 retóricas impressas, do século XVI haverá mais de 1.700 autores, mais de 3.800 tratados[2].

A ideia do despertar da cultura antiga surge na Itália, logo na primeira metade do século XIV, nas metáforas da "luz e das trevas", da "ressurreição",

---

[*] O título deste estudo retoma, em sentido ligeiramente diferente, a fórmula usada em FUMAROLI, M. "Protée et Prométhée: réflexions sur l' histoire de la rhétorique". In: CHEVALLIER, R. (ed.). Colloque sur la Rhétorique: Calliope I. Paris: Les Belles Lettres, 1979, p. 363-373.

1. Cf. SCHANZE, H. "Problems and Trends in the History of German Rhetoric to 1500". In: MURPHY, J. (ed.). *Renaissance Eloquence*. Berkeley: University of California Press, 1983, p. 105-125. Mais razoável parece a posição de P.O. Kristeller: "Rhetoric was only one of the five studia humanitatis cultivated by the humanists, whose work as grammarians (and classical scholars), historians, poets, and moralists cannot be derived from their rhetoric, although this work may often seem inseparable from it" (ibid., p. 1-19).

2. Cf. MURPHY, J. *Renaissance Rhetoric* – A Short-Title Catalogue of Works on Rhetorical Theory from the Beginning of Printing to A.D. 1700. Nova York: Garland, 1981. A segunda edição, ampliada por J. Murphy e Lawrence Green, diz : "now presents 1.717 authors and 3.842 rhetorical titles in 12.325 printings, published in 310 towns and cities by 3.340 printers and publishers from Finland to Mexico". Cf. GREEN, L. & MURPHY, J. *Renaissance Rhetoric* – Short-Title Catalogue 1460-1700. Adershot: Ashgate, 2006, p. XI.

do "regresso do exílio" ou em expressões como *Vindicatio bonarum artium, Restitutio litterarum* ou *prisco splendore reddere*; assim se reativam velhas crenças e mitos, como a *translatio studii* e a *translatio imperii* ou o regresso da idade do ouro. Se a noção de renascimento comparece já em Petrarca, tornar-se-á comum e consciente na *Roma rinata* de Maquiavel, nas *renascentes musae* ou *litterae renascentes* de Melanchthon, na *rinascita* das artes de que fala Vasari[3]. A estas reivindicações de novidade, efeito de uma nova consciência do passado, não é estranha uma intenção persuasiva – as metáforas referidas, como entimemas, convidariam à dedução silogística, mas mais nítido se nos divisará o teor retórico do movimento humanista se consideramos os primeiros sinais da sua recepção fora da Itália.

Como em outros lugares, também em Portugal o humanismo começa por surgir no ambiente da corte tanto para celebrar o poder régio, como para formar um escol de altos funcionários, leigos ou eclesiásticos. Embora inadequada à situação forense, a eloquência pôde assim revelar a sua utilidade demonstrativa e ocasionalmente a sua pertinência deliberativa, introduzindo novas fontes de distinção social ou de legitimidade que serviam eficazmente os interesses do poder régio. Por isso não será de estranhar que entre as primícias literárias do humanismo português avultem pelo seu escopo político os discursos de D. Garcia de Meneses, João Teixeira, Cataldo Parísio Sículo, Salvador Fernandes e Lopo Fernandes de Castanheda ou que a renovação da oratória parlamentar, começada no tempo de D. João II, seja prosseguida nos reinados de D. Manuel e de D. João III, nas orações da coroa e nas *falas* de Vasco Fernandes de Lucena, Francisco de Melo, Gonçalo Vaz, D. Sancho de Noronha e D. António Pinheiro[4].

---

3. *Renaissance* é palavra relativamente tardia; no século XVI, ao que parece, ocorre uma única vez, na dedicatória da obra do naturalista Pierre Belon; o seu uso vulgarizar-se-á a partir de 1697 com o *Dictionnaire Historique et Critique*, de Pierre Bayle, vindo, finalmente, em 1718, a ser registada no *Dicionário da Academia Francesa*.

4. Circulando em cópias manuscritas, vieram mais tarde a ser reunidas na edição que delas fez oportunamente João Álvares em 1563; da miscelânea que leva por título *Oração que fez & disse o doctor Antonio pinheyro na salla dos paços da ribeyra, nas primeyras cortes que fez o muyto alto & muyto poderoso Rey dom Sebastião* existem exemplares na Biblioteca Nacional de Lisboa (BNL), Res. 79//1 V, e na Biblioteca Geral da Universidade de Coimbra (BGUC), R-2-17. De outro teor, mas igualmente importantes para a história do nosso humanismo são a *oratio* que Pietro Pasqualigo (1472-1515), embaixador da República Sereníssima, pronunciou diante de D. Manuel em 1501, bem assim uma *oratio funebris* e duas *orationes* académicas apresentadas em 1503 e 1505 por Henrique Caiado em Pádua. Da *oratio* de Pasqualigo, que Bernardino Veneto de' Vitali acabou de

Outro excelente indicador do progresso dos estudos humanísticos, tanto em Portugal como em Espanha e na França, encontramo-lo na abundante oratória universitária composta em louvor de todas as disciplinas. Nessas *laudes litterarum* pronunciadas na abertura solene do ano escolar socorriam-se os oradores de variadas fontes clássicas, de *orationes* ciceronianas como o *Pro Archia poeta*, dos manuais enciclopédicos de Aulo Gélio, Quintiliano e Marciano Capela, mas também de modernos tratados pedagógicos como o *De ingenuis moribus* de Pier Paolo Vergerio (1402-1403) ou o *De politia litteraria* de Angelo Decembrio (1450-1463)[5]. As orações proferidas na Universidade de Lisboa por D. Pedro de Meneses, André de Resende e Jerónimo Cardoso na sua função protrépticos refletem sobre um dos problemas que mais ocupavam os humanistas, a questão da hierarquia das artes. Se o debate não era novo, noutra perspectiva, porém, se apresentava agora; distanciando-se da tradição medieval, disso mesmo nos adverte o Conde de Alcoutim na oração de sapiência de 1504 com uma *occupatio* que atualiza idêntica precaução manifestada por Cícero no *Pro Archia*: "ninguém deve estranhar se eu não seguir, no meu discurso, a praxe de alguns que falaram em anos passados: quem aceita este encargo de orador não vem aqui para fazer uma exposição, mas para louvar as ciências"[6]. Em Portugal, ainda antes de a retórica conquistar espaço próprio no ensino universitário, já a oratória promove uma reorganização do saber orientada por uma concepção holística dos *studia humaniora*. A economia das artes que formavam a *enkyclios paideia*, o "ensino corrente", a "cultura geral" da Antiguidade, questionada pelos medievais em inúmeros tratados dos estudos, recompunha-se sob a égide da retórica, como vinha sucedendo em Itália desde os alvores do *Quattrocento*. A *Oratio de*

---

imprimir em Veneza a 22.12.1501, Biblioteca Pública Municipal do Porto (BPMP), S'-7-21-16, há uma edição publicada em Pádua em 1719, uma reprodução facsimilada do ex. do British Museum feita por Eugénio do Canto (Lisboa: Imprensa Nacional, 1907) e uma tradução inglesa e comentário de Donald Weinstein (*Ambassador from Venice, Pietro Pasqualigo in Lisbon, 1501*. Mineápolis: University of Minnesota Press, 1960). As *orationes* de Caiado foram dadas à estampa em Veneza por Bernardinus Vitalis Venetus em 1504 e 1507. Cf. MOREIRA DE SÁ, A. "Duas obras desconhecidas de Henrique Caiado". *Revista da Faculdade de Letras*, 2ª série, 12, 1956, p. 289-300. Lisboa.

5. Cf. RICO, F. "Laudes litterarum: Humanisme et dignité de l´homme dans l´Espagne de la Renaissance". *L'Humanisme dans les lettres espagnoles*. Paris: Vrin, 1979, p. 31-51. Da obra de Decembrio há uma edição recente feita por Norbert Witten (Munique/Leipzig: K.G. Saur, 2002).

6. "in [nostro sermone], si quorundam superiorum dicentium morem non sequar, nemo mirari debet; non enim qui hoc orandi munus suscipit, scientias expositurus sed laudaturus uenit". Cf. D. PEDRO DE MENESES. *Oração proferida no Estudo Geral de Lisboa*. Lisboa: IAC, 1964, p. 76.

laudibus Ciceronis que Jorge de Trebizonda pronunciou em Vicenza em 1421, a *Oratio de septem artibus liberalibus* proferida por Guarini no *Gymnasium* de Ferrara em 1453, as *orationes* universitárias e o *Panepistemon* de Angelo Poliziano, textos familiares aos humanistas portugueses, davam lastro a esse debate em torno da classificação das ciências[7].

O regresso às fontes antigas permite recuperar a vertente crítica da gramática, a *poetarum enarratio* que lhe fora subtraída na Antiguidade tardia[8]; aproximando o ensino gramatical da formação enciclopédica, sob a influência de Quintiliano o renascimento italiano alarga-lhe o horizonte: *grammatici* e *critici* para Poliziano tornam-se termos equivalentes. A percepção da precariedade dos *praecepta* submetidos às contingências do *usus* reforça-se pela redescoberta de textos de Diomedes, Varrão e Probo; revelando discordâncias inesperadas, estas gramáticas não só enfraquecem a autoridade de Prisciano e Donato, como estimulam a elaboração de novos manuais para o ensino do latim. O que valida a regra passa a ser não tanto a prescrição dos gramáticos quanto o *usus*, a prática dos autores clássicos. Não se contentando com a mera correção, vem assim a gramática humanista a conformar-se com os fins da retórica, arte de bem falar e de bem escrever como queria Quintiliano[9].

---

7. O discurso do mestre bizantino, apoiado na *Vita Ciceronis* de Plutarco e no *Cicero Nouus* de Leonardo Bruni, constitui um marco na propagação do ciceronianismo. Cf. MONFASANI, J. (ed.) *Collectanea Trapezuntiana* – Medieval and Renaissance Texts and Studies. Binghampton (NY), 1984, p. 343-350. A obra de Poliziano nasceu de uma lição inaugural, a *Praelectio cui titulus Panepistemon* (1490), que agrupava as ciências em três áreas do saber, teologia, filosofia e adivinhação; dividindo a filosofia em teorética, prática e racional (*spectatiua, actualis, rationalis*), Poliziano englobava nesta a gramática, a história, a lógica, a retórica e a poética. Ordenação semelhante propusera Vergerio no *De ingenuis moribus et liberalibus studiis adulescentiae*. O *Angeli Policiani opusculum quod Panepistemon inscribitur* (Veneza: Christophorus de Pensis, 1495) foi muitas vezes editado juntamente com os tratados de Vitrúvio (*De architectura*), Cleónides (*Harmonicum introductorium*) e Beroaldo (*Annotationes centum*). Cf. ROVIRA, J.A. "Poliziano y los elogios de las letras en España (1500-1540)". *Humanistica Lovaniensia*, 25, 1976, p. 198-222. • WESSELING, A. "Poliziano and Ancient Rhetoric: Theory and Practice". *Rinascimento*, 30, 1990, p. 191-204. • MANDOSIO, J.M. "La fortune du Panepistemon d'Ange Politien en France au XVIe siècle". In: PERIFANO, A. (ed.). *La réception des écrits italiens en France à la Renaissance*. Paris: F. Paillart, 2001.

8. Nessa versão incompleta que Santo Isidoro transmitiu à Idade Média não desapareceu apenas o *intellectus poetarum*, mas também a dimensão escritural da arte, a *scribendi ratio*, cf. *Orig.* 1.5.1: "Grammatica est scientia recte loquendi, et origo et fundamentum liberalium litterarum. Haec in disciplinis post litteras communes inventa est, ut iam qui didicerant litteras per eam recte loquendi rationem sciant".

9. Cf. PERCIVAL, W. "Grammar and Rhetoric in the Renaissance Rhetoric". In: MURPHY, J. (ed.). *Renaissance Eloquence*, p. 303-330. • RICO, F. *Nebrija frente a los bárbaros*. Salamanca: Universidad, 1978, p. 99.

Ora, dessa reorientação retórica do ensino gramatical, em curso na Universidade de Lisboa desde finais do século XV, dão-nos conta ainda as orações acadêmicas. Coincidindo com o magistério desenvolvido por Cataldo, as gramáticas de João Vaz e de Estêvão Cavaleiro, apesar da resistência dos negociantes do "trigo sarnento" de Pastrana, testemunham não só o esforço laborioso de dotar as classes de novos instrumentos pedagógicos como também um inegável interesse pela arte retórica[10]. Restabelecida a comunicação entre a *ars bene dicendi* e a *ars recte loquendi*, dirigida agora à aquisição da *eloquentia*, restaura-se a concepção integral do saber que distinguia o modelo quintilianista tal como ele se oferecia no livro I da *Institutio Oratoria*. Os discursos em louvor de todas as ciências, de D. Pedro de Meneses, André de Resende ou Jerónimo Cardoso postulam essa unidade sob o signo da gramática, *origo et fundamentum omnium liberalium artium*[11]. Na voz daqueles oradores a gramática engloba todos os conhecimentos indispensáveis à composição e à crítica, competências que definem o homem douto típico de uma sociedade *letrada* em que a escrita e a leitura por via do livro impresso substituem anteriores formas de comunicação[12]. Para a primazia do critério da elegância na elaboração gramatical, indicador do grau de aceitação da mensagem humanista e da colonização retórica das artes do discurso, muito contribuiu certa-

---

10. Aos estudos de Américo Costa Ramalho sobre a obra de Cataldo se deve a antecipação da entrada do Humanismo em Portugal. Cf. SÍCULO, C.P. *Epístolas*. II Parte. Lisboa, INCM, 2005 [Ed. de A. Costa Ramalho e A.F. Oliveira e Silva]. O manual de João Vaz publicado provavelmente em 1501, é anterior aos *Praecepta ad prima grammatices rudimenta* de Cavaleiro; o teor polêmico deste texto tornar-se-á ainda mais acerbo no *prologus* da *Noua grammatices marie matris dei uirginis ars* vinda a lume em 1516. Cf. COSTA RAMALHO, A. "Um capítulo da história do Humanismo em Portugal: o *Prologus* de Estêvão Cavaleiro". *Estudos sobre o século XVI*. Lisboa: INCM, 1982, p. 125-151.

11. Cf. RESENDE, A. *Oração de sapiência*. Lisboa: IAC, 1956, p. 35-37. A ideia não era nova, mas dela nem sempre se retiravam todas as consequências. Cf. CASSIODORO. *Inst.* 2.4. • SANTO ISIDORO DE SEVILHA. *Orig.* 1.5. • RÁBANO MAURO. *De inst. cler.* 3, 18. • JOÃO DE SALISBÚRIA. *Metalog.* 1.13.

12. Sobre a prática da *leitura* humanista que fundamenta toda a produção textual, cf. RUMMEL, E. *Humanistic-Scholastic Debate in the Renaissance and Reformation*. Cambridge (Mass.): Harvard University Press, 1995. • MEERHOFF, K. (ed.). *Autour de Ramus*: texte, théorie. Québec: Nuit Blanche, 1997, p. 235-387. • MEERHOFF, K. (ed.). "La passion du sujet: entre logique et littérature". In: CORNILLIAT, F. (ed.). *Ethos et pathos*: le statut du sujet rhétorique. Paris: Champion, 2000, p. 107-118. • MACK, P. "Ramus Reading: the Commentaries on Cicero's *Consular Orations* and Vergil's *Eclogues* and *Georgics*". *Journal of the Warburg and Courtauld Institutes*, 61, 1998, p. 111-141. • MACK, P. "Rhetoric, ethics and reading in the Renaissance". *Renaissance Studies*, 19, 2005, p. 1-21.

mente a divulgação da obra de Lorenzo Valla: atestam-no não só a autoridade que lhe reconhecem os *Flores rhetorici* de Fernando de Manzanares (Salamanca, 1488), as gramáticas de João Vaz e Estêvão Cavaleiro, a *Ars eloquentiae* da Biblioteca Pública de Évora que terá sido composta por Cataldo, como ainda a abundância de exemplares de edições vallianas e, indiretamente, o número razoável de espécies supérstites da *Institutio Oratoria*.

Se a introdução do humanismo em Portugal não é acompanhada de uma imediata autonomia da arte retórica no plano da organização curricular, não é menos verdade que, nas quatro décadas que se seguiram à chegada de Cataldo, quer a difusão dos textos clássicos em edições incunabulares, quer a crescente disponibilidade de novos manuais facilitam a colonização retórica das demais artes do discurso, processo que se pode observar, nitidamente, na gramaticografia e na lexicografia de Quinhentos e em toda uma vastíssima produção enciclopédica que não só abastece a *inuentio* retórica como sustenta a *copia*, a *uirtus* mais cara à elocução humanista[13]. A essas obras de que se conservam dezenas de espécies no fundo antigo das bibliotecas nacionais – a *Margarita poetica* de Albrecht von Eyss, a *Margarita philosophica* de Gregório Reisch, a *Cornucopia* de Niccolò Perotti, a *Officina* de Ravísio Textor, os *Adagia* e o *De copia* de Erasmo, os *Adagia* de Virgílio Polidoro, o *Onomasticon* de Conrad Gesner a *Polyanthea* de Domenico Nani Mirabelli – a essas inúmeras coleções de *sententiae et exempla*, ou repositórios de *facta et dicta*, não é possível recusar um escopo e um télos retóricos[14].

---

13. O que se pode dizer da renovação do ensino da gramática e da dialética vale igualmente para a poética, que, integrada na gramática, surgia limitada à estilística e à exposição da técnica versificatória. Por conseguinte, foi por ação dos humanistas que o ensino gramatical se colocou ao serviço da composição *literária*, abrindo portas para a subsequente autonomização seja da retórica seja da poética. Cf. CASTRO, A.P. "Os códigos poéticos em Portugal do Renascimento ao Barroco". *Revista da Universidade de Coimbra*, 31, 1984, p. 505-532. • PEREIRA, B.F. *Retórica e eloquência em Portugal na época do Renascimento*. Lisboa: Imprensa Nacional/Casa da Moeda, 2012, p. 215-299.

14. Grande sucesso teve na Península o *De rerum inuentoribus* de Polidoro, sobretudo depois que foi traduzido para castelhano por Francisco Thámara em 1550 e Vicente de Millis Godínez em 1584; da edição de 1599 há ex. na BGUC (S.P.-Ad-11-5 e R-19-24). Da *Bibliotheca uniuersalis* de Gesner há raros exemplares, mas devia correr pelo menos até figurar no índice de livros defesos de 1551 (o rol de 1547, não impresso, já a menciona sem indicar o autor, sinal da sua notoriedade). A obra mais influente terá sido, no entanto, o *De copia* de Erasmo composto segundo o princípio expresso no *De ratione studii* "cognitio uerborum prior, rerum potior": a fluência verbal precede o domínio das ideias, pela *elocutio* se progride para o domínio da *inuentio*, ideias hauridas no livro X da *Institutio Oratoria*. Publicado em 1512, revisto e acrescentado pelo menos três vezes em vida de Erasmo, o *De copia* apresenta-se como um manancial de exercícios estilísticos orientados para

Ora, referências que associam as figuras míticas de Proteu e Prometeu à arte oratória encontramo-las em textos que refletem sobre a questão da *imitatio*, em comentários aos retores antigos e em protrépticos da eloquência inseridos precisamente naquela literatura enciclopédica. Menção especial, pelo espaço que concede à retórica e pela difusão que teve entre nós, merece a *Polyanthea* de Domenico Nani Mirabelli publicada pela primeira vez em Savona no ano de 1503[15].

Nas entradas *eloquentia* e *rhetorica* surgem dois dos verbetes mais extensos desta preciosa colectânea. No primeiro, depois de oferecer o equivalente grego de *eloquentia, logiotes,* e outros termos com o mesmo radical, entra de imediato o compilador a distinguir o léxico deste campo semântico: como *dicere est eleganter et facunde loqui* (Quintiliano), será *eloquens* quem estiver munido da *dicendi ratione* e a *eloquentia* consistirá na *dictio ex omni parte perfecta*. Como ao tratar do orador perfeito e da natureza e função da arte retórica, também aqui Mirabelli se acolhe à autoridade de Quintiliano: a retórica é a *bene dicendi scientia* e o orador o *uir bonus dicendi peritus*. Se a adesão à concepção quintilianista não pode deixar de ser notada, mais interessante se mostra, no entanto, a extensa exemplificação aduzida, que pelo seu propósito compendiário até leva a perder de vista as definições iniciais. Na recolha antológica Cícero é de longe o autor mais citado; sobre a *uis atque potentia* da arte oratória coligem-se várias *chriae, exempla* e *sententiae*; nem falta sequer um elenco alfabetado de *Nomina clarorum Oratorum* e uma lista de *Adagia ad eloquentiam pertinentia*, hauridos, todos sem exceção, nos *Adagia* de Erasmo: *Attica Musa* (1.8.80), *Lepos Atticus* (1.2.57), *Cygnea cantio* (1.2.55), *Nihil ex agro dicis* (3.6.33), *Nunc ipsa uiuit sapientia* (3.3.23), *Nunc ipsa floret Musa* (3.3.24), *Tunc canent cygni* (3.3.97), *Musarum aues* (4.6.4), *Nestorea eloquentia* (1.2.56)[16].

---

a aquisição das técnicas de *uariatio* e *amplificatio* cf. SLOANE, T. "Schoolbooks and Rhetoric: Erasmus's *Copia*". *Rhetorica*, 9, 1991, p. 113-129. • SCHOECK, R. "'Going for the Throat': Erasmus' Rhetorical Theory and Practice". In: PLETT,

H. *Renaissance-Rhetorik*. Berlim: W. de Gruyter, 1993, p. 43-58. Sobre algumas das figuras referidas, cf.: *Contemporaries of Erasmus*. Toronto: University of Toronto Press, 1985-1987. • *Centuriae Latinae*. Genebra: Droz, 1997.

15. Da edição feita em Colônia em 1546 guardam-se exemplares na BGUC, R-59-4, e na BPMP, L-13-49. Em outras bibliotecas nacionais, na BNL e na BPE, há mais de uma dezena de espécies.

16. Cf. *Erasmi Desiderii Opera Omnia*. Leiden, 1703 [Hildesheim, 1961-1962] [Ed. de J. Clericus]. • *Opera Omnia Desiderii Erasmi Roterodami*, II-7. Amsterdã: North Holland, 1999.

Por estranho que pareça a apologia da *eloquentia* reserva-a o autor para o verbete de quatro páginas que dedica à *rhetorica*. Desenvolvem-se então aspectos descurados anteriormente, tópicos como *origo et initium, laus, utilitas et commoda* da arte retórica, expondo-se de forma diversa aquilo que poderia tornar-se redundante[17]. A perspectiva beletrística da retórica é acentuada, pois entre os *officia oratoris* sobrepuja o *ornate copioseque dicere*. Da arte oferece-se uma sincrética definição, que, suportada em Cícero, compagina arbitrariamente as concepções de Aristóteles e Quintiliano, "o fim da retórica, como quer Aristóteles, não é persuadir, mas tão só expressar-se com elegância e reconhecer o que houver de persuasivo na matéria"[18]. Não deixa, no entanto, de comparecer, como pedra angular da eloquência, o *apte dicere* ciceroniano, de acordo com o fundo erasmiano da exposição. De novo são evocados os *Apophthegmata* de Erasmo, mas também o *De anima* de Juan Luís Vives e, sobretudo, os *Rhetoricorum libri V* de Jorge de Trebizonda de que se transcrevem longos trechos. Nestas edições de meados de Quinhentos a *Polyanthea* parece, pois, acolher as doutrinas retóricas que corriam entre os humanistas da área renano-flamenga.

Sobre a inevitável questão das origens da arte retórica apresentam-se as duas versões sicilianas (Córax e Tísias), a partir de um passo colhido em Raffaele Maffei Volterrano. Mas, mais significativo do que a tradição da história da retórica, considera o compilador a etiologia que o mito oferecia. Embora Mirabelli remeta para o relato do *Protágoras*, não é essa a versão que lhe importa[19]. No diálogo de Platão pretendia o sofista provar que a virtude podia ser ensinada, porque Zeus através de Hermes dera aos homens, de forma equitativa, a *dike* e a *aidos*, a justiça e o respeito. Protágoras, porém, orgulha-se de ensinar uma arte sem nome que quando muito será, como sugere Sócrates, uma *politike techne*. Não conviria, pois, a versão platônica ao protréptico da retórica. Por isso Mirabelli prefere transcrever as narrativas do *Communis Mercurius* e do *Prometheus orator*, ou seja, as *fabulae* hauridas em

---

17. Cf. *Polyanthea*. Colônia, 1546, p. 741-745.

18. "finis rhetoricae, ut Aristoteli placet, non persuadere, sed tantum bene dicere et ea nosse, quae sint ad rem persuadibilia [...]".

19. Cf. PINHEIRO, A.P. *Platão*: Protágoras. Lisboa: Relógio d'Água, 1999.

Élio Aristides, orador da chamada Segunda Sofística que nos legou cinquenta e cinco discursos[20].

Com efeito, na indevidamente chamada II Declamação, *Em defesa da oratória*, 2. 395-399, Élio Aristides argumenta contra Platão e, apontando para o *Górgias*, de caminho resolve também o final aporético do *Protágoras*: *aidos* e *dike* são virtudes políticas que só passaram a existir verdadeiramente quando Prometeu trouxe do Olimpo a arte oratória[21]. Vivendo a humanidade em permanentes tumultos e discórdias, por não haver meio de conciliar vontades e interesses, os mais fortes oprimiam os mais fracos. Inermes, os homens não podiam resistir aos restantes animais, pois estes em alguma qualidade lhes eram superiores; até os grous, segundo Homero (*Ilíada*, 3.1-7), dizimavam os Pigmeus. Vendo como a raça humana *em silêncio* perecia, Prometeu sobe ao Olimpo para interceder junto de Zeus; fá-lo por sua iniciativa, por os mortais ainda não serem capazes de enviar embaixadas. Então Júpiter, em atenção a Prometeu – na versão latina da *Polyanthea, semper hominum studiosus*, manda Mercúrio *ad homines descendere, Rhetoricen secum adducentem*. Se o Titã por igual tinha distribuído os dons entre os mortais, Júpiter ordena a Mercúrio que não proceda assim, que não reparta a eloquência como se estivesse a dividir os dinheiros do teatro, que a retórica seja atribuída apenas aos melhores, aos mais nobres, aos mais fortes, para que possam salvar-se, a si e aos outros. Deste modo receberam os homens dos deuses a retórica e com ela a salvação ao passarem a viver em comum. Quando o *logos* prevaleceu, construíram cidades, instituíram leis e constituições. À retórica, não à *dike* ou *aidos*, se deveria a fundação de cidades, o estabelecimento do direito, a organização das ideias

---

20. Cf. ANDERSON, G. *The Second Sophistic*: A Cultural Phaenomenon in the Roman Empire. Londres: Routledge, 1993. Sob o Imperador Vespasiano, desde o ano de 74 que se tinham instituído em Roma cátedras de retórica pagas pelo Estado: quem pretendia uma cultura superior devia estudar a retórica depois de passar pelos *progymnasmata*, "sistema, escreveu Albin Lesky em 1971, que se continuou a praticar na escola até aos nossos dias, até que se achou mais eficaz deixar que as crianças dessem livre curso à fantasia com os lápis de desenho" (cf. *História da literatura grega*. Lisboa: Gulbenkian, 1995, p. 867). A fábula (*mythos*) e a narração (*diegesis*) eram alguns desses exercícios preparatórios (cf. KENNEDY, G. *Progymnasmata* – Greek Textbooks of Prose Composition and Rhetoric. Atlanta: Society of Biblical Literature, 2003).

21. Cf. CHARLES BEHR, P. *Aelius Aristides*: The Complete Works. Vol. I. Leiden: Brill, 1986, p. 78-150. • PERNOT, L. "Platon contre Platon: Le problème de la rhétorique dans les Discours platoniciens d'Aelius Aristide". In: DIXSAUT, M. (ed.). *Contre Platon* – Tome 1: Le platonisme dévoilé. Paris: Vrin, 1993, p. 315-338.

religiosas. E assim, até a ciência política podia ser ensinada, já que competia à *techne rhetorike*. Considera Aristides, portanto, a retórica uma dádiva dos deuses, o verdadeiro fator de civilização.

A retórica, porém, não é um sistema perfeito, acrônico ou universal. Se a *eloquentia* aparecia aos olhos dos humanistas como vínculo das artes e ciências, também não deixava de impressionar pela sua diversidade e pelas suas contradições[22]. Ora, a figura mítica que representa a outra face desta ambivalência é Proteu, o Velho do Mar. Muito mais vezes o encontramos em comentários aos retores antigos ou em textos que refletem sobre a questão sempre controvertida da *Tulliana imitatio*.

Não duvidavam os ciceronianistas em considerar Cícero o modelo ideal de orador *uarius, multiplex, copiosus*, e nesta preferência se viam confirmados ao regressarem aos Padres da Igreja[23]. Mas, se o Arpinate formou o seu estilo imitando vários modelos, não deveria o orador atual proceder do mesmo modo e seguir as suas inclinações? *Multi sint, an unus imitandus?* Em 1512 reacendia-se, entre Gianfrancesco Pico e Pietro Bembo, a velha polêmica da imitação exclusiva ou da imitação múltipla. É que várias possibilidades se ofereciam: se, de acordo com o *De optimo genere oratorum*, a eloquência é uma só, entre essa perfeição absoluta e a falsa perfeição da natureza individual, fica a perfeição atingível pela imitação exclusiva do modelo histórico mais conveniente[24]. Na sua resposta a Gianfrancesco Pico, repercutindo pensamento expresso por Cícero no *De oratore* (1.33.150), começa Pietro Bembo por valorizar o texto escrito:

> Então até costuma acontecer que o que pomos por escrito fica mais completo e mais rico do que o que dizemos uns aos outros de viva voz. Na verdade a pena e o tempo gasto a redigir acres-

---

22. A sistematização metódica e a perspectiva taxinomista são recentes, supõem a possibilidade de encontrar a essência da retórica, uma *retórica geral* fora do tempo e do espaço, perspectiva porventura útil, mas ilusória, como bem observou P. Kuentz: "Lʼenjeu des rhétoriques". *Littérature*, 18, 1975, p. 3-15.

23. Cf. Santo Agostinho em *De doctrina christiana* (4.17) e em *De Trinitate* (14.9). Cf. tb. São Jerônimo em numerosos passos da sua obra, mormente no famoso episódio do sonho relatado na *Epist.* 22.30 *Ad Eustochium*.

24. Para os ciceronianistas o orador latino, de acordo com a doutrina expendida no *Orator* (7-10), não combinara diferentes modelos, antes almejava uma ideia da Eloquência; nesta perspectiva a imitação múltipla significa adaptação a uma norma única das diferentes realizações históricas, as melhores, dessa *imagem* de perfeição.

centam sempre alguma coisa e é com essa reflexão que o discurso se desenvolve[25].

Depois, partindo da consideração da variedade dos engenhos, passa à refutação da imitação múltipla: só se compreenderia a conveniência de imitar vários autores "se todos aqueles, que foram considerados bons mestres em um dado gênero literário, mostrassem igual valor tanto na elevação estilística como na elegância expressiva"[26]. Ora, como a medida do talento de cada um, ou de cada uma das artes, pelo contrário, se mostra tão diversa, como se pode questionar alguém que imita os melhores e negligencia os menos bons? Só uma solução é admissível, ou se recusa a imitação ou se imitam os melhores. Mas como a ideia de perfeição absoluta só em Deus existe, deve buscar o imitador a centelha que desse fogo divino mais se aproxime. Nada aproveita a imitação simultânea de vários autores, porque a abundância distrai o espírito, os sentidos, o entendimento. Nunca a imitação poderá prescindir do *prépon*, do *aptum*, da ligação harmoniosa, pois a natureza humana rejeita o híbrido monstruoso, mesmo no caso do Velho do Mar:

> Os poetas da Antiguidade que criaram a imagem de Proteu diziam que ele se transformava ora em água, ora em fogo, ora numa fera, mas que nunca tolerava mais do que uma forma na mesma aparição. Creio que assim procederam não só porque pensavam que tal não podia acontecer, mas também porque não viam como coisas de tão vário e tão diverso aspecto se poderiam combinar de modo harmonioso[27].

Na exegese dos retores antigos o recurso à imagem de Proteu era também solução conhecida e autorizada pelo menos desde os diálogos platônicos. Quando o interlocutor não se submete à manipulação, ou se mostra pouco dócil, como sucede no *Íon* (541e-542a), Sócrates protesta: "Comportas-te exatamente como Proteu, assumindo todas as formas, virando-te para todos

---

25. "*Tum accidere etiam illud solet, ut ea, quae chartis mandantur, pleniora uberioraque sint, quam quae homines inter se colloquuntur. Addit enim semper aliquid stilus et scribendi mora, crescitque cogitatione ipsa oratio*". Cf. SANTANGELO, G. (ed.). *Le Epistole "De imitatione" di Giovanfrancesco Pico della Mirandola e di Pietro Bembo*. Firenze: Leo S. Olschki, 1954, p. 44-49.

26. "*Si omnes ii, qui aliquo uno in genere boni scribendi magistri sunt habiti, pares inter se stili nobilitate scriptionumque elegantia extitissent*."

27. "*Ac mihi quidem uetustissimi poetae finxisse Protea uidentur, cum illum modo aquam fieri, modo ignem, modo belluam dicerent, nunquam tamen eodem aspectu plus unam formam prae se tulisse, non solum quia id posse fieri non existimabant, sed etiam propterea quod, quo modo diuersae facie res inter seque uariae apte coniungerentur, non uidebant*."

os lados e, por fim, depois de me teres escapado, apresentas-te como um general para não me mostrares como és hábil na ciência de Homero"[28]. Nos *Commentarii* ao livro III de Quintiliano, ao tratar da definição dos estados de causa, António Pinheiro procede do mesmo modo; como o autor latino resiste à acribia do comentador, o futuro mestre dos moços fidalgos da corte de D. João III observa:

> Aqui Fábio é tão escorregadio e tão difícil de agarrar que se nos escapa das mãos; não é, pois, por imperícia que se lhe atribui aquela incongruência. Com que nós hei-de prender a versátil figura de Proteu? Sigamos então o conselho de Cirene [a mãe de Aristeu] e apertemos, se conseguirmos, laços bem fortes à volta daquele que em tudo se transforma[29].

A incongruência a que António Pinheiro alude tem que ver com a classificação dos *status causae*. Seguindo Cícero, Quintiliano começara por enumerar três *status rationales, an sit, quid sit, quale sit (coniectura, finitio, qualitas)*, mas depois, passando a considerá-los como modos de defesa, acrescentou-lhes a *translatio*[30]. A obscuridade do autor latino, ironicamente, resolve-a o humanista com uma conglomeração retórica. Ao Mito do Pastor das Focas, de Poseidon acrescenta Pinheiro duas referências eruditas: cita um verso horaciano que envolve, em certa medida, um juízo sobre os artifícios dos doutos, comparáveis na sua inconstância aos caprichos dos ricos (*Epist.* 1.1.90: *Quo teneam uoltus mutantem Protea nodo?*); como imagem dos desmedidos esforços do filólogo que paga preço alto por magros resultados, evoca os trabalhos de Aristeu relatados por Virgílio (*Geórgicas*, 4. 317-442).

Que lugar ocupará, então, a arte retórica na pedagogia humanista? Se tal pedagogia visa a *eloquentia* e se esta, no dizer de Jerónimo Cardoso, consiste em *ser copioso & polido, como foram os atticos,* fazendo bom uso das provas lógicas, quer dizer, dos *topica,* as *cousas de lugar,* e dos *loci communes, hos passos da reytorica pera louuar, ou uituperar,* a questão, por simples que pa-

---

28. Cf. JABOUILLE, V. *Platão: Íon.* Lisboa: Inquérito, 1988, p. 94-97.

29. "*Hic Fabius sic est lubricus et incomprehensibilis, ut elabatur ex manibus, nec inepte ei illud accommodes. Quo teneam uultum mutantem Protea nodo? Ergo sequamur Cyrenes consilium et se in omnia uertenti tenacia uincula, si possumus, contendamus*". Cf. M. *Fabii Quintiliani Institutionum Oratoriarum Libri XII [...] Quibus & accessit doctissimus Cõmentarius Antonii Pino Portodemaei in Tertium.* Paris: Michaelis Vascosani, 1538.

30. Sobre esta questão cf. CALBOLI, L. & MONTEFUSCO. *La dottrina degli "status" nella retorica greca e romana.* Hildesheim: Olms-Weidmann, 1986, *maxime* cap. V.

reça, só pode ter resposta complexa. Reclama dilucidação porque desde logo a própria ideia de *lugar*, como Proteu, não se deixa prender facilmente. Nos *loci* e nos *loci communes*, matéria da *inuentio*, buscavam os antigos as *sedes argumentorum*, isto é, as ideias recebidas e partilhadas, os argumentos que permitem a comunicação, o *consensus* entre os cidadãos, a adesão de ouvintes e leitores.

No *Quattrocento*, sobretudo depois das *Dialecticae disputationes* de Lorenzo Valla, a dialética desce das escolas à sociedade e reacende-se o interesse pela tópica. Valla recusa a perspectiva especulativa e toda a espécie de abstração que esqueça a *res* e o horizonte da *res publica*; o movimento completa-se, em 1515, quando Rodolfo Agrícola publica o *De inuentione dialectica*.

Afastando-se da lógica e da metafísica, a tópica renova-se por via desta aproximação à retórica. Interessa-lhe organizar o *thesaurus*, a *copia uerborum ac rerum*, fornecer ao orador um método de imitação. Nas mãos de Erasmo e de Melanchthon os *loci communes* ganham nova vida e tornam-se êxitos editoriais retumbantes. A tópica, matéria de pedagogos, já nas obras de Erasmo e Melanchthon, depois no ensino dos jesuítas, transforma-se em *clauis uniuersalis*, numa forma racional de compreender o mundo. Aproveita a retórica humanista esta dinâmica, porque, em certo sentido, também ela se apresenta como *lugar* que dispõe os *lugares comuns* e organiza a floresta[31]. No entanto, na *silua*, no labirinto das artes e ciências, a retórica, perdoe-se o latinismo, tudo pervade; arte do discurso persuasivo, da expressão oral, mas também, e sobretudo, da composição escrita, graças à sua capacidade proteica coloniza os demais saberes, tirando vantagem até das suas próprias contradições. Para os ramistas, que a reduzem à elocução, não deixa de ser *organum*, instrumento indispensável ao método; para os ciceronianistas e para quem procura preservar uma concepção holística do saber continuará a ser a *regina scientiarum* que tudo conforma.

---

31. *Tópos* no sentido corrente de repetição ou banalidade assenta numa metáfora que vem do século XIX, o cliché, a chapa tipográfica que permite reproduzir um texto quantas vezes se queira sem alterar os caracteres móveis; para os humanistas, pelo contrário, a *copia* implicava utilização pessoal, um contexto, em suma, a imitação. Cf. GOYET, F. *Le sublime du "lieu commun"*. Paris: Champion, 1996. Privilegiando mais a *copia*, à maneira de Terence Cave, do que os *topoi*, entendidos ao modo de E.R. Curtius, o estudo de Goyet incide sobre Agrícola, Erasmo e Melanchthon, autores que dão lastro doutrinal ao ensino das humanidades em Portugal nas décadas de 1530-1550; a tese que sustenta, de forma convincente, é a de que o lugar-comum, por paradoxal que pareça, desempenha no século XVI o papel que no século XVIII caberá ao sublime.

Distinguindo-se daquilo a que alguns chamam a fragmentação medieval das artes, em contraste ainda mais flagrante com a atual pulverização do saber, a retórica humanista – fosse nos colégios trilingues, em Santa Bárbara, no *Collège de Guyenne* ou no Colégio das Artes, fosse nos *gymnasia* protestantes ou nos colégios dos jesuítas – era muito mais do que uma matéria, uma disciplina ou área curricular. Na verdade, a aprendizagem das técnicas de composição escrita e oral não figurava no *curriculum*, nem sequer *ao longo do curriculum*, antes se confundia com a própria *ratio studiorum*, enquanto elemento essencial da aprendizagem em todas as classes e graus. Embora não seja possível regressar à prática pedagógica do Renascimento, alguma vantagem haveria, decerto, em considerar a primazia que nela se dava à arte retórica, de acordo com dois princípios basilares: a eficácia do ensino depende não só da gradação das dificuldades como de uma perfeita articulação entre a composição escrita e a expressão oral[32].

Se a retórica vivia sob o signo de Proteu – vária, multiforme, na contingência do *kairos* era retórica do *ethos*, do homem medida de todas as coisas – já a tensão entre o múltiplo e o uno a colocava também sob o signo de Prometeu, pois foi a *eloquentia* que permitiu ao homem sair da barbárie para a vida em sociedade. Ao cabo, a própria ideia de um *saber universal* exige um instrumento que o torne acessível a todos, uma faculdade que, produzindo contínua clareza, *perspicuitas*, assegure a relação entre *res* e *uerba*. Ora é à eloquência, quer dizer, à eloquência latina que compete tal função prometeica. Neste sentido se pronunciava Marc-Antoine Muret, um ciceronianista moderado da segunda metade de Quinhentos, e com ele assentiam os seus amigos jesuítas do *Collegio Romano*[33].

Restaurando a ortodoxia retórica na fidelidade aos clássicos, o ciceronianismo jesuítico representa bem essa ambivalência da arte oratória. Confiam os membros da Companhia no poder da palavra humana, prolongamento do verbo divino que unifica e legitima o que é vário e até contraditório, os *spolia Aegypti*, mas não esquecem também a lição erasmiana do *Ciceronianus*: sujeito à *prudentia*, o princípio retórico do *apte dicere* regulará a ação

---

32. Cf. MURPHY, J. (ed.). *A Short History of Writing Instruction from Ancient Greece to Modern America*. 2. ed. Mahwah (NJ): Lawrence Erlbaum, 2001, esp. Don Paul Abbott: "Rhetoric and Writing in the Renaissance", cap. V.

33. Cf. MURET, M.-A. *Orationes* – Opera Omnia. Vol. I. Leipzig: Frotscher, 1834, orat. XVII.

segundo as necessidades de ajustamento às condições particulares e ao fim pretendido[34]. Essa natureza bidimensional do espaço da retórica jesuítica manifesta-se de forma eloquente na *Bibliotheca Selecta*, publicada em Roma em 1593[35]. Aí o Pe. Antonio Possevino (1534-1612) valoriza a *Retórica* aristotélica, sobretudo pela sua acuidade e manifesto proveito no que respeita à doutrina do *ethos* – o estudo da variedade dos caracteres, das virtudes e dos vícios exposta no livro II convinha à formação de pregadores. Ao assunto, *de uarietate ingeniorum*, são dedicados os livros IX a XI, onde se explica justamente como os missionários se devem dirigir às diferentes culturas, tradições e costumes dos povos e cidades a evangelizar, já que a eficácia e credibilidade do discurso depende da adequação do *ethos* do orador aos *mores* dos ouvintes. No entanto, ajunta o Pe. Possevino, a multiplicidade da *inuentio* há que submetê-la à *Tulliana imitatio*, pois todas as artes e ciências se encaminham para a retórica. Não por acaso, o livro XVIII, o último da *Bibliotheca*, se intitula *Cicero* e é inteiramente dedicado à epistolografia, à retórica e aos tratados filosóficos do orador latino.

Terminado este breve percurso pela pedagogia do Renascimento, poderemos concluir que se Proteu corporiza a diversidade, a *copia*, as metamorfoses da retórica na enciclopédia humanista, a variedade de engenhos, a imitação múltipla, a busca da diferença, Prometeu representa a unidade essencial do saber, a força humanizadora do *logos*, *ratio* e *oratio*, a imitação da perfeição divina, o valor civilizacional da retórica[36].

---

34. O *aptum* da retórica clássica torna-se na Parte IV das *Constituições* da Companhia de Jesus princípio pedagógico com valor universal, p. ex., quando se estipula que "en las tales facultades studiarán los que se imbían a los collegios, insistiendo con más diligencia en la parte que para el fin dicho más conviene, attentas las circunstancias de tiempos y lugares y personas" (cf. *Const.* 4.5.1. • *Mon. Paed.*, t. I, p. 214-217), "ha de aver mucha variedad según las circunstancias de lugares y personas" (cf. *Const.* 4.7.2. • IBID., p. 264-267), "aunque según las regiones y tiempos pueda aver variedad en el orden y horas que se gastan en estos studios, aya conformidad en que se haga en cada parte lo que allí se huzgare que más conviene para más aprovechar en las letras" (cf. *Const.* 4.13.2. • IBID., p. 284-285), ou quando se prescreve que na selecção das obras a ler se escolham aquelas que "parezcan más accomodadas a estos tiempos nuestros" (cf. *Const.* 4.14.1. • Ibid., p. 294-297).

35. Cf. Antonio Possevino, Bibliotheca Selecta de ratione studiorum, ad Disciplinas, et ad Salutem omnium gentium procurandam [...], Colônia. Apud Ioannem Gymnicum, 1607 (BPMP, N-12-16).

36. Para a história da retórica e, em particular, da retórica dos séculos XV e XVI, cf. FUMAROLI, M. (ed.). *Histoire de la rhétorique dans l'Europe moderne, 1450-1950*. Paris: Presses Universitaires de France, 1999. • MACK, P. *A History of Renaissance Rhetoric (1380-1620)*. Oxford: OUP, 2011. • PEREIRA, B.F. *Retórica e eloquência em Portugal na época do Renascimento*. Lisboa: Imprensa Nacional/Casa da Moeda, 2012.

O CORPO ELOQUENTE: *ACTIO* E *PRONUNTIATIO RHETORICA* NO SÉCULO XVII*

Marc Fumaroli
Collège de France

1 A linguagem do corpo profano ou os hieróglifos da Idade do Ouro

Na *Apologia de Raimond de Sebonde*, Montaigne, ao estabelecer que o homem está na natureza e em meio aos outros animais "em uma condição que não se pode dizer favorável, sem nenhuma prerrogativa, *praeexcellence* verdadeira e essencial"**, salvo uma pouco desejável "liberdade de imaginação e [...] a desordem do pensamento que lhe permitem representar-se o que é e o que não é, o que ele quer, o falso e o verdadeiro", recorre, entre outros argumentos, à pouca necessidade da palavra, substituída tão facilmente pela linguagem muda do corpo:

> *Non alia longe ratione atque ipsa videtur*
> *Pertrabere ad gestum pueros infantia linguae*[1]

> E por que não acreditar nisso? Não é assim que os mudos discutem, conversam, contam histórias? Eu conheci alguns, tão hábeis e afeitos aos gestos, que de nada careciam para se exteriorizar. Os amorosos brigam, reconciliam-se, imploram, agradecem, marcam encontros unicamente com olhares:

---

* Texto originalmente publicado com o título "Le corps éloquent. Une somme d'*actio* et pronuntiatio rhetorica' au XVIIe siècle, les Vacationes autumnales du Père Louis de Cressolles (1620)" na Revista *XVIIe Siècle*, vol. 33, 1981, p. 237-264. Tradução de Adriana Rech; revisão da tradução de Patrícia C.R. Reuillard (UFRGS); revisão técnica de Carlos Piovezani (UFSCar).

** Na edição brasileira, o trecho consta como "nenhuma prerrogativa essencial". Em várias publicações, em outras línguas, o "praeexcelence" é mantido sem tradução [N.T.].

1. Ensaios. L II, cap. XII. 2. ed. Brasília/São Paulo: UnB/Hucitec, 1987, p. 185 [trad. de Sergio Milliet]. Citação de Lucrécio traduzida por: "Pelo mesmo motivo vemos as crianças suprirem por gestos a palavra que lhes falta". Edição em francês referida pelo autor: *Essais*. Paris: Gallimard/Bibl. de La Pléiade, 1950.

E'l silentio ancor suole

Haver prieghi e parole[2]

E não nos exprimimos com as mãos?[3] Pedimos, prometemos, chamamos, despedimo-nos, ameaçamos, suplicamos, rezamos, negamos, interrogamos, admiramos, recusamos, contamos, confessamos, manifestamos nosso arrependimento, nossos temores, nossa vergonha, nossas dúvidas; informamo-nos, comandamos, incitamos, encorajamos, blasfemamos, testemunhamos, exprimimos nosso desprezo, nosso despeito; caçoamos, adulamos, desafiamos, injuriamos, aplaudimos, benzemos, humilhamos, reconciliamo-nos, exaltamo-nos, regozijamo-nos, queixamo-nos, entristecemo-nos; demonstramos nosso desânimo, nosso desespero, nosso espanto; exclamamos e calamos e que mais não externamos, unicamente com as mãos, cuja variedade de movimentos nada fica a dever às inflexões da voz? Com a cabeça convidamos, aprovamos, reprovamos, desmentimos, saudamos, honramos, veneramos, desprezamos, solicitamos, lamentamos, acariciamos, censuramos, concordamos, desafiamos, exortamos, ameaçamos, asseguramos, inquerimos [sic]. E com as sobrancelhas? E com os ombros? Não há gesto ou movimento em nós que não fale, de uma maneira inteligível que não é ensinada e todos entendem. Tudo isso faz que, em se atentando para a variedade das línguas e o trabalho que exigem para que as aprendamos, possamos considerar essa comunicação por meio de sinais a linguagem natural do homem. Deixo de lado o que a necessidade ensina em certos casos, bem como o alfabeto dos dedos, a gramática inculcada por gestos, as artes assim executadas, os povos que, segundo Plínio, não falam senão por esse meio[4].

A linguagem dos gestos (invisível por ser comum), seu poder de significação imediata, sua evidência universal estão mais enraizados na "natureza humana" do que o discurso verbal. Freando as pretensões do homem à "dignidade", tratando com ironia a eloquência, traço distintivo dessa "dignidade do homem", Montaigne desloca a sabedoria do céu para a terra, do orgulho do grande estilo à modéstia do estilo simples. Mas esse campo modesto, essencial para ele, assegura-lhe uma espécie de dignidade não inflada. A alusão às "nações que Plínio diz não terem linguagem" sugere, na linguagem universal

---

2. Ibid., p. 185. Citação de Tasso (Aminta II, coro 34), figura na edição francesa a partir de 1580, traduzida por: "O próprio silêncio tem sua linguagem". • Na edição brasileira, as citações de Lucrécio e Tasso não aparecem em latim, mas já traduzidas no corpo do texto [N.T.].

3. Ibid. Toda a passagem que segue é uma adição de 1595.

4. Ibid., p. 186.

e espontânea do gesto, os vestígios modernos de um estado anterior e mais inocente dessa humanidade totalmente profana. Nas situações de urgência e de violência passional, como no amor físico, é esse pano de fundo original que ressurge, marcando sua anterioridade e sua superioridade sobre as línguas. Aliás, a referência a um "alfabeto" e a uma "gramática" do corpo significante remete implicitamente o leitor culto dos *Ensaios* aos *Hieroglyphica sive de sacris Aegyptiorum aliarumque gentium literis commentarii*, de Piero Valeriano[5], que consagra seu L. XII, t. II à interpretação do corpo humano como repertório de hieróglifos, estando cada signo (a cabeça, os ombros e mesmo a genitália) carregado de várias significações. Uma condição particular é reservada aos dedos da mão, que contêm potencialmente todo o "cômputo".

O objetivo confesso de Valeriano é reconstituir a língua sagrada, anterior à corrupção de Babel e à multiplicação das línguas. Tudo se passa como se, em Montaigne, essa "nostalgia das origens" laicizada o fizesse ver na linguagem espontânea dos gestos os hieróglifos profanos de uma natureza humana na sua Idade do Ouro. Aqui se esboça um mito da "vida civil", distinto dos mitos sacerdotais de origem.

Montaigne, de tão evidente que frequentemente o esquecemos, escolheu escrever sobre a língua *vulgar*. E os paradoxos sobre os quais ele funda sua filosofia dos signos, seu "nominalismo"[6] são, na verdade, uma incessante apologia dessa escolha inicial que comanda todas as outras. Privada de gramática e de retórica, desdenhada pelos "pedantes", a língua vulgar ocupa uma posição que não deixa de ter analogia com a linguagem natural do corpo: negligenciada, humilhada, reduzida a seus usos cotidianos e servis, está próxima, aos olhos de Montaigne, e em virtude mesmo dessa ingenuidade e dessas falhas, da sublime poesia e sabedoria dos antigos pagãos. Mais próxima, em todo caso, que o "ciceronismo" oficial e escolar do humanismo pretensioso. Por uma inversão do inferior para o superior, excluindo o meio-termo daqueles que Pascal nomeará "semi-hábeis", Montaigne aproxima a infralinguagem

---

5. *Hieroglyphica sive de sacris Aegyptiorum aliarumque gentium literis commentarii Joannnis Pierii Valeriani Bolzani Bellumensis* (dedicado a Cosme de Médicis). Basileae: Per Thoman Guarinum, 1567, t. II, L. XXII, dedicado a Jean Jacob Fugger. Cf., entre outras, a interpretação da cabeça como símbolo de Roma, para os Antigos, o que prefigura sua escolha como centro da igreja fundada por Cristo sobre a "pedra" do Capitólio e sobre São Pedro, cujo nome (Cephas) significa também *cabeça*.

6. Cf. o ensaio de Antoine Compagnon: *Nous*. Paris: Le Seuil, 1980.

do *vulgus* moderno da plenitude dos poetas, sábios e heróis antigos, certo de que o sentido em ato dos Antigos fará passar da potência ao ato as virtualidades fecundas da língua vulgar. Sua celebração da infralinguagem do gesto natural diz respeito à mesma análise: há nela um vigor nativo e imediato de significação que preserva, na corrupção moderna, sementes da Idade do Ouro. Além disso, como a língua vulgar, essa linguagem cotidiana do gesto, em sua enérgica predominância, é adequada ao comércio ordinário da vida civil, ao estilo simples, até mesmo inferior, que lhe convêm e cujo estatuto e sabedoria próprios, independentemente dos mitos clericais, os *Ensaios* se esforçam em definir. Sem dúvida Montaigne tem muito vivo o senso do sublime: mas ele o reserva aos poetas inspirados, Lucrécio, Ovídio, Virgílio. É preciso ainda ver que, na *energia* da antiga poesia pagã, ele encontra o poder de *evidência* imediata dos gestos:

> *O sentido*, escreve ele, *ilumina e realça as palavras, fazendo-as, não de vento, mas de carne e ossos*[7].

Os "homens cultos", acrescenta, emprestam "movimentos singulares" à linguagem, espelho de uma espécie de gestual da alma encarnada. De uma alma que, tomando seus modelos nos antigos pagãos, pretende ser ainda mais sábia porque permanece sob o registro "modesto" da civilidade profana, longe das ilusões do humanismo "eloquente", mas longe também do numinoso da santidade e do sacerdócio cristãos.

O Montaigne que acabo de citar é aquele da edição de 1595. Um quarto de século mais tarde, na plenitude da Reforma Católica na França, um jesuíta, o Padre Louis de Cressoles[8], publica em Paris um espesso in-quarto em latim intitulado *Vacationes autumnales sive de perfecta oratoris actione et pronuntiatione*[9], que se contrapõe totalmente à visão de Montaigne sobre a linguagem muda do corpo. Esta não é mais tomada na espontaneidade "na-

---

7. *Ensaios*. Op. cit., L III, cap. V, A propósito de Virgílio, p. 208. Edição em francês referida pelo autor: *Essais*. Paris: Gallimard/Bibl. de La Pléiade, 1950.

8. Sobre o Padre Louis de Cressoles, cf. SOUTHWELL. *Bibliotheca...* p. 562. • ALLACCI, L. *Apes Urbanae*. Roma, 1630, que o coloca entre os autores que honram o pontificado de Urbano VIII Barberini.

9. Paris: S. Cramoisy, 1620. ""Sobre *Vacationes*, cf. a apreciação elogiosa de MORHOF. *Polyhistoris continuatio*. T. VI. Lubecae, 1708, cap. I: "*De Scriptoribus rhetoribus*", p. 247, par. 17, criticada por GIBERT. *Jugemens des savans sur les auteurs qui ont traité de la rhétorique*. T. II. Paris: Etienne Ganeau, 1716, p. 404. Comparar com a segunda edição dessa obra, no t. 6, de BAILLET. *Jugements des savans*. Amsterdã, 1725, p. 232.

tural" da vida civil, entre outras, a dos amantes, mas atribuída à "disciplina" retórica, odiosa a Montaigne. E assim, recuperada e reformada pela quinta parte da *Ars bene discendi*, a disciplina retórica pretende reencontrar seu antigo esplendor perdido, graças a muita pedagogia conjugada com a mais sábia erudição:

> De fato, escreve o Padre de Cressoles em seu prefácio, a opinião fortemente difundida entre os ignorantes, que afirmam que os gestos naturais se bastam e que o destino da pátria não está ligado ao movimento da mão em tal ou tal sentido, e que o primeiro que chegar pode agradar com gestos espontâneos, essa opinião é refutada pela experiência de cada dia. Vemos, efetivamente, muitos oradores, tanto nos lugares sagrados como nos profanos, falar tão inabilmente, tão estupidamente, de forma tão irregular, que nos surpreendemos com o fato de que possam ser escutados em silêncio. As pessoas eruditas e refinadas pela cultura (*expoliti humanitate*) não sentem outra coisa além de aversão ao escutarem oradores tão desprezíveis e se indignam legitimamente com sua falta de discernimento. E acredito que todos aderirão a essa opinião, desde que tenham presentes na mente os gestos corrompidos e a ação desprovida de talento de tais oradores. Alguns não mexem a cabeça, inclinada à frente, no alto de um pescoço rígido, como se fosse feito de corno; outros abrem os olhos de forma tão excessiva que parecem querer difundir terror no público; outros, enquanto falam, mexem os maxilares em todos os sentidos, como se quisessem quebrar nozes; [...] outros, parecendo crianças quando brincam, tamborilam os dedos ininterruptamente e através dessa fantástica agitação das mãos, parece que tentam desenhar no ar, ao mesmo tempo, todos os símbolos da aritmética; outros, pelo contrário, mantêm as mãos tão tesas e paralisadas que estas parecem mais pesadas para mexer do que uma viga [...]. Mas quem poderia em poucas palavras resumir todos os defeitos de um gesto ou de uma pronúncia infeliz?[10]

Montaigne tinha em vista somente o homem no comércio ordinário da vida, quando se exprime com gestos espontâneos e em língua vulgar. O Padre de Cressoles tem interesse apenas pelo homem enquanto orador e escreve e pensa apenas em latim. Esse *medium* sábio, fruto de uma educação retórica sábia, língua erudita e língua de igreja, comanda seu ponto de vista. Os dois autores compartilham o mesmo culto à Antiguidade. Mas, para Montaigne, essa é a Idade do Ouro da natureza, fecunda em poetas, em sábios, em heróis,

---

10. *Vacationes*. Op. cit., *Praelurio* não paginado.

• 87

e guia para o leigo moderno em busca de uma vida mais sábia e mais digna. Ao passo que, para Padre de Cressoles, a Antiguidade pagã, inseparável da Antiguidade cristã[11], é a natureza também, mas levada à sua perfeição pela cultura retórica e pela revelação do verdadeiro Deus. Restituir a natureza moderna à cultura retórica é torná-la, ao mesmo tempo, mais capaz de dar testemunho do verdadeiro Deus e da sua Igreja. Essa divergência entre o *layman* Montaigne – que é também um *gentleman* – e o *clergyman* Louis de Cressoles, em primeiro lugar, é aquela que separa os dois modos diferentes de existência social. Mas é também uma divergência de método, ou mesmo metafísica, que transcende em parte a diferença de ponto de vista social. Muitos eclesiásticos, a começar por Charron e mais tarde em Port-Royal, ficarão muito próximos do ponto de vista de Montaigne. Moralista, o autor dos *Ensaios* observa nos gestos espontâneos do corpo, na mímica humana, os signos que traem a paixão da alma, de uma alma que, ao se conhecer, pode atingir certa sabedoria, mas precária, provisória e desprovida. Ele acredita no heroísmo, na santidade, mas como exceções longínquas, maravilhas da natureza e da graça. Nesse sentido, ele está muito distanciado da inspiração profunda de obras como *Hieroglyphica* de Valeriano, que tem ambições sagradas, ou como a *Physiognomonia* de Giacomo Della Porta, que visa prever o futuro, dominá-lo quase profeticamente[12]. Na linha de Della Porta, segue a obra de um Lavater[13]. Na linha de Montaigne, os moralistas franceses, aos quais é preciso acrescentar um Agostino Mascardi, autor de *Romanae dissertationes*[14], estão todos mais modestamente em busca de uma sabedoria no mundo

---

11. Sobre a atitude de erudição jesuíta relativa às duas Antiguidades, cf. nosso estudo sobre o problema em *XVIIe siècle*, n.131, 1981, p. 149-168.

12. DELLA PORTA, G. *Coelestis Physiognomonias libri, sex*. Nápoles, 1603.

13. LAVATER, J.G. *Physionomisch Fragments…* Vol. 4. Leipzig, 1775-1778, in-f. A primeira tradução para o francês aparece a partir de 1781 em Paris.

14. *Agostini Mascardi Romanae dissertationes de affectibus, sive de perturbationibus animi earumque characteribus* [dedicado ao Cardeal Francesco Barberini]. Paris: Sébastien Cramoisy, 1639. Eis aqui alguns títulos de capítulos: III: *"De admirabili corporis cum anima cognatione"*; IV: *"Vivorum animi mores certis corporis signis internoscantur. Hoc est de Physionomia in universum"*; V: *"De perturbationibus ac morum conjectura ex vultu"*; VI: *"Ex manu: Chiromantia"*; VIII: *"Ex Vocs"*; IX: *"Ex sermons"*; X: *"Ex oratione"*; XI: *"Ex cultu corporis"*. É evidentemente uma das fontes menos estudadas dos *Caractères* de La Bruyère. Cf., sobre esse ponto, nosso estudo a ser publicado. No mesmo ano, o mesmo autor publica, no mesmo editor parisiense, o *Ethicae prolusiones*, que aporta uma apreciação crítica sobre esse conhecimento das paixões. Cato é referido como o exemplo supremo do sábio orador, aliando domínio moral, retórico e dialético.

civil. Os antropólogos do gesto aparecerão apenas no século XIX, com a obra do compatriota de Della Porta, o Cônego Andrea di Jorio, autor de *La mimica degli antichi investigata nel gestire napoletano*[15] e na obra de Wundt[16]. Todas essas diversas correntes de uma filosofia do gesto compartilham apenas o fato de tomarem como objeto de interpretação o homem como ele é, ao menos tal como ele aparece. O autor jesuíta de *Vacations autumnales* interessa-se apenas pelo homem tal como ele deveria ser. E ele se considera suficientemente amparado pela graça de uma Providência misericordiosa, por uma natureza fecunda em sementes de grandeza da alma e pelos recursos inesgotáveis de pedagogia retórica, para ser capaz de fazer surgir entre os homens semideuses do gesto e da voz, cuja autoridade subjugará a humanidade média e a fará respeitar o que deve ser. Esse ideal, tido por realizável, supõe uma completa permutação de signos: os signos subsumidos da espontaneidade humana tornam-se, para uma elite, os signos em relevo, próprios a imprimir profundamente sua marca na humanidade comum, o que supõe para os modeladores da alma que se tenham, eles mesmos, remodelado para que sua energia espiritual, orientada por sua vontade, irradie esses signos sensíveis, e os levem à perfeição da *ação*. Os moralistas e os antropólogos colocam entre parênteses a redenção da natureza, ou a reservam por princípio a um Deus oculto. A retórica jesuítica do Padre de Cressoles se pretende colaboradora da redenção da humanidade, forjando em seu seio uma elite de redentores, vicários da ação divina.

2 O corpo eloquente, porta-voz do *Logos*

Há, portanto, uma história clássica da linguagem do corpo a ser escrita, que tem na retórica jesuítica um capítulo. Para compreendê-la, é preciso lembrar que busca suas fontes não somente em Cícero e Quintiliano, mas também nos autores de retórica eclesiástica católica que, sob o impulso dado pelo Concílio de Trento, quiseram paramentar os bispos e sacerdotes, herdeiros dos apóstolos, de todo o prestígio da eloquência humanista. O precursor des-

---

15. JORIO, A. *La mímica degli antichi, investigata nel gesteri napolitano*. Nápoles: Stamperia del Fibreno, 1832, in-8°.

16. Sobre a obra de Wundt, cf. *Approaches to Semiotics*, 6. • WUNDT, W. *The language of gestures*, com introdução de Arthur L. BLUMENTHAL e outros ensaios de George H. Mead e Karl Bühler. Paris/La Haye: Mouton, 1973.

sa reforma da cátedra tinha sido, desde antes de Trento, Erasmo. Em seu *Ecclesiastes*[17], inspirado ao mesmo tempo no *Institutio oratoria* de Quintiliano e na *De Doctrina christiana* de Santo Agostinho, Erasmo tinha dado um lugar considerável à *actio et pronuntiatio oratoria*, lugar tão mais notável porque, no restante de sua obra retórica, ele tinha acima de tudo se preocupado em definir uma arte de escrever para uso dos eruditos da República das Letras[18]. Com *Ecclesiastes*, de certo modo seu testamento, ele abordava a única forma de eloquência pública e oral que detinha, nas monarquias cristãs modernas, um prestígio comparável àquele do Fórum das antigas repúblicas: a eloquência sagrada[19]. Ora, esta, desfigurada pela rusticidade escolástica e "gótica", devia ser purificada para reencontrar, em sua linguagem como em seus gestos, um decoro digno da Palavra de Deus. Ao seu *ecclesiaste* pregador, Erasmo oferecia o mais sublime modelo, o *Cristo orador*. Para imitá-lo, era preciso, no entanto, passar por uma pedagogia retórica, entre outras, na ordem da *actio*, que tomava emprestado seus princípios e suas técnicas de Cícero e de Quintiliano. E é preciso ver bem quão prodigiosa "recarga" sagrada Erasmo instilava ao ideal pagão do *Orador* fazendo-o literalmente ser habitado pela pessoa divina de Cristo. Erasmo reservava aos sacerdotes a tarefa sobre-humana de se apropriar dessas duas ideias superpostas, uma prestigiosa, a outra radiante de *mysterium tremendum*.

Como veremos, o Padre de Cressoles e os jesuítas seus contemporâneos foram mais longe: fizeram desse paradigma sacerdotal a referência implícita de toda superioridade humana, mesmo na ordem laica. É um dos segredos do heroísmo da corrente jesuíta. Mas antes que se manifeste a primeira contribuição jesuíta ao conjunto de retóricas eclesiásticas tridentinas, em 1612, com o *Orator christianus*, de Padre Carlo Reggio[20], São Carlos Borromeo havia dado o impulso, publicando em Veneza a *Rethorica ecclesiastica* de seu amigo Louis de Grenade e encorajando seus colaboradores, Agostino Valiero e Giovanni

---

17. Sobre *Ecclesiastes*, de Erasmo, publicado em 1535, cf. algumas páginas em nosso *L'Age de l'éloquence*. Genebra: Drox, p. 106-109.

18. Sobre a retórica de Erasmo, destinada aos doutos, cf., tb., p. 98-106, nosso artigo "Genèse de l'épistolographie classique, rhétorique humaniste de la lettre de Pétraque à Juste Lipse". *RHLF*, set.-dez./1978, p. 886-905.

19. Cf. sobre esse prestigioso arcaísmo e sobre o problema que ele coloca para o humanismo laico no regime monárquico, as reflexões de Marc Antoine Muret (*L'Âge de l'éloquence*, p. 174-175) e as consequências do primado da eloquência sagrada na Itália do *Seicento* (ibid., p.202-226).

20. Sobre o *Orator christianus* (Roma: Zannetti, 1612), cf. *L'Âge de l'éloquence*, p. 186-190.

Botero, a escrever sobre o mesmo tema[21]. A nuança introduzida pelos jesuítas nessa tradição tridentina, e ela é considerável, é que seus futuros sacerdotes e pregadores são formados por eles, ao menos durante a etapa propriamente retórica de sua escolaridade, nos mesmos colégios que os alunos chamados a vocações leigas. Um modelo comum é *inicialmente* compartilhado por todos. Isto leva a duas consequências. A primeira é que, a partir da divulgação nas livrarias da *Ratio studiorum* em 1599, os jesuítas manifestam uma desconfiança muito menor do que os autores de obediência "borromeana" aos recursos técnicos da retórica pagã. O estabelecimento por seus teólogos espanhóis de uma doutrina da natureza e da graça que lhes é própria contribui também nesse sentido. A segunda consequência é que, apesar dessa confiança nos recursos da natureza aperfeiçoada pela arte pagã, sua pedagogia oratória permanece, por assim dizer, imantada pelo paradigma sacerdotal e não prevê nenhum paradigma propriamente leigo, senão a título de variante enfraquecida do outro, modelo perfeito. Os tesouros redescobertos da *ars dicendi* pagã e patrística são tragados na preparação da Grande Obra suprema, que é, definitivamente, a eloquência do orador sagrado, via sábia do Logos divino.

O Padre de Cressolles é uma boa testemunha dessa tendência invencível. Ele publica, em 1620, um tratado intitulado *Theatrum Veterum Rhetorum*[22], onde faz o inventário de duas sofísticas antigas, a de Górgias e a dos retóricos alexandrinos e imperiais: apontando rigorosamente o que suas técnicas revelavam de fraquezas morais ligadas ao paganismo, ele não deixava de colocar a serviço da eloquência católica e de sua eficácia o que, nessas técnicas, poderia ser retomado sem prejudicar a fé ou os costumes cristãos. Em 1629, após dez anos de estada em Roma, próximo do general dos jesuítas, Muzio Vitelleschi, ele publicará seu *Mystagogus de sacrorum hominum disciplina*[23], que é provavelmente o mais formidável monumento elevado à glória do padre católico ideal e que, dedicado ao cardeal de Bérulle, é a contrapartida jesuíta da ideia

---

21. Sobre os retóricos 'borromeanos", cf. tb. p. 134-152, BAYLEY, P. *French pulpit oratory* (1598-1650). Cambridge: Cambridge University Press, 1980, p. 38-71.

22. Cf. um estudo dessa obra em *L'Âge de l'éloquence*, p. 299-311.

23. *Ludovici Cressollii Armorici e Societate Jesu mystagogue de sacrorum hominum disciplina, opus varium e stromatis SS. Patrum et aliorum lucem capit, mores instruuntur, pistas commendatur.* Lutetiae Parisiorum: Seb Cramoisy, 1629. Uma dedicação entusiasta ao Cardeal de Bérulle nos revela que o autor havia conhecido o futuro fundador da Oratória enquanto este era aluno do Colégio de Clermont. Bérulle morreu em 1629.

do sacerdote elaborada pelo oratório[24]. Entre o in-doze do *Theatrum Veterum Rhetorum* e o in-fólio do *Mystagogus*, o in-quarto de V*acationes Autumnales* é a segunda ordem desse templo inteiramente consagrado ao orador católico, beneficiando-se ao mesmo tempo de toda a experiência retórica pagã e de todos os carismas da apostolicidade cristã. Apesar do lugar considerável dedicado por todos os retóricos eclesiásticos à *actio* e *pronuntiatio*, o Padre de Cressoles é o primeiro a ter feito da quinta e última parte da *ars dicendi* antiga o tema especializado de um tratado particular. Essa inovação está na lógica da retórica sagrada, a única, nós já apontamos, a preservar o caráter oral, direto, público e prestigioso da eloquência do Fórum. Na verdade, essa especialização é antes um artifício de apresentação: nas entrelinhas de um texto sobrecarregado de citações e de digressões, é um tratado de retórica completo que se desenvolve nas *Vacationes* em torno da *actio* e da *pronuntiatio*. Por outro lado, essa especialidade muito relativa revela a que ponto, aos olhos dos jesuítas, nada deve ser deixado ao acaso na Grande Obra da pregação. De fato, apesar da superioridade infinita desta sobre qualquer outra forma de eloquência, ela tem rivais, que devem ser recolocadas em seu lugar. Uma é o teatro. Os oradores antigos podiam estudar na mesma escola dos grandes atores. Cícero levou em consideração os ensinamentos de Roscius, para quem escreveu uma apologia. Hoje, o teatro não é mais do que um exemplo de corrupção dos costumes e do gosto cuja infância precisa ser preservada.

> Porque, tais como são os atores de nossa época, longe de estarem em condições de ensinar aos outros um gestual adequado e um modo de se expressar digno de uma educação liberal, eles jamais o aprenderam para si mesmos. Porque, em geral, suas trupes reúnem jovens, muito dos quais talvez sejam dotados, mas que são todos perdidos quanto aos costumes e levam uma vida escandalosa. Após ter dilapidado os bens de seus pais, e tratado com desprezo a educação liberal, em nome da qual tinham sido confiados a excelentes colégios, buscando escapar à indignação de suas famílias e à desonra, eles se atiram nessa ocupação infame e indigna, como

---

24. Sobre a doutrina do sacerdócio na Escola Francesa, na qual o Padre de Cressoles se inspira em Mystagogus, cf. BRÉMOND. *Histoire littéraire...* T. 3. • DAGENS, J. *Bérulle et les origines de la restauration catholique (1575-1612).* Paris, 1952. • COGNET, L. "Bérulle et la théologie de l'incarnation". *XVIIᵉ siècle*, n. 29, 1955, p. 330-352. • COCHOIS, P. "Bérulle, hiérarque dionysien". *R.A.M.,* t. 37, 1961, p. 111ss.; t. 38, 1962, p. 354ss. • *Bérulle et l'Ecole française.* Paris: Le Seuil, 1963 [Col. Maîtres Spirituels]. • GOUHIER, H. " Essai sur la spiritualité bérullienne". *Giornale de Metafísica,* I, 1979, p. 19-36.

os náufragos se agarram a um rochedo. Pior ainda, encontram-se, nessas companhias, muitos que não têm nem talento nem início de educação liberal, nem traço de estudo das boas letras; buscados em meio aos escravos, encontrados nos cruzamentos, eles são mestres no embuste, seu descaramento não conhece limites, irresponsáveis e sem honra: metidos cotidianamente nesse atoleiro, os jovens deixam esvair aí toda decência, e na sua busca ávida do pequeno ganho, encontram, cedo ou tarde, uma morte miserável[25].

Há outra rival para a eloquência sagrada: a eloquência dos Parlamentos do reino. Um dos objetivos mais evidentes de *Vacationes*, mais benevolentes com os rostros gálicos do que com o palco, é dar aos oradores do palácio, logo corrompidos, ao sair do colégio pelos prazeres da vida profana e levando ao "senado" gálico apenas uma licença desonrante da palavra[26], o exemplo de uma cátedra católica reformada.

Apesar do seu título, ou como anuncia seu título (as férias são apenas, no fim das contas, uma dependência do período escolar), as *Vacationes autumnales* se situam em um universo protegido do colégio, onde a ação desses maus exemplos é combatida, de antemão, de forma vitoriosa. O Padre de Cressoles deu ao seu tratado a forma de um diálogo, mas os interlocutores que o douto regente coloca em cena são jovens modelos, obras-primas da educação jesuíta e que, mesmo em férias, conversam em latim. Sua conversa é tão erudita, tão repleta de citações antigas, pagãs e cristãs, latinas e gregas que somente o "extraordinário verossímil" caro ao "fazer acreditar" jesuíta pode tornar aceitável que essas bibliotecas que vivem e que respiram[27] sejam alunos do colégio ou recém-saídos dele. São sonhos de professor. São também as máscaras de um orador para quem o diálogo não poderia ser senão o ornamento do discurso unívoco. Essas *dramatis personae*, que têm indiretamente a função de celebrar o valor da educação ministrada por seus mestres, são de maneira mais admitida o adorno do tratado: sem as graças de sua juventude, sem os meandros dos seus diálogos e as descrições repousantes de que ele é o pretexto (uma residência senhorial de campo, uma biblioteca maravilhosa, jardins dignos de um rei), o *docere* suplantaria perigosamente o

---

25. *Vacationes.* Op. cit. *Praelurio* não paginado.

26. Ibid.

27. A metáfora é tomada emprestada de *Eloquentiae... Parallela* do Padre Caussin, (Paris, 1619, p. 520), que a aplica, não sem ironia, ao estilo dos magistrados do Parlamento de Paris, que apresenta, de forma excessiva, citações em muitas línguas (cf. *L'Âge de l'éloquence*, p. 269).

delectare. Apesar dessa sábia difração, a ótica do Padre de Cressoles é aquela ótica, de aumento, do regente do colégio e do pregador que, endereçando-se a um vasto público, deve tornar visíveis seus efeitos a distância, como o ator no palco. As situações de discurso evocadas nas *Vacationes autumnales* são todas e sempre dessa ordem. Os dois interlocutores do diálogo que têm maior autoridade são Honorato, prestes a pronunciar sua primeira defesa de advogado no Parlamento, prelúdio a uma carreira de alto magistrado, e Teodoro, noviço da Sociedade de Jesus, que se prepara manifestamente para tornar-se um dos "tenores" da cátedra parisiense. Eles têm um único pensamento, um desejo, encarnar em seus respectivos ofícios o ideal de *Orator christianus*, no pleno exercício de seu verbo, mestre das almas. A entrada tardia de Teodoro no debate, o lugar imediatamente central que ocupa, sugere a distância hierárquica separando a eloquência profana da eloquência sagrada, porta-voz direto do Logos divino. E mesmo entre eles, neste parêntese das "férias de outono", comum ao mundo do palácio, dos colégios e dos noviciados, eles permanecem na tribuna, não abandonam, com seus amigos Juventus e Victor – um deles, aluno de retórica, o outro, de filosofia – a pompa periódica do discurso de grande estilo e de estilo médio, como se, para eles, não existisse escapatória entre o ensaio e a entrada em cena. Treinados de longa data pelos exercícios de declamação e pela experiência do teatro do colégio, esses profissionais do discurso não conhecem pausa ou, mais ainda, aproveitando de uma pausa, consagram sua eloquência a erigir entre eles a imagem do orador perfeito que é sua razão de ser e a fazê-lo agir e falar no melhor estilo. Pode-se rir desses estudantes entusiastas. Basta, no entanto, traduzir "eloquência" por "literatura", e os reconheceremos sem problema como os ancestrais inocentes desses jovens monomaníacos da obra-prima literária que ocuparão os cenáculos românticos, ou que descreverão cada um à sua maneira *L'Homme libre* de Barrès e *Paludes* de Gide. O livro bem-sucedido terá substituído o discurso e o sermão. Mas o profissionalismo é, no fundo, o mesmo. Aqui, no entanto, o sacerdócio da palavra não é uma metáfora blasfematória, nem em sua versão sagrada, nem em sua variante profana. A eloquência é, para o Padre de Cressoles e para seus personagens, o exercício direto do poder da palavra, vicário em um grau mais ou menos próximo do terrível e irresistível poder divino do *Logos*.

3 A educação de um "bom gosto" oratório

Nesse elevado campo erudito das ideias, não se deve esperar encontrar nada de concreto, nada de prático sobre a "cozinha" dos bastidores do teatro do colégio, nem sobre o momento propriamente pedagógico da aprendizagem das boas maneiras oratórias. Irritado por esse sublime contínuo, o leitor moderno, ansioso por fatos, fica tentado a se apropriar da exclamação de Montaigne:

> Abaixo a eloquência que atrai nossa atenção para ela mesma e não para seus temas. Observemos, entretanto, que a de Cícero, de tão perfeita, adquiriu valor próprio[28].

Reduzida às "coisas", segundo Montaigne, o majestoso concerto em três movimentos e para quatro instrumentos do Padre de Cressoles se resumiria em poucas palavras. Quando o Padre Jean Lucas, em 1675, sob o título *Actio oratoria seu de gestu et voce*[29], condensar em hexâmetros datílicos a lição de *Vacationes*, as quase 700 páginas do tratado serão reduzidas, sempre em latim, a 78 páginas do poema didático. Não resta, então, nada mais do que a nudez dos preceitos e a secura de um sistema que só os justifica pela autoridade de um punhado de autoridades completamente pagãs: Quintiliano, Juvenal, Horácio, Virgilio, Marcial... A *aura*, o entusiasmo religioso, o poder de sugestão terão perdido o brilho com a amplitude da encenação e da erudição enciclopédica. De fato, não se encontra no Padre de Cressoles um "código" minuciosamente normativo, e menos ainda um sistema de arestas vivas. Isso também, como a avareza do detalhe concreto, pode decepcionar o leitor moderno. Isto ao menos tranquiliza sobre o caráter "liberal", no sentido etimológico, da pedagogia da *actio* e da *pronuntiatio*, nos colégios da época: o Padre de Cressoles, como os especialistas jesuítas da pedagogia, tal como o Padre Sacchini[30], têm em demasia o sentido da diversidade dos temperamentos individuais, dos gêneros de eloquência e das circunstâncias do discurso para impor um mecanismo ou um automatismo de gestos

---

28. Ensaios, L I, cap. XL. Considerações acerca de Cícero. Op. cit., p. 293. Edição em francês referida pelo autor: *Essais*. Paris: Gallimard/Bibl. de La Pléiade, 1950.

29. Paris: Simon Bernard, 1675.

30. Sobre a pedagogia dos jesuítas, cf., além da célebre obra do Padre de Dainville, o artigo de Jacqueline Lacotte: "La notion de jeu dans la pédagogie des jésuites au XVIIe siècle". *R.S.H.*, n. 158, 1972, p. 251-265. Encontram-se, nesse mesmo número, passagens traduzidas de *Vacationes* do Padre de Cressoles.

"como deve ser". Cada questão particular e as questões gerais que seu tema comporta são objeto de uma *disputatio in utranque partem*, e o debate não é jamais resolvido de forma unívoca em favor de uma das teses presentes. Jamais diz então, como na obra de Padre Lucas, "deve-se fazer dessa forma"... "não se deve fazer daquela forma"..., mas: eis aqui as duas opiniões extremas que, se levadas ao limite da sua lógica, conduziriam ao erro; a verdade se encontra na medida justa, que não rechaça, aliás, nenhuma das duas opiniões, mas que sabe usar de uma e de outra com moderação, modulá-las de acordo com a oportunidade, com um sentido da variedade que é a própria graça. O diálogo entre quatro jovens com idades, temperamento e vocação diferentes, permite ao autor desenvolver uma verdadeira retórica cética. E esta é autorizada, em segunda instância, pela confrontação na boca sábia dos "entrefalantes", das opiniões diversas e frequentemente em contradição dos autores pagãos e dos Pais da Igreja. Corrigido por esse método cético e erudito, o idealismo exaltado do tratado, sua vontade de desenvolver um modelo do orador perfeito oferece na verdade ao prático da arte oratória e do teatro um quadro teórico bem circunstanciado para guiá-lo em direção à solução adequada para cada caso concreto, mas bastante vago para não sufocar de antemão a iniciativa, a invenção, a parte imprevista e de inspiração que supõe o ato de falar eloquentemente.

Encontramos, então, nas *Vacationes autumnales* uma problemática geral da atitude e da voz do orador perfeito e, no interior desta, governada por ela, uma problemática particular a cada fragmento do corpo oratório, a cada aspecto da emissão oral do discurso. Cada fragmento só tem sentido em relação ao corpo inteiro, à unidade de efeito e de sabor que este é chamado a criar sobre o espírito e os sentidos do público. O método tortuoso do Padre de Cressoles está em total oposição ao empirismo: trata-se de fazer surgirem heróis do Logos e, se essas *personae* heroicas têm como suporte a natureza humana em sua diversidade e têm de impor sua autoridade na multiplicidade de circunstâncias humanas, elas não deixam de ser, sob diversos rostos e em diferentes estilos, os porta-vozes de um mesmo Logos, cuja harmonia secreta deve tornar-se perceptível nessa harmonia dos diversos gestos e dos diversos tons que animam a unidade do corpo eloquente.

A problemática geral da *actio et pronuntiatio* articula-se na obra de Padre de Cressoles em torno de dois polos: a aspereza e a suavidade. Em torno desses dois sabores estéticos fundamentais constituem-se duas séries de pares antitéticos: à aspereza associa-se uma das duas finalidades da eloquência, o *docere*, o instruir, que corresponde ao temperamento melancólico, à velhice, à virtude masculina do militar, do filósofo, do monge mendicante; à suavidade associa-se a outra finalidade da eloquência, o *delectare*, o agradar, que corresponde ao temperamento jovial, à juventude, às virtudes de traço feminino da benevolência, da generosidade, da urbanidade culta. A unidade do Logos, à prova da Antropologia, então desdobrou-se: observa-se, ao longo de história da eloquência duas grandes famílias oratórias, uma superando-se na aspereza veemente, tendo por heróis Demóstenes, Catão, Sêneca, Tertuliano, e a outra, na suavidade celebrante, tendo por heróis Isócrates, Cícero, São Gregório de Nazianzo[31]. Não se trata de escolher entre elas: isso seria amputar o Logos. E supondo que, por temperamento e vocação, sejamos levados a escolher, será esforçando-nos por manter algo em seu estilo que preserve a outra tendência e que faça o contrapeso. A perfeição estaria em uma síntese ideal do Deus de cólera e do Deus de amor[32].

Cada uma dessas tendências é seguida de sua sombra caricatural: o vigor veemente degenera facilmente em rudeza cínica e grosseira; a suavidade generosa cai facilmente para o lado da moleza efeminada e afetada. Em ambos os casos, a queda é irreversivelmente consumada, as duas metades do Logos, masculina e feminina, são exiladas uma da outra sem esperança de reconciliação; a mediação da *varietas* torna-se impossível. O efeito sobre o público é desastroso: retraindo-se a esse ponto sobre si mesmo, o *docere* se priva de todo traço de *delectare* e revolta o ouvinte que ele maltrata; ao se emancipar a tal ponto do *docere*, o *delectare* se reduz à sedução sensual que desgosta uma outra parte da audiência. É preciso, então, que o orador aprenda a combater a propensão que o levará bem mais longe em um sentido ou em outro. Se for velho, ele deve saber dissimular e atenuar a virilidade sombria, rude, amarga, que lhe seria natural; se for jovem, ele deve superar a tentação da volúpia e mascarar como força sua sensualidade natural. Entre o excesso cínico e o

---

31. *Vacationes*, p. 562-583: "*Digressio de stylo et charactere*".

32. Vale a pena observar que a polaridade entre suave e áspero, que corresponde às duas orientações da arte de persuadir, o *delectare* e o *docere*, e às faces do divino, amor e cólera, redenção e castigo, encontra-se na antropologia "científica" de Wundt, para quem o sensorialismo se constrói em torno da polaridade do "agradável" e "desagradável", com a variante "azedo" para o segundo. Cf. *Approaches to semiotics. Op. cit.*, p. 42-43.

excesso sofistico, é preciso em cada caso encontrar uma via mediana[33], que é também a via real da eloquência.

4 O rosto e os membros do corpo eloquente

Com esse fio de Ariadne, essa espécie de *tao* retórico, podemos começar o estudo de cada parte do corpo eloquente sem jamais perder de vista sua unidade harmônica ideal. Dentre essas partes, há uma que resume e contém todas as outras, microcosmo do corpo macrocósmico, o rosto.

Antes de descrevê-lo, o Padre de Cressoles estuda o que o sustenta, a postura. Esta tem seu Caribdes e seu Sila: manter a cabeça alta demais ou baixa demais. Alta demais: é dar mostras de um orgulho ferino; baixa demais: uma humildade desonrosa. Nos dois casos, significa contrair o pescoço, tirar dele parte de sua flexibilidade natural que, a partir de uma postura nobre, mas à vontade, é o que permite ao orador levantar a cabeça para o céu ou abaixá-la moderadamente em direção a terra, *pro rerum varietate*, em harmonia com o movimento adequado do busto e do braço[34]. É preciso ainda que essa flexibilidade do pescoço não degenere em cadeia e que o orador não tente mexer alternativamente a cabeça para cima e para baixo ao longo do seu discurso, mecanismo que prejudicaria sua aparência grave e, portanto, sua autoridade. Outra situação excessiva: voltar a cabeça para trás como para tocar as costas do occipital, o que faria do orador um Coribante[35]. Pender a cabeça de lado, como para aproximar a orelha do ombro, teria algo de fraco e efeminado. O que não exclui uma inflexão moderada da cabeça em direção a um ou outro ombro, nos movimentos oratórios que apelam à piedade do público ou à misericórdia de Deus. Encolher o pescoço entre os ombros, gesto familiar aos atores interpretando o papel de serviçais e significando, dessa forma, a humildade, apreensão, verdadeira ou simulada: isto não seria conveniente, em nenhum caso, a um orador[36]. Boa ocasião para Padre de Cres-

---

33. Sobre a relação analógica entre essa *coincidentia oppositorum* dos sabores e das estratégias da eloquência e aquelas de que dá provas no segredo das almas a graça divina, cf. nossa análise *La Théologie des saints*, do P. Claude Delidel, em artigo a ser publicado em *Mélanges George Couton*, com o título "Pierre Corneille et Le P. Delidel, S.J.".

34. *Vacationes*, p. 105-110.

35. Ibid., p. 115.

36. Ibid.

soles lembrar que o aspecto físico do orador não pode ter possibilidade de reprovação: um pescoço curto demais, condenando-o ao cômico, torná-lo-ia inapto para o nobre e grave oficio de porta-voz do Logos. O corpo eloquente, por ele mesmo e antes de se pôr em ação, deve se aproximar tanto quanto possível do cânone de Policleto[37].

Outro movimento de cabeça incompatível com o *decorum* oratório: aquele dos jovens de cabelos longos que, enquanto falam, são impelidos a valorizar sua cabeleira, agitando a cabeça num gesto circular, imitando, sem saber, um tique favorito de Heliogábalo[38]. Sem dúvida, pode acontecer que, nos movimentos dramáticos do discurso, indignação, cólera ou dor, o orador seja levado, sob o efeito de um impulso violento, a mover fortemente a cabeça: ele não perde com isso seu domínio e sua dignidade, pois o fez em momento oportuno e sem complacência consigo próprio. Ele pode também recorrer a esse movimento de cabeça, mais moderadamente, no entanto, nos movimentos oratórios de ameaça, de interrogação, de refutação e de desprezo. Nada seria mais insuportável do que uma cabeça imóvel durante um discurso. Enfim, é inconveniente acariciar a cabeça ou os cabelos, com um dedo ou com toda a mão, ao falar: esse gesto automático se contrapõe à impressão de perfeito domínio de si, que deve transmitir o orador.

Estabelecida a base convenientemente, é hora de tratar do rosto, "espelho da alma":

> Há no rosto uma espécie de eloquência silenciosa que, mesmo não agindo, age contudo, e capta o auditório sem recorrer a artifícios ou à sedução das palavras. Impossível imaginar uma tão grande diversidade de natureza que não apareça com suas cores próprias no rosto. Aqui, virtude, vício, nobreza e majestade; ali, gravidade e sabedoria. Acolá, todos os outros dons da alma se representam não em traços esboçados, mas na constituição plena da fisionomia. E os pensamentos íntimos da alma são tão bem-representados e expressos no rosto que os sábios pensam que este fala. Pólibo, para definir os traços essenciais da arte de comandar (*ars imperatoria*),

---

37. Ibid., p. 273. Sobre a beleza física como reflexo da beleza divina e *objetum conveniens visivae potentiae* que ela preenche de *delectatio*, cf. DELLA PORTA. *Coelestis Physiognomoniae libri sex.* Op. cit., cap. II: *Est enim hic character pulchritude splendor, majestas, Paradisi, Angelorum ac denique ipsius Dei simulacrum in quo pulchritudinis, splendoris et majestatis summa est.* A feiura, a desproporcionalidade do corpo, que inspiram a repulsa, são *ipsorum Daemonum imago*.

38. *Vacationes*, p. 117. Sobre os vícios na ordem da *actio* que tentam a juventude, cf. *L'Âge de l'éloquence*. Op. cit., p. 323-324 e 594.

coloca em primeiro lugar o preceito de "se calar", acrescentando com pertinência e sabedoria que é preciso "não somente se calar no que se refere à fala, mas também e, mais ainda, calar a alma, e, de fato, frequentemente acontece que muitas pessoas, nada tendo dito em palavras sobre a sua vontade, revelaram todos seus desejos secretos somente pela expressão do seu rosto[39].

Aqui, como veremos no caso da *nobilitas* inata, a retórica do Padre de Cressoles parece dar lugar a um poder significante que lhe é anterior e que, em última instância, torná-la-ia inútil. Existem, em resumo, naturezas heroicas, menos decaídas que a média humana da *dignitas hominis*[40] original, e que só a presença silenciosa, pelo esplendor da face e pela nobreza da atitude, atrai irresistivelmente a simpatia e cativa os espíritos. Mas esses efeitos são raros, são privilégio dos reis, dos heróis, dos príncipes da Igreja. Ainda que escapando ao controle do retórico, eles não ameaçam a legitimidade da educação retórica. O que é, com efeito, essa eficácia do silêncio heroico senão aquela do Logos divino que encontra em certas naturezas e em certos estados um canal mais direto, mostrando-se então ele mesmo e fazendo espécies de milagres? Não somente a retórica pode trazer a esses dons de graça um suplemento de arte que não os prejudicará, mas também, onde eles se manifestarem menos evidentemente, ela compensará essa falta por um fazer hábil. Em ambos os casos, o modelo heroico e o serviço do Logos continuam a ser a norma: a *ars bene dicendi* aperfeiçoa a natureza, preenche suas insuficiências para aproximá-la dos que, por uma graça excepcional, a receberam feliz. Mas, assim como *qualquer um* não pode se beneficiar do suplemento de alma trazido pela pedagogia oratória – os maus, os perversos, os doentes espirituais –, não é qualquer corpo que pode esperar aceder ao esplendor do corpo eloquente. A feiura, a desgraça física, a marca mais visível no corpo dos vícios da alma, excluem esses fracassos da natureza da elite oratória. Não podemos, sem dúvida, exigir de todos uma beleza perfeita, viril e sedutora ao mesmo tempo. Mas a partir da diversidade dos corpos aceitáveis, a arte pode criar corpos eloquentes. É o caso dos rostos, que o Padre de Cressoles distingue em "faces" naturais e em "rostos" metamorfoseados pela arte:

---

39. Ibid, p. 131.

40. Sobre o conceito de *dignitas hominis* e seus fundamentos teológicos, cf. DE LUBAC, H. *Pic de la Mirandole, études et discussions*. Paris: Aubier, 1974, sobretudo cap. 7, p. 130-142, "Jean Pic et Bérulle", onde o autor indica tudo o que é preservado da "dignidade do homem" na doutrina de destruição e de união do apóstolo do "Verbo encarnado" e do teórico do sacerdócio.

> Ninguém, escreve ele, pode modificar os traços de sua face, mas é possível dar-se um rosto... Pelo testemunho dos Antigos, o rosto é efetivamente essa composição artística dos traços da face que nos permite modificá-la de acordo com a vontade, em função das paixões da alma.

A face é, portanto, uma matéria-prima dada pela natureza, o rosto é uma obra-prima da arte afinada pelo orador, como um instrumento de música, com os diversos movimentos do seu discurso. Cosmetólogo moral, o Padre de Cressoles estuda por camadas sucessivas a composição dessa máscara heroica superposta pela arte à face natural. Ele coloca em primeiro lugar uma invisível base moral, suporte constante e contínuo indispensável ao orador para inspirar a simpatia de seu público: é uma dose de *honestas*, de *pudor*, de *modestia*. As cores que ele aplicará sobre essa base, de acordo com as circunstâncias, mas com tato e moderação, serão as diversas nuanças da alegria e da severidade. Como um instrumento de música, o rosto comporta várias cordas que é preciso saber esticar, nem muito nem pouco, e fazer ressoar em harmonia. Estas são a fronte, os olhos, "portas da alma", as sobrancelhas, as narinas e, enfim, a boca e os dentes que concorrem, cada um em particular e em um efeito de conjunto bem temperado, para a expressão eficaz das paixões. Uma espécie de cirurgia estética, completamente moral, ela também, vem substituir a cosmetologia. A propósito da boca, o Padre de Cressoles faz os seus interlocutores se interrogarem sobre a legitimidade do riso e sobre sua adequação. Hostil à severidade e à aspereza pouco moderadas dos estoicos, o douto jesuíta se coloca ainda assim em guarda contra a hilaridade.

> Pinta-se Cupido, mestre da infâmia e inspirador do indomável desejo carnal, sempre rindo[41].

Esse riso lascivo é incompatível com o pudor e a gravidade aos quais não deve renunciar o rosto eloquente. Mas sorrir e fazer sorrir devem figurar em sua gama de comportamentos, como confirma a autoridade filosófica de Platão:

> Mas esse tipo de riso se abstém de ressoar e de escancarar a boca: ele é acompanhado de decência[42].

O que é verdade para o rosto o é igualmente para o resto do corpo. Aqui também os preceitos particulares contam menos do que um "bom gosto", que

---

41. Ibid., p. 234 (*De risu oratoris Scholastica et liberior velitatio*, p. 227-242).
42. Ibid., p. 238.

se trata de despertar e cultivar no orador, o que o tornará capaz de discernir instintivamente o que é e o que não é conveniente ao magistrado do Logos.

Ele não é um ator, e o ator, para o Padre de Cressoles, é aquele que, imitando toda a enciclopédia dos gestos humanos, sem nenhum critério de decência moral e estética, arremeda obscenamente o orador. É concebível que os atores da época de Luís XIII, para se libertar desse desprezo, tenham feito de tudo para tomar emprestada a "nobreza" do orador de concepção eclesiástica[43]. Ele tampouco é um sofista, pronto para explorar todos os recursos da sedução, inclusive os recursos sensuais, para persuadir. Ele é, retomando uma expressão de Cícero, o "ator da verdade", *sacrificando* o que a comprometeria em sua própria espontaneidade e na gama expressiva de paixões humanas, levando, em contrapartida, a uma espécie de perfeição musical sobre-humana, a qual ele tem o direito de conservar para encarnar dignamente a verdade. Essa projeção do ser empírico em uma entidade ideal, o senso da responsabilidade no que diz respeito a essa *persona* heroica, animam todo o corpo eloquente de uma espécie de vida superior:

> Que se possa observar no orador tal harmonia elegante de todos os membros, que nada pareça nervoso e sem brilho, nada seja indolente, nada largado e vago, mas tudo esteja na medida e polido como sob a mão da graça [...] Essa maneira de se portar os latinos chamam *status*, e nossos franceses que sempre deram provas de uma profunda sabedoria na invenção de suas palavras, a nomeiam "porte": o que chama *status basilicus* em Plauto é qualificado entre nós de "porte majestoso", o que designa uma economia do corpo digna de um grande príncipe e de um poderoso rei e que tem por origem, a meu ver, o verbo portar [*porter*], e como sinônimo o que os franceses nomeiam porte [*maintien*] ou postura [*contenance*], o que equivale a dizer que os homens "superiores" e dotados de uma excepcional nobreza da alma *(honestissimi)* "portam" todo seu corpo convenientemente com o que eles são *(apte)*, como uma mão artista *(daedala)* e sábia *(erudita)*, e que eles estão "contidos" nessa manifestação perfeitamente nobre e liberal deles mesmos[44].

---

43. Sobre esse aspecto da controvérsia sobre a moralidade do teatro, cf., além de nosso artigo "La Querelle da la moralité du théâtre avant Nicole e Bossuet" (*R.H.L.P.*, set.-dez./1970, p. 1.007-1.030), a obra de F. Taviani (*La fascinazione del teatro*. Roma: Bulsoni, 1975) e o artigo de J.-M. Vallentin ("Bouffons ou religieux, le début sur le théâtre dans l'Allemagne catholique au début du XVIIe siècle", t. XII, n.4, out.-dez./1980, p. 442-480).

44. *Vacationes*, p. 260.

Os movimentos do corpo, de preferência de alta estatura, os movimentos dos ombros, mantendo-se naturais e vivos, não devem perder as qualidades dessa nobreza fundamental da postura. Sem flexões lascivas, sem gingados impudicos, que devem ser deixados para os atores e *cinaedi*[45]. É inconveniente ao orador bater os pés, saltitar de um pé ao outro, saltar. Deve-se evitar dispor os pés em "lambda": sua posição deve estar de preferência em quiasma com o movimento dos braços. Coreógrafo, o Padre de Cressoles descreve as diversas figuras possíveis, como, por exemplo, o pé direito um pouco atrás, em correspondência com um movimento amplo, do braço direito, enquanto o pé esquerdo fica à frente, para corresponder ao movimento mais discreto do braço esquerdo[46].

A coreografia não deixa nada ao acaso. As mãos devem falar com todos seus dedos. Mas, justamente, a riqueza de sua expressividade exclui qualquer simetria monótona de seu movimento. A mão direita, que é um dos sinais distintivos do homem entre os animais, não é a simples réplica da outra[47]: ela tem uma função diretora que deve ser explicitada na ação eloquente. A esquerda cumpre apenas um papel complementar, mais passivo e plácido, numa espécie de segundo plano e de penumbra em que brilha o anel, que ela está encarregada de levar, como o servo levaria a insígnia da autoridade de seu mestre. Os movimentos reservados à mão esquerda são, então, breves e de pouca amplitude; a direita, pelo contrário, dispõe de uma vasta função e, movida por um calor natural, ela se agita e se move abundantemente[48]. Os movimentos da esquerda são voltados ao interior, os da direita, para o exterior. Os primeiros têm um caráter de proteção e de fechamento, os segundos, de abertura e de iniciativa.

O que não exclui uma colaboração expressiva das duas mãos. É o caso do gesto do cálculo, quando a mão direita conta sobre os dedos da esquerda;

---

45. Ibid., p. 278: *hinc cinaedorum non oratorum cohors.* • Cf. OLIVA NETO. *O livro de Catulo.* São Paulo: Edusp, 1996, p. 48-50. *Cinaedus,* num primeiro momento, designava *"dançarino",* uma vez que muitos músicos e dançarinos eram prostitutos, passando então a designar, num segundo momento, afeminado, pederasta [N.T.].

46. Ibid., p. 390ss.

47. Encontraremos uma curiosa elaboração moderna dessa dissimetria na obra do jesuíta Marcel Jousse: *L'Anthropologie du geste.* Paris, Gallimard, 1974. Cf. tb., do mesmo autor "Le bilatéralisme humain et l'anthropologie du language". *Revue Anthropologique,* abr.-set./1940, n. 46, p. 7-9.

48. *Vacationes,* p. 307.

no gesto da prece, quando as duas mãos se juntam e se elevam juntas; no gesto da humildade, quando as duas mãos caem juntas de um lado e do outro do corpo; no gesto de designação, quando as duas mãos erguidas juntas evocam a imensidão da criação; no gesto da comparação, quando as duas mãos se alternam, para avaliar o valor ou o peso de duas coisas desiguais; no gesto de aplaudir; no gesto de cruzar os dedos. Bater as mãos uma contra a outra pode, segundo o ritmo e a inflexão dada ao gesto, marcar o luto, a alegria ou a cólera, indicar também o fim de um período; cruzar os dedos das duas mãos pode significar tanto a dor como um simples pesar.

Quanto à mão direita, ela se estende moderadamente à frente para marcar o início de um discurso e acalmar a audiência; por meio de uma inflexão, esse mesmo gesto pode exprimir a cólera, a ameaça, ou ainda a emoção benevolente. Ela pode cobrir o rosto para acompanhar um sentimento de vergonha. Mas ela não pode ficar passando no rosto ou sobre a testa, gesto cômico, que não pode passar do teatro à cátedra sem danos[49]. Ela pode se postar sobre o peito, no lugar do coração, para dar a impressão de tocá-lo, de atingi-lo, num movimento de grande emoção dolorosa ou de penitência[50]. É preciso, no entanto, tomar cuidado para não abusar de tal gesto, sob pena de cair forçosamente na cena trágica. Em todas as circunstâncias, é preciso respeitar a regra enunciada por Quintiliano, de não elevar a mão acima do nível dos olhos, nem conduzi-la abaixo do nível do diafragma[51]. É preciso também evitar a qualquer preço que o gesto seja uma redundância do discurso, uma mimese do que o discurso evoca: o gesto deve se ajustar não às palavras, mas ao sentido e à emoção do discurso, num registro de acompanhamento moderado e discreto. *Nada é mais distante do orador do que a mímica.* Seu corpo *representa* o Logos, o corpo encarna os movimentos do Logos, o corpo não substitui o seu poder de evocação dos espetáculos da natureza e das cenas da vida humana[52].

Os movimentos das mãos estão em consonância com a posição dos dedos, jamais rígida, sempre vivaz. Duas posições dos dedos convêm a um grande número de movimentos da mão direita: uma adaptada ao louvor, à

---

49. Ibid., p. 328.

50. Ibid., p. 329.

51. Ibid.

52. Ibid. Sátira de um pregador que mimetiza a criação de Adão.

narração, à pompa epidítica: o indicador junto ao polegar, os três outros dedos juntos e estendidos; a mão está, nesse caso, projetada à frente ou levada a certa distância do peito. Uma outra posição é apropriada aos movimentos mais graves e patéticos do discurso, três dedos comprimindo o polegar, o indicador levantado; a mão elevada à altura do ombro, o antebraço colocado a certa distância do peito, esse gesto confirma fortemente; o mesmo gesto, modificado pelo giro do antebraço e da mão em direção ao solo, pressiona e reforça uma conclusão. Em todas as circunstâncias, o movimento dos dedos deve evitar a agitação inconstante. Ele deve ser variado, mas restrito a um conjunto de formas determinadas, ainda que flexíveis e moderadas[53].

5 A cultura da voz

À transfiguração do corpo em representação visível do Logos, corresponde a transfiguração da voz em seu órgão. É o objeto da arte da *pronuntiatio*. Tal é sua importância que Padre de Cressoles lhe consagra um livro inteiro, o terceiro e mais longo movimento de seu concerto. Ele faz até intervir então um quarto instrumentista, o mais nobre, o futuro jesuíta Teodoro, que somente então se junta aos seus três amigos, nos suntuosos jardins do castelo, onde desceram para conferir um cenário arejado ao seu debate sobre os sabores do som e os poderes do sopro. A apologia da voz é uma das tratadas de bom grado pelos jesuítas do século XVII[54]. Em 1621, um ano após a publicação de *Vacationes*, o Padre Etienne Binet publica seu famoso *Essay des merveilles*, que contém, no capítulo XXII, um surpreendente trecho de virtuosidade consagrado à voz humana:

> Assim como o homem é um pequeno condensado de todas as criaturas, também sua voz é um pequeno mundo concentrado de todos os gorjeios e passagens da natureza e da arte[55].

O Padre Binet faz surgir da boca uma "passagem" musical fazendo ascender a escala dos tons tanto até o céu quanto os faz descer até o inferno, todos os cantos e gorjeios dos pássaros, todos os gritos de animais, os sons

---

53. Ibid., p. 360.

54. Cf., além do P. Binet citado logo após, o poema do P. Gabriel Cossart em seu *Orationes et carmina*. Paris: Mabre-Cramoisy, p. 234: *Vox*.

55. BINET, E. *Essay des merveilles de Nature et des plus nobles artifices*. Rouen: Romain de Beauvais, 1621,cap XXII: De la Musique, p. 500.

• 105

dos diversos instrumentos musicais, toda a tempestade de paixões. Nesse resumo de uma enciclopédia da voz, a eloquência tem sua parte, mas da mesma maneira que os artifícios das vozes de teatro:

> As lágrimas têm sua voz à parte, marcadas por soluços e um som agridoce que amoleceria as pedras; se é preciso adular, eis aqui uma voz toda delicada e efeminada, que cheira apenas a almíscar e âmbar cinzento e, colando-se no coração mais endurecido, derrete os gelos que gelaram suas almas. É hora de rir, não se ouvem os estrondos de uma voz forte e temerária, que sai de uma boca escancarada? Esse soldado, Trasso, que desafia, vejam com que tom, com uma voz que espezinha, uma voz soberba, e arrogante, ele rosna, e esse pobre diabo que treme de medo na frente dele, vejam que voz ele tem, trêmula, insegura e vacilante[56].

Essa voz proteica, surgida de um "pedaço de carne num buraco com ossinhos arrumados", e da qual as "crianças são mestres", é o órgão de Deus ou da natureza, o Padre Binet, em seu entusiasmo, não escolhe, e não faz a seleção da infinidade de sinais sonoros que vêm se reunir nela. Nada mais estrangeiro ao Padre de Cressoles do que esse ecumenismo da voz. Ele não poderia deixar de fazer a apologia do órgão da palavra, antes de lhe consagrar longos debates. Mas se essa celebração faz remontar a eficácia da voz à lembrança da harmonia das esferas na alma humana e a situa na ordem musical acima dos instrumentos de sopro e de cordas, ela insiste em uma propriedade exclusiva do homem e na arte do orador que, segundo Orfeu e discípulo da maior das musas, Calíope, eleva essa propriedade natural ao seu mais alto grau de perfeição. A voz não tem importância senão a serviço do *opus magnum* humano, a eloquência. E, inversamente, a eloquência não tem poder ou vida a não ser pela voz cultivada:

> Um discurso construído e ornado tanto quanto se desejar e provido em abundância de todas as graças do estilo é um discurso morto e sem poder de inquietar, de atrair e de persuadir, se a ele falta uma voz apropriada e uma declamação de acordo com seu objeto. Assim acontece, evidentemente, com a dicção de certos adolescentes que, desaninhando e colhendo flores de estilo em todo canto, e se contentando com essa pueril poeira nos olhos, conferem pouquíssima importância à forma de dizer e retomam sua obra inacabada como se houvessem criado uma Boneca de Vênus, maravilhosamente ornada de ouro, de pérolas e todo tipo de riquezas, mas sem

---

56. Ibid., p. 501.

voz e sem paixão na alma. Ao contrário, os oradores confirmados e consagrados há tempos no *front* de batalha e no Campo de Marte, tocam a todos com sua voz, e por pouco não convencem até seus adversários [...] Para a ironia, uma adaptação precisa da voz não é necessária, já que que, sem ela, o discurso perde sua graça e é compreendido em seu sentido oposto?[57]

O objetivo das *Vacationes*, tanto na ordem da declamação como na ordem da ação, é, portanto, filtrar entre as possibilidades da voz a que melhor convém à dignidade do ofício oratório e rejeitar como impertinentes todas aquelas que a comprometem. À questão: a voz deve ser viril ou efeminada? A resposta, apoiada na autoridade de Quintiliano e de Santo Ambrósio, não deixa dúvidas: só é nobre uma voz viril. Os sofistas, recorrendo às inflexões suavemente enfraquecidas de uma garganta fluida acariciam os ouvidos de sua audiência, mas lhe revelam também a efeminação de sua alma, inflada de glória vã. Viril, a voz deve ser também plena e sonora, particularmente nos pregadores, intérpretes das vontades de Deus e de sua Igreja[58]. Uma voz fraca será incompatível com a *vis oratoria*. Mas uma voz muito sonora e descontrolada em seu ruído retumbante revelaria o orgulho e a arrogância do orador. E uma voz quase rouca quebraria a harmonia melodiosa da qual a eloquência deve saber se fazer eco. Aqui, ainda, no entanto, o excesso espreita: a harmonia melodiosa não deve corromper a voz a ponto de fazer um tipo de canto mole e efeminado: ela deve lhe conferir algo de ruidoso e de notadamente timbrado (*resonans*) que Cícero chamava *splendor*. Nada é mais estranho a essa máscula gargalhada do que as inflexões sedutoras do canto, do qual os sofistas gregos, os declamadores romanos e os leitores antigos de poesia faziam uso para impregnar de volúpia a alma de sua audiência. Apoiado na autoridade de Quintiliano e de Plínio, o Padre de Cressoles insiste no ponto que é, aos seus olhos, fundamental: não há pior calamidade para a eloquência do que o canto, que sacrifica o sentido à sonoridade e que a dissolve na volúpia sensual[59]. Toda a resistência de Cornélio, do Padre Rapin e em geral da severidade francesa à invasão da ópera italiana é antecipada por

---

57. *Vacationes*, L. III, cap 3, p. 469.

58. *Vacationes*, p. 481.

59. Ibid., p. 487-488. Cf., sobre a questão da resistência francesa ao "asianismo" em geral e ao canto italiano em particular, além de *L'Âge de l'éloquence*, IIIª parte, a edição por Claude Delmas de *Andromède*, de Corneille, Textes français modernes. Paris: Didier, 1974.

essas páginas de *Vacationes* que traçam uma fronteira tão clara entre a *pronuntiatio* viril e o *cantus* voluptuoso, que faz perder o sentido da mensagem de que está encarregada[60]. Mas não se deveria radicalizar em lógica dedutiva o sinuoso dialogismo do Padre de Cressoles. Tendo afirmado o caráter másculo da eloquência e sua incompatibilidade com a fluidez do canto, ele está tanto mais à vontade para abrir espaço para a tese contrária e enriquecer seu orador com um recurso indispensável à eficácia da sua voz. Cícero autoriza um *cantus obscurior*, do qual haviam feito uso oradores tão pouco suspeitos como Demóstenes ou Esquino:

> De onde resulta que os retóricos legitimamente recorreram aos ornamentos (*venustates*), aos refinamentos da harmonia (*elaborata coincinnitas*), à elegância do ritmo (*elegantia numerorum*), à variedade da graça e da alegria de expressão, atrativos do prazer (*delectationis aucupium*) e, ao meu ver, é preciso tanto menos reprová-los por tal atitude se eles o fizerem com uma moderação digna do sábio[61].

O *cantus obscurior* permitido ao orador pode inflectir e modular sua voz nos movimentos de alegria, nos movimentos de tristeza, desde que seja um mero momento na variedade do discurso, e que esse momento obedeça ao princípio de "sem excessos".

Os gritos, a vociferação, têm algo de repulsivo. Eles são, aliás, perigosos para a voz, e até para a vida do orador. Hortêncio, amigo e rival de Cícero, morreu de tal excesso. Ele antecipou o que aconteceria ao ator Mondory, cujo ardor no papel de Herodes, na *Marianne* de Tristan l'Hermite, terá como resposta sua morte brutal no teatro. Por isso, uma voz elevada (*tenor vocis*) sem exagero convém à autoridade marcial de um orador militar e aos movimentos de objurgação, de ameaça e de acusação vigorosa. Mas cada efeito no seu tempo. Nada é mais eficaz do que a suavidade da voz (*dulcedo vocis*) para prender e encantar o ouvido. Os antigos oradores recorriam aos especialistas da fonascia (*phonasci*) para suavizar e manter a suavidade de sua voz com o uso de drogas e exercícios apropriados, os quais o próprio Galeno não negligenciou. Naturalmente, não é preciso chegar ao ponto dessa modulação voluptuosa já denunciada. Mas o Padre de Cressoles não pode deixar, no que se refere a Lucien, de se deter numa espécie de fascinação:

---

60. *Vacationes.*

61. Ibid., p. 490.

> Para pintar com uma arte requintada esse tipo de voz (alegoriza-da por ele nos personagens de Pandora e de Panteia), ele [Lucien] exauriu curiosamente os vidros e caixas de perfume de todos os Áticos, e diz mais ou menos isto: o tom em que as palavras são pro-nunciadas obedece a um equilíbrio tão delicado que ele não ressoa nem retumba com um acento grave e áspero que formaria uma voz viril, nem com um acento que seja também tão fraco que se possa atribuí-lo, sem reserves, a uma voz feminina; ele é tal que se pode encontrá-lo na criança impúbere, suave e terno, insinuando-se gra-ciosa e agradavelmente na alma, a tal ponto que, mesmo quando o silêncio se faz, as palavras que acabamos de ouvir continuam a res-soar como um murmúrio que se enfraquece, e os vestígios da voz tão suave já extinta se prolongam por um momento, envolvendo o ouvido com um límpido sussurro, efeito do eco que deixa na alma dos ouvintes os traços deliciosos das palavras, e coroa seu poder de persuasão[62].

Avaliamos nessa passagem, digna da prosa sensorial dos Goncourt, a que ponto a inclinação do Padre de Cressoles, talvez em contraponto às ten-dências severas prevalentes na França, impele-o à suavidade, até fazê-lo se deleitar, de antemão, com os melismas dos *castratos* que ele ouvirá em Roma, na Capela Sistina. Ele se obstina ainda mais ferozmente contra as vozes rou-cas, flagelo da eloquência, porque a medicina ou os exercícios devem, a qual-quer preço, devolver o charme, sob pena de renunciar à palavra pública. Esse irrefutável interesse do jesuíta pela *dulcedo vocis* (totalmente manifesto em seu *Theatrum Veterum Rhetorum*, onde ele se estende com complacência, condenando os refinamentos melodiosos alcançados pelos sofistas antigos), não o deixa perder de vista, no entanto, que a variedade é a própria vida do discurso, e a monotonia, seu risco. A voz oratória deve, portanto, ser flexível, deve saber tanto poder subir quanto descer vários tons, de acordo com o caso, na suavidade e na gravidade.

Nem tudo, no entanto, está ligado à qualidade ou à quantidade de emis-são da voz. A clareza e a correção da articulação e da dicção contam muito. É preciso evitar os hiatos e as vibrações de consoantes; é preciso tomar cuidado para não cortar as palavras, deslocar seu acento, confundir as vogais, comer as

---

62. Ibid., L. III, cap. 9, p. 505-506. Não é preciso ver nessa fascinação pela "suavidade" uma con-tradição com a recusa do canto, mas uma aplicação do princípio da "variedade", que integra na virilidade oratória uma gama "feminina" de sedução, controle e compensação da gama masculina de força e veemência.

sílabas[63]. O Padre de Cressoles aplica à dicção a mesma exigência que o "gramático da Corte", Malherbe, aplicava à correção e à sonoridade do alexandrino[64]. Ainda quanto à dicção, coloca-se a questão de sua amplitude: é preciso, para obter um efeito de gravidade enfática, dilatar as sílabas? É mais uma técnica do ator trágico, um insuflar excessivo para um orador[65]. Coloca-se também a questão da rapidez: a lentidão degenera facilmente em apatia e provoca o tédio; no entanto, utilizada no momento adequado, nas descrições, na expressão de certas paixões tais como a dor, a amargura sem traço de cólera ou desespero, a piedade, enfim, uma lentidão grave pode oportunamente emocionar o auditório. Inversamente, a volubilidade, uma *copia fluens et praeceps*, é mais frequentemente danosa, primeiro à compreensão do sentido, e também ao ritmo respiratório do orador, que deve saber se poupar[66]. Mas a qualidade essencial da dicção é a eufonia, outro aspecto dessa suavidade (*suavitas*) pela qual o Padre de Cressoles e seus interlocutores experimentam tanta "atração". É a propósito da eufonia que se engaja a grande digressão em que o debate, até então implícito, entre o forte e o suave, o áspero e o fluido, o rugoso e o liso, é definitivamente resolvido a favor da primeira série. Uma paródia do estilo rugoso e arcaico de Tertuliano, que resume aqui toda uma tradição cínica e estoica adotada pela predicação cristã, acaba por vencer os bárbaros adversários da *sedução* oratória[67]. A tradição gaulesa é chamada a ajudar a *suavitas*, contra os defensores pouco civilizados das *rugositas*:

> Na França, exemplos numerosos e evidentes se propõem em favor de nossa tese. Quem quer falar do *paon* [pavão] escreve *paon* e, no entanto, pronuncia apenas uma silaba, pan [pã]; para faon [corça], pronuncia-se fan [fã], eliminando a letra O, e esse uso corresponde à opinião esclarecida dos sábios, que apontam que as vogais A e O, graves e sonoras se chocam entre elas e se prejudicam quando são pronunciadas em sequência. O mesmo para *épée* [espada], que se

---

63. *Vacationes*, p. 259ss.

64. Cf. sobre a conjunção entre a exigência retórica e neolatina dos regentes jesuítas do Colégio de Clermont e a "Doutrina de Malherbe" em nosso *L'Âge de l'éloquence*, p. 532-535.

65. *Vacationes*, p. 539ss.

66. Ibid., p. 551ss.

67. Ibid., p. 551. Sobre as raízes desse combate à "severidade" e à "aspereza" de uma prosa de ascendência estoica e de tradição "gótica" na França, no reino de Henrique III, cf. nosso estudo sobre "Blaise de Vigenère, théoricien de la prose française d'après ses préfaces". *Actes du colloque de Tours*, 1979.

escreve *espée*, mas cujo S é pronunciado de forma surda o máximo possível; do contrário, a suavidade da palavra ficaria gravemente comprometida[68].

6 O sublime sacerdotal

Educador de gosto, mais do que magistrado detalhista, o Padre de Cressoles fez seu leitor percorrer todos os instrumentos do corpo oratório sem jamais fazê-lo perder de vista os princípios diretores que garantem que cada um tocará em uníssono na orquestra. Para concluir, ele faz o leitor meditar sobre o efeito de conjunto, o único que será realmente percebido pelo público e que é o verdadeiro fim da retórica. Ele intitula essa sequência de capítulos *De concilianda benevolentia*:

> O que atrai benevolência é a impressão de ingenuidade conferida pelo orador, uma ação livre, sem nada de forçado, de infame ou de grosseiro, mas brilhante de uma espécie de aparência de humanidade e de contenção, em que se manifesta com evidência a honestidade de uma alma bem-formada. É conveniente que duas manchas aviltantes sejam evitadas nos discurso [...] certa paralisia feita de timidez provincial, e uma imprudência arrebatada, desmedida, insolente, que revela uma alma arrogante, imperiosa e inflada de soberba: nos dois casos, é surpreendente constatar que inevitavelmente o público se considera ofendido[69].

Esse efeito de conjunto, que sustenta e suporta todos os efeitos sucessivos e de detalhe, o Padre de Cressoles chama de *nobilitas*. Tal é seu poder que, sozinha, e sem o recurso da palavra, ela chama a adesão e o consentimento do público:

> Longino nomeia essa característica μεγαλοφροσύνης ἀπήχημα (a ressonância de uma grande alma), sobre a qual ele diz que ela é de tal peso para o orador que, fosse ele privado de um pronunciamento magnífico e completo, e de um ritmo perfeito, causaria a admiração do auditório somente por essa grandeza da alma e generosidade de natureza que brilha em seu rosto, da mesma forma, acrescenta, que o silêncio de Ajax em *Nékuyia* da Odisseia é mais sublime e mais magnífico do que qualquer discurso. Isto me faz lembrar Drusus, filho do Imperador Tibério, que, enviado para apaziguar uma rebelião militar, faz milagres unicamente pelo dom

---

68. *Vacationes*, p. 559.

69. Ibid., p. 584.

da sua natureza. Tácito escreve sobre isso: "Ao nascer do dia, tendo reunido as tropas, Drusus, ainda que pouco dotado para a palavra, pelo efeito de sua nobreza nativa única..."[70]

É esta, para o douto jesuíta, uma versão da eloquência espontânea, sem retórica aprendida, da qual falava Montaigne na *Apologie de Raimond de Sebonde*? É justamente o contrário: essa fulgurante eloquência do silêncio é privilégio dos heróis, ouvidos não mais como testemunhas de uma Idade do Ouro profana e laica, mas como detentores dos poderes do Logos divino. Ela não é também a negação da retórica: anterior a esta, fundada em uma eleição e um privilégio reservado aos magnânimos, ela lhe é igualmente posterior, porque liberada por ela de sua crosta natural, educada, levada à suprema consciência de si e à perfeição da sua forma. Desdobrando-se no discurso, a *nobilitas* nativa – e que não é necessariamente ligada ao nascimento nobre[71] – não perde nada de sua eficácia. Marcada pelas nuanças e individualizada pelos temperamentos diferentes, que recorrem a estilos diferentes, ela representa o divino sob a forma humana atraindo para si o amor do público, suscitando as mais diferentes e vivas paixões, cólera, raiva, hostilidade, angústia, terror: asas que levam a alma a reconhecer a verdade e a se distanciar do erro. À medida que o Padre de Cressoles avança na peroração de seu diálogo, a ideia do *sublime genus dicendi* de que é capaz o perfeito orador torna-se precisa, confirmada pelas citações mais numerosas do tratado *Du Sublime*. A eloquência levada ao sublime, sustentada pelas "afeições entusiastas e veementes", é a suprema expressão, no discurso e em seu intérprete, de uma grandeza da alma, a quem a retórica permitiu encontrar uma linguagem digna de sua vocação heroica e divina.

Nessa vasta utopia pedagógica, a cultura retórica dos colégios jesuítas mostra-se assim como uma espécie de aposta na natureza humana, nas sementes heroicas que ela traz em si, na capacidade da pedagogia de levar essas sementes à sua plena atualidade. O colégio se pretende uma incubadora de heróis, mas de heróis da palavra, destinados a tornarem-se os mediado-

---

70. Ibid., p. 592.

71. Ibid., p. 590-591. Esse lugar comum dos "traços de nobreza", retomado pelo pai de Don Juan de Molière em uma célebre cena, aparece aqui sob o ponto de vista particular da ideologia sacerdotal. A consagração pela Igreja pode fazer de um plebeu, dotado de uma grande alma, um porta-voz de Deus, resplandecente de *nobilitas*. Uma versão laicizada desta aparece em Cornélio, onde o nascimento nobre não é indispensável à eleição heroica (cf. *Sertorius*).

res entre o Logos divino e o mundo profano. Sua eloquência encarnada, que marcará sua época do chamado do divino, será ao mesmo tempo o fruto de uma magnanimidade natural e de uma cultura do espírito transmutando seu corpo e sua voz em instrumentos bem-afinados à sua função providencial. Há alguma coisa de desmedido, de épico, na visão do Padre de Cressoles em suas *Vacationes*, apesar de seu raro senso de medida, de sua elegância, e da harmonia que esse Frescobaldi do corpo bem-moderado testemunha a cada página. Essa desmedida entusiasta parece fazer tremer a toga da antiga estátua de *Arrigatore* ao vento de uma epopeia santa, como o véu dos santos e santas que começam então a povoar o céu da Roma pontifical, e como a faixa do estupendo busto de Luís XIV de Bernini. É preciso buscar o segredo desse entusiasmo[72] no caráter religioso do Padre de Cressoles e na ideia propriamente grandiosa que ele tem sobre isso. Essa aparece somente em filigrana nas *Vacationes*, redigidas na França, e destinadas em grande parte aos oradores laicos dos parlamentos da monarquia. Para vê-la se desenvolver sem reservas, é preciso então ler *Mystagogus*, redigido em Roma, sob o pontificado de Urbano VIII, nascido Barberini[73]. Neste, o máximo da eloquência, da qual a *Nobilitas* heroica é apenas o reflexo profano, é aberta e entusiasmadamente atribuído à *teomímesis* do sacerdócio. Ampliando as teses berullianas, o Padre de Cressoles coloca o padre acima dos anjos, anteriores à Encarnação, e que não são, portanto *homogêneos* do Cristo. Ele confere à palavra do padre esse poder *catártico* que Aristóteles reservava ao discurso trágico. E, levando essa ideia do sacerdote ao absoluto na pessoa do Sumo Pontífice, nele reconhece uma propriedade de iluminação, uma evidência interior (*in pectore* δηλώστς) que confere aos seus decretos um caráter oracular. A cristandade, afirma ele, vive sob o regime da monarquia sacerdotal (*Regnum sacerdotale*). Isto implica que a sociedade civil e suas profissões profanas estão englobadas neste reino sacerdotal e arquetípico, a começar pelos reis, e tem consequências para a eloquência: se se admite que os reis da Terra são assistidos *ex-officio* por Calíope,

---

72. Sobre o "entusiasmo" tão semelhante à teoria do sublime, a qual o Padre de Cressoles define como ponto-chave de sua retórica, cf. nosso estudo: "Crépuscule de l'enthousiasme au XVIIe siècle". *Actes du colloque de la Société Internationale d'Études Neo-latines.* Paris: Nizet, 1980, p. 1.279-1.305.

73. Sobre a cultura da corte romana sob Urbano VII, Barberini, cf. nosso estudo "*Cícero pontifex maximus*: la tradition rhétorique du Collège romain et les príncipes inspirateurs du mécenat des Barberini". *M.E.F.R.M.* t. 90, n. 2, 1978, p. 797-835.

• 113

musa da eloquência, mais ainda os pontífices e a hierarquia sacerdotal de que são os chefes. O Padre de Cressoles faz de Moisés (do qual, lembremo-nos, o Pseudo-Longino cita o *Fiat lux* como um exemplo acabado do sublime) o modelo desse magistério do Verbo. E pinta um retrato dele que faz pensar tanto na estátua sobre-humana de Michelângelo, colocada simbolicamente em Roma na Igreja de São Pedro Acorrentado, como em sua figura bíblica.

> Desse magistério divino, escreve ele, o mais pio dos sacerdotes eloquentes e o mais eloquente dos sacerdotes pios, Gregório de Nissa, cita o mais glorioso e o mais santo exemplo, o de Moisés, que podemos chamar de chefe e imperador não tanto do povo hebraico, mas de todas as virtudes. Desprezando, diz o sacerdote, com uma sublime grandeza da alma, as honras humanas e a pompa vazia da majestade real que o Egito lhe oferecia, ele julgou magnífico e real, ao invés de servidores e ornamentos reais, confiar-se à guarda das mais brilhantes virtudes e regozijar-se consigo mesmo não menos de sua proteção do que de sua beleza[74].

E, a partir desse exemplo que marca toda a infinita distância que separa os reis profanos, chefes da sociedade civil, dos hierárquicos sagrados, chefes da sociedade religiosa, o douto jesuíta reserva a plenitude da *dignitas hominis*, e da *potestas* que lhe é vinculada somente ao sacerdócio:

> E como expressa, aliás, o mesmo Bispo Gregório de Nissa, Deus introduziu o homem neste mundo dotando-o por natureza de poderosas garantias que o tornam inteiramente pronto para assumir a dignidade real, uma vez que Deus criou o homem à própria imagem, participando-lhe, assim, a dignidade e o nome do arquétipo. E, acrescenta ele, essa imagem não está ornada de púrpura, nem de cetro ou de diadema, insígnias dos príncipes mais ilustres, mas ela é revestida, no lugar da púrpura, da virtude, cuja beleza é supremamente real; em lugar de cetro, ela tem o apoio de uma beatitude imortal; no lugar de gemas e ricas faixas, ela é decorada, de forma mais admirável, com a coroa da justiça[75].

O corpo eloquente do qual as *Vacationes* representavam a imagem sobre-humana é então uma epifania da *Imago dei* do Arquétipo, que só o sacerdócio pode tomar inteiramente sobre si, sem mesmo recorrer aos ornamentos vãos da realeza profana. É verdade que os reis, na sua ordem, são também epifanias do Logos:

---

74. *Mystagogus*. Op. cit., cap. 3, L 1.

75. Ibid., p. 28.

Os reis, como se vê no palco e no teatro, podem ser personagens mudos; ainda assim, Leis vivas, o que eles sabiamente ordenam que se faça ocorre. Recorrendo a esse traço da alma real e à ressonância de sua majestade, eles mantêm os vassalos nos seus deveres, eles os inflamam à honra e os fazem acolher os limites do império[76].

Mas essa irradiação imperiosa do *Numen* real, que eletriza e, em última instância, torna invisível a arte retórica, quanto mais intenso se revela nos sagrados pontífices, chefes da hierarquia sacerdotal!

Esse ornamento convém tão bem dos príncipes da Igreja, que agem em nome de Deus para difundir a santidade, que se poderia chamá-los, como São Gregório de Nazianzo faz em relação a Temístio, de reis da palavra, de príncipes da persuasão, de imperadores da linguagem. Encontramos a razão desses títulos em Santo Ambrósio, que parafraseia assim a famosa sentença do poeta: "Fala-se dos teus testemunhos na presença dos reis". Ele entende por reis o que São Pedro nomeava *monarquia do sacerdócio*: são reis, de fato, diz ele em Jerusalém, os que fazem oferenda dos dons de sua sabedoria, estes a quem foi dada a graça de dizer o Verbo, de curvar os povos com um poder verdadeiramente real e de tocar a alma dos santos. Não há nenhuma dúvida que essa eloquência real, os pontífices a possuem com um vigor e em um grau muito superior ao de todos os reis. De fato, a eloquência dos reis não penetra no fundo dos corações. De onde, segundo as palavras de Epicteto, um discurso morto. Aos pontífices, ao contrário, o Santo Apóstolo concede um discurso que dá testemunho e que, de acordo com a expressão que o falso profeta Apolônio de Tiana aplicava, em vão, a si mesmo, difunde as sentenças e as palavras de Deus. Em síntese, eles falam como administradores do verbo divino, e não pode haver nada de mais real. O *Verbo divino*, diz Santo Ambrósio, é real, é justo e pleno de justiça sacerdotal. O que se pode dizer acerca da beatitude dos reis, da sua imortalidade, do seu poder de direito divino se aplica tanto mais aos reis das coisas sagradas, aos iniciados nos mistérios coroados, a quem é concedido tal poder que nenhum espírito bem-aventurado recebeu poder equivalente. São João Crisóstomo, iluminando com sua eloquência esse pensamento de David: *Prosperidade e riquezas haverá na sua casa*, relaciona-a aos apóstolos, teofânticos supremos que, diz ele, foram maiores que os que portavam diademas. Que rei se apresentou com tanto esplendor e glória, com tanta admiração de todas as partes, quanto

---

76. Ibid., p. 29.

São Paulo quando falava, liberando as almas da morte? Ele fez da terra um céu[77].

O paralelo entre reis e pontífices, monarquia profana e monarquia sacerdotal, império da eloquência leiga e império da eloquência sagrada torna-se então triunfo dos *teofânticos*. Descobre-se então, no coração dessa retórica sábia, a importância central de um elemento propriamente *numinoso* totalmente estranho a um Montaigne e à tradição dos moralistas e antropólogos. Esse elemento explica o lugar que tem nas *Vacationes autumnales* a eloquência do silêncio e seu ascendente ascendência irresistível, apenas pelo aspecto heroico de um rosto ou de um porte. Mesmo diminuído por se colocar a serviço de profissões civis e profanas, o corpo eloquente do Padre de Cressoles é um corpo glorioso que a arte torna visível. Em um registro mais elevado, a serviço do pontificado e do sacerdócio, essa versão jesuíta e retoricizada do berullismo levada de Paris a Roma, convinha admiravelmente à corte eclesiástica e latina do antigo núncio em Paris, que se tornou papa, Maffeu Barberini. Mas quanto ao reino da França? Quase não é necessário lembrar todas as marcas que esse paradigma sacerdotal, laicizado em heroísmo profano, deixou no teatro trágico de Cornélio, nas *Memórias* do cardeal de Retz[78], sem mencionar as telas romanas de Nicolas Poussin[79]. Mas é verdade também que, na França, onde uma monarquia e uma aristocracia leiga buscavam resgatar sua própria legitimidade, seu próprio estilo, da autoridade do arquétipo sacerdotal, a *nobilitas* eloquente do Padre de Cressoles, corrigida pela lição de Montaigne, foi rapidamente reduzida em vários graus na escala dos estilos, em direção à simplicidade do "natural" e da "honestidade" clássica. O *numinoso* laicizado acaba por se reduzir ao "não sei o quê". Mas o grande fantasma do orador heroico, tão poderosamente evocado pelo Padre de Cressoles, que habitou por muito tempo, na vasta rede dos Colégios de sua Sociedade, a imaginação inflamada dos regentes, nem por isso se esvanece. Identificado pelo imaginário coletivo ao exercício do poder e ao seu prestígio, ele sobrevive no teatro, e mesmo na ópera. E o personagem de rei, inter-

---

77. Ibid., p. 30.

78. Cf. nosso artigo a ser publicado na Revista *Versants*, de Zurique: "Apprends, ma confidente, apprends à me connaître: les *Mémoires* de Retz et le traité *Du Sublime*".

79. Cf. nosso artigo a ser publicado em *Revue des Etudes Latines*: "*Muta eloquentia*: la représentation de l'éloquence dans l'oeuvre de Nicolas Poussin".

pretado toda sua vida por Luís XIV, deve-lhe vários traços, destinados a fazer contrapeso à numinosidade do grande rival romano. Os tratados do jesuíta espanhol Baltazar Gracián, *Les Héros*, *L'Homme de Cour*, a quem Amelot de La Houssaye dará uma segunda juventude no fim do século, laicizando, mas sem reduzir a escala, o sublime sacerdotal e eloquente do Padre de Cressoles. O que é verdade na França, onde não obstante o prestígio das mulheres na corte e a preocupação em agradá-las, inerente à cortesia da nobreza, corroem particularmente o mito cressoliano, onde a mulher é totalmente ausente, é mais ainda no resto da Europa católica, onde a palavra profana não busca, tão vivamente como na França, dissociar-se da palavra sagrada. Mesmo quando essa dissociação estiver inteiramente dada, a literatura francesa conservará, aqui e acolá, a memória e a nostalgia da hierofania dos oradores jesuítas.

A retórica do gesto e da voz, tal como a concebe o Padre de Cressoles, é muito mais do que uma "retórica". Voltada para o arquétipo divino, ela faz do orador, imagem de Deus, a encarnação do verbo sobre a Terra; reconciliando a arte mais sábia e a experiência do sagrado, o gesto e o hieróglifo, a palavra e o oráculo, ela rivaliza em pleno século XVII com a poesia profana dos magos e dos videntes do século XIX.

Política católica, instituição retórica e oratória sacra no Brasil colonial

João Adolfo Hansen
Universidade de São Paulo

Nos poucos estudos literários brasileiros que ainda se ocupam das letras coloniais produzidas no Estado do Brasil e no Estado do Maranhão e Grão-Pará entre 1549 e 1822, domina a interpretação de fundamento romântico-nacionalista que as classifica teleologicamente como *manifestações literárias*, universalizando conceitos modernos de *tempo histórico, literatura, autor, obra* e *público*. Quando se passa ao largo dessa teleologia e se faz a arqueologia dos preceitos, categorias e conceitos dos regimes discursivos que modelavam as letras coloniais no seu presente, fazendo-se, simultaneamente, a construção diacrônica das cadeias das apropriações e de valores de uso desde os primeiros românticos do século XIX, pode-se determinar sua especificidade histórica. Seu presente está extinto, óbvio, mas sua invenção verossímil é factível por meio da correlação de séries de discursos de práticas artísticas e não artísticas coloniais. Estabelecendo-se homologias entre as muitas espécies de papéis dessas séries, pode-se definir a dominante dos regimes discursivos que as regula. A dominante é uma interpretação escolástica de conceitos e preceitos retóricos gregos e latinos. Catolicamente integrada na racionalidade da Corte ibérica, define *tempo, história, letras, artes, autoria, obra* e *público* de modo irredutível às definições iluministas e pós-iluministas correntes na historiografia e na crítica literárias dos séculos XIX, XX e XXI.

Para tratar dos códigos linguísticos das letras coloniais, deve-se falar de *retórica* duplamente, como *instituição retórica* e como *técnicas retóricas* expostas em preceptivas artísticas dos séculos XVI e XVII que definem os usos dos gêneros como emulações particulares de autoridades e preceitos de diversas durações[1]. Na duração colonial luso-brasileira, a instituição retórica corresponde ao costume (*consuetudo*) de recorrer a normas e preceitos miméticos da *tekhné rhetoriké*, definida por Aristóteles como a técnica de falar bem retomada em Roma como *ars bene dicendi* nos tratados do anônimo autor do *Ad Herennium*, nos textos de Cícero, na *Arte poética* de Horácio, na *Instituição oratória* de Quintiliano etc. O costume ou *consuetudo* regula os modos particulares como os autores coloniais memorizam e imitam *elencha auctorum*, elencos de autores, que fornecem argumentos e técnicas para inventarem, disporem, ornamentarem, memorizarem e dramatizarem discursos de maneira verossímil e decorosa para públicos empíricos dotados de competências diversas. O *costume* é transmitido institucionalmente no ensino de retórica da Companhia de Jesus, principal agência cultural de então, ativa no Estado do Brasil desde 1549 e, no Maranhão e Grão-Pará, a partir de 1615, até 1760, data da sua expulsão pelo ministro de D. José I, Sebastião de Carvalho e Melo, depois Marquês de Pombal, e nas práticas artísticas de poetas, oradores, historiadores e autores de prosa de ficção.

Quando se descarta a classificação neokantiana e dedutiva das letras coloniais como "barroco" para estudá-las como emulações particulares de autoridades do costume, o conceito de *tempo* produzido por elas evidencia que não têm por horizonte a superação das obras imitadas, nem do momento em que são feitas, como ocorria até há pouco na chamada "tradição do novo" da teleologia moderna que, desde Baudelaire, foi buscar a novidade estética *au fond de l'inconnu*. As emulações são feitas produzindo vários tempos longos, correspondentes às temporalidades dos seus gêneros. Nelas, por exemplo, Homero, Virgílio e Camões ou Calímaco, Ovídio e Petrarca ou Cícero, Santo Agostinho e Paravicino ou Heródoto, Tito Lívio e Fernão Lopes ou Horácio, Juvenal e poetas galaico-portugueses são contemporâneos como modelos ar-

---

1. Deve-se falar de *retóricas*, no plural, pois não existe "a Retórica", unidade ideal. As obras são sempre regradas retoricamente, pressupondo a coexistência polêmica de múltiplas versões da técnica retórica, como as expostas em textos de Aristóteles, Isócrates, Teofrasto, do Anônimo da *Retórica a Herênio*, Cícero, Horácio, Quintiliano, Luciano de Samósata, Longino, Aftônio, Hermógenes, Dionísio de Halicarnasso, Theon de Alexandria, Demétrio de Falero, Boécio, Marciano Capela, Rufiniano, Prisciano, Geoffroy de Vinsauf, Ermolao Bárbaro, Jorge de Trebizonda, Lorenzo Valla, Melanchton, Erasmo, Minturno, Serlio, Castelvetro, Alberto de Torres, Torquato Tasso, Escalígero, Giovanni Andrea Giglio, Cipriano Soares, Pomey, Sforza Pallavicino, Zuccari, Matteo Peregrini, Baltasar Gracián, Emanuele Tesauro, Francisco Leitão Ferreira, Francisco José Freire (Cândido Lusitano) e um grande etc.

• **119**

tísticos da invenção de um poema épico, de um poema lírico, de um sermão sacro, de um texto de gênero histórico ou de um poema satírico. A emulação bem-feita supera predicados particulares da autoridade imitada, mas não a deixa evolutivamente para trás como um passado arruinado, pois alinha-se com ela e outras autoridades do mesmo gênero como colaboração para o espólio coletivo e modelo para novas emulações.

Para especificar alguns modos históricos de definir e operar padrões retóricos de discursividade na oratória sacra colonial, retomo coisas que escrevi em outros lugares, tratando de alguns condicionamentos institucionais das letras coloniais hoje classificadas neokantianamente como "barrocas". Em seguida, particularizo os preceitos, tratando da doutrina da oratória sacra de Antônio Vieira no sermão da Sexagésima (1655). Para isso, recorro a resíduos seiscentistas na forma de uma atividade que os reanima como metáforas da presença de um tempo morto, "século XVII", que ultrapassa em muito os 100 anos convencionais quando se consideram as múltiplas temporalidades dos costumes artísticos coexistentes nele.

Como se sabe, em 8 de abril de 1546, a IV sessão do Concílio de Trento declarou herética a tese *sola fide et sola scriptura* da teologia luterana. A tese afirma que o clero, os ritos e as cerimônias visíveis da Igreja devem ser substituídos pela leitura individual da Bíblia. Condenando as "tradições humanas", Lutero afirma que desvirtuam a Palavra de Deus nas *Escrituras*: *Omne quod in scripturis non habetur, hoc plane Satanae addimentum est* ("Tudo aquilo que não há nas Escrituras é simplesmente uma adição de satã")[2]. A IV sessão do Concílio confirmou os textos canônicos e a *traditio*, a transmissão oral da doutrina, e os ritos, sacramentos, ministérios, magistério e governo da Igreja Católica[3]. Em 17 de junho de 1546, na sessão *Super lectione et praedicatione*,

---

2. Lutero, 1521, apud BOUTRY, P. "Tradition et écriture – Une construction théologique". *Usages de la tradition* – Enquête, n. 2, 2º sem./1995, 1995, p. 43. Paris, CNL/Ehess/Parenthèses.

3. "O santo Concílio de Trento, ecumênico e geral, tendo sempre frente aos olhos o fim de conservar na Igreja, destruindo todos os erros, a pureza mesma do Evangelho que, depois de ter sido prometido antes pelos profetas nas Santas Escrituras, foi publicado pela boca de Nosso Senhor Jesus Cristo, Filho de Deus, em seguida por seus apóstolos aos quais Ele deu a missão de anunciá-lo a toda criatura como sendo a fonte de toda verdade salvífica e de toda disciplina dos costumes; e considerando que esta verdade e esta regra moral estão contidas nos Livros escritos e nas tradições não escritas (*in libris scriptis et sine scripto traditionibus*) que, recebidas da própria boca de Cristo pelos apóstolos, ou pelos apóstolos a quem o Espírito Santo as havia ditado, transmitidas quase que de mão em mão (*quasi per manus traditae*) , chegaram até nós; o concílio, portanto, seguindo o exemplo dos pais ortodoxos, recebe todos os livros tanto do Antigo quanto do Novo Testamento

decretou-se que a doutrina seria transmitida pela pregação oral. Na XXIV sessão, de 1563, o *Canon IV, Decretum de reformatione*, reconfirmou o decreto. Como se sabe, o concílio foi encerrado em 1563. Em setembro de 1564, todos os seus decretos foram declarados leis do reino de Portugal, passando a ser transmitidos no ensino ministrado pela Companhia de Jesus nas universidades do Reino, nos colégios do Estado do Brasil e, a partir de 1615, do Estado do Maranhão e Grão-Pará.

Outra tese luterana, *lex peccati*, afirma que o pecado original corrompe a natureza humana, eliminando a presença da luz da Graça na consciência dos homens. A ausência do conselho da luz natural os incapacita de distinguir o bem do mal quando agem. Como consequência imediata, a sociedade tende à anarquia. Para corrigi-la, Deus envia o rei, que reina por direito divino, dispensando a autoridade do papa. Na segunda metade do século XVI, os jesuítas definiram as letras e as artes como *theatrum sacrum* ou encenação da sacralidade dos dogmas teológico-políticos decretados no Concílio de Trento. A encenação reproduz o enunciado do Cardeal Bellarmino no concílio: Deus certamente é causa universal, mas não causa próxima do poder do rei, que resulta de um pacto social. No fim do século XVI e início do XVII, principalmente com os tratados dos jesuítas Giovanni Botero (*Della ragion di Stato*, 1586) e Francisco Suárez (*De legibus*, 1612; *Defensio fidei*, 1613), afirmou-se em Portugal e em suas duas colônias americanas que o poder real decorre de um pacto de sujeição, *pactum subjectionis*, pelo qual todas as ordens sociais se alienam do poder, transferindo-o para a *persona mystica* ou *ficta* do rei. Como a lei natural reflete a lei eterna de Deus, é necessário evidenciar sua conexão com as leis positivas que os homens instituem para governar-se. A lei positiva *deve ter* a autoridade de lei genuína, evidenciando *in foro externo* a lei superior que todo homem já conhece em sua consciência ou *foro interno* com a sindérese, a centelha da luz divina que aconselha o bem. Quando refletem o ordenamento ético do poder pela luz natural da

---

[...] assim como as tradições concernentes e à fé e aos costumes, como vindos da boca mesma de Cristo ou ditadas pelo Espírito Santo e conservadas na Igreja Católica por uma sucessão contínua; ele as recebe e as venera com um igual respeito e uma igual piedade. Se alguém não receber inteiros esses livros e se desprezar com conhecimento de causa e propósito deliberado essas tradições, que seja anátema" (cf. DENTZIGER, H. & SCHÖNMETZER. A. *Enchiridion symbolorum, definitionum et declarationum de rebus fidei et morum*. XXXVI ed. Barcelona/Friburgo/Roma: Herder, 1976, n. 1.501, p. 364-365).

Graça negada por Maquiavel, Lutero e Calvino, as leis positivas estabelecidas pelo pacto de sujeição são legítimas.

Aqui se encontra uma razão doutrinária da sacralização do poder nas letras e artes hoje classificadas como "barrocas": na sociedade verdadeiramente cristã ou católica, as leis positivas legítimas incluem todos os preceitos e proibições feitos por Deus nos *Dez Mandamentos*. Quando expressão autêntica da lei natural, as leis positivas são sagradas. A doutrina determina que a união das vontades individuais no *pactum subjectionis* como vontade coletiva do todo do corpo político como um único *corpus mysticum* visa o "bem comum" da sociedade. Combatendo a tese maquiavélica da "guerra de todos contra todos", Botero prescreve o conceito de "interesse", segundo o qual os indivíduos devem obter e manter a tranquilidade da alma por meio do controle dos apetites para atingir seus objetivos particulares. Considerando sua posição hierárquica regrada como subordinação, não devem desejar ser mais nem menos do que o privilégio determina para sua posição mas, controlando as paixões, devem esforçar-se para garantir a concórdia, definida como o fundamento da paz e do amor do "bem comum"[4]. Obviamente, como a sociedade não é perfeita, a hierarquia é continuamente abalada pelas iniciativas de partes do corpo político tendentes à autonomia que contrariam e desagregam a unidade do todo. As instituições, ordens sociais, estamentos e indivíduos são perfectíveis também por meio das letras e artes, que encenam os dogmas teológico-políticos recorrendo a instrumentos retóricos que os ensinam persuasivamente. Com tais determinações, desde o Concílio de Trento a eloquência sacra passou a ter a função política de fazer os súditos passar das palavras ouvidas da boca do pregador para a ação efetiva de subordinar voluntariamente seus interesses particulares ao "bem comum".

Com essa ordenação e esse sentido corporativos, as letras e as artes produzidas no Estado do Brasil desde a segunda metade do século XVI e no Estado do Maranhão e Grão-Pará a partir do início do XVII podem ser caracterizadas como produtos de processos teológico-políticos de integração e subordinação de diferentes referências culturais, europeias, africanas, indígenas e orientais, por meio de instrumentos técnicos, retórico-poéticos, produtores de valores de uso católicos adequados às situações particulares da

---

4. Vieira o diz no sermão de ação de graças (1695): "Os muros que mais fortemente cercam e defendem a monarquia não são os que se fabricam de mármores ligados, senão de corações unidos".

invenção e recepção. Quando se considera a relativa sincronia do Estado do Brasil e do Maranhão com as colônias africanas e asiáticas de Portugal, com a Espanha e suas colônias americanas e, ainda, com Roma, Florença, Nápoles, a Savoia, a Bavária, a França, a Inglaterra e a Europa central, observa-se que as letras e as artes coloniais incluem-se em processos de internacionalização dos modelos da racionalidade de corte das monarquias e principados católicos. A internacionalização é realizada principalmente pelas ordens religiosas, como a Companhia de Jesus, e por outros agentes e meios, por exemplo o contrabando e viajantes, que fazem circular textos manuscritos e impressos, preceptivas retóricas e poéticas, livros de empresas e emblemas, gravuras, modelos arquitetônicos, pictóricos, plásticos, musicais etc. De 1580 a 1640, tempo do domínio dos Habsburgos espanhóis sobre Portugal e suas colônias americanas, as referências que constituem a racionalidade de corte italiana e espanhola são emuladas em Portugal, no Estado do Brasil e no Estado do Maranhão e Grão-Pará: o modelo do cortesão definido como *uomo universale* em *Il Corteggiano* (1528), de Baldassare Castiglione; o modelo da conversação civil do *Galateo* (1548), de Giovanni Della Casa; o da discrição, de *El discreto* (1647), de Baltasar Gracián; o da dissimulação honesta católica oposta à simulação maquiavélica, de *Della dissimulazione onesta (1641)*, de Torquato Accetto, e de *Oráculo Manual y Arte de Prudencia*, de Gracián; os modelos da dicção engenhosa de poetas e prosadores italianos e espanhóis – Marino, Guarini, Góngora, Quevedo, Lope de Vega, Jáuregui, Cervantes, Saavedra Fajardo – sistematizados em preceptivas contemporâneas, como *Idea*, de Zuccari; *Lugares comunes de conceptos, dichos, y sentencias en diversas matérias (1613)*, de Juan de Aranda; *Delle Acutezze* (1639) e *I Fonti Dell'Ingegno Ridotti ad Arte* (1650), de Matteo Peregrini; *Agudeza y arte de ingenio* (1644), de Baltasar Gracián, *Arte dello Stile insegnativo*, 1647, de Sforza Pallavicino; *Ragguagli di Parnaso. Avisos de Parnaso: Primera y segunda centúria* (1653) *Il Cannocchiale Aristotelico*(1654), de Emanuele Teesauro; de Traiano Boccalini; *Dell'huomo di lettere* (1692), de Daniello Bartoli; *Nova Arte de Conceitos* (1718), de Francisco Leitão Ferreira; *Arte poética* (1748), de Cândido Lusitano (Francisco José Freire) etc.

Desde a IV sessão do Concílio de Trento, em abril de 1546, quando declararam herética a tese luterana da *sola scriptura*, os teólogos tridentinos prescreveram a pregação oral feita por pregadores inspirados pelo Espírito Santo como modo privilegiado de propagar a fé. A partir de 1599, o *Ratio*

Studiorum jesuítico determinou que o curso de Retórica dos colégios da Companhia devia ensinar os *preceitos*, o *estilo* e a *erudição*. Para ensiná-los, os jesuítas retomaram autoridades antigas, principalmente as *Partições oratórias* e o *De oratore*, de Cícero; a *Retórica para Herênio*, do Anônimo romano, então atribuída a Cícero; e a *Instituição oratória*, de Quintiliano, que fornecem preceitos da eloquência, além da *Retórica* aristotélica e diversos tratados gregos traduzidos e editados na Europa no início do século XVI, como os de Hermógenes, Aftônio, Demétrio de Falero, Dionísio de Halicarnasso, Theon de Alexandria, Longino etc.

Nas constituições feitas entre 1548 e 1550 para os colégios da Companhia, Juan de Polanco, secretário de Inácio de Loyola, determinou que aos domingos fossem sustentadas conclusões públicas de Retórica e Poética[5]. Em 1552, Loyola enviou o Padre Jerônimo Nadal a Portugal para organizar os colégios da Companhia. Neles, a disciplina Retórica ocupava quatro horas de ensino por dia, duas pela manhã e duas à tarde[6]. Aos tratados de Cícero (*De oratore*), Quintiliano (*Institutio oratoria*), Aristóteles (*Rhetorica*) e Santo Agostinho (*De doctrina christiana*), foram acrescentados novos títulos, que resumiam essas autoridades para os iniciantes. Data de 1562 o compêndio do jesuíta Cipriano Soares, *De Arte Rhetorica libri tres ex Aristotele, Cicerone et Quintiliano praecipue deprompti ab eodem Auctore recogniti, et multis in locis locupletati*, que teve extraordinária difusão na Europa, no Brasil e no Oriente, com cerca de cem edições[7]. Ao tratado de Cipriano Soares juntou-se, a partir de 1576, a *Rhetorica ecclesiastica*, do dominicano Frei Luís de Granada. Os dois manuais fundamentaram a eloquência sacra portuguesa durante todo o século XVII e ainda no XVIII. Frei Luís de Granada também é autor de uma

---

5. CASTRO, A.P. *Retórica e Teorização Literária em Portugal* – Do Humanismo ao Neoclassicismo. Coimbra: Imprensa da Universidade, 1973, p. 34.

6. "Na primeira da manhã recitava-se de cor um discurso de Cícero e o mestre explicava os preceitos da Retórica. Na segunda, ocupava-se a primeira meia hora em repetições, e na correção de qualquer composição escrita pelos alunos, enquanto outros desnvolviam um tema breve dado pelo mestre, ou corrigiam o que um escrevera previamente no quadro, alternando a prosa com o verso; durante a segunda meia hora explicava-se brevemente um passo poético, resumindo-se no fim tudo quanto fora dito. De tarde, comentava-se, durante a primeira hora, um discurso de Cícero, fazendo no fim ligeiras repetições, enquanto a segunda era consagrada ao estudo de autores gregos, como Demóstenes, Xenofonte, Homero, Píndaro, Eurípides, Sófocles e Tucídides." Cf. CASTRO, A.P. Op. cit. p. 47.

7. CASTRO. A.P. Op. cit., p. 36.

Sylva locorum communium, um elenco doxográfico de lugares-comuns da invenção oratória usados por pregadores. Os lugares são hierarquizados como "citações", no sentido dado a eles por Erasmo, sendo buscados, em ordem decrescente, na *Bíblia,* no *Evangelho,* nas *Epístolas* de São Paulo e no *Apocalipse*; em seguida, nos Padres da Igreja latina (entre eles, Santo Agostinho aparece em primeiro lugar, acompanhado de Santo Ambrósio, São Jerônimo, Tertuliano e Lactâncio); depois, nos Padres da Igreja grega, nos Padres do Deserto, em Isidoro de Sevilha e autores medievais, Hugues de Saint-Victor, Beda, o Venerável, São Bernardo de Claraval etc. As autoridades pagãs, Cícero, Aristóteles, Ovídio, Valério Máximo, Marcial e outros poetas e prosadores latinos têm lugar restrito[8]. Na América espanhola, o tratado do Frei Diego de Valadés, *Rhetorica christiana,* de 1579, imitou o tratado de Frei Luís Granada e teve grande circulação. Valadés repete as instruções do Concílio de Trento, afirmando que: "[...] o orador cristão não deve buscar sua própria glória, mas a de Jesus Cristo a quem deve desejar ter sempre frente aos olhos, e buscar a edificação de seu corpo místico que é a Igreja unanimemente católica"[9].

Visando a edificação do "corpo místico" dos fiéis, em *De doctrina christiana* Santo Agostinho tinha adaptado à pregação as três grandes funções retóricas da eloquência ciceroniana: *docere* (ensinar), *delectare* (agradar), *movere* (persuadir). Na adaptação, o *docere* ciceroniano tornou-se o ofício do *Doctor,* o doutor, que conhece a verdade; o *delectare* é ofício do *Defensor,* o defensor, que defende a verdade; e o *movere* (Santo Agostinho prefere dizer *flectere*), do *Debellator* que, por meio da verdade, faz os pecadores envergonhar-se. Nos usos jesuíticos da retórica antiga feitos segundo a oposição contrarreformista *vida beata X vida libertina,* Santo Agostinho e outros Padres da Igreja, como São Jerônimo, foram usados como autoridades teológicas na moralização católica da aprendizagem da retórica e na prática das técnicas oratórias. O ensino jesuítico de retórica e a pregação sacra realizada pela Companhia realizam catolicamente o modelo civilizatório exposto por Cícero no *Orator,* o do governo das almas por meio da palavra. Nesse governo, as virtudes e os estilos associados ao *docere* e ao *movere* tendem a dominar os efeitos ornamentais e agradáveis do *delectare.* É o caso da clareza da disposição do

---

8. FUMAROLI, M. *L'âge de l'éloquence* – Rhétorique et "res literaria"de la Renaissance au seuil de l'époque classique. Paris: Albin Michel, 1994, p. 145.

9. VALADÉS, F.D. *Rhetorica Christiana.* México: Fondo de Cultura Económica, 1989, p. 65.

discurso, proposta em termos de utilidade didática; ou da *sublimitas in humilitate*, o sublime no humilde, estilo que Bernardo de Claraval havia doutrinado como o mais adequado ao pregador, que revelaria com ele a presença sublime de Deus santificando as coisas mais humildes do mundo. A mesma censura contrarreformista feita por preceptistas italianos das artes pictóricas e plásticas à *maniera* do terrível Michelangelo e seus imitadores encontra-se na doutrina do sermão sacro. Giovanni Andrea Gilio escreve que os pintores não podem ser "poetas", dando livres asas à imaginação, mas devem ser historiadores, imitando casos narrados na história sacra[10]. Segundo as diretivas do Concílio de Trento, o novo tipo de pregador deveria fundir, na invenção do sermão e na ação de pregá-lo, os modelos do orador ciceroniano e do doutor agostiniano. Ou seja, a Retórica e a Teologia, sempre subordinando a primeira à segunda, para tornar a palavra não só eloquente, eficazmente persuasiva no sentido ciceroniano, mas, principalmente, para fazer dela uma revelação substancial da sua Causa Eficiente, Deus, segundo as duas fontes autorizadas pelo Concílio, a *traditio* e as *Escrituras*.

Os alunos dos colégios jesuíticos estudavam retórica nas Classes das Escolas Menores por meio de exercícios e de compêndios, como os de Cipriano Soares e Pomey. As regras do professor de retórica do *Ratio studiorum* determinam que os textos de Cícero devem ser modelos para o estudo e o exercício da elocução e da disposição[11]. No caso, a *eruditio* correspondia à *cognitio rerum* e à *cognitio verborum*, o conhecimento das coisas *(res)* da invenção (*topoi, loci*, lugares comuns ou "sedes de argumentos") e das palavras (*verba*) da elocução (ornatos, tropos e figuras do estilo). A erudição era adquirida não com o estudo direto de manuais de história ou de letras, mas pela leitura, explicação, repetição, memorização e imitação de autores. Dainville propõe que no século XVII os jesuítas optaram por um humanismo de educação e cultura, opondo-se nitidamente ao humanismo de erudição[12]. Pressupondo que a finalidade de todo ensino era a ação nas coisas do mundo, a prática jesuítica da retórica aprendida como exercício visava desenvolver a agilidade

---

10. GILIO, G.A. *Due dialogi*, 1564, apud BAROCCHI, P. *Scritti d'Arte del Cinquecento*. T. I. Milão/Nápoles: Riccardo Ricciardi, 1971.

11. *"Regulae professoris rhetoricae*, 6,8". In: *Ratio Studiorum*, 1599 apud Franca, L., S.J. Introd. e tradução. *O método pedagógico dos jesuítas* – O "Ratio Studiorum" Rio de Janeiro: Agir, 1952.

12. DAINVILLE, F., S.J. *L'éducation des jésuites (XVIᵉ-XVIIIᵉ siècles)*. Paris: Minuit, 1979, p. 188.

no manejo da erudição, principalmente a erudição doutrinária. Neste sentido, um tratado grego de exercícios preparatórios de retórica, *Progymnasmata*, de Aftônio, foi muito usado nos colégios em exercícios com que os alunos aprendiam a construir uma frase com dois, três, quatro ou mais membros; a transpor um texto em prosa para verso e vice-versa; a desenvolver um tema determinado ora em estilo abundante e florido, ora em estilo conciso e seco, ora com sentido próprio, ora figurado etc. O aluno aprendia a compor discursos segundo as oito partes da *chria* (termo grego que significa "sentença" ou dito sentencioso de personagem histórico): preâmbulo, paráfrase, causa, contrário, similitude, exemplo, testemunho e epílogo. Também aprendia a compor um exórdio, uma refutação, uma peroração e outras partes do discurso para escrever, depois de dominar a técnica de cada uma delas, um texto à moda asiática de Cícero, um discurso no estilo *coupé* de Sêneca ou Tácito etc.[13]

Enquanto incorporava a erudição, os preceitos e os estilos dos três gêneros oratórios, judicial, demonstrativo, deliberativo, exercitando-se nos vários lugares-comuns da *inventio*, nas várias ordens da *dispositio* e nos muitos ornatos da *elocutio* próprios de cada um deles, também era treinado na *pronuntiatio*, a declamação, aprendendo a acompanhá-la de gestos dramáticos que constituíam a *actio* oratória. Nadal informa que Loyola mandava os alunos que tinham talentos oratórios exercitar a voz e os gestos nas ruínas da antiga Roma na presença de alguns ouvintes[14]. A atividade teatral também teve ampla difusão nos colégios com as emulações de tragédias Sêneca e de comediógrafos latinos devidamente moralizados, associando-se ao ensino das técnicas orais da *actio* da eloquência sacra. O *Ratio studiorum* supervaloriza as chamadas "línguas clássicas" e as autoridades antigas veiculadas por elas; neste sentido, foi central no ensino jesuítico o tratado de Quintiliano, *De institutione oratoria*.

Para ensinar retórica, o padre-professor recorria a três espécies básicas de atividades, a preleção (*lectio*), a repetição e a aplicação. A *lectio* consistia na exposição oral de um texto. Era feita com a técnica costumeira do comentário e seguia preceitos que a adequavam ortodoxamente ao assunto tratado. O padre fazia um resumo das partes e do todo do texto, citava as autoridades canônicas que já tinham tratado dele, resumia a matéria exposta

---

13. Ibid., p. 188.
14. Ibid., p. 189.

por essas autoridades, sem pretensão de inovar, mantendo-se rigorosamente fiel à versão autorizada pela Igreja conciliar. A preleção devia ser breve, clara e disposta em ordem lógica, do mais simples para o mais complexo, adaptando-se ao nível intelectual dos alunos. Feita a preleção, grande parte do tempo era ocupado por exercícios de memorização em que a repetição tinha lugar absolutamente central. A repetição é um dos principais procedimentos do ensino jesuítico. Tudo se repete a todo momento como técnica de inculcar modelos, lugares-comuns, normas e preceitos na mente do aluno. Aprendiam-se com a memorização também os métodos de memorizar das antigas artes da memória gregas e romanas, como a da *Retórica para Herênio*; simultaneamente, as informações particulares transmitidas nelas. Os alunos recitavam de memória as lições que tinham aprendido nas preleções para os decuriões, alunos nomeados pelo padre-professor para ouvirem a recitação, recolherem composições, anotarem em cadernos as vezes em que a memória de cada aluno falhava, quem não tinha feito os exercícios ou quem não entregara cópia dupla dos mesmos etc. Quanto à aplicação, o padre-professor previa a transferência dos conhecimentos memorizados e das técnicas de memorização para novas circunstâncias e novos objetos, que eram apropriados e adaptados pelos mesmos procedimentos. Neste sentido, os alunos aprendiam matérias das disciplinas do *Trivium*, Gramática (Latim), Retórica, Dialética, e do *Quadrivium*, Aritmética, Geometria, Música e Astrologia (Astronomia) e os modos ou procedimentos de aprendê-las, preleção, resumo, comentário, repetição, memorização etc. No curso de Filosofia, em que se discutia Aristóteles, e no de Teologia, em que a referência era Santo Tomás de Aquino, os exercícios costumavam ser de quatro gêneros: repetições diárias das preleções, disputas, preleções e atos solenes em que conclusões eram defendidas publicamente. No caso, as técnicas retóricas eram fundamentais como ordenação e exposição das matérias repetidas, disputadas e defendidas. A repetição diária durava uma hora e era feita com a supervisão do prefeito de estudos. Nos dias de feriado e domingos, havia disputas, em que um ou dois alunos defendiam os argumentos de um filósofo.

Os preceitos de ensino do *Ratio studiorum* subordinam-se à finalidade contrarreformista de combater as heresias e converter os gentios, ou seja, de "[...] dar aos outros todas as disciplinas congruentes com o nosso Instituto"[15].

---

15. *Ratio Studiorum*, 115.

Para atingir esse fim, o *Ratio* determina a existência do prefeito-geral dos estudos, em geral um homem polido, versado em Letras, com o senso exato da sua tarefa, como instrumento do padre reitor na ordenação dos estudos. Nos colégios grandes, o cargo era dividido, havendo um prefeito dos estudos inferiores e, por vezes, um prefeito dos recreios. Neste sentido, as normas didáticas do ensino de retórica e outras disciplinas subordinavam-se às normas disciplinares, que pressupunham e implicavam a virtude típica da Companhia de Jesus, a obediência irrestrita à autoridade, que havia sido redimensionada a partir do Concílio de Trento.

A oratória de letrados coloniais como Eusébio de Matos, Frei Antônio do Rosário, Antônio Vieira, que receberam esse ensino, produz como seu pressuposto uma temporalidade providencialista determinada pela metafísica escolástica. Ela obviamente não conhece as unidades teóricas da Literatura e da Arte das histórias literárias e histórias da arte produzidas no mundo burguês a partir do século XIX. Para reinserir a prática oratória colonial no seu tempo histórico, é pertinente definir os conceitos e categorias do seu campo epistemológico e doutrinário. Com Koselleck, lembro que os conceitos não apenas informam sobre significações passadas, mas encerram possibilidades estruturais. Englobam eventos, relações complexas, processos passados, tornando-se categorias formais capazes de especificar práticas que constituem certa duração passada. Como exemplo, veja-se Vieira. Com os conceitos obtidos por meio do cruzamento de suas obras oratórias, proféticas e epistolográficas com outras representações contemporâneas delas, como tratados teológico-políticos de filósofos e juristas escolásticos, tratados de retórica, as *Constituições*, o *Ratio studiorum* e cartas da Companhia de Jesus, papéis do Santo Ofício da Inquisição, cartas de câmaras municipais do Brasil e do Maranhão e Grão-Pará, ordens régias etc., é possível descrever com alguma verossimilhança a significação e o sentido do que terá sido a história real que seus conceitos fundamentaram. Evidentemente, isso só é possível por meio da sua linguagem. Para lê-la, deve-se saber que não é a linguagem das concepções linguísticas modernas que afirmam a arbitrariedade e a imotivação do signo, mas linguagem substancialista, caudatária da metafísica escolástica, produzida por técnicas retóricas que desenvolvem vários gêneros em vários estilos, emulando modelos de autoridades latinas e autoridades canônicas da Igreja. Não é "literária" nem passível de ser objeto de uma estética que teorize sua autonomia crítica ou sua contemplação desinteressada. Também não é "barroca", pois Vieira não conhece Wölfflin e a periodização neokantiano--hegeliana do contínuo dedutivo-evolutivo das histórias literárias e artísticas produzidas a partir do século XIX que aplicam o termo "barroco" para unificar as múltiplas durações históricas dos muitos estilos seiscentistas.

Em uma carta que envia em 1659 para o rei Dom Afonso VI, Vieira evidencia a função contrarreformista que desempenha como orador, afirmando que "os primeiros e maiores instrumentos da conservação e aumento dessa monarquia são os ministros da pregação e propagação da fé, para que Deus a instituiu e levantou no mundo"[16]. No texto "Defesa do livro intitulado 'Quinto Império'", de 1665-1666, declara que o papa e os pregadores evangélicos que agem na América como enviados do papa são "instrumentos imediatos" da conversão do mundo que contam com o apoio de um "instrumento temporal e remoto", um "imperador zelosíssimo", que protege os pregadores[17]. No desempenho dessa função, é autor. Veja-se como entende *autoria*. No sermão de Santo Antônio, pregado em 1656, afirma que imaginou ter tido um pensamento sem autor, receando dizê-lo: "Assim o tinha eu imaginado com algum receyo, por ser pensamento sem Author; quando venturosamente o fui achar em Santo Agostinho no livro 2 *de Trinitate*, onde excita, e resolve a questão pelo mesmo fundamento".

Como neste exemplo, sua autoria não tem autonomia como "originalidade", pois pressupõe as *auctoritates* do gênero que desenvolve, selecionando predicados delas para fazer variações engenhosas que competem com a sua *fides*, a crença verossímil. Obviamente, não conhece a instituição literária ordenada pela livre-concorrência burguesa em que a obra é mercadoria "original" produzida e consumida com autonomia crítica por autores e públicos. Como no exemplo, seu conceito de *autoria* é irredutível às categorias iluministas e pós-iluministas que o idealismo universaliza transistoricamente, tendo que ser definido segundo sua especificidade histórica. Ela demonstra que suas obras e as de outros autores coloniais não são "manifestações literárias", como a historiografia literária brasileira afirma, propondo que na colônia inexistiam ou eram incipientes as instituições que, desde o século XIX, constituem o sistema *autor/obra/público* da instituição literária. É certo que

---

16. VIEIRA. Carta LXXXVI ao rei Dom Afonso VI, 28/11/1659. In: D'AZEVEDO, J.L. *Cartas de António Vieira*. 3 T. Coimbra: Imprensa da Universidade de Coimbra, 1923, t. I.

17. Cf. MENDES, M.V. *A oratória barroca de Vieira*. Lisboa: Caminho, 1989, p. 100.

as instituições liberais que desde o século XIX constituem o campo literário não existiam no Estado do Brasil e no do Maranhão e Grão-Pará; mas sua inexistência não significa a inexistência e a incipiência de outro sistema *autor-obra-público*. Doutrinária e tecnicamente, as obras coloniais incluem-se em um sistema totalmente consistente, que existe plenamente, com outros pressupostos, funções e finalidades. Ele evidencia que só podem ser entendidas como *manifestação literária* da perspectiva teleológica do modernismo de 1922 que retomou o programa nacionalista romântico definindo o passado colonial como etapa para o seu presente.

Voltemos a Vieira. Para públicos contemporâneos, seu nome classifica um tipo que, sendo jesuíta, mestre de retórica, teólogo, amigo de reis, inimigo da Inquisição, confessor da Capela Real, chefe de missão catequética, diplomata, orador sacro etc., não é, obviamente, uma subjetividade burguesa entendida como unicidade de sujeito psicológico dotado de direitos liberais, mas tipo do poder real em que convergem a generalidade dos interesses da coroa portuguesa e dos interesses da Companhia de Jesus, ou seja, tipo de uma ordem religiosa do padroado português subordinado à coroa, dotado de um caráter prudente, que efetua um decoro constante, a gravidade, que dão forma a seu humor colérico fazendo-o *discreto* e especificando sua situação social de discreto *como representação* que evidencia os limites de seus privilégios como posição social exercida *pela representação* em negociações e conflitos com outras situações e posições também exercidas como representação por meio de representações. Ou seja, tipo socialmente hierarquizado sem a autonomia pressuposta nos direitos da subjetividade concorrencial do indivíduo autor nas sociedades contemporâneas. Como representação discreta de um letrado de uma monarquia absolutista católica, não tem a autonomia da livre-concorrência burguesa pressuposta nas versões liberais do direito que definem e opõem as esferas do *público* e do *privado* nas sociedades de classes. Dizendo o mesmo de outro modo, sua representação como autor de sermões, cartas, textos proféticos, negociações diplomáticas e intervenções em questões coloniais não é a de um sujeito liberal dotado de direitos democráticos que se expressa com a autonomia crítica de uma fração de classe caracterizada por uma particularidade ideológica qualquer. Discreto, seu tipo é extremamente engenhoso, erudito e agudo, mas não autônomo nem original. Quando inventa suas obras, reproduz as doutrinas teológico-políticas, dialéticas e retóricas aprendidas no seminário da Companhia de Jesus da Bahia com os métodos do *Ratio studiorum*. Em seu tempo, os métodos fornecem a todos os padres um saber ortodoxamente homogêneo a respeito das autoridades da oratória, Demóstenes, Isócrates, Cícero, Santo Agostinho, Crisóstomo, Paravicino; da epistolografia, Cícero, Sêneca, Demétrio de Falero, Hugues de Saint-Victor, o Anônimo de Bolonha, Erasmo, Vives, Fabri, Justo Lípsio; da retórica, Aristóteles, Cícero, Quintiliano, Marciano Capela, Aftônio, Hermógenes, Cipriano Soares, Fray Luis de Granada; da poesia, Virgílio, Ovídio, Camões; da história, Tito Lívio, Suetônio, Tácito; das autoridades canônicas da Patrística e da Escolástica e as da chamada "Segunda Escolástica" dos séculos XVI e XVII, principalmente Vitoria, Mariana, De Soto, Cajetano, Possevino, Botero e Suárez.

Para Vieira, seria impensável a pregação autonomizada da sua educação e da disciplina de sua Ordem, que formam e conformam sua prática de orador, impondo e delimitando o "dever ser" de sua ação como jesuíta sempre metido nos negócios temporais do Império Português. Como pregador, é um *tipo social* totalmente previsto pelas *Constituições* e *Regras* da Companhia de Jesus: realiza publicamente o vínculo de obediência à sua Ordem[18], executando com mestria os mesmos preceitos retórico-doutrinários recebidos por todos os seus irmãos em Cristo que também fizeram o seminário, Teologia e os votos e que, como ele, tiveram a mesma instrução que os torna também aptos para pregar. É como tipo social que atualiza na prática oratória uma educação comum rigidamente regrada como autoridades canônicas e retórico-dialéticas que Vieira como Eusébio de Matos, Frei Antônio do Rosário,

---

18. Cf. SANTO INÁCIO DE LOYOLA. *Constituições da Companhia de Jesus*. Lisboa: Província Portuguesa da Companhia de Jesus, 1975 [trad. e notas de Joaquim Mendes Abranches, S.J.]. Cf., p. ex., p. 77: "Se as pregações e ministérios se exerceram noutras partes distantes do lugar e da casa, deverá trazer um atestado dos sítios onde tiver passado um tempo notável, ou das autoridades públicas (tendo grande conta de todos os Ordinários), que dê plena garantia de que semeou a palavra divina e cumpriu o ofício de Confessor com sã doutrina, bom exemplo de vida, e sem ofensa de ninguém"; p. 109: "Para exercer o ofício de semeador e ministro da palavra divina e se dedicar à ajuda espiritual do próximo, convém ter suficiente cópia de conhecimentos intelectuais"; p. 111: "Para maior humildade e perfeição dos homens de letras, Coadjutores espirituais e escolásticos, se houver dúvidas sobre a suficiente aptidão de algum dos candidatos à Companhia para nela ser professo, coadjutor espiritual ou escolástico, deverá ter-se em conta que é muito melhor e mais perfeito para ele deixar-se julgar e governar por ela. Esta saberá, tão bem como ele, o que se requer para viver nela; e o súdito mostrará maior humildade e perfeição, e dará provas de maior amor e confiança naqueles que o devem governar". Cf. tb. p. 404 e 405, que prescrevem como formar excelentes pregadores.

Antônio Vieira é um *autor*[19]. Seu nome significa a autoridade do exercício de um gênero popular contrarreformista – o sermão sacro – no sentido latino de *auctoritas* ou modelo da excelência do desempenho verossímil e decoroso dos gêneros oratórios emulados por outros oradores sacros.

Como *tipo* subordinado de uma ordem religiosa subordinada à Coroa e a Roma; como *tipo* especificado por um caráter e um decoro constantes de padre jesuíta; como *autoridade* de um gênero sacro, tem a *posse* dos discursos que inventa: são seus, pode mesmo lamentar o mau uso deles e do seu nome, como o faz, acusando a pirataria e a deturpação da sua *auctoritas*. Não tem, porém, a *propriedade* deles, que correm publicados em cópias manuscritas e editados em letra impressa como "sermões de Vieira" atribuídos à sua *auctoritas*; seus discursos também não têm *originalidade*, no sentido moderno da mercadoria-originalidade regulada por direitos autorais concorrendo com outras originalidades no mercado de bens culturais, porque aplicam e transformam matérias, formas e preceitos do todo social objetivo do corpo místico do Império que não são seus, mas propriedade comunitária da Companhia de Jesus e do "bem comum", como as disciplinas e as matérias do ensino ministrado por sua Ordem em sua educação e reproduzidas por ele na pregação; nem são dotados de *autonomia estética*, porque, no seu tempo orientado providencialmente por Deus, sua *auctoritas* não conhece a divisão do trabalho intelectual e o trabalho intelectual da divisão iluministas e pós-iluministas que tornam os regimes discursivos especializados; sua *auctoritas* também não dissocia sua prática de orador da metafísica escolástica que a motiva como a Palavra de Deus difundida como testemunho de um padre da *devotio moderna* da Companhia de Jesus imediatamente empenhado nas questões temporais do Império, como os capitais judaicos, o tráfico negreiro, a escravidão de índios, a competição comercial com a Holanda, a luta contra Espanha etc.

Vieira faz parte da "gente de letras" de seu tempo como letrado. O termo *letrado* então significa mais um *caráter* ou *éthos* que propriamente uma individuação autoral no sentido contemporâneo da função-autor definida pela livre-concorrência burguesa. Pelo termo *letrado* significa-se então um tipo dotado de qualificações técnico-profissionais com que exercita as "letras" como emulação de *auctoritates* do costume antigo, não em termos "li-

---

19. Cf. ibid., p. 814: "Assim, devem-se cultivar cuidadosamente os meios humanos ou os adquiridos com o próprio esforço, especialmente uma doutrina fundada e sólida, e a maneira de a apresentar ao povo em sermões e lições sacras, e de tratar e conversar com as pessoas".

• **133**

terários" de autonomia estética, contemplação desinteressada, originalidade, psicologia e direitos autorais – recebendo, com isso, uma qualificação produtiva (por exemplo, mestre de retórica) e, por vezes, certa distinção nobilitante (p. ex., orador da Capela Real). No caso, a excelência discreta do seu método escolástico de pregar o faz modelo ou *auctoritas* do método jesuítico e português de pregar exposto no Sermão da Sexagésima (1655) de que adiante se fala. Para definir Vieira como letrado é necessário, enfim, determinar o valor ou os valores de sua *representação* numa sociedade de ordens em que, como se evidencia na fórmula portuguesa "gente de representação", a pessoa e sua posição social se definem *como representação* e *pela representação* da subordinação ao "bem comum" do Império, mais que por atributos individuais da livre-concorrência burguesa.

Assim como o conceito de *autor colonial* pressupõe a repetição mimética e diferencial da *auctoritas* que faz de cada autor particular um emulador do costume, também a noção colonial de *público* é corporativa, incluindo-se juridicamente no conceito de *bem comum* do pacto de sujeição da colônia à Coroa. No presente da invenção e consumo das letras coloniais, o termo *público* não designa a esfera das iniciativas dotadas de autonomia política teoricamente garantida pelos direitos democráticos nas constituições burguesas[20]. *Público* significa a totalidade das ordens sociais do Império Português que constituem a *res publica* hierarquizadas como exercício da representação da sua subordinação ao *bem comum* do Império. Com outras palavras, *público* corresponde à esfera definida como "pública" porque é nela que se dá em representação a *autoridade* do poder que fundamenta as representações do *bem comum* da *res publica* nas quais o conceito de *público* é figurado como a totalidade das ordens sociais do Império unificadas como *corpo místico* ou corpo político subordinado ao rei no pacto de sujeição[21]. Como totali-

---

20. HABERMAS. J. "L'Espace public". *Quaderni*, n. 18, 1992. Paris.

21. Contra Lutero, Calvino e Maquiavel, o jesuíta Francisco Suárez sistematizou a doutrina católica do poder em dois tratados, *De legibus* (1612) e *Defesa da fé católica* (1613). Cf. SUÁREZ, F., S.J. *Defensa de la fe catolica y apostolica contra los errores del anglicanismo*. Reprod. anastática de la edición príncipe de Coimbra 1613. Versão espanhola por José Ramón Eguillor Muniozguren, S.I. Introd. general por Dr. Don Francisco Alvarez Alvarez. 4 vols. Madri: Instituto de Estudios Politicos, 1970, III, IV. "A liberdade cristã não consiste em estar isentos das justas leis humanas, nem em estar imunes da justa coação do castigo dos pecados quando se cometem contra a paz e a justiça; mas consiste em uma servidão livre, por amor e caridade, que não contradiz o regime humano, mas antes o ajuda, se efetivamente existe, e se não existe, a supre com a coação".

dade jurídico-mística de destinatários pacificamente integrados em ordens e estamentos sociais subordinados, o *bem comum* se dá em representação nas obras particulares como a cena de um teatro corporativista ou teatro de relações pessoais, onde se dramatiza a subordinação do próprio público para destinatários textuais e públicos empíricos particulares. O público se constitui como *testemunho* subordinado da autoridade que lhe é dada em representação nas representações[22], diferentemente do que ocorre a partir do final do século XVIII com o público das sociedades de classes. Incluídos na totalidade supostamente pacífica do *bem comum*, os autores, os textos, os destinatários textuais, os ouvintes e os leitores empíricos dos manuscritos e impressos coloniais se definem como membros subordinados que *devem* reconhecer sua posição subordinada. Assim, a representação de cada texto particular e o meio material que a comunica reproduzem aquilo que cada membro do corpo místico da colônia *já é*, prescrevendo, ao mesmo tempo, que ele *deve ser*, ou seja, persuadindo-o a *permanecer sendo o que já é*[23]. Os traços que definem o *público* colonial são, por isso, semelhantes àqueles do público do teatro propostos por Roger Chartier, quando tratou do público francês do *Ancien Régime:* muito heterogêneo, mas hierarquizado pelo espetáculo que lhe é dado a ouvir e ler nos textos manuscritos e impressos como encenação da sua subordinação[24]. Logo, deve-se, assim, também pensar que termos como "colônia" e "colonial" significam, necessariamente, "subordinação", ao passo que "literatura" significa "autonomia". A fórmula muito usual "literatura colonial" é uma contradição nos termos.

A educação do *Ratio* integra-se na concepção corporativa da sociedade portuguesa fundamentada pela teologia política que hierarquiza seus três estados e indivíduos com a analogia de proporção da fórmula "o rei está para o reino assim como a cabeça está para o corpo". A fórmula retoma o comentário do Livro V da *Metafísica,* de Aristóteles, em que Santo Tomás de Aquino define a hierarquia como unidade de ordem, *unitas ordinis.* Afirmando a

---

22. Cf. MERLIN, H. *Public et Littérature en France au XVIIe siecle.* Paris: Les Belles Lettres, 1994, p. 26. "O desdobramento da esfera pública estruturada pela representação está ligado aos atributos da pessoa: a insígnias (brasões, armas), a uma aparência (vestimentas, penteado), a uma atitude (maneira de saudar, comportamentos), a uma retórica (estilo do discurso, fórmulas em geral) – em uma palavra, a um código estrito de comportamento 'nobre'".

23. Cf. MERLIN, H. *Public et litterature en France au XVIIe siecle.* Op. cit., p. 30.

24. CHARTIERR, R. *Les origines culturelles de la Révolution Française.* Paris: Seuil, 1990, p. 48.

impossibilidade de haver um poder concentrado totalmente na cabeça mandante, Santo Tomás de Aquino determina que o rei deve governar com a colaboração dos membros subordinados para atingir o bem comum do todo. A definição do tipo social de Vieira pressupõe essa determinação: sua liberdade se define como subordinação, ou seja, é livre para servir seu rei como membro subordinado ao "bem comum". A doutrina católica do Estado determina a repressão dos membros que tendem à autonomia também por dispositivos socioculturais de interiorização da violência legal, como a educação das maneiras de corte e a dissimulação honesta sistematizadas nos séculos XVI e XVII em obras de Baldessare Castiglione, Giovanni Della Casa e Torquato Accetto. Nelas, as formas da dicção aguda do conceito engenhoso ou ornato dialético exercitado por tipos discretos reproduzem os lugares-comuns e preceitos da hierarquia. A dupla obediência que estrutura a representação do lugar social de Vieira como padre da Companhia de Jesus subordinado a Roma e do padroado português subordinado à Coroa determina os tempos curtos de suas negociações como diplomata em diversos lugares da Europa, entre 1646 e 1650; como chefe da missão jesuítica no Estado do Maranhão e Grão-Pará, entre 1652 e 1661; como tipo processado pela Inquisição portuguesa, entre 1663 e 1667; como pregador de sermões em italiano na corte romana de Cristina da Suécia, a partir de 1673; como jesuíta retornado ao Brasil, em 1681, até sua morte, em 1697. Sua ação como tipo pressupõe, evidentemente, a simultaneidade polêmica das relações institucionais da Companhia de Jesus com Roma, com a Coroa portuguesa, com a sociedade do reino e com a sociedade colonial.

Alcir Pécora demonstrou muito exatamente em seu livro *Teatro do Sacramento*[25] que a oratória e demais artes de Vieira são ordenadas em torno do *topos* sacramental da união das vontades para a qual a presença de Cristo na Eucaristia fornece o modelo: "o sacramento do corpo e do sangue de Cristo é o mais levantado de todos os sacramentos". Nos sermões, as matérias são interpretadas por meio do conceito cristão de Identidade ou Unidade eterna de Deus. Deus contém em si todo o tempo e projeta essa completude na história humana por meio de causas segundas – *sombras, rastros, vestígios* – que prefiguram, nas variadas espécies de seus reflexos, a futura realização do sen-

---

25. Cf. PÉCORA, A. *Teatro do Sacramento* – A unidade teológico-retórico-política dos sermões de Antônio Vieira. 2. ed. Campinas/São Paulo: Unicamp/USP, 2008.

tido do tempo já completado na Eternidade. O Reino de Cristo é o que ainda se vai cumprir para os homens como um futuro contingente. A Eternidade é atualidade absoluta no presente, como já o foi providencialmente no passado entendido como "sombra das coisas futuras", *umbra futurarum*. Todos os tempos participam no conceito absolutamente idêntico a si mesmo de Deus. Por isso, duas coisas devem ser lembradas quando se tenta especificar os conceitos com que Vieira formula sua experiência histórica: a primeira delas é que sua interpretação propõe que todos os tempos históricos são diferentes entre si, justamente porque são espécies semelhantes, mas não espécies idênticas do Tempo; a segunda é que os tempos não se repetem, pois só a Identidade divina se repete neles. Todos os tempos históricos prefiguram a Eternidade, como *tipo* ou *sombra*, e em todos ela é atual, como *Luz* e *Protótipo*; na semelhança que há entre eles – ou seja, na diferença deles –, os tempos ainda não realizaram o Reino de Cristo. Atual em Deus, o futuro humano na Eternidade desde sempre é real, mas permanece potencial para a humanidade, que o repartiu e reparte de modo incompleto. Cristo veio uma vez, com certeza, e é a *vontade*, como desejo do Bem, e a *liberdade*, como escolha do Bem, que atualizam o Advento, pois os homens podem e devem contar com a luz da Graça.

Quando compõe suas obras, Vieira teoriza a diferença temporal dos vários momentos históricos em que a Eternidade faz figura por meio de um conceito serial de analogia, interpretando-a como diferença incluída no projeto divino. Não propõe as matérias dos diversos tempos para depois interpretá-las figuralmente, pois seu próprio pensamento é figural, formulando-se figuralmente. Seu discurso prova a adequação do seu procedimento hermenêutico às matérias, caracterizando-se como a *aemulatio*, a emulação, de um profeta que se revela como mais um dos elos da repetição da Identidade divina na cadeia das diferenças temporais da analogia. Como conceito recorrente na sua interpretação, a Identidade divina sempre é referida como indeterminação – *perfeita, absoluta, eterna, infinita* etc. No discurso, é vazia de matéria, pois Deus é posto como o termo lógico da relação de analogia. Como diz Deleuze, a Identidade divina é um termo proporcionado a acontecimentos formalmente diferentes dos quais ela é origem e fim[26]. Assim, temporalmente distribuídos e analogicamente hierarquizados, os acontecimen-

---

26. DELEUZE, G. *Différence et répetition*. Paris: PUF, 1968, p. 337-349.

tos do *Antigo* e do *Novo testamentos* refletem-se uns aos outros por meio da relação de semelhança que mantêm entre si por sua relação analógica com o único termo que apresenta um sentido comum a todos eles, a Identidade divina; por isso, todos eles são análogos com Deus e simultaneamente semelhantes e diferentes entre si. Vieira modela essas relações de analogia e classifica seus termos por meio das dez categorias aristotélicas do *Organon*. Sua interpretação das matérias por meio delas é orientada como meio de evidenciar que, na realização de um sentido histórico por agentes históricos numa situação histórica, o sentido do Ser divino e do advento do Reino de Cristo proporciona-se distributiva e hierarquizadamente, aconselhando o livre-arbítrio dos homens com a luz natural da Graça. É o que ocorre no capítulo I de *Clavis Prophetarum* com sua interpretação dos *homens empíricos* (e não das palavras) Adão, Melquisedec, Davi e Salomão, do *Antigo Testamento*. A interpretação deles faz relações entre tempos históricos diferentes, estabelecendo concordâncias analógicas que determinam providencialmente o sentido dos eventos de que participaram. Para estabelecer as concordâncias, Vieira propõe que é necessária a "discussão da verdade do Reino em si". Pressupõe que o Infinito e a Eternidade não se dão diretamente aos sentidos humanos; por isso, o "fundamento sólido" do "em si" do mistério é a "Palavra de Deus", simultaneamente matéria da sua operação hermenêutica e fundamento do seu juízo. Sua escrita funciona, no caso, como predicado profético da Identidade divina. Veja-se, por exemplo, um trecho do capítulo 1 de *Clavis Prophetarum*:

> Logo, assim como no teatro vemos Agatamuel e Catarina, donzelas puríssimas, representadas por uma jovem torpe, mas bem eloquente, e escrevemos luz com o dourado, sangue com o zarcão, mas a própria neve com o preto, sem desrespeitar-se a brancura, assim Deus, sem prejudicar-se a inocência e a majestade, delineou o santo no pecador, o filho no mau servo, o melhor rei no pior, enfim, Cristo em Salomão[27].

Assim como as virgens Agatamuel e Catarina são representadas por uma atriz indecente e se escreve a palavra "neve" com a tinta preta, Cristo está anunciado em Salomão, apesar dos pecados de Salomão. Quando interpreta os homens do Velho Testamento e do Novo como alegoria factual, Vieira

---

27. VIEIRA. *Clavis Prophetarum* I, 8. Ms. 359. Biblioteca Gregoriana. [Tradução do Prof.-Dr. Marcos Martinho, meu colega e amigo da área de Língua e Literatura Latina do Departamento de Letras Clássicas e Vernáculas da FFLCH-USP.]

pressupõe que o tempo é análogo de Deus como semelhança e oposição dos eventos que são matéria do seu juízo segundo duas operações hermenêuticas complementares. Por uma delas, inclui as diferenças temporais dos eventos e seres que extrai da Bíblia, como as vidas de profetas, reis de Israel e Cristo, na Identidade do conceito indeterminado de Deus, propondo que são conceitos reflexos ou predicados dela. Pela outra operação, afirma que a única coisa que se repete no tempo, Deus, é Identidade absolutamente indeterminada, fora de todo tempo e de todo conceito; logo, propõe que Deus é exterior a qualquer representação, porque eterno e infinito; simultaneamente, que é sempre conceito idêntico a si mesmo nos eventos e seres. No espaço e no tempo, os eventos, as coisas e os homens se distinguem historicamente e passam, porque são finitos; o conceito que os funda é absolutamente o Mesmo, infinito, repetindo-se participativamente em todos eles.

O tempo histórico assim figurado é o da ortodoxia católica: uma progressão linear de eventos que se espelham entre si anunciando um futuro já completado na Eternidade. Não há identidade entre o evento que ocorre agora, por exemplo, com o evento que ocorreu ontem, assim como não há identidade entre o calvinismo dos holandeses da *West Indische Compagnie* que invadiram a Bahia em 1624 e o politeísmo dos egípcios do faraó que perseguiram os hebreus. Mas é o princípio comum de Identidade, Deus, que, sendo causa analógica de todos eles, revela-se neles, fazendo com que sejam semelhantes entre si pela atribuição e diferentes entre si pela proporção. A repetição que os une não é a da semelhança deles como eventos e seres temporais, pois a semelhança é somente um predicado da sua proporcionalidade a Deus, como eventos ou como espécies criadas[28]. Os acontecimentos, como a criação de Eva e a criação da Igreja, e as pessoas, ações e circunstâncias,

---

28. Repetindo a autoridade antiga, Vieira afirma no primeiro capítulo de *Clavis Prophetarum* que a primeira monarquia do mundo, que é a primeira figura do Reino de Cristo, é revelada na seguinte passagem do Livro do Gênesis: "Façamos o homem à nossa imagem e semelhança, e presida ele aos peixes do mar e às aves do céu e aos animais e a toda a terra" (Gn 1,26). Assim, quando o Apóstolo Paulo escreve "Coroaste-o de glória e honra e estabeleceste-o sobre as obras de tuas mãos" (Cor 15,27) e, de novo, "Prostaste tudo sob seus pés: as ovelhas e os bois todos e ainda os animais do campo" (Hb 2,8), suas palavras parecem referir-se a Adão, mas referem-se efetivamente a Cristo e ao império dele sobre todas as coisas: *Adão é o tipo, Cristo é o protótipo*. O que Vieira corrobora com Tertuliano: "Assim como, pois, na argila de Adão está esboçada a natureza humana de Cristo, no sopro a natureza divina, no sono a morte, na costela o ferimento na ilharga, em Eva a Igreja, assim no principado e na monarquia do universo o estão o Reino e o Império de Cristo" (TERTULIANO. *Ressurreição da carne, 5*).

como os pecados de Salomão com as mulheres estrangeiras e a pregação dos apóstolos de Cristo para as nações gentias, convêm analogicamente entre si por meio da Coisa Realíssima, a Identidade divina, que os orienta providencialmente no tempo. Ao recuperar a diferença histórica dos eventos e pessoas do texto bíblico, inscrevendo-a no conceito de Identidade indeterminada do divino da qual derivam como reflexos, Vieira afirma a historicidade das diferenças temporais e simultaneamente as subordina como diferenças de reflexos, de oposições, de semelhanças e de analogia da Identidade. Para ele, o acontecimento histórico é um reflexo da Identidade cujo conceito se dá ao seu juízo como diferença reflexiva ou diferença objeto da reflexão do seu juízo. As diferenças dos acontecimentos tornam-se, por consequência, também predicados na compreensão da Identidade divina. E é isso o que caracteriza nuclearmente seu método: revelar como os textos bíblicos são o veículo de acontecimentos proféticos que, ao serem interpretados, ocorrem como predicados da Identidade indeterminada de Deus, pressuposta metafísica e logicamente como primeira na orientação providencial da história.

O pensamento da analogia fundamenta as operações engenhosas e agudas do juízo de Vieira. A repetição com que relaciona os eventos nas cadeias da analogia surge no seu discurso como resultado de um ato do seu juízo, que estabelece a proporção de uma medida analógica comum a eles como participação de vários graus. A participação dos seres e eventos é análoga porque o juízo da sua enunciação tem as duas funções essenciais da analogia: *distribuição*, que opera dialeticamente, fazendo a divisão, a classificação e a anatomia ou análise do conceito segundo as espécies que vão do mineral ao anjo, quando propõe "Deus para todos"; e *hierarquização*, que opera retoricamente, estabelecendo as metáforas, as alegorias ou as figuras obtidas pela divisão como medida conveniente dos assuntos e propondo "Deus Causa Primeira de tudo"[29].

Quando inventa, pressupõe com Aristóteles que o discurso imita as articulações do pensamento. Recorrendo a lugares-comuns dialéticos, retóricos e poéticos para construir argumentos, ele o faz segundo uma lógica, não uma "estética", que os põe em cena como argumentos sensíveis. No ato da invenção, as *quaestiones finitae* – os conceitos das questões particulares do Império Português – tornam determinadas as *quaestiones infinitae* ou os lugares-co-

---

29. DELEUZE. Op. cit., p. 337-349.

muns genéricos que aplica. Os conceitos assim figurados são em geral agudos porque resultam de um ato do seu juízo, que os formula como entimema ou raciocínio silogístico definido nas preceptivas retóricas de seu tempo como resultado metafórico da correlação e condensação de conceitos distantes.

Para compor seus entimemas, Vieira pressupõe que, por analogia com o intelecto divino, seu juízo iluminado pela luz natural da Graça produz conceitos daquilo que seus sentidos percebem, compondo-os em signos como *adaequatio rei ad intellectum*. Com a autoridade do *De Trinitate* e do *De Doctrina Christiana*, pressupõe que, ao estabelecer a adequação da coisa ao intelecto, a substância espiritual da sua alma é participada pela luz natural do Verbo eterno no qual seu intelecto acha o fundamento das suas ideias como "verbo interior" visto reminiscentemente. O conceito nasce da memória do saber que sua alma conserva, sendo essencialmente da mesma natureza do saber imanente donde nasce. É da visão interior do que a alma sabe segundo as ideias divinas copresentes nela que se produz a visão do que pensa e formula em palavras. Elas evidenciam as concordâncias existentes entre o Verbo eterno, o "verbo interior" da mente e os conceitos que formula. As concordâncias revelam relações substanciais entre coisas e conceitos e ordenam as operações do seu juízo por analogia com o Bem da Forma do Verbo eterno. Com tais pressupostos metafísicos, teológico-políticos e retóricos, Vieira relaciona, no sermão de Santo Antônio (1642), a fala de Cristo aos apóstolos, *Vos estis sal terrae*, a coisa empírica *sal*, os três elementos que o constituem, *ar, fogo, água*, e os três estados do Império Português, *fidalguia, clero, plebe*, propondo que o sentido providencial das concordâncias que estabelece entre eles como coisas empíricas (*in factis*) e como palavras das *Escrituras* (*in verbis*) obriga a que os estados políticos diferentes por natureza – fidalguia, clero, plebe – passem a unir-se como uma única vontade por dever da razão de Estado.

Vieira lê e interpreta o grande livro do mundo – coisas, homens e acontecimentos empíricos de realidades históricas passadas e da realidade histórica do seu presente – com os métodos patrísticos e escolásticos da alegoria factual (*allegoria in factis*). Com eles, estabelece *concordâncias* substancialistas que evidenciam a ação da Providência divina no tempo. E também lê e interpreta palavras das *Escrituras*, explicitando os três níveis do sentido espiritual da Palavra de Deus, o alegórico, o tropológico e o anagógico. Para o positivismo que hoje faz mapas astrais no computador, o procedimento parece supersticioso e arbitrário. Mas é metafísica escolástica. Seu método de

• **141**

exposição corresponde ao que é preconizado nos escritos lógicos de Aristóteles: chegar ao conhecimento de coisas simples a partir de coisas compostas; ir do mais conhecido ao menos conhecido; formular enunciados claros e ordenados com lugares-comuns dialéticos e retóricos; evidenciar relações agudas que estão encobertas aproximando conceitos distantes; ensinar, agradar e persuadir seus públicos.

Seus sermões dramatizam tais categorias e conceitos por meio de procedimentos retóricos. Para tratar esquematicamente deles, lembre-se a fórmula da proposição: *Alguém diz algo sobre alguma coisa para alguém*. Pode ser dividida em duas partes, *Alguém diz para alguém* e *Algo sobre alguma coisa*. A primeira, *Alguém diz para alguém*, corresponde ao ato de fala do orador, que constitui a relação dialógica do sujeito de enunciação do sermão com o destinatário que hoje, quando o sermão é só lido, é textual. Vieira compõe o *eu* da enunciação como *discreto* institucionalmente autorizado a falar sobre os fins últimos do homem. A forma do *eu* não é psicológica ou expressiva de uma suposta interioridade subjetiva, mas intelectualmente composta como *etopeia* ou *retrato de pessoa natural* por meio da aplicação de *éthe* (*caracteres*) buscados em autores antigos e contemporâneos (Aristóteles, Teofrasto, Cícero, Quintiliano, Aftônio, Santo Agostinho, Crisóstomo, Paravicino) para constituir o *eu* como *persona* ou ator. A *persona* distingue-se pelo *engenho*, a capacidade intelectual da invenção retórica caracterizada pela perspicácia com que penetra nos assuntos e pela versatilidade com que lhes dá forma com tropos e figuras, e pelo *juízo*, a capacidade de avaliação ético-política da ocasião em que ocorre a fala, adequando-a aos públicos que a ouvem. O engenho e o juízo constituem o *eu* da *persona* como tipo agudamente racional, grave e prudente, dotado de instrumentos dialético-retóricos e teológico-políticos que fazem a análise e a exposição das matérias. O *eu* demonstra pleno conhecimento dos protocolos das ocasiões, demonstrando que tem, em todas, a *recta ratio agibilium*, a reta razão das coisas agíveis, a prudência. Na composição retórica desse *eu*, evidencia-se o conceito ciceroniano de *virtus* exposto em *De officiis*. O *eu* conhece os *beneficia*, os bens da cidade, discorrendo sobre eles como o *vir bonus dicendi peritus* da oratória latina. Repete a *auctoritas* do gênero em que fala, aplicando imagens extraídas de práticas contemporâneas, letradas e não letradas, discursivas e não discursivas. As imagens que inventa figuram a experiência do seu presente em formas visualizantes que fazem variações dos lugares-comuns da experiência coletiva, afirmando a naturalidade da hierarquia.

Simultaneamente, o ato de fala constitui o destinatário-ouvinte, *tu*, por meio de *páthe*, paixões, como as da *Ética a Nicômaco*, aplicadas para persuadi-lo das verdades dos enunciados. Vieira constitui o destinatário do sermão pressupondo os três decoros das antigas *artes dictaminis*: falando a destinatários superiores, o *eu* não é jocoso; a iguais, não é descortês; a inferiores, não é orgulhoso. Como disse, o sermão reproduz o que cada destinatário já é, como membro subordinado do corpo místico do Império, prescrevendo que *deve ser o que já é* e persuadindo-o a *permanecer sendo o que já é*. Assim, o sermão é uma teatralização corporativista em que se revela para o destinatário particular o próprio público como totalidade jurídico-mística de destinatários integrados em ordens e estamentos sociais subordinados.

A segunda parte da fórmula, *algo sobre alguma coisa*, corresponde ao enunciado. Vieira o constrói com as três operações retóricas: *inventio* (invenção); *dispositio* (disposição) e *elocutio* (elocução). Veja-se a primeira. O enunciado do sermão tem uma referência, *alguma coisa*, que corresponde à *matéria* tratada nele – por exemplo, "liberdade dos índios"; "fineza do amor de Cristo", "capitais judaicos", "morte", "o Sacramento da Eucaristia" etc.). Para compor a matéria discursivamente, Vieira a especifica por meio de questões que aprendeu em Quintiliano: *Quem? Quê? Com quem? Com quê? Como? Onde? Quando? Por quê?* Obtendo *provas* ou *razões* com as questões, desenvolve os lugares que acha em elencos memorizados dos três gêneros oratórios, deliberativo, judicial, demonstrativo. Como disse, os lugares são argumentos genéricos (*quaestiones infinitae*) que se tornam semanticamente determinados por questões particulares (*quaestiones finitae*) abstraídas das referências de seu tempo. Como argumentos genéricos, funcionam como fórmulas lógicas que classificam zonas da memória do *eu* da enunciação – por exemplo, o lugar genérico "O tirano governa bem?" – particularizado como "Os holandeses governam bem Salvador em 1624?" Ou, como se pode ler em sua carta *"Esperanças de Portugal"*, de 1658, a questão indefinida ou lugar-comum genérico *"definição"* (*"Pela definição se conhece a coisa definida"*) e sua particularização "O gato significa o Estado da Índia"; a questão indefinida ou lugar-comum genérico *"nome"* (*"Pelo nome se conhece a coisa nomeada"*)" e a tradução particular dele: "[...] e ouvi dizer a seu sobrinho, o Conde de Unhão D. Rodrigo, que seu tio tinha pelo corpo lã como carneiro; por isso Bandarra lhe chama lanudo" etc. Os lugares são aplicados segundo as temporalidades específicas dos três gêneros oratórios: deliberativo (aconselhamento ou dissuasão sobre matérias relativas ao *futuro* por meio de afetos de *esperança* e *medo* aplicados para inventar e persuadir o destinatário, como no Sermão pelo Bom Sucesso de Nossas Armas contra os Holandeses); judicial (julgamento de matérias relativas ao *passado*, em termos de *certo/ errado* ou *inocência/culpa*, com afetos de *justiça/injustiça*, como nos sermões pregados contra os colonos escravistas do Maranhão (1651-1662); epidítico ou demonstrativo (avaliação de matérias relativas ao *presente* feita em termos de *elogio (bom/belo)* e *vituperação (mau/feio)*, como no sermão de Nossa Senhora do Ó (1640) ou no sermão da Sexagésima (1655).

A invenção do sermão sacro desenvolve *conceitos predicáveis* do *Velho Testamento* e do *Novo*. O conceito predicável é a palavra ou a expressão deles usadas como matéria própria da data litúrgica em que o sermão é pregado. Por exemplo, no sermão da Sexagésima (1655), Vieira desenvolve o conceito predicável: *Ecce exiit qui seminat, seminare (semen suum)* (Eis saiu o que semeia a semear (a semente sua) (*Mateus, XIII,3*). Vieira o divide em 5 partes: *1) ecce exiit; 2) qui seminat; 3) seminare; 4) semen; 5) suum*, constituindo-as como lugares-comuns para examinar cinco *Algo sobre alguma coisa*, o termo *algo* corresponde ao que é dito sobre a matéria tratada como interpretação que lhe fornece sentido teológico-político. Vieira interpreta as matérias aplicando o *ductus*, exposto nos textos de Marciano Capela Rufiniano e Fortunaciano[30] como a relação estabelecida pelo orador entre a matéria do discurso e a circunstância empírica. Com a aplicação do *ductus*, efetua o *consilium*, o conselho, sobre questões relativas ao "bem comum" do Império Português. O conselho evidencia seu providencialismo ou a postulação de que na história antiga e na história portuguesa se lê a orientação da Vontade divina que escolhe Portugal como nação universalizadora da fé; e seu profetismo, o prognóstico do futuro revelado especularmente no diagnóstico que faz de coisas, homens e eventos do passado e do presente.

Veja-se o que diz sobre a oratória sacra no sermão da Sexagésima, de 1655, considerado modelo do "método português de pregar". Como se sabe, nesse sermão ele ataca a agudeza dos "estilos cultos" dos sermões gongóricos de seus rivais dominicanos como *mala affectatio*, afetação incongruente que não respeita as proporções teologicamente adequadas de *res* e *verba*, coisas e

---

30. Cf. HALM, C. *Rhetores Latini Minores* – Ex codicibus maximam partem primum adhibitis. Lipsiae: In Aedibus B.G. Teubneri, 1863.

palavras, e *verba* e *verba*, palavras e palavras. Propondo que usam a matéria sacra como pretexto para inventar metáforas agudíssimas que tornam o sermão hermético, impedindo a comunicação imediata da Palavra para todos, sua censura alegoriza os conflitos de jesuítas e colonos escravistas do Maranhão e Grão-Pará acerca da administração e escravidão de índios aldeados pela Companhia. Afirma, na oposição aguda de pregadores "com passos", os jesuítas que saem para as missões, e "com paço", os dominicanos do Santo Ofício que ficam na Corte, a íntima fusão de justeza da elocução e justiça da ação. Para especificar a doutrina que fundamenta esse ataque que afirma que palavras sem obras são tiros sem bala, desqualificando politicamente a legitimidade da ação inquisitorial dos religiosos do Rossio, deve-se lembrar o modo como propõe os graus da invenção e da aplicação das agudezas como um *ut theologia rhetorica* que subordina a retórica à teologia. Seu pressuposto é ortodoxamente teológico e confirma as diretivas do Concílio de Trento. No caso, o que está em jogo é o limite dos usos das agudezas na pregação de matérias sagradas. Releia-se o trecho:

> Não fez Deus o céu em xadrez de estrelas, como os pregadores fazem o sermão em xadrez de palavras. Se de uma parte está branco, da outra há-de estar noite; se de uma parte dizem luz, da outra hão-de dizer sombra; se de uma parte dizem desceu, da outra hão-de dizer subiu. Basta que não havemos de ver num sermão duas palavras em paz? Todas hão-de estar sempre em fronteira com o seu contrário? Aprendamos do Céu o estilo da disposição, e também o das palavras. Como hão-de ser as palavras? Como as estrelas. As estrelas são muito distintas e muito claras. Assim há-de ser o estilo da pregação, muito distinto e muito claro. E nem por isso temais que pareça o estilo baixo; as estrelas são muito distintas, e muito claras, e altíssimas[31].

As principais doutrinas católicas do conceito engenhoso do século XVII, como as de Matteo Peregrini, Baltasar Gracián, Sforza Pallavicino e Emanuele Tesauro, evidenciam a mudança ocorrida no modo de compor os discursos desde que Pierre La Ramée ou Petrus Ramus propôs, no século XVI, que a invenção devia ser trabalho da dialética, cabendo à retórica os ornamentos da elocução. Os preceptistas citados afirmam que o discurso funde dialética e retórica, evidenciando que as metáforas saem diretamente do ato da invenção, que as seleciona e analisa dialeticamente com as 10 categorias aristotélicas do

---

31. VIEIRA. "Sermão da Sexagésima". *Sermões*. Porto, Lello & Irmão, 1959, I, p. 19-20.

Organon. Com a análise, o autor obtém novos conceitos, que substitui retoricamente por metáforas de conceitos semanticamente distanciados do conceito inicial, dispondo-as no discurso por meio de oposições semânticas, antíteses e oxímoros, e na forma sintática de quiasmas, *AB / BC*, em que as metáforas se espelham umas a outras, evidenciando o procedimento aplicado. O conceito assim produzido é chamado de *agudeza*, porque condensa conceitos semanticamente distantes e inesperados, ou *ornato dialético*, porque resulta de operações dialético-elocutivas. A agudeza não é propriamente a expressão do conceito, mas o conceito expresso, ou seja, racionalmente construído e aplicado, como lembrou Robert Klein em seu estudo sobre os tratados italianos de empresas e emblemas dos séculos XV e XVI[32]. A doutrina do conceito engenhoso implica sempre a ideia de que a arte de representá-lo é uma lógica, traduzida tecnicamente como lógica aguda, que busca os efeitos sensíveis de suas operações dando-os em espetáculo numa espécie de "efeitismo" também dos procedimentos. No caso, poetas e oradores pensam o conceito de suas formulações agudas como metáforas aplicadas como sinédoques argumentativas ou silogismos retóricos, que "provam" como paralogismos: se "o leão é feroz", diz-se que "Aquiles é um leão" e significa-se que "Aquiles é feroz". Em outros termos, a prática dialético-elocutiva de efeitos agudos do discurso implica um verossímil que, resultando da condensação metafórica, é sempre tendencialmente epigramático ou sentencioso. A imagem aguda não tem relação "realista" com a empiria, pois funciona como elemento lógico-elocutivo de representação de uma imagem mental construída intelectualmente por regras dialéticas e retóricas. Como propõe Gracián em *Agudeza y arte de ingenio*, a proporção aguda estabelece o nexo analógico de dois conceitos e seu efeito de sentido, muito simétrico, é metafórico[33] (como condensação dos dois na analogia que os relaciona) ou antitético (como oposição dos dois pela dialética que os analisa e distribui por outras oposições de conceitos análogos). O dito agudo é do gênero do belo e deleitoso, não se ocupando da verdade ou da utilidade tradicional, mas do efeito maravilhoso e da "utilidade" de um prazer

---

32. Cf. KLEIN, R. "*Giudizio* e *Gusto* na Teoria da Arte no *Cinquecento*". In: *A forma e o inteligível* – Escritos sobre o Renascimento e a Arte Moderna. São Paulo: USP, 1998 [Trad. de Cely Arena; revisão técnica de Leon Kossovitch e Elisa Angotti Kossovitch].

33. Cf. GRACIÁN, B. "Agudeza y arte de ingenio". *Obras Completas*. Madri: Aguilar, 1967, p. 241-242.

intelectual dramatizado na figuração dos procedimentos técnicos do seu artifício. Por exemplo, na figuração da contínua divisão da disposição do discurso e das metáforas analisadas dialeticamente como semelhanças e diferenças. Efetuados agudamente na eloquência e na poesia, o belo e o deleitoso articulam-se amplamente, através da diferença do "mais" e do "menos", em termos de proporção, consonância ou harmonia. No intervalo de "mais" e "menos", a agudeza sempre se distancia do "pouco" e do "medíocre": ela quer espantar, por isso é maravilhosa, graças à amplificação da elocução. Não se pauta pelo objeto significado nela, nem pela matéria, mas pelo artifício e pelo modo de fabulação com que se imita um conceito "interior".

É equivocado supor, quando se considera a maravilha aguda produzida pelos letrados seiscentistas, que a pensavam como a "liberdade livre" de uma originalidade radical própria da poesia moderna. O equívoco decorre de se tomar o efeito agudo sem considerar a proporção com que o juízo o articula congruentemente como incongruência, longe do "pouco" ou do "medíocre" de discursos pouco ornamentados ou de discursos em que a imagem é regulada de modo icástico. Como a agudeza é dialética e retórica, ou seja, feita por meio de técnicas, há sempre um decoro para a sua produção e avaliação. Para discuti-lo, é oportuno considerar a questão da fantasia e do juízo.

Genericamente entendida, a fantasia é a capacidade de fabulação, significando-se com o termo a imaginação e o engenho. Com uma significação específica, o termo "fantasia" nomeia o efeito agudo da imagem que deforma uma representação icástica ou proporcionada, no sentido que os termos *eikastiké* e *phantastiké* têm, por exemplo, no *Sofista*, nas passagens em que o Estrangeiro eleata discute *mimesis*: *eikastiké* ou proporcional ao Paradigma; *phantastiké* ou cópia da cópia do Paradigma. Toda imaginação implica o juízo, reciclado nas letras seiscentistas como o *iudicium* de romanos ou o *kritérion* de gregos: a faculdade racional de pôr limite ao engenho pelo conhecimento da aplicação de regras da arte[34]. É justamente tal conhecimento que também permite o afastamento das regras, quando necessário, em termos de "licença poética". O juízo se aproxima da discrição e, genericamente, distingue-se do engenho porque não é espontâneo: é possível ser judicioso sem ser engenhoso e vice-versa[35]. O juízo difere do engenho, pois busca a

---

34. QUINTILIANO. *Instituição oratória*, 2, 19, 2; 2, 17, 9; 2, 12; 2, 5, 23.

35. PERSIO, A. *Trattato dell'ingegno dell'huomo*. Veneza, 1576, p. 77.

verdade, não a beleza. A fusão deles, contudo, dá origem à *agudeza pruden-cial* ou *agudeza grave* de que fala Gracián[36] e que pode ser belíssima em gêneros que a requerem, como o sermão sacro de Vieira. A fusão de engenho e juízo também caracteriza a direção geral da poética seiscentista da agudeza como produção *alusiva* de uma unidade superior de verdade e beleza, ou de lógica e metáfora, e, ainda, de dialética e retórica. Tal unidade *aludida* implica sempre duas "maneiras" simultâneas: numa delas, supondo-se o efeito que é representado, o discurso tende ao sublime, resolvendo-se o sentido geral da representação como sugestão retórica da perfeição de mundos artificiais; na outra maneira, considerando-se o *procedimento* aplicado para construir a representação do efeito, dramatiza-se a beleza das operações dialéticas do engenho, no sentido de uma encenação muito sensorial do prazer intelectual com os "achados" da análise feita pela invenção, com a agudeza da imitação engenhosa deles e com a arte de figurá-los.

Vieira não recusa o artifício produtor de agudezas, mas sua afetação. Não se deve lê-lo romanticamente, pois não pressupõe a oposição ou a exclusão mútuas de *natural* e *artificial*. Ao contrário, em sua prática *artificial* e *natural* implicam-se um ao outro. Como *ars* ou técnica socialmente partilhada para produzir os efeitos persuasivos específicos da matéria sacra, o artifício tem a naturalidade de uma convenção, segundo a qual o juízo do orador é orientado pela luz natural da Graça quando estabelece adequações das palavras às coisas da matéria sacra. Não natural seria a ausência de artifício e, principalmente, seu uso inepto, afetado, indecoroso e vulgar. Conforme Vieira, é o que ocorre no sermão dominicano. Artificiosíssimo, desnuda o procedimento técnico com o exagero da aplicação dele. Fazendo a elocução vir por assim dizer para a frente do discurso na forma de metáforas contrapostas – *a* e *não a* e *não a* e *a* – transforma a utilidade da clareza ponderada da pregação feita para todos, discretos e vulgares, em enigma próprio para a decifração e a diversão dos ouvintes agudos: jogando seu xadrez de palavras, os sermões "cultos" "pregam palavras de Deus, mas não pregam a Palavra de Deus".

A questão da verossimilhança e do decoro é fundamental e Vieira a especifica em termos técnicos ou retórico-poéticos, que definem o estilo, e pragmáticos, que especificam o decoro da adequação ético-política do sermão à circunstância e aos ouvintes. Assim, definindo o sermão como a fala

---

36. GRACIÁN, B. *Agudeza y arte de ingenio.* Op. cit.

própria de um tipo dotado dos cinco hábitos, *intelecto, sapiência, ciência, agível* e *factível*, afirma que constituem a *persona* do orador como tipo discreto que, dirigindo-se a destinatários discretos e vulgares, faz que reconheçam nas agudezas novas relações insuspeitadas da verdade teológica. As agudezas que não a pressupõem como critério ajuizado da sua engenhosidade são ineptas e indecorosas.

A atenção ao modo como usa o conceito predicável também evidencia como prevê a adequação eficaz da palavra ao público. Extraindo o conceito predicável do *Velho* e do *Novo Testamento*, Vieira o diz primeiramente em latim, reproduzindo a sacralidade da língua e do texto bíblico, e imediatamente o traduz e adapta à circunstância em que prega como ensinamento e persuasão de dois destinatários constituídos no ato. Um deles, constituído como discreto, entende latim e conhece as *Escrituras* como a *persona* do orador; o outro, vulgar, só entende as traduções. Assim, os conceitos são adequados ao decoro interno do sermão e, simultaneamente, ao decoro externo, prevendo os diferentes públicos empíricos que o ouvem. Nessa pragmática, a o conhecimento coletivamente partilhado dos dogmas católicos é reconfirmado. Assim, Vieira não recusa o conceito engenhoso, mas o conceito engenhoso aplicado sem proporção teológica que se torna enigmático e autonomizado do sentido contrarreformista da pregação. Ainda que o conceito engenhoso dos dominicanos desenvolva conceitos predicáveis extraídos das *Escrituras*, não considera, segundo o juízo de Vieira, o decoro interno e o decoro externo específicos do sermão feito em moldes contrarreformistas. No sermão dominicano, a combinatória das leis dialéticas de definição da matéria sacra é incongruente e distante da verdade revelada.

O discurso é eficaz quando teatraliza para o destinatário as operações intelectuais de um engenho controlado pelo juízo aconselhado pela luz da Graça. As agudezas resultam da *sindérese*, conselho da luz divina acesa na consciência nos atos perceptivos e no ato intelectivo do juízo. A agudeza tem a forma de silogismo retórico ou entimema que encena metaforicamente, sensivelmente, para o destinatário, a qualidade ético-teológica da participação da linguagem do pregador na Luz. Assim, o decoro retórico do estilo agudo produz a *evidentia* que faz os ouvintes discretos e vulgares visualizar o decoro ético do juízo do pregador iluminado pela luz natural. A sua censura dos "estilos cultos" afirma que aplicam os lugares teológicos da invenção de maneira arbitrária, não mantendo na invenção o nexo icástico de *res* e *verba*

• **149**

(as coisas sagradas e as palavras) e, na elocução, de *verba* e *verba* (palavras e palavras). Os conceitos predicáveis são aplicados, enfim, sem desenho teológico, como matéria que é pretexto para fazer discursos ostentados no púlpito como desempenho de acrobacias dialéticas e retóricas: "pregam palavras de Deus, mas não pregam a Palavra de Deus". Nesta sentença, condensa a noção da necessária clareza comunicativa da palavra sagrada, pois o sermão também é a história do ignorante. Evidencia-se nela também a questão seiscentista do "ornato dialético", que Vieira utiliza e que, sem contradição, condena, pois não o rejeita como modo de evidenciar relações teológicas recônditas entre conceitos distantes, mas sua inconveniência como "ornato dialético enigmático" ou metáfora aguda hermética num gênero que deve ser claro para todos. Sua censura pressupõe a conceituação do engenho como faculdade natural da invenção formada pelas duas faculdades referidas, a perspicácia dialética e a versatilidade retórica, e operada segundo as três convenções então correntes: *juízo sem fantasia*; *juízo com fantasia*; *fantasia sem juízo*. Salvo em alguns gêneros, como o didático, ou os filosóficos e dialéticos, o juízo sem fantasia é poeticamente árido, "pedestre", pois nele a utilidade ponderada do discurso suplanta o prazer dos ornamentos como prazer intelectual do desempenho adequado de operações lógicas que acima de tudo visam o *docere*. O *juízo com fantasia* é *icástico*, pois mantém a unidade entre as coisas da invenção e as palavras da elocução. E a *fantasia sem juízo* é *fantástica*: nela, a incongruência e o hermetismo dominam. No caso da oratória sacra, considerando-se que Vieira formula sua interpretação de homens e acontecimentos de tempos históricos diferentes como *allegoria in factis*, postula que a invenção, assim como a disposição, a elocução, a memória e a ação do sermão devem ser regradas pelo desenho icástico com que o juízo controla a fantasia, impedindo que se autonomize da prudência aconselhada pela luz natural que fundamenta e ilumina o ato intelectivo. Como na censura feita por Gilio aos pintores "poetas" adeptos da *maniera* de Michelangelo, toma o partido de uma cenografia "histórica" para o sermão – "histórica" como de "história sacra" – acusando os dominicanos de fazerem uma cenografia "poética" própria da fantasia sem juízo.

Pensando-se o sermão cenograficamente, a relação de *proporciona/ desproporcional (icástico / fantástico)* implica não qualquer proximidade ou qualquer distância para a recepção adequada dele, mas sempre a distância exata, matematizada no estilo como *commensuratio* ou *proportio*. A ideia de correta distância prescreve nem o muito longe, nem o muito perto de um ponto fixo prudente que produz a posição do destinatário no estilo como recepção adequada. Nos sermões dominicanos, propõe, o ponto fixo está encoberto ou eliminado pela afetação que leva ao extremo limite o estilo cenográfico, fazendo o discurso equivalente a uma anamorfose. Por outras palavras, nos "estilos cultos" o equivalente da deformação do desenho ou do empastamento da cor na pintura é o acúmulo de ornatos que produzem obscuridade ou efetuam uma representação estilisticamente não unitária, como misto, ou uma disposição analítica, dividida e subdividida geometricamente por quiasmas: "Se de uma parte está branco, da outra há-de estar noite; se de uma parte dizem luz, da outra hão-de dizer sombra; se de uma parte dizem desceu, da outra hão-de dizer subiu". Transposto ao extremo verbal como divisão e ornamentação, o estilo dominicano é enigma ou alegoria fechada, *tota allegoria*, que exige intérpretes tão ou mais agudos que as suas metáforas. O fechamento semântico do discurso é excludente: produz um destinatário discretíssimo, apto talvez para decifrar a alegorização hermética, mas exclui totalmente o destinatário vulgar, impedindo a eficácia universal da pregação. Os "estilos cultos" afetam a afetação ou desnudam o procedimento técnico pelo exagero da sua aplicação. Segundo Vieira, deve-se afetar sem que a afetação se evidencie, pois o artifício só convence quando parece natural.

Resumidamente, sua doutrina do sermão defende a invenção com tópicas teológicas que são traduzidas, no púlpito, como discurso para ser horacianamente ouvido de longe, claramente e uma vez só. Para inventá-lo como representação icástica de desenho nítido, o orador deve pressupor os lugares teológicos com a justa proporção do seu juízo fundado de direito na luz natural. O que também deve ocorrer na *dispositio*, em que a ordem lógica da argumentação visa a utilidade do *docere*. Se o *delectare* está previsto, na oratória sacra só o está, contudo, de modo acessório. Assim, quando o sermão "culto" dispõe o argumento em xadrez de palavras ou como arte de azulejar ou ladrilhar, torna a disposição evidente como antítese disposta como quiasma devido à geometrização contínua da sua ordem distribuída por membros sintáticos simétricos e opostos. A ordem sintática torna-se hiperacumulada com a reiteração das divisões dialéticas dos argumentos em todos os pontos do discurso. Ele avança, como enunciação, mas parece parado devido à projeção, em todos os segmentos dos enunciados, da mesma operação dialética evidenciada nos termos e membros contrapostos. O procedimento dialético passa para a frente, enquanto a matéria sacra dos argumentos vai para o fundo, como se a evidenciação continuada das divisões engenhosas ocultasse a própria ordem lógica da argumentação teológica. Vieira interpreta essa disposição em quiasma pelo avesso da sua agudeza e elegância mundanas. Com o jogo geométrico da disposição cruzada e recruzada, o sermão culto evidencia o artifício e, como Vieira afirma, esse efeito é obscuríssimo, pois o excesso de desenho afetado pela engenhosidade dialética do orador efetivamente demonstra a ausência de desenho teologicamente proporcionado. A disposição "culta" não visa argumentar, provar, confirmar e persuadir, mas demonstrar a engenhosidade do autor das combinatórias dialéticas. A evidenciação do artifício da disposição faz o ouvinte maravilhar-se com as agudezas, mas, ao mesmo tempo, também faz que comece a desconfiar do efeito, pois não sabe se decorre da sua própria inteligência ou do fingimento do orador. Logo, a representação dominicana é um teatro obsceno porque dá a ver o que sempre deve ficar fora da cena, o artifício. Quanto à elocução, diga-se muito brevemente, Vieira reconhece a eficácia da aplicação de efeitos de "cor", principalmente os de imagens visualizantes como *enárgeia* ou *evidentia*; mas também reconhece que paixões coloridas sem medida teológica são perigosas para a unidade do corpo místico do Império. Embora sempre aplique afetos patéticos na elocução, explicita a norma de um patetismo naturalmente proporcionado ao fim didático e persuasivo da oratória sacra. A ideia de um ornamento natural ou de uma retórica sem retórica é, certamente, o máximo do artifício retórico.

Referindo a memória que o orador evidencia no ato da pregação, postula a aplicação de lugares às potencialidades figurais do sentido sagrado que o orador levanta, quando produz novas significações para o público a partir de uma referência coletivamente comum. Assim, defende que a função do sermão é a de repor o sentido dado nas *Escrituras*, que o padre-orador deve lembrar claramente, com juízo, proporção e luz. Logo, também censura a agudeza dominicana na *actio*, a ação do sermão, definindo a gestualidade do corpo e da voz como dramatização da maior ou menor distância que vai da enunciação à matéria sacra nos termos de uma arte cenográfica adequada à produção de afetos proporcionados no destinatário como encenação do juízo que os controla. Assim como não é contrário ao teatro, que aprecia e pratica no púlpito, também não é contrário à agudeza do gesto e da voz. Mas censura um teatro deslocado fantasticamente para o púlpito; por isso também censura as agudezas deslocadas teatralmente para o sermão. Julga inverossímil e indecorosa no púlpito a técnica da voz e do corpo que é adequada ao teatro onde se representam farsas. A transferência do teatro para o púlpito explicita justamente a convenção da representação do sermão. Levado pela evidência do artifício, o público pode se esquecer de que está na Igreja e mesmo pôr em dúvida a naturalidade do artifício de falar do sagrado. O púlpito pode tornar-se um lugar profano, enfim, o que desestabiliza as hierarquias. A *actio* conveniente a ele exige também gestos proporcionados à circunstância e voz proporcionada à dignidade do lugar, das matérias e do fundamento sagrado.

É neste sentido que, no exórdio da Sexagésima, diz que o público vem enganado com o pregador, supondo novidades da invenção, e que espera saia desenganado dela, pois sua fala vai reiterar a verdade católica: finitude, culpa e subordinação.

Revoluções modernas

Da Revolução Francesa ao século XIX

Falas democráticas e poderes intermediários durante a Revolução Francesa[*]

Jacques Guilhaumou
École Normale Superiéure de Lyon

Em nossas mais recentes pesquisas sobre as linguagens da Revolução Francesa, nós nos interessamos, prioritariamente, pela *dimensão discursiva do espaço público de reciprocidade* inscrita desde 1789 no horizonte da Declaração dos Direitos do Homem e do Cidadão[1]. À espera de sua realização, uma modalidade universal de intercompreensão é adquirida com a *declaração* solene da legitimidade do direito natural. A condição natural do homem, ou seja, suas "qualidades sociais" (Mably), essencialmente a liberdade e a igualdade, pode, doravante, se concretizar na sociedade civil por um ato

---

[*] Texto originalmente publicado com o título "Prises de parole démocratiques et pouvoir intermédiaeres pendant la Révolution Française", na Revista *Politix*, vol. 7, n. 26, 1994, 86-107. © Presses de Sciences Po. Tradução de Israel de Sá, Vanice Sargentini e Carlos Piovezani.

1. Atualmente, nossa investigação discursiva procede, em uma perspectiva sintética, de uma dupla escala de observação, o discurso de assembleia e o discurso republicano. Privilegiamos, no presente caso, a segunda escala, a mais vasta e a menos conhecida dos não especialistas. De fato, nos questionamos sobre as linguagens da Revolução Francesa a mais de vinte anos. As etapas mais significativas desse questionamento discursivo, conduzido em parte coletivamente no interior da equipe "XVIIIᵉ Révolution Française", do Laboratoire de lexicologie politique do ENS de Fontanay/Saint-Cloud, resultaram nas seguintes publicações: "Sur la Revolution Française" e "La rhétorique du discours, objet d'histoire", *Bulletin Du centre D'analyse du Discours de l'Université de Lille III*, n. 2, 1975; n. 5, 1981. • *Dictionnaire des Usages Sócio-politiques (1770-1815)*. Paris: Klincksieck, [cinco fascículos] 1985-1990. • "Les langages de la Révolution Française". *Mots*, n. 16, 1988. • *La langue politique et la Révolution Française*. Paris: Méridiens/Klincksieck,1989. Um colóquio, realizado em 1991 no ENS de Fontanay/Saint-Cloud, permitiu avaliar a amplitude de nossas obras: *Les langages de la Revolution*. Paris: Klincksieck, 1994. Enfim, nossa condição de analista de discursos pode ser depreendida de nosso método de abordagem dos textos tal como no artigo "À propos de l'analyse de discours: les historiens et le 'tournant linguistique'", *Langage et société*, n. 65, 1993.

de reciprocidade do direito natural declarado[2]. Assim, abre-se para os atores os acontecimentos de 1790-1793 um campo infinito de experimentações. A emergência repentina de procedimentos igualitários de formação da opinião e da vontade, assentados na soberania do povo, e em seu corolário de práticas intersubjetivas diversificadas e inéditas de deliberação e de decisão, aumenta consideravelmente o campo político legítimo, para além de um tempo limitado, o ano de 1789, e para além de um único gênero, o discurso de assembleia, configurando, assim, um novo espaço republicano de reciprocidade. Trata-se de fato de um *espaço de intercompreensão linguageira* instaurado progressivamente pela multiplicação das falas democráticas.

1789: os limites do discurso de assembleia

Sabemos, desde os trabalhos da historiografia crítica, que o ano de 1789 faz *tabula rasa* do período precedente; ele marca não somente a abertura da revolução, mas também seu "laboratório"[3]. De fato, a experiência revolucionária no cotidiano tornou-se possível pela instauração, com a Declaração dos Direitos do Homem e do Cidadão, de um novo laço social, que corresponde à "abertura de um universo ilimitado"[4] pela mediação da lei. Uma *razão ao mesmo tempo constituinte e deliberante* faz sua aparição sobre a cena política: ela é a matriz de todas as falas legítimas da nova cidadania. Sendo uma razão com vocação universal, ela procede da prática efetiva dos direitos do cidadão, que institui um horizonte jurídico constrangedor

---

2. E. Balibar sublinha que "a Declaração diz, na realidade, que a igualdade é idêntica à liberdade, *é tal qual a liberdade*, e inversamente" ("Liberté, égalité, différences". *Actuel Marx*, n. 8, 1990). Dessa forma, a "proposição de direito" (a liberdade de cada um é limitada pela liberdade do outro) tem por fundamento "a proposição de égaliberté [igualiberdade]". Nessa perspectiva, a leitura jusnaturalista da Declaração dos direitos do homem e do cidadão, que ressalta a potência performativa dos atores revolucionários falando a língua dos direitos naturais, demonstra uma grande importância do ponto de vista da fala democrática. Cf., sobre esse ponto, a obra fundamental de F. Gauthier: *Triomphe et mort du droit naturel em Révolution. 1789-1795*. Paris: PUF, 1992. Cf. tb. GUILHAUMOU, J. "Les enjeux du débat autour de la Déclaration dês droits de l'homme et du citoyen". In: VOVELLE, M. (org.). *Recherches sur la Révolution*. Paris: La Découvert, 1991.

3. Cf. FURET, F. & HALEVI, H. "L'année 1789". *Annales ESC*, n. 1, 1989. Certamente, a maior referência sobre esse assunto é FURET, F. & OZOUF, M. (orgs.). *Dictionnaire Critique de la Révolution Française*. Paris: Flammarion, 1988.

4. Expressão de M. Gauchet em *La Révolution des Droits de l'Homme*. Paris: Gallimard, 1989, p. 199.

pela própria razão constituinte[5], e favorece assim a tomada de decisão por deliberação e agregação das escolhas, em nome do "pronunciamento de direito" (Brissot).

Certamente, as realizações concretas dos primeiros meses da Revolução Francesa tendem a cercear a constituição intersubjetiva da liberdade no seio do discurso de assembleia. Se o "tribunal de opinião pública", já presente antes da revolução[6], tomou uma amplitude inigualável com a irrupção massiva dos escritores e dos jornalistas patriotas, os deputados na assembleia nacional eram os únicos dotados de um tempo, em nome dos critérios exclusivos de representação e possessão, para o exercício efetivo da cidadania plena e inteira[7]. Sieyes, elevando a "ciência política" à categoria de uma "arte social" apta a concretizar a "liberdade representativa", teorizou, desde 1788, uma tal posição hegemônica dos legisladores, a qual nomeamos como "centralidade legislativa"[8]. Quanto ao critério da possessão, ele permite excluir da cidadania muitos grupos sociais, em particular as mulheres e os pobres, e instaura a distinção entre cidadãos ativos e cidadãos passivos em benefício da classe proprietária. Assim, uma vez que pretendemos considerar a dimensão democrática das linguagens da Revolução Francesa, não podemos nos limitar-se à descrição da fala revolucionária, restringindo-nos à observação do discurso de assembleia[9].

---

5. É porque os revolucionários entendem frequentemente por Constituição a própria Declaração dos Direitos do Homem e do Cidadão, que constitui seu fundamento. Cf. SCHMALE, W. "Constituition, constitutionnel". *Handbuch politisch-sozialer Grundbegriffe in Frankreich 1680*. Munique/Oldenbourg, 1992.

6. Cf. BAKER, K.M. *Au tribunal de l'opinion* – Essais sur l'imaginaire politique au XVIIIe siècle. Paris: Payot, 1993. • OZOUF, M. "Le concept d'opinion politique au XVIIIe siècle". *L'homme regenere* – Essais sur la Révolution Française. Paris: Gallimard, 1989.

7. Cf., sobre esse ponto, LE COUR GRANDMAISON (org.). *Les citoyennetés en révolution (1789-1794)*. Paris: PUF, 1992.

8. Cf. PASQUINO, P. "Emmanuel Sieyes, Benjamin Constant et le 'gouvernement des modernes' – Contribuition à l'histoire de concept de représentation politique". *Revue Française de Science Politique*, n. 2, 1987. • GUILHAUMOU, J. "Sieyes et la 'science politique' (1773-1789): le seuil de la langue". *Europaïsche Sprachwissenschaft um 1800*. Vol. 3. Munster: Nodus, 1992.

9. Adotando quase exclusivamente seja o ponto de vista do discurso constituinte, seja do ponto de vista do discurso termidoriano, a historiografia crítica, em torno de F. Furet e M. Ozouf, se fechou imediatamente a toda investigação sobre a fala democrática da Revolução Francesa, à exceção da obra de L. Jaume sobre a relação do jacobinismo tribunício na tradição democrática: *Le discours jacobin et la démocratie*. Paris: Fayard, 1989.

Qualquer que seja o impacto da "centralidade legislativa" na formação da nação francesa, não é menos verdadeiro que a instauração de uma *razão constituinte*[10], com a Declaração dos Direitos do Homem e do Cidadão, abre à fala revolucionária uma experiência cotidiana da cidadania além do discurso de assembleia. É justamente aqui que pensamos na estimulante reflexão de Jürgen Habermas, no momento do bicentenário da Revolução Francesa, sobre o "poder engendrado comunicativamente" no seio dos procedimentos democráticos de formação da opinião e da vontade[11]. J. Habermas constata de início a atualidade do acontecimento revolucionário pelo fato de que "a dinâmica cultural produzida pela Revolução Francesa não foi acabada". Interrogando-se sobre "a soberania popular como procedimento", ele aborda a Revolução Francesa como "uma cadeia de eventos repletos de argumentos", um "laboratório de argumentos". O argumento principal, aquele da soberania popular, parece-lhe permitir a distinção entre o "poder engendrado comunicativamente", que contribui significativamente para a democratização dos processos de formação da opinião e da vontade, e o "poder aplicado administrativamente" das autoridades constituídas. Sem dúvida, essa distinção sempre permaneceu, teoricamente, sob o controle dos legisladores durante a Revolução Francesa.

Assim, a produção comunicativa da fala legítima pode emprestar vias inéditas, introduzir normas democráticas, no seio de um espaço público de reciprocidade, que são irredutíveis às regras da centralidade legislativa. Desejamos, portanto, descrever a instauração e a transformação desse "espaço público autônomo", com seus "poderes intermediários" concretizados pela multiplicação de aparelhos políticos democráticos de um novo tipo (seções, sociedade patrióticas, comunas, federações, congressos etc.), nos quais se ge-

---

10. É importante destacar que nos interessamos aqui por uma razão política, que é ao mesmo tempo um procedimento, em que a verdade de um enunciado procede de sua maneira de agir, e uma regulação, na qual se elabora, no próprio seio do espaço público de reciprocidade, um "senso comum" da política.

11. A principal referência nesse domínio é o artigo, traduzido para o francês, intitulado "La souveraineté populaire comme procédure. Un concept normatif d'espace public". *Lignes*, n. 7, 1989. Nós também propusemos uma abordagem, do ponto de vista dos trabalhos recentes sobre a Revolução Francesa, em "Espace public et Révolution Française – Autour de Habermas". *Raisons pratiques* – Vol. 3: Pouvoir et légitimité : figures de l'espace public. Paris: Ehess, 1992. Convém também levar em conta a principal obra de J. Habermas, *L'espace public* (Paris: Payot, 1962), e sua recente reavaliação, realizada pelo próprio autor, em "L'Espace public, trente ans après". *Quaderni*, n. 18, 1992.

neralizam, sobretudo durante o momento republicano[12], as linguagens democráticas sob a égide dos porta-vozes.

Figura distinta do representante do povo e do agente constituído, o porta-voz se situa em posição mediadora de um campo experimental, lugar por excelência da "transferência" da potência legislativa para o povo segundo as modalidades concretas em que os cidadãos podem falar no interior do direito e em nome da soberania do povo; em outros termos: esses cidadãos poder *fazer falar a lei*, quer dizer ainda, exprimi-la e sancioná-la. Assim, descrever o trajeto das palavras democráticas, sob a égide dos porta-vozes[13], é evidenciar uma característica maior da revolução permanente dos anos 1790-1793, e mostrar nesse mesmo movimento o peso considerável, além da positividade bem conhecida da atividade dos legisladores, da realização do direito subjetivo no processo revolucionário[14].

Estudando as "cenas punitivas" de 1789, Bernard Conein mostrou bem a persistência das relações pré-políticas entre agentes das autoridades constituídas e classes populares no início da Revolução Francesa[15]. Em resposta ao comportamento dos "sublevadores", fortemente marcado pela teatralização dos atos e de gestos punitivos (enforcamento, decapitação, esquartejamento do corpo dos adversários), as autoridades constituídas se colocam igualmente em cena em um "face a face" com o "povo": adeptas da transação verbal, elas empregam uma fala legal, frequentemente infeliz, mas legitimada pelo discurso de assembleia, e, sobretudo, totalmente dissociada da linguagem punitiva dos "sublevadores". Essa atitude perdura na narração das sublevações de subsistência feita pelos notáveis locais que dissociam a fala de razão dos "cidadãos de todas as ordens", encarregados de "conter o povo", de "um objeto

---

12. O momento republicano (1790-1793) constitui o tempo por excelência das experimentações políticas durante a Revolução Francesa. Sobre esse ponto, cf. BRUNEL, F. & GUILHAUMOU, F. "Les moments de la Révolution Française et la synthèse politique (1789-1795). In: VOVELLE, M. (dir.). *Recherches sur la Révolution*. Op. cit.

13. Nós concedemos um lugar central ao porta-voz em nossas investigações discursivas sobre a Revolução Francesa. Cf. nosso artigo de síntese: "Décrire la Révolution Française – Les porte-parole et le moment républicain (1790-1793)". *Annales ESC*, n. 4, 1991.

14. Interessando-se pela reivindicação jurídica fundadora dos cidadãos da "palavra de ordem subjetiva na luta revolucionária", E. Bloch afirma que "o direito subjetivo pressupõe sujeitos jurídicos e os coloca em estado de se defender, o direito objetivo transforma esses mesmos sujeitos em objetos da legislação" (*Droit naturel et dignité humaine*. Paris: Payot, 1976, p. 216). Com a Revolução Francesa, a capacidade jurídica dos cidadãos contribui centralmente para a formação da lei.

15. No primeiro capítulo de sua tese de doutorado: *Langage politique et mode d'affrontement* – Le jacobinisme et les massacres de septembre. Paris: Ehess, 1978.

• **161**

absolutamente estranho" às novas questões políticas, então pedido "em altos gritos e com os movimentos de um entusiasmo excessivo" pelo povo sublevador, a saber, a redução do preço do trigo[16].

Recusando toda "espécie de representação" do "povo" sobre a cena política, com exceção da representação parlamentar, as autoridades constituídas negam uma posição de legitimidade ao porta-voz. Entretanto, apto a identificar "a sublevação" e mesmo o massacre, o porta-voz é o único que pode incluir a exigência popular na cena política. Face àqueles que justificam a atitude punitiva do povo pelo enunciado "Quando a lei se põe, o povo condena", ele pode exclamar "Não há justiça sem forma. A lei, a lei: vocês juraram ser fiéis a ela", ele pode, portanto, fazer falar a lei, traduzindo assim as exigências punitivas do povo sobre o terreno da lei.

A posição dos agentes políticos do discurso de assembleia é imediatamente paradoxal. A "nação-assembleia", sob a égide dos deputados, tem necessidade da legitimidade da insurreição, em particular no momento da tomada da Bastilha, para garantir sua posição soberana face às usurpações reais. Mas, ao mesmo tempo, os deputados se declaram incapazes, assim que deixam o limite da assembleia nacional para fazer frente ao povo sublevado, de responder à demanda do povo. Assim, no momento em que Foulon, conselheiro do Estado, e Berthier de Sauvigny, intendente de Paris, são vítimas da violência dos parisienses no curso da jornada de 22 de julho de 1789, o deputado-prefeito de Paris, Bailly, expõe sem sucesso seus princípios diante da multidão que se espremia na praça do Hôtel-de-Ville, indigna-se com as expressões "impuras", como, por exemplo, "a Nação pede sua cabeça para mostrá-la ao público", e pode apenas receber passivamente os gritos do povo, "Enforcado! Enforcado!" Na ausência do porta-voz, único capaz de instaurar um espaço intermediário entre o discurso punitivo e o discurso de assembleia, a violência sublevadora, com sua linguagem punitiva tão próxima da linguagem cotidiana[17], não pode ser traduzida sobre a cena política, sob a

---

16. Cf. sobre esse ponto a entrada "Subsistence, Pain", redigida por nós, no *Handbuch politisch-sozialer Grundbegriffe in Frankreich*. Munique: Oldenbourg, 1994.

17. Tomemos, p. ex., comparação seguinte entre um enunciado ordinário de um manobrista: "Vamos lá, brava gente, se todo mundo empurrar, o negócio vai"; e o enunciado de um assassino: "Olhem as cabeças que caem, mas é preciso ainda que pelo menos outras 30 também caiam". Cf., sobre esse tema, CONEIN, B. "Le tribunal et la terreur du 14 juillet 1789 aux massacres de septembre". *Révoltes Logiques*, n. 11, 1980.

modalidade de uma demanda legítima. Estamos longe do outono de 1792, quando a crise das subsistências se traduziu numa demanda popular legítima, sob a forma de pedidos e petições, no próprio seio da assembleia nacional. Há um longo trajeto democrático, ritmado pelas iniciativas das instâncias políticas intermediárias, que ainda resta a ser percorrido.

As jornadas de outubro de 1789 acentuam de maneira mais nítida, em seu próprio desenrolar, um tal "impasse comunicativo". Se a presença massiva das mulheres que caminham sobre Versalhes em 5 de outubro até o interior da assembleia nacional com "o objetivo de *pedir* justiça e *representar* a situação em que elas poderiam estar, já que todas necessitavam do pão" (Stanislas Maillard), é garantia do consenso em torno do enunciado atestado "Todo mundo é cidadão", ela marca também, pela própria presença de Maillard, "vencedor da Bastilha", encabeçando a delegação da mulheres ("M. Maillard está a sua frente e porta a palavra", precisa o *Monitor*), a recusa dos deputados em validar uma tal irrupção da demanda popular no seio do discurso de assembleia ("Algumas expressões pouco mensuradas, que escapam ao orador, lhe atiram uma injunção do presidente de se conter no respeito que ele deve à assembleia nacional", acrescenta a crítica do *Monitor*)[18].

Nós conhecemos a sequência dos acontecimentos: após a execução punitiva do padeiro François, em 21 de outubro, a *lei marcial* é adotada pela assembleia nacional a pedido da Comuna de Paris. Doravante, a mediação do porta-voz é legalmente excluída da cena política legítima. As autoridades constituídas são condenadas a um laconismo de circunstâncias, se ouso dizer, em caso de sublevação: uma vez que a bandeira vermelha, símbolo da "força da lei", é mostrada, o "Aviso é dado de que a lei marcial está proclamada, de que todos os tumultos são criminais: colocaremos fogo; que os bons cidadão se retirem!"[19] Em tal contexto de oposição ao povo por parte dos

---

18. Sobre as jornadas de outubro e o papel das mulheres, cf. MICHALIK, K. *Der Marsch der pariser Frauen*. Pfaffenweiler: Centaurus, 1990. A especificidade democrática da fala feminina durante a Revolução Francesa merece uma atenção especial na medida em que ela se exerce principalmente no meio republicano. Cf., em particular, GODINEAU, D. *Citoyennes tricoteuses* – Les femmes du peuples pendant la Révolution Française. Aix-en-Provence: Alinéa, 1988.

19. A utilização da lei marcial, instrumento legal de luta contra todas as formas de expressão popular, é de grande importância para compreender a incapacidade de uma parte das elites revolucionárias em traduzir as queixas do povo em uma linguagem legítima. F. Gauthier (*Triomphe et mort du droit naturel*. Op. cit.) mostrou devidamente que é a luta dos democratas, principalmente Robespierre, contra a lei marcial em todas as suas formas que tornou possível a tradução democrática da fala popular.

agentes políticos constituídos, as falas democráticas deverão, a princípio, se configuram como um *discurso republicano em ato*, concorrente do discurso de assembleia e presente desde 1790 sobre a cena política tanto no plano teórico como nas manifestações práticas, antes de se encarnar plenamente na figura do porta-voz.

1790-1791: da formação de um espaço público de reciprocidade à determinação das regras da fala democrática

Desde o fim do ano de 1789, a livre-experiência dos distritos introduz na cena política parisiense uma prática democrática do governo direto em nível local. A figura do *mandatário* (ou do comissário) encarna essa primeira forma original de democracia no cotidiano legitimada pelo "princípio de direito natural que assujeitou o mandatário a seu comandante segundo o teor e a recomendação do poder que o primeiro recebeu do segundo"[20]. De fato, os distritos parisienses reivindicam o "direito inalienável" de dar "poderes precisos e limitados" a seus deputados admitidos na Assembleia Geral dos Representantes da Comuna. Esses distritos se opõem à noção de *representante* que permite aos deputados da Comuna recusarem o princípio do mandato imperativo e aliarem-se aos deputados da assembleia nacional: "São seus chefes quem lhes concedeu o título de Representantes da Comuna. É por consequência desse título imaginário que eles acreditaram poder se comparar aos augustos Representantes da Nação, é por uma imitação ridícula daquilo que eles devem respeitar que eles construíram uma sala de assembleia, uma tribuna e um tribunal, que separa os magistrados dos demais integrantes do júri, e as galerias para o público curioso" (Distrito dos Petits-Frères, 26/01/1790).

O valor de modelo do discurso de assembleia fora dos limites da assembleia nacional é assim imediatamente contestado em nome da "democracia pura". Mas essa efêmera contestação não podia impedir o desenvolvimento, sob a égide de representantes, legitimados pela eleição, da "universalidade

---

20. Distrito dos Prémontés, 18/11/1789, apud GENTY, M. "Mandataires/Répresentants (1789-1790)". *Dictionnaire des Usages Socio-politiques*. Op. cit., fasc.1, 1985. Cf. tb. sua obra intitulada *L'apprentissage de la citoyenneté, 1789-1795*. Paris: Messidor, 1987.

dos habitantes", do princípio da publicidade[21] no seio de assembleias deliberativas, em particular na comuna[22]. Em todo caso, ela colocava imediatamente limites no discurso de assembleia, afirmando a potência soberana da fala do mandatário.

Todavia é antes de tudo a multiplicação, sobretudo em Paris, de centros de opinião externos ao espaço parlamentar propriamente dito, verdadeiros poderes intermediários, que constitui "um espaço de discussão crítica sobre a soberania do povo"[23]. A difusão da imprensa patriótica com seus célebres "tribunos" (Fréron, Marat, Desmoulins, Robert, Bonneville etc.), que querem exprimir "a voz do homem nascido livre" (Gorsas), contribui certamente para fazer conhecer a multiplicidade de falas, da demanda pelo discurso passando pelas falas autobiográficas cujos vencedores da Bastilha constituem a expressão majoritária[24]. Entretanto, o "jornalista patriota" estabelece, de início, um mecanismo de identificação pelo exercício de um magistério sem a mediação do "Falo em nome do povo" antes de desenvolver uma mediação atestada nas relações no cotidiano entre o povo e os novos agentes políticos[25].

---

21. A importância da publicidade dos debates políticos, do desenvolvimento da vida política "sob os olhos do soberano", foi destacada por A. Saboul nos termos seguintes: "Pela publicidade das sessões dos corpos administrativos, pela proscrição do voto secreto, a vida política se desenvolvia abertamente: todos os cidadãos eram chamados a controlar os atos, as falas, tanto as próprias intenções de seus amigos como as de seus adversários. Mas eles nada deviam calar daquilo que interessava ao bem-estar público. A denúncia tornava-se assim uma aplicação extrema do princípio de publicidade" (*Les sans-culottes*. Paris: Seuil, 1968, p. 141). O papel da denúncia pública na busca de uma transparência política, desde o início da Revolução Francesa, foi estudada por A. de Bæcque em seu livro *Le corps de l'histoire. Métaphores et politique, 1770-1800* (Paris: Calmann-Lévy, 1993). Para uma abordagem discursiva desse tema, cf. nosso artigo: "Fragments d'un discours de dénonciation". *The Terror in the French Revolution*. Stanford/Oxford: Pergamon Press, 1994.

22. Torna-se relevante destacar a importância da fala no seio da comuna, expressão da "generalidade dos cidadãos reunidos" de uma localidade particular. Ver sobre esse assunto os trabalhos de C. Wolikow, em particular "Les municipalités de canton. Identité communale et administration municipal – L'option du Directoire". In: VOVELLE, M. (org.). *Révolution et république. L'exception française*. Paris: Kimé, 1994.

23. De acordo com R. Monnier, cujos trabalhos particularmente inovadores sobre o movimento democrático parisiense delimitam o espaço da fala democrática segundo a perspectiva traçada por Habermas. Cf. principalmente sua obra *L'espace publique démocratique* – Étude sur l'opinion à Paris de la revolution au directoire. Paris: Kimé, 1994.

24. Cf. LÜSEBRINK, H.-J. & REICHARDT, R. *Die "Bastille"* – Zur Symbolgeschichte von Herrschaft und Freiheit. Frankfurt am Main: Geschichte Fischer, 1990.

25. Cf. LABROSSE, C. & RETAT, P. *Naissance du journal révolutionnaire, 1789*. Lyon: Presses Universitaires de Lyon, 1989.

No caso parisiense, convém então se interessar pela emergência de *formas descontínuas de fala* no espaço das sociedades fraternais, dos círculos patrióticos, principalmente o Círculo social, e enfim a movência do Clube dos Frades Franciscanos[26], onde se estabelecem as modalidades originais de mediação discursivas. Lá onde os jacobinos se contentam em "julgar com liberdade todas as opiniões" emitidas pelos deputados na assembleia nacional, os patriotas radicais favorecem uma prática da discussão recíproca no seio da opinião pública: assim "cada homem, sendo parte integrante do soberano, somente pode cumprir o dever de estar submetido à lei quando se vale do direito de produzi-la ou de consenti-la; toda sociedade deveria ser, de direito, sociedade deliberante sobre a natureza e os efeitos da lei", precisa a republicana Louise Robert no *Mercure National* de 23 de abril de 1791. As reuniões nos cafés e praças públicas, as deliberações das seções e das sociedades fraternais, os debates intelectuais, principalmente no interior do círculo social, construído no jardim do Palácio Real, onde se confrontam os "escritores do circo"[27], a circulação das demandas e das petições e mesmo os "o que se diz por aí"[28] contribuem para estabelecer uma prática no cotidiano da soberania em gesto legitimado pelo *ato de fazer falar a lei* que detém todo cidadão, sob a égide do direito natural e declarado.

Em 1789, a fala legítima consistia essencialmente num ato de demanda, atestado já nos cadernos de queixas nos quais os deputados souberam afirmar toda sua potência diante do rei apoiando o acontecimento de 14 de julho[29]. Com a emergência de um espaço democrático exterior à assembleia

---

26. A constância dos frades franciscanos na ação a favor da formação de uma opinião no seio de um espaço de comunicação recíproco é destacada em GUILHAUMOU, J. & MONNIER, R. "Les Cordeliers et la République de 1793". VOVELLE, M. (org.). *Révolution et republique*. Op. cit.

27. Cf. DORIGNY, M. "Le cercle social ou les écrivains du cirque". *La Carmagnole des Muses*. Paris: Armand Colin, 1988.

28. Sob a Revolução Francesa, os "o que se diz por aí" pronunciados nas ruas, nas praças públicas, nas portas das assembleias e dos clubes diferem sensivelmente dos rumores do Antigo Regime. Eles são mais frequentemente reproduzidos pela imprensa por meio de uma rubrica especial, que chegam a ser intitulados "O que se diz por aí", e são em alguns casos comentados pelos oradores dos clubes. Eles manifestam a opinião do "povo dos grupos" e contribuem assim para a formação progressiva de um "senso comum" no próprio desenrolar do acontecimento. Cf. os exemplos da morte do rei (RAPOPORT, N. *Le Régicide et la Révolution Française* – Etude sur l'impact de l'exécution de Louis XVI dans les mentalités collectives, mémoires de maîtrise. Paris: Paris I, 1992) e da morte de Marat (GUILHAUMOU, J. *1793* – La mort de Marat. Bruxelas: Complexe, 1989).

29. Cf. nossa obra *La langue politique et la Révolution Française*. Op. cit., p. 34.

nacional, o enunciado "fazer falar a lei", pronunciado nas primeiras tentativas das autoridades de fazer conciliar o povo sublevado, designa *um novo ato de linguagem, o ato de dizer o direito*, atualização democrática no cotidiano da língua do direito. Não estamos mais no universo da lei positiva, que tanto interessa aos Jacobinos em 1790. Falamos aqui de uma lei proveniente do direito subjetivo, da capacidade jurídica dos cidadãos de fazer a lei em nome da soberania do povo na ocasião em que o legislador somente pode enunciá-la. O filósofo alemão Fitche traduziu essa invenção da Revolução Francesa com a expressão "a faculdade de dizer o direito"[30]. Se o legislador estabelece as regras da lei, a força de obrigação da lei, tanto contra a corrente (a expressão da lei) quanto a seu favor (a sanção da lei), inscreve-se em sua prática, em sua determinação pelo próprio cidadão na ação recíproca.

Assim, a difusão de uma prática democrática em ato, durante a Revolução Francesa, tende a "federar as vontades" em torno de um "ponto comum", a Declaração dos Direitos do Homem e do Cidadão, e contra os decretos anticonstitucionais (essencialmente a lei marcial, o veto real e a moeda de prata em favor dos cidadãos ativos) de uma assembleia nacional incapaz de conservar sua autonomia face ao poder executivo real. E isso porque o tema da fraternidade ocupa um lugar importante na prática democrática pela transmissão dos lemas ("União, força, virtude", "União, força, liberdade", "A união faz a força" etc.) que possuem o valor de palavras de ordem[31]. Se os deputados da assembleia nacional tentam limitar a presença da fraternidade ao espaço de uma festa, excluindo o povo "comum", *a contrario* o movimento democrático, em nome da fraternidade igualitária dos meios de existência de todos os cidadãos, concebe um "federalismo radical"[32] pela tradução do "princípio

---

30. Segundo Fichte, "o conceito de direito é o conceito da relação necessária de seres livres uns com os outros", isso equivale ao caráter próprio da humanidade, "a livre-ação recíproca" (*Fondement du droit naturel selon les príncipes de la doctrine de la science (1796-1797)*. Paris: PUF, 1984, p. 24 e 55). Por essa razão, qualquer pessoa, em um estado de direito, dispõe de sua "faculdade de dizer o direito", quer dizer, da possibilidade de "julgar ela mesma os limites dados as suas livres-ações, e de fazer-se defensor desse direito", na medida em que "é somente por essas ações, que exprimem sua liberdade e intervêm no mundo sensível, que seres razoáveis estabelecem relação de ação recíproca" (ibid, p. 70 e 117).

31. Cf. DAVID, M. *Fraternalité et Révolucion Française*. Paris: Aubier, 1987.

32. Cf. a expressão de R. Monnier em sua intervenção sobre o federalismo parisiense no colóquio de setembro de 1993, em Marselha, sobre *Les fédéralismes*, a ser publicado pelas Publications de l'Université de Provence.

federativo" na reunião, tal como ocorreu na primavera de 1791, quando num Comitê central das sociedades fraternais pôde ser expressa "a universalidade das opiniões".

Podemos então reconhecer a existência, em 1791, além do espaço para o discurso de assembleia cujo tema era o da centralidade legislativa, de um *espaço público de reciprocidade*, apreendido pelos próprios patriotas em sua extensão máxima. Sua norma político-moral era aceitável por todos e indicava o caráter essencialmente intersubjetivo da realidade atestada do direito natural declarado. Raymonde Monnier destacou muito precisamente que é preciso não reduzir esse processo original de formação de uma opinião pública à imposição de uma vontade hegemônica. Com efeito, o espaço público democrático assim constituído corresponde exatamente àquilo que J. Habermas chama de "poder engendrado comunicativamente": um espaço de reciprocidade cuja fluidez e a diversidade nos impedem de pensá-lo de maneira unificada em torno de um centro institucional permanente, a exemplo da rede jacobina[33].

O ato de dizer o direito está situado justamente no centro desse espaço democrático, na medida em que repousa nos três princípios seguintes e mais ou menos correlacionados, segundo as experimentações políticas empregadas:

- Um princípio fundador: a *proposição de direito* ("Cada um limita sua liberdade pela possibilidade da liberdade do outro", Fichte), que está investido nos *direitos-liberdades*.
- Um princípio mínimo: o *pronunciamento de direito* ("O pronunciamento de direito virá pela força da opinião pública", precisa Brissot em sua *Profession de foi sur le républicanisme*), que se efetiva pelo exercício dos *direitos-participações* (votar, delegar, nomear, sancionar).
- Um princípio máximo: *a reciprocidade do direito* (a igualdade e sua recíproca, a liberdade), que é plenamente realizada no exercício dos *direitos-crenças* (os direitos sociais, em particular o direito à existência e o direito às subsistências).

---

33. Assim, a dinâmica do espaço público de reciprocidade em que se manifesta a fala democrática não se confunde com o processo hegemônico de aculturação política progressivamente controlada pelos Jacobinos com a ajuda da rede de sociabilidade das sociedades patrióticas. Por isso mesmo, as modalidades discursivas de formação da opinião pública que nós descrevemos são externas ao modelo explicativo de sociabilidade revolucionária proposto por J. Boutier, Ph. Boutry: *Atlas de la Révolution Française* – Vol. 6: *Les sociétés politiques*. Paris: Ehess, 1992.

Enunciando que "o princípio de toda liberdade é o poder de fazer a lei", o republicano Robert, em seu *Républicanisme adapte à la France* (1790), reivindica para ele mesmo e para cada cidadão "o direito natural de falar". *A proposição de direito e do direito é o próprio fundamento da fala democrática.* Mas, pelo jogo dos princípios enunciados acima, a referência ao direito natural declarado não recobre as mesmas realidades de uma posição a outra no seio do movimento patriótico.

Para os patriotas moderados e, mais particularmente, para os futuros girondinos, o que importa antes de tudo é concretizar o caráter absoluto dos direitos do indivíduo mediante o pronunciamento do próprio direito[34]. A instrução pública representa aqui um papel essencial: ela permite afastar as "denúncias que reclamam as paixões e dissipam as razões" (Lanthenas) e possibilita formar a opinião pública por meio de "leituras e conferências na presença do maior número de espectadores"; ela prepara os cidadãos para um uso racional do direito de voto pela deliberação. De fato, Brissot insiste longamente sobre a importância nas sociedades patrióticas e em suas assembleias deliberantes por excelência da educação do cidadão para a fala democrática: "É nas tribunas gratuitas, é nas praças abertas a todos os homens, é em meio a uma discussão livre, animada e numerosa, que a liberdade forma seus alunos. Os senhores querem instruir a juventude, prepará-la para a aprendizagem das virtudes públicas, para a discussão, com o intuito de evitar essas cenas escandalosas que desonraram as assembleias mais importantes por sua natureza. Há então uma escola melhor que essas sociedades deliberantes? Não é lá que será possível aprender melhor a arte de escutar, arte tão necessária; e aprender também a argumentação, parte de nossa eloquência moderna, que se aperfeiçoa em nossas tribunas? Não é lá que o cidadão pode se formar na arte de falar com justeza, substituindo essa desordem de palavras e períodos ressonantes que a estéril verbosidade dos palácios acumula por uma concisão vibrante e uma brevidade sublime?"[35] A arte de falar deve estar dissociada do discurso "verborrágico" de assembleia, de sua "eloquên-

---

34. Cf. mais particularmente os trabalhos recentes de M. Dorigny sobre os Girondinos que A. de Bæcque resume em "La Gironde et la Sorbonne" (In: FURET, F. & OZOUF, M. (orgs.). *La Gironde et les girondins.* Paris: Payot, 1991) e em RAYNAUD, P. "Y-a-t-il une philosophie girondine?" Ibid.

35. *Discours sur l'utilité des sociétés patriotiques et populaires* du 28 septembre 1791. Bibliothèque nationale, p. 16.

cia inútil". O discurso deve, antes, ser governado pela razão, que se defronta com paixão denunciadora[36].

Os patriotas radicais, próximos dos Frades Franciscanos, enfatizam antes o direito individual-universal que legitima, particularmente, os direitos sociais aptos a constituir uma ampla relação social[37]. Eles insistem na importância do sentimento de igualdade tão divulgado nas "classes inferiores", contrariamente à crença de todos aqueles "seres cujos espírito e talento até podem ser desenvolvidos, mas cujo coração é fundamentalmente corrompido"[38]. Assim, acrescenta Robert, "O eloquente Jacobino, hábil na arte oratória, formado por estudos brilhantes, é combatido e frequentemente reconduzido ao caminho correto por um artesão ou por um simples operário, a quem o sentimento ensinou o único meio de ser livre" (*Mercure National*, 23/04/1791). A guerra à retórica é aqui declarada. A eloquência é simplesmente "a arte de enganar os homens, fazendo-os amar seus próprios erros" (Lequinio). Somente deve subir à tribuna o orador "que sempre falará a linguagem séria e fria da razão" para "dar lugar à filosofia". A fala democrática procede então, na sua mais despojada expressão, de uma confrontação entre a verdade filosófica, verdadeira paixão democrática, e a linguagem sensível da humanidade, que é sofrida e agitada.

Entretanto, as divergências sobre as modalidades da fala no interior do movimento patriótico não são imediatamente perceptíveis. Os patriotas devem efetivamente enfrentar uma renitente ofensiva dos monarquistas contra seu discurso patriótico empreendida com o emprego abusivo e, ao mesmo tempo, racional e burlesco das palavras. Nós descrevemos alhures esse pro-

---

36. A explicitação da relação da fala cívica com a retórica é um dos maiores dados da consciência linguística dos revolucionários. De fato, a fala democrática é frequentemente associada a uma verdadeira *antirretórica* situada no plano da razão, afastando por esse mesmo gesto a autenticidade da fala baseada na sensibilidade. Cf. os trabalhos de J.-P. Sermain, que demostram, em particular em "La part du diable – La rhétorique et ses enjeux pendant la Révolution française" (*Il confronto litterario*, n. 11, 1989. Universitá di Pavia, o fato de que "a expressão do sujeito deve responder às garantias de autenticidade e sinceridade; e o conhecimento do real deve ser o objetivo do discurso" (p. 98). Cf. TB. GUILHAUMOU, J. "Rhétorique et antirhétorique à l'époque de la Révolution Française". *La légende de la Révolution*. Clermont-Ferrand: Adosa, 1988.

37. Mais uma vez remetemos o leitor à obra fundamental de F. Gauthier: *Thiomphe et mort du droit naturel en Révolution*. Op. cit.

38. LEQUINIO. *Les préjugés détruits*, 1792, p. 94.

cesso de desestabilização do discurso patriótico proveniente da força verbal (frases enfáticas, exageros de ênfase, locuções novas...) de que se valem, desde então, seus adversários monarquistas: na imprensa popular de direita, os patriotas foram frequentemente taxados de "aristocratas jacobinos" ou de "patriotas aristocratas"[39].

A resposta dos patriotas a tais ataques está à altura das circunstâncias: ela tem como palavra de ordem "elevar nossa língua à altura da constituição" e produzir uma encarnação precoce do porta-voz, "o gramático patriota". François-Urbain Domergue, o mais célebre dos "gramáticos patriotas", publica em 1791 um *Journal de la langue française* e constitui uma *Sociedade dos amantes da língua francesa* cujo sucesso é imediato em meio aos escritores patriotas. Ele define ali, na rubrica "língua adornada", "uma retórica e uma poética racional" ("não há verdadeira eloquência sem a propriedade das palavras"). Propõe uma descrição dos discursos de assembleia em um *Précis des opérations de l'assemblée nationale*. Ele submete o discurso real a um "exame gramatical"[40]. Assim, as regras da fala democrática são explicitadas, em sua autonomia relativa em relação ao discurso de assembleia, no seio de uma sociedade deliberante onde "todos são iguais em direitos: o homem, a mulher, o acadêmico, o simples homem das letras, o habitante do campo, aquele das repartições, o correspondente francês, o correspondente estrangeiro"[41].

A partir de então, a língua da liberdade ou língua da constituição existe como um acontecimento linguístico: ela manifesta uma racionalidade democrática. Os porta-vozes de 1792 poderão se apoiar nessa *constância da razão linguística* e se identificar com o "homem que fala como pensa". Seguros de seu lema "aquele que age bem diz a verdade", eles podem denunciar os homens que não têm o sentimento de sua dignidade dizendo-lhes: "Você fala bem, mas age mal".

---

39. Cf. o cap. II de nossa obra *La langue politique et la Révolution française*. Op. cit.

40. Cf. BUSSE, W. & DOUGNAC, F. *François-Urbain Domergue – Le grammairien patriote (1745-1810)*. Tübingen: Gunter Narr, 1992.

41. Prospecto anunciando a criação da *Sociedade dos amantes da língua francesa*, reproduzido em DOUGNAC, F. *F.-U. Domergue – Le Journal de la langue française et la néologie lexicale (1784-1795)*. Paris: Paris III, 1981 [Tese de doutorado].

1792-1793: a experiência da fala revolucionária (o caso provençal)

A partir de 1792, não é mais possível construir uma única percepção do conjunto das falas democráticas tamanha é sua diversidade nos aparelhos políticos democráticos (comunas, seções, sociedades populares etc.) que cobrem todo o território francês. Além disso, nos parece interessante transcender o espaço parisiense e apresentar ao leitor um espaço regional, a *Provença* em revolução, constituindo, a título de exemplificação, um caso exemplar em nossa investigação sobre os porta-vozes do movimento democrático e suas mutações até a instauração do governo revolucionário no outono de 1793[42]. Com efeito, nessa data decisiva, os Montanheses privilegiam a relação direta entre o legislador e o cidadão, com base numa concepção ampliada da centralidade legislativa, e qualificam as mediações usuais dos porta-vozes de manifestações demagógicas. Somente o elogia da fala, do qual nós voltaremos a tratar adiante, mantém-se legítimo.

No início do ano de 1792, a presença dos Jacobinos no seio do movimento democrático modifica as regras do jogo político. Na perspectiva traçada por Brissot, os Jacobinos favorecem a multiplicação das sociedades patrióticas em ligação com a sociedade dos Jacobinos de Paris, centro de impulsão cujo comitê de correspondência é dominado pelos Brissotinos. Mas é igualmente criada, em torno do "ministro patriota" Roland, uma Secretaria do espírito público que toma a iniciativa de enviar "missionários patriotas" para as repartições[43]. Os objetivos dessa iniciativa capital para a circulação da fala democrática são precisados em uma circular dos Jacobinos de Paris de 27 de fevereiro de 1792. Trata-se, antes de tudo, de fazer "penetrar a opinião", ou seja, a verdade conforme a Constituição, até as terras mais distantes. Por conseguinte, os "missionários patriotas" são investidos de uma missão quase apostólica: ler dia e noite dos dias de festa a Declaração dos Direitos do Homem e do Cidadão, a Constituição e alguns "bons escritos" para os habitantes das cidades e dos campos. Assim, pelo renascimento "dos magníficos anfitea-

---

42. Nesse caso, desejamos mostrar como as ações democráticas diversificadas, ao exprimir pontos de vista diferentes sobre a maneira de dizer o direito, evocando sua soberania, podem manifestar a identidade das experiências democráticas da Revolução na Provença. Cf. "Un argument em Révolution, la souveraineté du peuple – L'expérimentation marseillaise". *Annales historiques de la Révolution Française*, 1994.

43. Cf. DORIGNY, M. "La propagande girondine et le livre en 1792: le bureau de l'esprit public". *Dix-huitième siècle*, n. 21, 1989.

tros dos povos livres da Antiguidade" (Lanthenas), "a aliança moral de todo o povo francês" pode se instaurar, enfrentando a "divisão funesta de opiniões" que reina muito frequentemente entre os franceses.

A instalação rápida desse programa de propagação das ideias revolucionárias, seguida de modo eficaz pela difusão da imprensa patriota, devia modificar as condições da fala democrática muito além das intenções iniciais dos Brissotinos. Com efeito, Roland empreendia essas missões patrióticas num plano restrito e bem definido: "Propagar as luzes pela simples exposição dos fatos e a maior publicidade de tudo aquilo que pode clarear a opinião e reunir os espíritos aos princípios da justiça da igualdade" (*Instruction aux commissaires patriotes*, 13/09/1792). Ele precisava que a missão desses cidadãos não tinha nada de política, era toda moral. De fato, a leitura da correspondência entre Roland e seus enviados às repartições mostra que se trata apenas, de início, de instalar no "meio do povo" homens instruídos e corajosos aptos a receber suas queixas, suas necessidades e suas reclamações. "Estando restritos ao poder de investigar", esses "filantropos ambulantes" reúnem os espíritos esperando a chegada de um "mediador" eleito pelo poder executivo.

Mas os porta-vozes, próximos dos frades franciscanos e dos radicais parisienses, investem massivamente nas missões patrióticas, verdadeiras "excursões cívicas" formadoras da opinião pública, reivindicando a posição política de mediador em nome da reciprocidade do direito e de uma efetividade máxima do direito natural declarado.

O caso provençal é exemplar. Em algumas semanas, a multiplicação das expedições patrióticas, sob a égide dos missionários patriotas, enviados principalmente pelos Jacobinos de Marselha e de Aix-en-Provence, institui, em toda a Provença, um espaço público de reciprocidade, portanto conforme a Constituição, que se traduz numa densidade excepcional de sociedades populares. Nós descrevemos longamente, em nossa obra sobre a Marselha republicana[44], as modalidades "felizes" da fala desses "apóstolos da paz" que concretizam "o poder executivo soberano do próprio povo" contra a "aristocracia dos ricos". Quando "a língua dos cidadãos imparciais estava unificada" pelos realistas moderados, que se beneficiavam das leis anticonstitucionais e da benevolência dos agentes do poder executivo real, parece, de uma ação a outra em que "é preciso que a lei fale", que um "procedimento autêntico"

---

44. GUILHAUMOU, J. *Marseille républicaine (1791-1793)*. Paris, FNSP, 1992.

permite aos cidadãos reencontrar sua faculdade originária de dizer o direito. De fato, cada ação ilegítima do poder executivo real e de seus agentes suscita, doravante, sob a égide dos porta-vozes, uma reapropriação parcial pela comunidade dos cidadãos de seus direitos desprezados.

Reiterando incessantemente a palavra de ordem de união em torno da Constituição, os "missionários patriotas" mobilizam permanentemente o "povo armado da constituição" e apelam em suas falas para essa que é a única força da verdade dos direitos. Sua eficácia é espetacular: adeptos do laconismo ("Discorrer laconicamente é a principal característica do Jacobino", precisa o marselhês Isoard), sua palavra de verdade nos remete à necessária adequação, no horizonte do direito natural declarado, entre o dizer e a ação conforme o direito, e os opõe aos moderados que fazem a "exibição de eloquência" para melhor "depreciar os direitos do povo". Seu ponto de vista antirretórico se afirma no seu uso bilíngue do francês e do provençal, cujo *Maneul du laboureur et de l'artisan* nos deixou um traço escrito. Levando igualmente em conta o papel cívico das mulheres, esses Jacobinos ambulantes conferem uma amplitude máxima ao novo espaço republicano de reciprocidade. O alcance de sua atividade aparece na instauração de um uso contínuo e real da palavra democrática nos aparelhos políticos democráticos.

Os acontecimentos do verão de 1792, com a queda da realeza, modificam mais uma vez as condições da fala democrática. Com efeito, o trajeto discursivo instaurado em torno da demanda formulada nas solicitações das comunas e das sociedades populares para a assembleia nacional, que se relaciona, por sua vez, com a perda da autoridade real, estabelece *o povo como agente legítimo no próprio seio do discurso de assembleia*, do qual ele havia sido excluído no final de 1789 com a instauração da lei marcial[45]. Robespierre formula as condições enunciativas desse trajeto, no dia seguinte ao 10 de agosto de 1792, quando ele fala, em nome da Comuna de Paris, "a linguagem de verdade dos delegados imediatos do povo". Enunciando as primeiras expressões adequadas ao novo estatuto enunciativo do povo, o discurso robespierriano significa a emergência de uma "língua do povo" no horizonte da soberania popular.

---

45. Cf. os diversos trabalhos neste domínio, em especial aqueles de B. Conein, que apresentamos no cap. III de nossa obra *La langue politique et la Révolution française. Op. cit.*

Desde então, a comunidade de cidadãos passa a ser nomeada de povo e autodetermina a fala popular em cada acontecimento que manifesta sua presença efetiva na realização do direito natural declarado. Certamente, o porta-voz está sempre presente para enunciar essa adequação da soberania do povo ao acontecimento, mas ele não é mais o único mediador do movimento popular. Na medida em que é instaurada pela iniciativa dos Montanheses uma ligação entre o discurso de assembleia e o discurso republicano em ato, o porta-voz exerce, doravante, a "soberania reconhecida" do povo em nome das novas autoridades constituídas e produz, sobretudo, sob a legitimidade dos legisladores, os únicos gestos aptos a dizer o acontecimento nos termos de um "movimento popular". Sua posição de "juiz improvisado" durante os massacres de setembro em Paris[46] mostra, essencialmente, que ele está encarregado de explicitar, em face da linguagem "privada" dos terroristas, os temas da "língua do povo" (a referência à lei de saúde pública, a distinção inocente/ culpado, a designação dos atores do acontecimento como cidadãos, a oposição amigos/inimigos etc.). Certamente, o porta-voz supre novamente as carências da "linguagem austera da lei" aplicada sem sucesso pelas autoridades moderadas, mas o faz unicamente na expectativa de que a responsabilidade do evento seja assumida pelos legisladores montanheses com a ajuda da célebre fórmula de Robespierre: "Era um movimento popular e não a sedição parcial de alguns celerados".

Do argumento de constituição àquele de soberania popular, a fala democrática se investe em procedimentos cada vez mais complexos que nos introduzem num fenômeno fundamental, os *federalismos*. Até um momento recente, a fala federalista era objeto de um contrassenso maior: ela era qualificada como contrarrevolucionária. Atualmente, ela retomou seu lugar no seio do movimento democrático[47]. Assim, abre-se aos historiadores um vasto campo de experimentação da fala revolucionária.

---

46. B. Conein colocou em evidência a importância decisiva dessa figura do "juiz improvisado" em seu estudo: "Démiurges politiques et porte-parole dans les massacres de septembre (1792): les 'juges improvisés' dans les prisions de Paris". *Les intermédiaires culturels*. Procence: Université de Provence, 1981.

47. Cf. em particular DE FRANCESCO, A. *Il governo senza testa* – Movimento democratico e federalismo nella Francia rivoluzionaria, 1789-1795. Nápolis: Morano, 1992. Sobre esse tema remetemos o leitor ao colóquio sobre os federalismos, realizado em setembro de 1993 em Marselha, já evocado mais acima.

Nós o exploramos no caso provençal[48]. Duas experimentações altamente significativas detiveram mais particularmente nossa atenção:

1) A experiência da "democracia pura" do federalismo seccionário em Marselha no decorrer da primavera de 1793.

Durante algumas semanas, as seções marselhesas, livres da tutela da comuna e da convenção, empregam uma "soberania local" e "deliberante" pelo exercício cotidiano dos "direitos de soberania do povo". Elas reivindicam então o gozo da soberania de direito natural na própria prática imediata e empírica da democracia. Nós podemos seguir, dia após dia, nos registros de deliberações, esse exercício muito original da fala cidadã anônima que permite discutir e adotar petições, circulando permanentemente entre as seções pelo intermédio de comissários, e que permite, ainda, apresentá-las, uma vez que foram adotadas pelas 34 seções, às autoridades constituídas que devem conceder o "direito à demanda". É importante precisar que esse mecanismo democrático se apoia no pronunciamento anônimo das intervenções em assembleia geral de seções, com uma integração parcial das mulheres nos debates. Trata-se exatamente de uma forma particularmente "pura" da democracia, bastante respeitosa da lei positiva, a exemplo dos Jacobinos moderados.

2) A colocação na ordem do dia da soberania pelos comitês centrais de sociedades populares mediante a iniciativa de patriotas adeptos de um federalismo radical durante o outono de 1793.

Desde o início do ano de 1793, os Jacobinos marselheses, apoiando-se na sociedade popular, se esforçam para estabelecer a soberania, identificando o povo soberano com o movimento revolucionário em sua totalidade. Por essa razão, trabalham em prol da "política revolucionária" centrada em Marselha, "foco da opinião pública na região situada ao sul do país". Tentam fazê-lo, fornecendo os meios instituindo um comitê central das sociedades populares e decidindo o envio de comissários para os departamentos meridionais com vista a "eletrizar os bons republicanos". O fracasso de sua política face ao recrudescimento irresistível do movimento seccionário os obriga a reservar um tempo para a realização de seu projeto republicano. Mas a derrota dos federalistas em agosto de 1793 lhes permite retomar a iniciativa, com

---

48. Em nossa obra intitulada *Marseille républicaine (1791-1793)*. Op. cit. Cf. tb. nosso estudo, "Un argument en Révolution: la sauveraineté du peuple – L'expérimentation marseillaise". Op. cit.

o apoio do movimento revolucionário parisiense, e mais particularmente do frades franciscanos. É assim que se instala, em Marselha e por muitas semanas no decorrer do outono de 1793, um *congresso republicano das sociedades populares dos departamentos meridionais*. Diante de mais mil delegados, um programa de organização do poder executivo revolucionário é adotado: ele prevê a multiplicação de instâncias intermediárias entre o conselho executivo e os aparelhos democráticos de base, comunas e comitês de vigilância. Os comitês centrais de sociedades populares deviam assim se suceder de maneira regular no plano local, regional e nacional de acordo com a convenção, sendo os "comissários vigilantes" os encarregados de assegurar, sob a autoridade do conselho executivo, a aplicação permanente das decisões dessas reuniões democráticas. Trata-se então de "restabelecer mais do que nunca os benefícios populares" e de institucionalizar a fala democrática.

Podemos discutir até que ponto esse projeto federalista, elaborado pela iniciativa do movimento revolucionário, podia ser "ofensivo" à centralidade legislativa. Em todo caso, ele foi percebido desse modo pelos representantes em missão que vão fazer de tudo para obter a dissolução dos comitês centrais, colocando fim a uma experiência democrática particularmente original. Na verdade, tratava-se para os Jacobinos marselheses de perpetuar as modalidades de fala dos comissários, geralmente provenientes das sociedades populares, portanto onipresentes no espaço provençal, conferindo-lhes uma dimensão executiva permanente. Essa atitude, julgada "tirânica" pelos Montanheses, tornara-se inaceitável com a instauração do governo revolucionário. De fato, os legisladores-filósofos da convenção privilegiam as relações "diretas" com a fala cidadã no interior das comunas e dos comitês de vigilância. Trata-se então de procurar um *equilíbrio da democracia*, instaurando "uma devida proporção das autoridades" apta a "comunicar a ação" o mais rápido possível, fazendo assim obstrução ao "governo complexo" dos federalistas que procede da "multiplicação das alavancas" sob a forma de "barreiras entre o povo e seus representantes"[49].

A experiência do representante em missão Maignet, durante o inverno e a primavera de 1794, é altamente significativa desse esforço de *situar a soberania popular como procedimento discursivo no próprio centro de uma*

---

49. Conforme o montanhês Billaud-Varenne em seu *Rapport fait o nom du Comité de Salut Public sur un mode de gouvernement provisoire et révolutionnaire*. Archives nationales, série AD.

democracia governamental ampliada, privilegiando a fala lacônica por meio da correspondência entre o legislador e o cidadão mobilizado nas comunas e nos comitês de vigilância, portanto pela exclusão de todo recurso a um poder linguageiro externo à fala comunitária dos cidadãos[50].

É importante destacar que, vista de baixo, a fala democrática nos remete ao emprego de uma língua não conforme à norma culta, de um entremeio linguageiro no qual dominam as produções conflituosas, hesitantes, à distância também das normas científicas, cujos aspectos mais originais foram destacados pelos trabalhos mais recentes dos linguistas. Não se trata de afirmar que o conteúdo dos arquivos das comunas e dos comitês de vigilância no ano II restitui "a fala viva das pessoas comuns": o peso do discurso normativo dos representantes em missão é aí claramente perceptível. Contudo, essa experiência de diálogo "direto" entre os legisladores e os cidadãos produz uma imagem particularmente compósita da fala política. Lá onde o historiador avalia ainda mal os efeitos políticos dessa irrupção da "fala de baixo", o linguista se esforça para descrever as particularidades de um francês heterogêneo, proveniente de uma fala que no entanto é escrita e que testemunha a maneira pela qual enunciadores não legítimos trabalham os discursos institucionais[51].

Diferentemente da imagem historiográfica do "terror linguístico"[52], assistimos então a uma diversificação inegável das falas, de modo que possamos colocar à prova e em xeque nossa visão normativa da língua política. O apelo "Aos Cidadãos a quem é de Direito" é ainda evocado e trata-se ainda da questão "Do patriotismo mais puro desde o primeiro Momento da revolução até hoje" (1794)[53].

---

50. Cf. sobre esse assunto: BADET, C. & GUILHAUMOU, J. "La politique de Maignet em l'na II". *Marseille*, n. 170, 1994. • GUILHAUMOU, J. "Maignet et le federalisme (1794)". *Les fédéralismes*. Op. cit.

51. Conforme a obra particularmente inovadora nesse domínio de S. Branca-Rosoff e N. Schneider: *L'Écriture des citoyens* – Une analyse linguistique de l'écriture des peu-lettrés pendant la Révolution Française. Paris: Klincksieck, 1994.

52. É inegável que diante da variedade dos idiomas, considerados como o apanágio do despotismo, os legisladores impõem uma concepção unitária da linguagem republicana. Cf. os trabalhos sobre o jacobinismo linguístico que recenseamos em *Mots*, n. 16, 1988, p. 188. Mas, para tanto, o diálogo "direto" entre os legisladores e os notáveis locais de origem popular, o baixo da elite, favorecem a abertura de "espaços novos de práticas escriturais" (S. Branca) onde se concretizam no ano II modalidades linguageiras inéditas de democratização política.

53. Exemplo inserido como explicação no prefácio ("Éditer des textes "pauvres") da obra de S. Branca-Rosof e N. Schneider: *L'Écriture des citoyens*. Op. cit.

1794-1795: do excesso de fala à heroificação da memória

O verão e o outono de 1793, período do apogeu do movimento revolucionário, caracterizam-se paradoxalmente por um inegável déficit de legitimidade do porta-voz, frequentemente suspeito de demagogia, em meio ao grande conflito entre os Montanheses e os dirigentes do movimento revolucionário, em particular os frades franciscanos. Mas o espectador do acontecimento, que participa da formação do "universalmente comunicável"[54], tende a reivindicar cada vez mais uma posição de protagonista. Convém então notificar, em uma perspectiva "estética"[55], seu pertencimento à comunidade dos cidadãos e sua participação na elaboração de um saber comum. Assim é atestada a formação de um "senso comum" além da mediação do porta-voz, na própria dinâmica do consenso suscitado pela "simpatia de aspiração" (Kant), e do "entusiasmo" dos espectadores, que se tornaram protagonistas do acontecimento[56].

Durante todo o ano II, motivado por seus próprios interesses e atribuindo a si mesmo um importante papel no acontecimento, o cidadão tende então ora a produzir formas verbais de "protagonismo abusivo", por meio de arengas descontroladas – por essa razão, no ano III, esse cidadão que "falou com muita frequência" ou aquele que multiplicou as referências às "medidas violentas" será censurado –, ora a introduzir, mediante o apelo à insurreição em pleno período de "estabelecimento do governo revolucionário", um

---

54. O "universalmente comunicável" ocupa aqui um estatuto específico em relação ao particular sobre o qual Kant se apoiará em sua análise do entusiasmo revolucionário. Trata-se então de multiplicar as situações particulares que manifestam a universalidade do direito. O sentimento estético experimentado por todo cidadão ante o espetáculo sublime da revolução funciona diretamente como momento mediador. Cf. sobre esse ponto: PHILONENKO, A. *La théorie kantienne de l'histoire*. Paris: Vrin, 1986, p. 43-45. Recordemos que essa perspectiva "estética" se apoia principalmente, na obra de Kant, na aproximação intersubjetiva da *Critique de la faculté de juger* (1790) e a célebre passagem do *Conflit des facultés* (1798) relativa à Revolução Francesa, "acontecimento de nosso tempo que prova a tendência moral da humanidade". Sobre a relação complexa de Kant com a Revolução Francesa, cf. o estudo de D. Losurdo: *Autocensure et compromis dans la pensée politique de Kant*. Lille: Presses Universitaires de Lille, 1993.

55. Nós tentamos identificar as questões envolvidas numa abordagem estética da intersubjetividade revolucionária em nosso artigo, "L'argument philosophique en Révolution – Le laboratoire Révolution Française". *Espaces Temps*, n. 49-50, 1992.

56. Nós mostramos, a respeito da morte de Marat, a contribuição "estética" pela constituição de um "senso comum" prévio que coloca na ordem do dia a questão do terror, dessa reconfiguração do ator revolucionário. Sobre essa questão, nossa contribuição na obra coletiva *La mort de Marat* (Paris: Flammarion, 1986) é mais explícita que nossa obra *1793: la mort de Marat* (Op. cit.).

"protagonismo defasado"[57]. Nessa perspectiva, importa igualmente levar em conta a memória das falas exprimidas pelos suspeitos de condutas políticas antirrevolucionárias, em nome de seu "protagonismo retrospectivo"[58].

A importância da instituição da fala democrática no ano II, no quadro de uma formação estética, então fundamentalmente intersubjetiva, do espaço público de reciprocidade, é igualmente sublinhada pelas manifestações verbais consecutivas à exposição do corpo machucado dos mártires da revolução e, mais amplamente, à apresentação quase cotidiana das feridas dos soldados-heróis[59]. Certamente as feridas falam pouco diante dos legisladores, mas os oradores se encarregam de exprimir seus sofrimentos e sua glória ("Aqui está, legisladores, esse modelo nascente e perfeito de valor e de generosidade" – a propósito de um jovem de quinze anos gravemente ferido!), e podem então falar a linguagem universal e entusiasta do sacrifício, da vingança; e, por essa via, evocam o retorno simbólico à integridade moral do corpo machucado da república ("Ouçam a *lamentação sublime* e o tom do desespero e da dignidade", "*O entusiasmo patriótico* que penetrou vossas almas versou um bálsamo salutar sobre suas feridas [...]. Não duvidem disso, representantes da França, é por tais meios que se faz *um povo de heróis*"[60]).

Sem nos demorarmos sobre as festas do ano II, exemplares do novo laço social estabelecido pelo exercício de uma cidadania conforme a razão, em nome de sentimentos estéticos universalmente comunicáveis[61], desejamos concluir provisoriamente nosso trajeto discursivo pelo "ato estético" do suicídio coletivo dos Mártires do Prairial (nono mês do ano republicano francês). Esse suicídio heroico de seis legisladores montanheses, condenados à morte, por uma comissão militar, em 29 do prairial do ano III (17/06/1795), refere-se pela última vez, mediante um laconismo extremo (Goujon: "Eu morro

---

57. Cf. BURSTIN, H. *La politica alla prova* – Appunti sulla Rivoluzioni Francese. Milão: Franco Angeli Storia, 1989.

58. Cf. GARNIER, S. "Les conduites politiques em l'an II – Compte rendu et récit de vie révolutionnaires". *Annales Historiques de la Révolution Française*, n. 295, 1994. De maneira mais restrita, estudamos a memória da fala democrática, na obra *Biografias políticas* dos porta-vozes que se tornaram suspeitos, no cap. IV de nosso livro intitulado *La langue politique et la Révolution Française*. Op. cit.

59. Cf. BÆCQUE, A. *Le corps de l'histoire*. Op. cit., p. 343s.

60. Exemplos apresentados na obra de A. de Bæcque (Op. cit., p. 367-369).

61. Cf. sobre esse tema: OZOUF, M. *La fête révolutionnaire (1789-1799)*. Paris: Gallimard, 1976. • BRUNELM, F. *Thermidor* – La chute de Robespierre. Bruxelas: Complexe, 1989.

pelo povo e pela igualdade"), ao modo de agir do povo e afirma de uma maneira extrema a ligação do particular ao universal, até exprimir finalmente o caráter "sublime autêntico" do heroísmo revolucionário[62].

Entre esses heróis da democracia revolucionária, Goujon ocupa um lugar a parte na medida em que seu amigo Tissot se apoiou em seu exemplo para difundir a imagem heroica dos Mártires do Prairial desde o ano IV no interior da "oposição de esquerda" ao diretório. É o mesmo Tissot que nos deixou um testemunho extraordinário, a *Vie de Goujon*, sobre a memória heroica e sublime da fala democrática durante a Revolução Francesa[63].

A *Vie de Goujon*, redigida no ano IV, estabelece de início os elementos característicos da fala democrática na formação cultural dos revolucionários[64]. Nascido em 1766, Goujon tinha disposições intelectuais precoces. Jovem, "uma de suas qualidades mais preciosas estava em eletrizar os outros". Assim, "ele inflamou seus camaradas por seu exemplo". Mas ele não gostava de "mostrar seu espírito". E Tissot percebe esse traço: "Naturalmente pouco falante", ele guardava um "silêncio obstinado" no seio da boa sociedade. Exemplaridade e laconismo constituem assim as disposições naturais da fala democrática. Segundo essas modalidades, no seio das instituições democráticas, suas virtudes vão se manifestar no curso de seu itinerário revolucionário.

Mas convém, antes de abordar seu engajamento político, caracterizar suas leituras. Sua paixão, compartilhada com Tissot, por Cícero, Tácito e, sobretudo, Mably, lhe permite mensurar "a grandeza do título de cidadão". Além disso, "ele tinha como costume ler com frequência a Bíblia, ele gostava muito de sua simplicidade e eloquência" e admirava a "moral de Jesus". Enfim, ele não resiste ao "charme irresistível da moral e da política", por meio

---

62. F. Brunel precisa que esse "suicídio coletivo, cuidadosamente representado, se quer 'universalmente comunicável'. Seu caráter sublime mantém a dupla articulação entre a independência realizada na comunidade e uma última ação que testemunha a liberdade humana e que somente é liberdade pela ação"; acrescentemos que somente é liberdade humana pela adequação do dizer ao ato. Cf. BRUNEL, F. & GOUJON, S. *Les Martys de Prairial*. Genebra: Georg, 1992, p. 38.

63. Ibid, p. 95-214. Esse texto, retranscrito e comentado por S. Goujon, caracteriza, através de uma *Vie politique* particular, a universalidade e a grande complexidade da fala revolucionária em seu conjunto, conferindo-lhe uma dimensão exemplar, heroica.

64. É importante certamente comparar essa visão heroica da formação cultural com a dos casos que têm sido objeto de investigações históricas precisas. Cf. em particular: BRUNEL, F. "L'acculturation d'un révolutionnaire: l'exemple de Billaud-Varenne (1786-1791)". *Dix-huitième Siècle*, n. 23, 1991. • SERNA, P. "Aux origines culturelles d'un engagement politique: les notes de lecture d'Antonelle". *Annales historiques de la Révolution française*, n. 292, 1993.

de Mably, Montesquieu e Rousseau. Por isso mesmo, chega a "suprimir os discursos inúteis, cujo menor mal é a perda de tempo, e a adquirir, pelo recolhimento, o habito da reflexão". Aqui se constrói uma imagem fortemente simbólica da aculturação política dos futuros legisladores.

É nesse contexto aplicado que o momento revolucionário incita Goujon a "juntar as ações às palavras". Em 1789, ele participa exclusivamente da organização da legião do Châtelet e Tissot descreve a primeira fala pública de Goujon nos seguintes termos: "Lembro-me de tê-lo visto nesse tempo, em pé sobre o tablado de uma tribuna no meio da grande sala de audiência, discorrer sobre a moral e sobre a virtude, bradando contra a tirania e exaltando os encantos da liberdade".

Essa capacidade de "tocar todos que o ouviam com seu ardor", mas também com seus exemplos de vida, não o desvia de seus estudos e reflexões, que o preparam para um verdadeiro "apostolado filantrópico". A ocasião lhe é dada no dia em que a municipalidade de Meudon lhe pede para pronunciar o elogio fúnebre de Mirabeau, em 22 de maio de 1791. Seu talento oratório se confirma: "o orador em pé sobre uma tribuna no meio do cortejo pronunciou seu discurso com uma voz viril e forte. Uma multidão de cidadãos dos arredores formava o auditório... O elogio causou grande impacto". A sociedade popular de Sèvres lhe abre as portas: ele desenvolve ali a cada domingo, em meio ao maior silêncio, os "princípios do direito natural, a política, a beleza do título de cidadão", "fala, sobretudo, a alma", pois "colocava em sua elocução não a graça nem os gestos estudados, mas a veemência e o calor patético do sentimento". Não se poderia mais bem definir o *pathos* perfeitamente adequado aos princípios da fala revolucionária! Multiplicando "as instruções políticas que lia para o povo nessas reuniões fraternais", ele difunde a língua do direito e se torna assim um exemplo para os "missionários patriotas" que percorrem as terras vizinhas.

Admitido na assembleia eleitoral de Seine-et-Oise, ele emprega ali também a "linguagem do povo" e implanta a "energia" e a "simplicidade" nas maneiras de se dirigir à assembleia nacional, na qual suas ideias estão presentes, mas sempre depois de terem sido amplamente discutidas com os outros administradores. Membro do Conselho Geral do Departamento, ele amplifica essa modalidade decisiva de legitimação da fala popular no discurso de assembleia. Além disso, tornou-se procurador-geral do departamento, o que confere um caráter sublime à demanda popular com a famosa solicitação de

15 de novembro de 1792 sobre o máximo dos grãos que se instituiria como princípio regulador da república nascente a ideia dos direitos sociais[65].

Mas ele não negligencia a propagação da língua do direito[66]: ele percorre os campos, fala com "simplicidade" e "doçura" aos camponeses, e, sobretudo, "os excita a dizer a verdade colocando-os na presença uns dos outros". Assim, ele se torna exemplo para esses "comissários patriotas" dos departamentos que se esforçam em construir um consenso pela "repartição justa e igualitária dos encargos públicos". No momento da adoção da Constituição de 1793, que dá "aos homens a plenitude de seus direitos", ele confirma novamente sua capacidade de representar o povo: "Goujon falou ali como magistrado", precisa Tissot.

Inquieto para "fundar um dia uma escola de filosofia a exemplo dos Antigos", ele foi desviado desse objetivo em função de tarefas mais urgentes. Com efeito, suplente na convenção, ele é nomeado para a comissão das subsistências em novembro de 1793. Tarefa excessiva, ininterrupta, mas da qual ele deu prova de uma grande "determinação" face à grande quantidade de cartas, deputações e requerimentos, sabendo, em tais circunstâncias, cumpri-las no exercício do justo "direito". Em seguida, aos 26 do germinal (sétimo mês do calendário revolucionário francês) do ano II (15/04/1794), ele entra para a convenção. "Sendo naturalmente um pensador, ele não estava com pressa de falar", precisa Tissot, amplificando assim a exemplaridade do laconismo dos legisladores-filósofos. Mas ele sofreu duras difamações, no seio da convenção, no confronto com os Montanheses, após a queda de Robespierre: quando ele desejava obter a fala para se elevar acima da "proscrição moral", "era obrigado a falar no meio do tumulto, das interrupções e mesmo das injúrias". "A maior parte do tempo, ele estava reduzido ao mais absoluto silêncio": forma sublime de recusa de uma fala inadequada à defesa dos direitos do povo!

Consciente de que o "fogo" patriótico que ele carrega em si o consome, "a consideração de um fim próximo pareceu dar-lhe um novo grau de ener-

---

65. Essa solicitação foi pronunciada na convenção por Goujon "com toda a energia de um homem apaixonado pela verdade e convencido de que ele está combatendo para o bem do povo". O conteúdo e o contexto dessa solicitação foram estudados em GAUTHIER, F. et al. *La guerre du blé au XVIIIᵉ siècle*. [s.l.]: De la Passion, 1988.

66. Sobre esse trajeto dos revolucionários da língua do direito à "língua do povo", aqui encarnada em um mesmo personagem heroico, nos remetemos a nosso livro *La langue politique de la Révolution Française* (op. cit., em particular a primeira parte).

gia a sua alma". Ele concede com profusão "socorros recíprocos" e sempre leva em conta a demanda dos cidadãos que vêm vê-lo. Na convenção, considerando que se quer absolutamente aniquilar a democracia, "ele não pôde articular uma só palavra diante de seus colegas, ainda que confiasse em seus próximos: "Eu não peço nada além do que é justo". Ele permanece em seu posto no momento do movimento popular e insurrecional de 1º do prairial do ano III e dá, uma vez ainda, o exemplo de coragem ao subir à tribuna após ter dito: "Feito isso, eu me entrego à morte!" Detido e julgado por uma comissão militar, ele pede ainda a palavra uma última vez para precisar laconicamente: "Eu sou inocente, minha consciência não me reprova em nada e eu me apresento diante dos senhores sem medo".

O trajeto heroico da fala democrática é assim finalizado pela afirmação da autenticidade de uma verdade interior, resultante de princípios naturais do direito igualitário, que se expressa, até mesmo no silêncio, pela perfeita adequação do dizer à ação. Sob a pluma de Tissot, descobrimos como se construiu discursivamente a herança indivisa de nossa tradição democrática[67].

---

67. Nosso objetivo foi somente o de precisar em grandes linhas a amplitude e a coerência dos trabalhos recentes sobre falas legítimas no interior de um espaço público de reciprocidade externo ao espaço de assembleia *stricto sensu* desde o início da Revolução Francesa. Quisemos caracterizar também a relação universalizante, com forte potencial estético, que se estabeleceu, a partir do verão de 1792, entre a expressão particular sob a forma de demandas dessa fala "popular" e a nova dinâmica generalizante do discurso de assembleia. Entretanto, convém igualmente fazer referência aos trabalhos relativos à formação de uma "fala fundadora" na assembleia nacional.

A retórica no Brasil do século XIX: dos anos de glória à perdição

Roberto Acízelo de Souza
Universidade Estadual do Rio de Janeiro

A consagração no ensino

Como nos demais países do Ocidente, no século XIX a retórica constituiu no Brasil uma verdadeira instituição. No ensino ocupava lugar de grande destaque, tanto no antigo sistema colonial das aulas régias – concessões especiais do estado a professores para lecionarem determinada disciplina, em geral em suas próprias casas – quanto nos estabelecimentos escolares instituídos após a independência.

Do período anterior a 1822 parece que são bastante escassos os registros que restaram. Sabemos, contudo, que a primeira aula régia de retórica da colônia se instala no Rio de Janeiro em 1782, tendo sido nomeado para a cadeira o bacharel e poeta Manuel Inácio da Silva Alvarenga (MORATO, 2005, p. XXV). Morto em 1814, Silva Alvarenga teve sucessores no cargo, entre os quais um certo João José Vaía, seu titular no ano de 1816 (DURAN, 2010, p. 63). Consta ainda que, em 1813, no Real Colégio de São Joaquim, também no Rio de Janeiro, um ministro ilustrado de Dom João, o português Silvestre Pinheiro Ferreira, inicia um curso de filosofia de orientação basicamente retórica (DORIA, 1997, p. 21-22).

Dispomos, em troca, de ampla documentação sobre o ensino da retórica no sistema escolar nacional que aos poucos foi sendo implantado após a independência. É possível assim reconstituí-lo com precisão a partir de pelo menos duas fontes bem seguras. Por um lado, há diversos compêndios então utilizados nas escolas como livros-texto da matéria (cf. SOUZA, 1999,

p. 39-82), e por outro uma série de programas escolares do Colégio Pedro II[1] correspondente ao período que se estende de 1850 a 1900 (cf. SOUZA, 1999, p. 157-197).

Examinando esse material, verificamos em primeiro lugar a fortuna da disciplina no âmbito escolar, que vai do predomínio absoluto à extinção. Com efeito, de 1850 a 1857 a retórica[2] sozinha corresponde à cúpula da formação em letras[3]. A partir, no entanto, de 1858, embora continue claramente hegemônica no currículo, passa a conjugar-se com poética[4]. O ano de 1860, por sua vez, introduz um novo elemento no plano de estudo dos alunos: mantém-se o predomínio nítido da retórica (conjugada com a poética), mas se acrescenta nova disciplina: literatura nacional. Tem início então a curva descendente da retórica, que progressivamente vai cedendo espaço para a poética, mas sobretudo para a literatura nacional. Até o ano de 1885, no entanto, ela ainda se conserva no currículo, mas desaparece a partir de 1892, e desde então até o fim do século a literatura nacional assume o *status* privile-

---

1. Fundado em 1837, o Imperial Colégio de Pedro II foi concebido como modelo para a educação brasileira, razão por que viria a tornar-se conhecido pelo epíteto "colégio padrão". As práticas pedagógicas que abrigava, portanto, revestiam-se de representatividade nacional.

2. No Colégio Pedro II, cria-se a cadeira de retórica em 1838 (DORIA, 1997, p. 32), mas, se bem interpretamos nossa fonte, só depois ela seria efetivamente implantada, a julgar por manifestação dos professores dirigida à reitoria do estabelecimento em 1839, solicitando a pronta instalação da disciplina (cf. DORIA, 1997, p. 42). No entanto, só localizamos seus programas de ensino vigentes a partir de 1850.

3. Até a década de 1930, quando são criadas as primeiras faculdades de filosofia, ciências e letras, a formação em letras no Brasil se dava em nível secundário. Assim, colégios como o Pedro II ofereciam um currículo humanístico, concedendo o grau de bacharel em letras a seus formandos. O curso secundário tinha a duração de sete anos. Da área de letras, até o quarto ano os alunos estudavam as disciplinas básicas: gramática nacional, iniciação ao latim, francês e inglês; a partir do quinto ano, o currículo oferecia as disciplinas de cúpula: alta latinidade, grego, alemão, italiano, e mais retórica e poética, sendo que estas últimas desaparecem na década de 1890, substituídas por literatura nacional (Primitivo Moacyr, apud Perrone-Moisés, p. 64-65).

4. Retórica e poética – e mais gramática – sempre foram, desde suas origens antigas, disciplinas intimamente correlacionadas, pela razão evidente de todas consistirem em saberes sistemáticos sobre a linguagem verbal, além de constituírem "artes", no sentido antigo do termo, isto é, técnicas ou perícias passíveis de ensino e aprendizagem. No entanto, a conexão entre elas não exclui conflitos de jurisdição e rivalidades. Por exemplo, os tropos e figuras, categorias retóricas, constituem desvios relativamente às regras da gramática. Quanto a rivalidades entre retórica e poética, basta lembrar o ditado "Poeta non fit, sed nascitur" ("O poeta não se faz, nasce."), que parece insinuar a superioridade da poesia sobre a oratória, pois aquela seria um dom, ao passo que esta não passaria de simples habilidade passível de aquisição por treinamento. A propósito das relações entre retórica e poética, cf. Souza, 1999, p. 5-16.

giado de única disciplina responsável pelo coroamento da formação literária dos estudantes[5].

Verifica-se ainda, pelo exame dos compêndios e programas referidos, a drástica redução da retórica nesse seu florescimento tardio, circunstância aliás universal, e pois não exclusivamente brasileira. O ensino oitocentista, assim, passa muito sumariamente pela maioria das partes da retórica clássica – invenção, disposição, pronunciação e memória –, privilegiando amplamente a elocução, e nesta se concentra em especial nos tropos e figuras, de resto fadados a representarem o último reduto conservado pela disciplina no circuito escolar, sob a forma das famosas listas das "figuras de linguagem" (metáfora, metonímia, paradoxo, hipérbole etc. etc.)[6], ainda populares no ambiente escolar até pelo menos em torno da década de 1970. Não bastassem, para a verificação desse fato, os próprios manuais e programas escolares, e teríamos um pronunciamento explícito de um dos cultores da disciplina ao tempo:

> A retórica que geralmente se ensina em as aulas por Quintiliano [...] de pouca utilidade me parece; porque os preceitos e máximas da Invenção, e Disposição, esses são para todos os tempos, e países, e quanto à primeira mais pertence ao talento natural do orador, do que outra coisa; na Elocução porém é, que está a grande força, o mérito distinto do homem eloqüente; por quanto as cousas não valem tanto pelo que dizem, como pelo modo, e teor, por que se dizem [...] (GAMA, 1846, vol. 1, p. i).

> Na Elocução [...] é que está toda a teoria, todo o segredo, todo o trabalho desta nossa Cadeira [...] (GAMA, 1846, vol. 1, p. xi).

Por outro lado, a retórica oitocentista, não obstante suas origens e fundamentos clássicos, sofre forte influxo das ideias românticas, que no caso brasileiro assinalaram um longo período que se estende da década de 1830 até pelo menos a de 1860.

---

5. No acervo do Núcleo de Documentação e Memória do Colégio Pedro II verifica-se interrupção na série de programas de ensino conservados, faltando os do período que vai de 1886 a 1891. A supressão da retórica no currículo, portanto, se não se deu exatamente em 1892, seguramente ocorreu num certo ano letivo compreendido no período mencionado.

6. Tecnicamente, a retórica distingue entre os tropos e as figuras. Por exemplo, metáfora e metonímia são tropos, ao passo que hipérbole e paradoxo constituem figuras. A redução didática, contudo, fundiu as duas categorias no conceito de "figuras de linguagem".

• 187

Dessa convergência em princípio improvável entre retórica e romantismo, isto é, entre uma concepção de arte como disciplinada emulação de modelos e o seu extremo oposto – arte como expressão livre e original das subjetividades –, em outros termos, entre antiguidade clássica e modernidade romântica, diz bem, por exemplo, o projeto formulado por Junqueira Freire, que de resto acumulou os papéis de professor de retórica e poeta romântico:

> A imposição, que sobre mim tenho tomado, é de apresentar num plano o complexo da doutrina antiga modificada pela moderna: é de harmonizar este pensamento severo, preciso, minucioso dos velhos com o pensamento mais galhardo, mais ligeiro, mais poético dos moços: é de concluir o mundo moderno pelo mundo antigo (FREIRE, 1869, p. 25).

Acrescente-se que essa retórica oitocentista brasileira, porosa, como vimos, a influências românticas, abdicou da natureza universalista da sua antecessora clássica, tornando-se instrumento do nacionalismo, um dos traços do pensamento romântico particularmente fortes nos países americanos recém-independentes no século XIX. Observe-se, nesse sentido, a presença do adjetivo "nacional" (ou "brasileira") nos títulos de diversos compêndios escolares da época[7], bem como a seguinte declaração explícita de uma dessas obras: "[...] a Eloquência, que temos de estudar, não é a Eloquência em geral, senão a Eloquência Nacional, é a Eloquência aplicada ao nosso idioma, aos nossos usos, e costumes, à nossa legislação, à nossa forma de governo" (GAMA, 1846, vol. 1, p. i-ii).

Por fim, assinale-se que as fontes analisadas acerca do ensino da retórica entre nós no século XIX revelam uma imensa confiança dos professores no seu magistério, o que, diga-se de passagem, faz um vivo contraste com as dúvidas que hoje alimentamos não só sobre a eficácia, mas até sobre a pertinência do que se leciona sob o rótulo geral de literatura. Vejamos nesse sentido manifestação de um mestre da época, bem típica das convicções que então vigoravam na corporação docente, reflexo por sua vez do valor social e cultural concedido à educação retórica, cujos ambiciosos objetivos transcendiam de muito a mera formação literária:

---

7. São exemplos: *Lições de eloquência nacional*, de Miguel do Sacramento Lopes Gama (com edições em 1846, 1851 e 1864); *Sinopse de eloquência e poética nacional*, de Manuel da Costa Honorato (com edições em1859, 1861 e 1870); *Nova retórica brasileira* (1860), de Antônio Marciano da Silva Pontes; *Elementos de retórica nacional* (1869), de Luís José Junqueira Freire.

É útil a retórica tanto aos que pretendem ser escritores, como também aos que não se destinam a isso, pois as mesmas regras que servem ao autor para a composição de sua obra, poderão servir ao leitor para distinguir e admirar as belezas do escrito. Ela exercita nossa razão sem fatigá-la, cobre de flores[8] o caminho das ciências, e proporciona um agradável entretenimento depois das penosas tarefas a que é preciso submeter-se o espírito, que deseja adquirir erudição, ou investigar verdades abstratas. Como o estudo da retórica naturalmente conduz ao conhecimento dos melhores escritores, as grandes ideias e os claros e altos exemplos que nos oferecem à vista, tendem naturalmente a familiarizar-nos com o espírito público, com o amor à glória, com a indiferença aos bens da fortuna, e a admiração a tudo quanto é verdadeiramente ilustre e grandioso. [...]. [As regras da retórica] serve[m] para marcar o caminho das paixões e da fantasia, para dirigi-las sem inutilizar seu voo, para pôr-nos à vista os precipícios em que outros se despenharão, e em que podemos cair, se não formos bem sustentados pela crítica, e guiados pelo bom gosto; e finalmente serve[m] para admirar as belezas, não deixar-nos deslumbrar com a falsa eloquência, e habituar-nos a que nossos sentimentos vão sempre de acordo com a filosofia (HONORATO, 1870, p. 9-10).

Literatura e resistências

Os escritores, no entanto, primeiros beneficiários da educação retórica, pelo menos segundo a passagem antes citada, nem sempre faziam juízo favorável a seu respeito, ainda que, como ex-estudantes brasileiros desse tempo, dela não tivessem escapado no processo da própria educação. Veja-se, por exemplo, como Aluísio Azevedo, em episódio de um dos seus principais romances, acentua o caráter involuntariamente cômico da oratória, a prática social fundamentada no aprendizado retórico:

---

8. A expressão revela uma concepção da retórica sensivelmente distanciada de sua configuração primitiva e clássica, isto é, muito mais como sistematização dos ornamentos do estilo do que como técnica de raciocínio persuasivo. Lembremos que as figuras de linguagem também se chamavam "flores de retórica", e ainda "cores de retórica", expressões evidentemente comprometidas com a ideia de ornamento que acabou se impondo na disciplina talvez sobretudo no século XIX. Lembremos ainda que, entre os gêneros das obras didáticas, havia as "seletas", isto é, compilações de textos considerados modelares segundo os critérios retórico-poéticos, também chamadas "florilégios" ou "antologias", ou seja, conforme os étimos respectivamente latino e grego: "reunião de flores".

Limpou a superfície dos lábios com o guardanapo dobrado, que pousou depois vagarosamente sobre a mesa; passou a enorme unha do seu dedo mínimo no desfibrado bigode, e, fitando uma compoteira de doce de pacovas – erguida a mão direita, na atitude de quem mostra uma pitada – declamou com ênfase:

– Meus ilustres senhores e respeitabilíssimas senhoras!

Houve uma pausa.

– Não poderíamos, pela ventura, terminar satisfatoriamente esta, tão pequena quão antiga e tradicional festa de família, sem brindarmos uma pessoa respeitável e digna de toda a consideração e... respeito! Por isso... eu! eu, senhores, o mais insignificante, mais insuficiente de todos nós!...

– Não apoiado! Não apoiado!

– Apoiado! Dizia o Cordeiro com os olhos vidrados.

– Sim – eu, cuja voz não foi bafejada pelo dom sagrado da eloquência! Eu, que não possuo a palavra divina dos Cícero, dos Demóstenes, dos Mirabeau, dos José Estevão, et cetera, et cetera! eu, meus senhores! vou brindar... a quem?!

E desenrolou um repertório interminável de fórmulas misteriosas apropriadas à situação, exclamando no fim, cheio de sibilos:

– Inútil dizer o nome!...

Todos perguntavam entre si com quem seria o brinde. Houve teimas; fizeram-se apostas.

– Mais do que inútil é dizer o nome, prosseguiu o discursador, saboreando o efeito da sua impenetrável alusão, mais do que inútil é dizer o nome! porquanto já sabeis de sobra que falo com referência à excelentíssima Srª a Dona... (nova pausa) Maria Bárbara Mendonça de Melo!...

Fez-se uma balbúrdia de exclamações (AZEVEDO, 1992, p. 123-124).

É verdade que, em 1881, data do romance citado, falar mal da oratória – e pois, indiretamente, também da retórica, sua fonte e fundamento acadêmico –, se ainda não era propriamente chutar cachorro morto, certamente não estava longe disso. Afinal, como vimos, era o início da última década em que a disciplina iria integrar o currículo do Colégio Pedro II; sua próxima eliminação do sistema escolar já indiciava, por conseguinte, um desgaste irreversível, naturalmente correlativo do descrédito crescente em que iam caindo as falas públicas em geral, isto é, os assim chamados "discursos".

Assim, vantagem mesmo faz Manuel Antônio de Almeida, que já em obra de 1852-1853 – época em que a disciplina está na força do seu prestígio público – ironiza o pendor da retórica para a idealização e os giros ornamentais e eufemísticos:

> Vidinha era uma rapariga que tinha tanto de bonita como de movediça e leve: um soprozinho, por brando que fosse, a fazia voar, outro de igual natureza a fazia revoar, e voava e revoava na direção de quantos sopros por ela passassem; isto quer dizer, em linguagem chã e despida dos trejeitos da retórica, que ela era uma formidável namoradeira, como hoje se diz, para não dizer lambeta, como se dizia naquele tempo (ALMEIDA, 1971, p. 110).

Machado de Assis, por seu turno, desde a década de 1860, época em que a disciplina ainda se encontrava na plenitude da sua glória, inicia um implacável contencioso contra a oratória – e, por consequência, contra a retórica –, que sustentaria ao longo de todo o desenvolvimento ulterior de sua obra. Veja-se por exemplo um desses ataques ao espírito retórico, que figura entre os primeiros de uma série que se pode acompanhar através do seu percurso de escritor. Trata-se de passagem da narrativa "A mulher de preto", integrado ao volume *Contos fluminenses*, publicado em 1870:

> Oliveira correspondeu ao abraço, e quando pôde desligar-se do médico, disse-lhe:
>
> – Obrigado, meu amigo; estas manifestações são muito honrosas para mim; sempre te conheci como um perfeito juiz literário, e a prova que acabas de dar-me é uma consolação e uma animação; consola-me do que tenho sofrido, anima-me para novos cometimentos. Se Torquato Tasso...
>
> Diante desta ameaça de discurso, e sobretudo vendo a interpretação de seu abraço, Estêvão resolveu-se a continuar caminho abandonando o poeta (ASSIS, 1962, p. 75).

Inúmeras outras demolições irônicas da oratória e da retórica encontram-se em Machado de Assis, entre as quais podemos referir algumas, a título de amostra sumária:

> – Nem outra cousa era de esperar de V. Exa., disse o orador mudando de voz para dar a estas palavras um tom de parêntesis.
>
> Apesar da declaração feita no princípio, de que era inútil acrescentar nada aos méritos do tenente-coronel, o intrépido orador falou cerca de vinte e cinco minutos com grande mágoa do Padre Maciel, que namorava de longe um fofo e trêmulo pudim de pão, e do juiz municipal que estava ansioso por ir fumar (ASSIS, 1962, p. 181).

O Tenente Porfírio era o tipo do orador de sobremesa; possuía o entono, a facilidade, a graça, todas as condições necessárias a esse mister. A posse de tão belos talentos proporcionava ao Tenente Porfírio alguns lucros de valor; raro domingo ou dia de festa jantava em casa. Convidava-se o Tenente Porfírio com a condição tácita de fazer um discurso, como se convida um músico para tocar alguma cousa. O Tenente Porfírio estava entre o creme e o café; e não se cuide que era acepipe gratuito; o bom homem, se bem falava, melhor comia. De maneira que, bem pesadas as cousas, o discurso valia o jantar (ASSIS, 1962, p. 194).

Comendo, ia ele dando rebate a algumas reminiscências, frangalhos de ideias, que lhe serviam para arranjo das frases e metáforas. Acabou e pôs-se de pé. [...]
[...] Era justamente um brinde ao dono da casa e à filha. Chamava a esta um pensamento de Deus, transportado da imortalidade à realidade, frase que empregara três anos antes, e devia estar esquecida. Falava também do santuário da família, do altar da amizade, e da gratidão, que é a flor dos corações puros. Onde não havia sentido, a frase era mais especiosa ou retumbante (ASSIS, 1962, p. 540).

Matias, cônego honorário e pregador efetivo, estava compondo um sermão [...]. [...] Vieram encomendar-lhe [...] para uma festa próxima; ele [...] recusou o encargo; mas insistiram tanto, que aceitou. [...].
Os festeiros despediram-se com grandes gestos de veneração, e foram anunciar a festa nos jornais, com a declaração de que pregava ao Evangelho o Cônego Matias, "um dos ornamentos do clero brasileiro". Este "ornamento do clero" tirou ao cônego a vontade de almoçar, quando ele o leu agora de manhã; e só por estar ajustado, é que se meteu a escrever o sermão (ASSIS, 1962, p. 570).

Citemos por fim trecho de um dos seus contos mais conhecidos e celebrados, o "Teoria do Medalhão", onde fulmina justamente o ícone por excelência da educação retórica, qualificando-o como antídoto infalível contra a originalidade de pensamento:

[...] podendo acontecer que, com a idade, venhas a ser afligido de algumas ideias próprias, urge aparelhar fortemente o espírito. As ideias são de sua natureza espontâneas e súbitas; por mais que as sofreemos, elas irrompem e precipitam-se. [...]
– Creio que assim seja; um tal obstáculo é invencível.
– Não é; há um meio; é lançar mão de um regímen debilitante, ler compêndios de retórica [...] (ASSIS, 1962, p. 290).

No entanto, pelo menos num texto Machado se refere às práticas retóricas sem a ironia costumeira com que as aborda. A exceção encontra-se na crônica "O velho senado", em que procura caracterizar o estilo oratório dos senadores mais destacados. Vejam-se os trechos:

> Não faltavam oradores. Uma só vez ouvi falar a Eusébio de Queirós, e a impressão que me deixou foi viva; era fluente, abundante, claro, sem prejuízo do vigor e da energia. [...] Não reli o discurso, não teria agora tempo nem oportunidade de fazê-lo, mas estou que a impressão não haveria diminuído, posto lhe falte o efeito da própria voz do orador, que seduzia (ASSIS, 1962, p. 639).

> Zacarias fazia reviver o debate pelo sarcasmo e pela presteza e vigor dos golpes. Tinha a palavra cortante, fina e rápida, com uns efeitos de sons guturais, que a tornavam mais penetrante e irritante. Quando ele se erguia, era quase certo que faria deitar sangue a alguém (ASSIS, 1962, p. 639).

> Nabuco, outra das principais vozes do Senado, era especialmente orador para os debates solenes. Não tinha o sarcasmo agudo de Zacarias, nem o epigrama alegre de Cotegipe. [...] A palavra do velho Nabuco era modelada pelos oradores da tribuna liberal francesa. A minha impressão é que preparava os seus discursos, e a maneira por que os proferia realçava-lhes a matéria e a forma sólida e brilhante. Gostava das imagens literárias [...]. O gesto não era vivo, como o de Zacarias, mas pausado, o busto cheio era tranquilo, e a voz adquiria uma sonoridade que habitualmente não tinha (ASSIS, 1962, p. 640).

> De Abrantes dizia-se que era um canário falando. Não sei até que ponto merece a definição; em verdade, achava-o fluente, acaso doce, e, para um povo mavioso como o nosso, a qualidade era preciosa; nem por isso Abrantes era popular (ASSIS, 1962, p. 640-641).

Literatura e assimilações

Outros escritores do nosso século XIX revelam contudo plena receptividade à formação retórica. José de Alencar parece estar nesse caso. Num texto de juventude, chega a declarar-se familiarizado com a disciplina, é verdade que não sem alguma leve ironia, e tendo em vista a instrumentalização de seu aparato conceitual para o exercício da crítica. A passagem se encontra na última das "Cartas sobre *A Confederação dos Tamoios*":

> Tornei-me estudante de retórica, meu amigo, e desci a noções rudimentais da poesia, porque a isto me obrigaram aqueles que, ou por cegueira da amizade ou por um mal-entendido despeito, assentaram de cumprir à risca o preceito da escritura: *oculos habent, et non videbunt* (ALENCAR, 1960, p. 914).

Mais importante do que isso é certo gosto pela ênfase, que hoje aliás tomamos por mau gosto e creditamos justamente à impregnação do espírito retórico. As descrições da natureza constituem um campo especialmente fértil para tais expansões, dando origem a um repertório de lugares-comuns de extração romântica[9]. Os manuais de retórica do tempo tipificavam o artifício no campo da elocução, enquadrando-o como a figura chamada "enargueia", por sua vez uma modalidade de "pintura", considerada como um dos chamados "graus do ornato". Assim um compêndio da época define a figura em questão:

> Enargueia é a pintura feita com tal viveza, que parece estar-se vendo o objeto representado por ela. À semelhança da pintura feita com tintas, que fielmente nos representa o objeto contido em seu quadro, a enargueia desperta em nossa fantasia objetos físicos de tal maneira, que parece-nos estar realmente vendo o quadro mental que se nos representa (HONORATO, 1870, p. 63).

Veja-se agora uma passagem de Alencar que ilustra o procedimento:

> A tarde ia morrendo.
>
> O sol declinava no horizonte e deitava-se sobre as grandes florestas, que iluminava com seus últimos raios.
>
> A luz frouxa e suave do ocaso, deslizando pela verde alcatifa, enrolava-se como ondas de ouro e de púrpura sobre a folhagem das árvores.
>
> Os espinheiros silvestres desatavam as flores alvas e delicadas; e o ouricuri abria as suas palmas mais novas, para receber no seu cálice o orvalho da noite. Os animais retardados procuravam a pousada, enquanto a juriti, chamando a companheira, soltava os arrulhos doces e saudosos com que se despede do dia.
>
> Um concerto de notas graves saudava o pôr do sol e confundia-se com o rumor das cascatas, que parecia quebrar a aspereza de sua queda e ceder à doce influência da tarde.
>
> Era a ave-maria.

---

9. O processo foi muito bem caracterizado por Eduardo Vieira Martins no seu estudo *A fonte subterrânea* (2005).

> Como é solene e grave no meio das nossas matas a hora misteriosa do crepúsculo, em que a natureza se ajoelha aos pés do Criador para murmurar a prece da noite! (ALENCAR, 1958, p. 67).

Literatura: entre a resistência e a assimilação

Se nos exemplos tirados da ficção de Aluísio Azevedo e Machado de Assis a teoria e as práticas retóricas são objetos de caricatura e rejeição, ao passo que, ao contrário, em Alencar temos mostras de plena identificação com elas, Raul Pompeia, na obra *O Ateneu*, alterna figurações negativas e positivas dos desempenhos oratórios dos personagens, meio indireto de manifestar seu ponto de vista relativamente à educação retórica. Corresponde ao primeiro caso, logo na abertura do romance, a passagem que contém as observações sobre a alocução do professor Venâncio durante uma solenidade escolar:

> Um discurso principalmente impressionou-me. À direita da comissão dos prêmios, ficava a tribuna dos oradores. Galgou-a firme, tesinho, o Venâncio, professor do colégio, a quarenta mil réis por matéria, mas importante, sabendo falar grosso, o timbre de independência, mestiço de bronze, pequenino e tenaz, que havia de varar carreira mais tarde. O discurso foi o confronto chapa dos torneios medievais com o moderno certame das armas da inteligência; depois, uma preleção pedagógica, tacheada de flores de retórica a martelo; e a apologia da vida de colégio, seguindo-se a exaltação do Mestre em geral e a exaltação, em particular, de Aristarco e do Ateneu. [...]
>
> Um último gesto espaçoso, como um jamegão no vácuo, arrematou o rapto de eloquência (POMPEIA, 1981, p. 36-37).

Ainda no registro irônico, beirando ao sarcástico, temos o trecho do capítulo 6 em que o narrador descreve os diversos estilos oratórios representados no Grêmio do Ateneu:

> A eloquência representava-se no Grêmio por uma porção de categorias. Cícero[10] tragédia – voz cavernosa, gestos de punhal, que parece clamar de dentro do túmulo [...]; Cícero modéstia – formulando excelentes coisas, [...], desculpando-se muito em todos os exórdios [...]; Cícero circunspecção – enunciando-se por frases cortadas como quem encarreira tijolos, homem da regra e da legalidade [...], com todos os requisitos da oratória, pureza, clareza, correção, precisão, menos uma coisa – a ideia; Cícero tempestade – verborrágico,

---

10. Na gíria escolástica, de que o narrador se serve ludicamente nessa passagem, designava-se a retórica pelo nome de sua autoridade maior; nesse contexto, portanto, "Cícero" está por "retórica". Do mesmo modo, à dialética chamava-se "Aristóteles".

por paus e por pedras, precipitando-se pela fluência como escada abaixo [...]; Cícero fraqueza – positivo, indispensável para o encerramento das discussões [...]; Cícero sacerdócio – sacerdotal, solene, orando em trêmulo [...] (POMPEIA, 1981, p. 143-144).

As duas intervenções oratórias de certo personagem – o Dr. Cláudio, presidente do Grêmio – são contudo descritas com grande simpatia pelo narrador, até porque em ambas se reconhecem claramente as próprias teses estéticas do escritor, de que aliás o romance constitui uma ilustração.

Subiu [...] à tribuna o presidente efetivo.

Com a facilidade da sua elocução, fez o Dr. Cláudio a crítica geral da literatura brasileira [...].

E passou a estudar a atualidade.

O auditório que escutava, interessado, mas tranquilo, começou a agitar-se (POMPEIA, 1981, p. 151).

A conferência do Dr. Cláudio foi subversiva, mas em sentido diverso da primeira. Versou não mais sobre a literatura no Brasil, porém sobre a arte em geral (POMPEIA, 1981, p. 154).

Triunfo do natural, ou confirmação inevitável do artifício?

Intensa e extensa, como se viu, foi a presença da retórica na sociedade e na cultura brasileiras do século XIX. Instalada no ensino em posição de destaque, a disciplina fornecia a base teórica das diversas práticas oratórias então altamente estimadas, que tinham lugar no púlpito, na tribuna parlamentar, em ocasiões sociais as mais diversas. Além disso, impregnou a literatura, que desenvolveu um gosto pela ênfase e frases de efeito, bem como determinou, no caso específico da poesia, a moda dos "recitativos" (cf. MACHADO, 2001, p. 121-130), pela qual o texto poético saltava da discrição da página impressa para a desinibição gesticulante das declamações, num evidente mimetismo das falas orais públicas, campo originário da retórica, como sabemos[11].

11. No caso da poesia, os "recitativos" tinham lugar em festas e comemorações domésticas de toda ordem, em saraus promovidos nos salões elegantes, nos teatros, geralmente nos intervalos entre os atos (cf. MACHADO, 2001, p. 121-130). A prosa de ficção, embora em menor escala, também tornou-se objeto de leitura em voz alta para pequenos auditórios, a julgar por depoimento de José de Alencar, que informa em sua autobiografia ter ocupado em sua casa "o honroso cargo de *ledor*" (ALENCAR, 1987, p. 20).

No entanto, vimos também como a literatura oitocentista, em certas de suas vertentes, procurou passar ao largo da retórica, chegando às vezes, conforme se verifica em vários dos trechos anteriormente por nós citados, a hostilizá-la de modo explícito.

Pode-se verificar o embate dessas duas tendências contrastando-se, por exemplo, a figuração de diálogos nos primeiros ensaios de prosa ficcional entre nós (década de 1830) com realizações posteriores no mesmo gênero, por parte de escritores como, entre outros, Joaquim Manuel de Macedo e José de Alencar. Observe-se a ênfase oratória que Pereira da Silva imprime à fala de seus personagens, em nítido contraste com a feição desataviada dos diálogos de Macedo, respectivamente em obras de 1839 e 1844:

> – Meu pai, meu querido pai! Gritou-lhe o jovem, lançando-se a seus braços e beijando-lhe as mãos.
>
> [...]
>
> – Como ousaste vir a Lisboa, infeliz? Para que deixaste lugar seguro e livre para te entregares por esse modo nas mãos dos teus perseguidores?
>
> – Oh! meu querido pai! O fado, o terrível fado assim o decidiu. Eu não podia viver; sentia longe de Portugal definharem-se minhas forças, morrer meu corpo, embrutecer minha inteligência. Rever a pátria e morrer!... saudar seus muros, respirar sua atmosfera, sentir sua brisa, é o que constitui a vida, é o que liga o homem à terra.
>
> – E teus inimigos? E a sentença que contra ti se lavrou? E a dor que vais causar a teu velho pai, a teus parentes? E a vergonha de expiar em um cadafalso, como se foras algum facinoroso? (SILVA, 1997, p. 35)

> – Bela consequência! É raciocínio o teu que faria inveja a um calouro, disse Fabrício.
>
> – Bem raciocinado..., não tem dúvida, acudiu Filipe; então, conto contigo, Augusto.
>
> – Dou-te palavra... e mesmo porque eu devo visitar tua avó.
>
> – Sim... já sei... isso dirás tu a ela.
>
> – Mas você não têm reparado que Fabrício tornou-se amuado e pensativo, desde que se falou nas primas de Filipe?... (MACEDO, 1983, p. 15).

Do mesmo modo, na poesia, num mesmo poeta encontramos ora um, ora outro registro. Castro Alves, por exemplo, mostra-se capaz tanto de enquadrar no balanço decassilábico um fragmento diretamente extraído do coloquial – "Boa noite, Maria! Eu vou-me embora" (ALVES, 1966, p. 123) – quanto de compor versos artificiosos e cheios de efeitos, que hoje chamaríamos "retóricos" (e, por certo, encerrando nessa adjetivação um juízo nada positivo):

> Eu, fitando esta cena, repetia
> Naquela noite lânguida e sentida:
> "Ó flor! – tu és a virgem das campinas!"
> "Virgem! – tu és a flor da minha vida!..." (ALVES, 1966, p. 125).

Dessas alternativas que se ofereceram à literatura oitocentista estava destinada a prevalecer a de rejeição a ênfases e artificialismos de linguagem, de modo que a palavra "retórica", tradicionalmente investida de um significado positivo, vai aos poucos ganhando um sentido pejorativo, que afinal passaria a ser de uso corrente no século XX, talvez até se sobrepondo ao seu significado originário. Esse processo de alteração semântica do termo "retórica" encontra-se aliás claramente documentado no Morais, o grande dicionário luso-brasileiro da época. Com efeito, o verbete em causa, na primeira edição do dicionário, se apresenta como segue: "Rhetorica, s. f. a Arte de fallar bem, para persuadir aos ouvintes" (vol. 2, p. 346). Essa definição se mantém ao longo das seis edições seguintes que terá o dicionário (1813, 1823, 1831, 1844, 1858, 1877-1878), salvo pequenas divergências gráficas entre elas, e o acréscimo de informação etimológica, introduzido a partir da edição de 1844. Na oitava edição, contudo, datada de 1890 (lembremos que nessa última década do século o ensino de retórica é suprimido no Colégio Pedro II), o verbete aparece reformado, e enfim se registra a carga depreciativa já então plenamente incorporada ao vocábulo:

> Rhétórica, s. f. (Lat.; do Gr. *rhêtorikê*, subentendido, *technê* arte, deriv. de *rhéô*, eu fallo) A Arte de fallar bem, e eloquentemente, para persuadir os ouvintes; a arte do orador. § Exhibição de dotes oratorios. § Estylo guindado, empolado. § Discurso ou escripto palavroso, mas falto de idéas. § A aula ou classe onde se ensina a rhetorica. § O livro ou tractado em que se ensina esta arte. § *Figuras de rhetorica*; fórmas particulares da linguagem fallada ou escripta, que dão força e graça ao que se diz, ou escreve. § **Rhetorica**; (fig. e depreciat.) mulher pretenciosa no fallar (vol. 2, p. 729; grifos nossos).

Como se vê, o dicionário apreendeu o trânsito semântico que afetou a palavra "retórica" no curso do século XIX. Se até a década de 1870, pelo menos no âmbito da língua portuguesa, concebia-se a retórica como "a arte de falar bem, para persuadir aos ouvintes", em 1890 a disciplina já caiu em desgraça, e seu sentido passa a apresentar matizes negativos: torna-se assim sinônimo de "estilo guindado, empolado", ou então "discurso ou escrito palavroso, mas falto de ideias". Na literatura, desse modo, prevalece uma orientação francamente refratária à retórica, vitoriosos os ideais estéticos da modernidade romântico-realista; consagram assim os princípios da autenticidade emocional e do verismo, valores supostamente só apreensíveis por uma linguagem "natural", alheia portanto a artifícios tidos por afetados e impertinentes.

Mas será possível tal linguagem investida de uma "naturalidade" a toda prova, imunizada contra qualquer interferência de construções e arranjos redutíveis a esquemas e fórmulas? Ou será a retórica um saber onívoro, capaz de processar e incorporar até as suas contestações? Terá sido nesse sentido que Flaubert falou numa "nova retórica", constituída exatamente pela atitude que se apresentara como negação radical do espírito retórico: "Aliás, naquele tempo, uma nova retórica anunciava que se deve escrever como se fala, e que tudo depende da observação e do sentimento" (FLAUBERT, 1981, p. 130)[12].

Referências

ALENCAR, J. *Como e por que sou romancista*. Rio de Janeiro: Academia Brasileira de Letras, 1987.

_____. "Cartas sobre *A Confederação dos Tamoios*". *Obra completa*. Vol. 4. Rio de Janeiro: José Aguilar, 1960, p. 863-922.

_____. "O guarani". *Obra completa*. Vol. 2. Rio de Janeiro: José Aguilar, 1958, p. 26-406.

ALMEIDA, M.A. *Memórias de um sargento de milícias*. São Paulo: Ática, 1971.

ALVES, C. [Antônio de]. *Obra completa*. Rio de Janeiro: José Aguilar, 1966.

ASSIS, M. *Obra completa*. Vol. 2. Rio de Janeiro: Aguilar, 1962.

---

12. Devemos o despertar da atenção para essa passagem ao fato de ela figurar como uma das epígrafes do livro de Eduardo Vieira Martins já antes referido.

AZEVEDO, A. *O mulato*. São Paulo: Ática, 1992 [1881].

CAMPATO JÚNIOR, J. *Retórica e literatura* – O Alencar polemista nas "Cartas sobre *A Confederação dos Tamoios*". São Paulo: Scortecci, 2003.

CARVALHO, A. *Postilas de retórica e poética*. Rio de Janeiro: Lombaerts, 1879.

DORIA, E. *Memória histórica do Colégio de Pedro II*: 1837-1937. Brasília: Instituto Nacional de Estudos e Pesquisas Educacionais, 1997.

DURAN, M.R.C. *Ecos do púlpito* – Oratória sagrada no tempo de D. João VI. São Paulo: Unesp, 2010.

FLAUBERT, G. *Bouvard e Pécuchet*. Rio de Janeiro: Nova Fronteira, 1981 [Trad. de Galeão Coutinho e Augusto Meyer].

FREIRE, L.J.J. *Elementos de retórica nacional*. Rio de Janeiro: Eduardo & Henrique Laemmert, 1869.

GAMA, M.S.L. *Lições de eloquência nacional*. 2 vols. Rio de Janeiro: Tipografia Imparcial de F. de Paula Brito, 1846.

HONORATO, M.C. *Sinopses de eloquência e poética nacional, acompanhadas de algumas noções de crítica literária extraída de vários autores e adaptadas ao ensino da mocidade brasileira*. Rio de Janeiro: Tipografia Americana de Eduardo Augusto de Oliveira, 1870.

LE CLERC, J.V. *Nova retórica* – Traduzida e acomodada para o ensino da mocidade brasileira pelo Dr. Francisco de Paula Meneses. Rio de Janeiro: Tipografia Nacional, 1856.

MACEDO, J.M. *A moreninha*. São Paulo: Moderna, 1983.

MACHADO, U. *A vida literária no Brasil durante o Romantismo*. Rio de Janeiro: Eduerj, 2001.

MARTINS, E.V. *A fonte subterrânea* – José de Alencar e a retórica oitocentista. Londrina/São Paulo: Eduel/Edusp, 2005.

MORATO, F. "Introdução". In: ALVARENGA, M.I.S. *Obras poéticas* – Poemas líricos, Glaura, O desertor. São Paulo: Martins Fontes, 2005, p. XVII-LIV [Introdução, organização e fixação de texto de Fernando Morato].

PERRONE-MOISÉS, L. (dir. e org.). *O Ateneu: retórica e paixão* – Comemoração do centenário de *O ateneu* (1888-1988). São Paulo: Brasiliense/Edusp, 1988.

PINHEIRO, J.C.F. *Postilas de retórica e poética*, ditadas aos alunos do Imperial Colégio de Pedro II. Rio de Janeiro: B.-L. Ganier, 1872.

POMPEIA, R. *O Ateneu* – Crônica de saudades. Rio de Janeiro: MEC-Fename/Olac/Civilização Brasileira, 1981 [1888]. Vol. 2 de *Obras* [Org. de Afrânio Coutinho e assistência de Eduardo de Faria Coutinho].

RÓNAI, P. *Não perca o seu latim*. Rio de Janeiro: Nova Fronteira, 1980.

SILVA, A.M. *Dicionário da Língua Portuguesa*. 2 vols. 8. ed. Rio de Janeiro: Empresa Literária Fluminense de A.A. da Silva Lobo, 1890.

_____. *Dicionário da Língua Portuguesa*. 2 vols. 7. ed. Lisboa: Tipografia de Joaquim Germano de Sousa Neves, 1877-1878.

_____. *Dicionário da Língua Portuguesa*. 2 vols. 6. ed. Lisboa: Tipografia de Antônio José da Rocha, 1858.

_____. *Dicionário da Língua Portuguesa*. 2 vols. 5. ed. Lisboa: Tipografia de Antônio José da Rocha, 1844.

_____. *Dicionário da Língua Portuguesa*. 2 vols. 4. ed. Lisboa: Impressão Régia, 1831.

_____. *Dicionário da Língua Portuguesa*. 2 vols. 3. ed. Lisboa: Tipografia de M.P. de Lacerda, 1823.

_____. *Dicionário da Língua Portuguesa*. 2 vols. 2. ed. Lisboa: Tipografia Lacerdina, 1813.

_____. *Dicionário da Língua Portuguesa*. 2 vols. Lisboa: Oficina de Simão Tadeu Ferreira, 1789.

SILVA, J.M.P. "O aniversário de Dom Miguel em 1828 – Romance histórico". In: SERRA, COSTA, T.R. *Antologia do romance folhetim*, 1839-1870. Brasília: UnB, 1997. p. 32-55.

SILVA, J.M.V. *Lições de retórica, para uso da mocidade brasileira*. Rio de Janeiro: Tipografia da Escola de Serafim José Alves, 1882.

SOUZA, R.A. *O império da eloquência* – Retórica e poética no Brasil oitocentista. Rio de Janeiro/Niterói: Eduerj/Eduff, 1999.

"A ELOQUÊNCIA DA TRIBUNA LIVRAVA-SE DE SEU SILÊNCIO E FALAVA..."
A RENOVAÇÃO DA FALA PÚBLICA NA EUROPA DO SÉCULO XIX*

Françoise Douay
Université de Provence / Aix-Marseille

O século XIX conheceu, tanto em toda a Europa quanto na América do Norte e do Sul, uma verdadeira renovação da eloquência; porque ao lado dos oradores tradicionais, que pregam a fé ou defendem a lei, vimos surgir então, nesse século de grandes mutações científicas, técnicas, econômicas, políticas e sociais, novos homens de fala, que se adaptam a públicos mais amplos ou mais instruídos, a lugares e a modos de eloquência mais modernos, no intuito de reverenciar palavras de ordem até então desconhecidas: "independência nacional", "república", "democracia", "progresso" e "luta de classes".

Seguir através de toda a Europa essa renovação da eloquência no século XIX será de grande interesse, uma vez que a paisagem oratória europeia aparecesse então como inovadora e variada, sobretudo para quem a aborda desde os séculos XVII e XVIII, reputados como "clássicos" e, por essa razão, mais frequentemente estudados. Segundo os testemunhos entusiastas ou indignados de seus contemporâneos, os oradores mais notáveis já são – tal como o serão no século XX: Sun Yat Sen e Gandhi; Mussolini, Hitler, De Gaulle, Churchill; Martin Luther King, Dom Helder Camara; Nelson Mandela ou Mgr Desmond Tutu – ora, considerados individualmente, "líderes carismáticos", célebres representantes de imensas causas políticas ou sociais, ora, considerados coletivamente, a encarnação dos conflitos de opinião, o teatro verbal das forças aliadas ou rivais, que disputam o domínio do mundo.

---

* Tradução de Carlos Piovezani.

Desse modo, na Irlanda, na ocasião sob dominação britânica, O'Connell obteve a aprovação mediante sua eloquência do *Projeto de lei de emancipação dos católicos* (1829) e, em seguida, inventou o *meeting* – um milhão de manifestantes desarmados e reunidos no *Mont Tara*, em 1843, no intuito de reclamar a autonomia do país; na Rússia, Pouchkine e Gogol comprometiam desde 1830 seu talento literário com o messianismo ortodoxo paneslavo e militavam com Santo Serafim Sarovoski e com o Conde Speranski, teórico romântico da "chama" retórica, para que o Império Otomano relaxasse seu empreendimento sobre os eslavos do Sul, recuo que ocorrerá por etapas de 1829 a 1878; na Hungria, Kossuth, jornalista e peticionário infatigável, aprisionado por vários anos em função de suas opiniões, conquista enfim junto ao imperador da Áustria, quando da *Primavera dos povos*, em 1848, um ano de independência para seu país, do qual ele se tornará governante, antes de conhecer em 1849 o aniquilamento militar e o exílio. Nos países da Europa, nos quais a unidade nacional é conquistada, as instituições, estabilizadas, o debate político, dominado pelo afrontamento de dois grandes partidos, um conservador e outro liberal, assistimos, por vezes durante décadas, justas oratórias de seus líderes, alternativamente chefe do governo ou de oposição, duelos esperados, ritualizados, decodificados e repercutidos pelos jornais dos dois lados: Guizot e Thiers, na França dos anos de 1840; Canovas del Castillo e Castelar, na Espanha dos anos de 1970-1980; Gladstone e Disraëli, na Grã-Bretanha de 1835 a 1880. Ora, ao mesmo tempo, em Londres, no ano de 1849, quatro conspiradores vivendo no exílio, o húngaro Kossuth, o italiano Mazzini, aliado intermitente de Garibaldi, o francês Ledru-Rollin, candidato derrotado nas eleições à presidência da Segunda República, em 1848, e o alemão Ruge, colaborador de Marx na *Crítica da Filosofia do Direito de Hegel*, de 1844, preparam em segredo, contra impérios e monarquias que dominam a Europa, uma *Aliança Republicana Universal*: antes de tornar-se "pública", a fala eloquente amadurecia frequentemente escondida e numa língua incerta. Para apreender como se exerce a fala pública na Europa do século XIX, através de suas múltiplas diferenças de estatutos nacionais, de instituições políticas, de orientações ideológicas, de visibilidade e de estilo – a unidade alemã forjada pela habilidade e astúcia de Bismarck, a unidade italiana, pelo entusiasmo e audácia de Garibaldi – seria necessário uma obra inteira. Nas dimensões modestas deste capítulo, sempre mantendo como pano de fundo a presença discreta da Europa e por vezes da América, gostaríamos de nos

• 203

ater à França. Não que ela seja "representativa" da Europa do século XIX; longe disso: ela foi a única a conhecer, depois do Antigo Regime, a revolução, em seguida, um império militar autóctone, cuja queda promoveu uma restauração monárquica, inicialmente aristocrática e depois burguesa, seguida de uma segunda república e depois de um segundo império, antes de atingir, somente no último quarto do século, à estabilização de uma terceira república. Essas próprias variações, constituídas de efetivos avanços e de retrocessos carregam uma forte tensão entre um desejo de mudança, de renovação, e uma exigência de continuidade, de tradição. É sob os auspícios dessa ambivalência e interditando-nos *a priori* a facilidade do oximoro – "a mudança na continuidade" ou ainda pior "renovação E tradição", que cristalizaria sua história – que abordaremos o tema da fala pública na França do século XIX. Dito de outro modo, sempre considerando as novas práticas assinaladas pelos observadores da época, não nos esquivaremos do problema de sua relação com as regras ideais da eloquência consignadas pela tradição retórica, cuja transmissão na França somente foi interrompida no limiar do século XX.

Relembremos, portanto, num primeiro momento, que a tradição retórica europeia mais clássica, oriunda da Antiguidade greco-latina, sustentada pelos tratados de Aristóteles, de Cícero e de Quintiliano, e de suas veneradas instituições da Atenas democrática e da Roma republicana, apenas distingue propriamente três gêneros de eloquência, que correspondem ao mesmo tempo a três lugares e a três modos distintos de seu exercício: inicialmente, o gênero *judiciário*, que serve para julgar os crimes e delitos e para condenar ou absolver seus autores em nome da lei, se exerce no tribunal sob a forma dialógica de dois defensores de argumentos contraditórios, sobre os quais arbitrará um terceiro personagem, o juiz, assistido ou não por um júri; em seguida, o gênero *deliberativo*, que serve para estabelecer coletivamente as leis tendo em vista a ordem e o bem públicos, se exerce na assembleia legislativa ou *tribuna* sob a forma polilógica do debate entre proposições múltiplas e diversas, que chega a uma decisão, na ausência do dispositivo qualitativo do consenso, por meio do dispositivo quantitativo do voto majoritário, cuja lei resultante deve ser obedecida igualmente pela minoria; enfim, o gênero *epidítico* ou *demonstrativo*, que serve para aumentar a força dos laços entre os membros do auditório, em nome de sua unidade ideal, relembrando-lhes suas experiências e valores comuns, fomentando assim sua energia para a realização das tarefas coletivas, se exerce nos discursos de cerimônia – funerais, nascimentos, casamentos, inaugurações, competições esportivas, partidas para a guerra, entrega de prêmios etc. – sob a forma monológica da arenga, que não oferece nenhuma possibilidade de interrupção e somente espera como resposta os aplausos, eventualmente substituídos pelas vaias.

Ora, com a cristianização que se impôs à Roma no século IV e que posteriormente reinou sobre a Europa durante toda a Idade Média, no sentido que lhe atribui Jacques Le Goff, ou seja, do século VIII ao século XVIII, a predicação religiosa ocupa desde então o lugar do gênero epidítico, do qual ela conserva o modo de intervenção dissimétrica: um único orador diante de um auditório sem voz. Ao mesmo tempo, os debates de assembleia, que possuíam o poder de legiferar e de impor decisões executórias, foram progressivamente desaparecendo, em proveito das decisões soberanas dos monarcas, a não ser em raras exceções, como os restritos conselhos de confrarias ou de ordens religiosas, os conselhos municipais de cidades livres ou o orgulhoso parlamento britânico. É assim que na retórica francesa do século XVII, adaptando-se aos modelos das instituições impostas pelo Rei Luís XIV ao país, declarado exclusivamente católico desde então e dirigido sem tribuna política por um monarca absoluto, o sistema dos três gêneros antigos foi substituído pela aliança de dois termos, a *chaire* e o *barreau*, ou seja, a cátedra religiosa e o tribunal judiciário, que distingue prioritariamente a eloquência *sagrada* do predicador e a eloquência *profana*, ilustrada pelo duelo exclusivo entre o advogado da parte civil oposto ao procurador, então nomeado "advogado do rei". No século XVIII, acrescentam-se paulatinamente a essa dupla o acadêmico, que expõe em espaços eruditos seus resultados de pesquisa erudita, e os "letrados", enciclopedistas e filósofos, tais como Voltaire e Diderot, que divulgam em salões de grande público letrado as novas ideias iluministas, frequentemente subversivas. Por volta do fim desse século, a lembrança das assembleias gregas e romanas se reanima, quando seu modelo político – encarnado, apesar de seu rei, pelos *debatedores* do parlamento britânico depois de 1688 – encontra uma ilustração moderna nitidamente afirmada na jovem República dos Estados Unidos da América, fundada em 1783; na França, em 1786, a distância entre o ideal retórico antigo e a realidade institucional francesa suscita num voltairiano com uma incandescente vontade de se engajar na vida política, como é o caso de Marmontel, o duplo sentimento de uma deficiência histórica e de um desvio desejável para o contexto francês:

• 205

A eloquência não possui mais tribuna! Mas a cátedra religiosa continua a tornar ainda mais pura e tocante a santidade de seus motivos para a moral sublime. Mas as academias são tribunas, em que, aos aplausos, pergunta-se hoje tal como outrora na praça de Atenas: *Quem quer falar para o bem público?*[1]

Essa tribuna reclamada pelos oradores filósofos vai surgir na França em 1789: Jacques Guilhaumou descreve seu desenvolvimento tumultuado no centro da Revolução Francesa[2] e não retomarei aqui nem as peripécias nem as figuras maiores desse acontecimento, tão presentes na memória dos homens do século XIX, que ora as vilipendiam ora as sacralizavam. Para a história da retórica na França, a instauração em 1789 desse regime parlamentar, desde então ininterrupto até nossos dias – com exceção dos dois breves impérios: de um lado, Napoleão I, entre 1804 e 1815, Napoleão III, entre 1852 e 1870, e, de outro, a ocupação alemã entre 1940 e 1944 – vem saturar o dispositivo ternário herdado da retórica antiga: com mais de dois milênios de distância, engrenamos desde então a *cátedra*, a *assembleia* e o *tribunal*, tal como outrora com o *demonstrativo*, o *deliberativo* e o *judiciário*, alojando nos três vértices desse triângulo neoaristotélico de ouro os atores, os lugares, as instâncias de legitimação, os modos de exercício e os objetivos da fala pública. Assim, recorremos a Jean Starobinski, quando ele brilhantemente, ao tratar de uma peroração solene, inscreve a *cátedra*, a *assembleia* e o *tribunal* no panteão dos *lugares de memória* da França:

> Três corpos coletivos: o clero, os deputados e os homens da lei. Três recintos ou três templos para acolhê-los: a igreja, a assembleia e o palácio da justiça. No interior desses recintos, três lugares reservados àqueles que se elevam para ali discursar: a cátedra, o púlpito e o tribunal. Esses três lugares, reservados a três rituais de linguagem foram frequentemente decorados com emblemas: sobre o pálio da cátedra da igreja, o Espírito Santo; em torno do púlpito da assembleia, as cores da bandeira, o feixe romano dos lictores, o barrete frígio ou uma ainda mais completa imagem da Liberdade; sobre as paredes do tribunal, a Justiça de olhos vendados e com sua balança. Os emblemas alegorizam três autoridades: Deus, a Nação e a Lei. Três autoridades às quais, em sendo necessário, se pode apelar con-

---

1. MARMONTEL, J.-F. "Rhétorique". In: BEAUZÉE N. & MARMONTEL J.-F. (dir.). *Encyclopédie Méthodique, Grammaire et Littérature*, vol. III, 1786, p. 335.

2. Cf. neste volume: GUILHAUMOU, J. "Falas democráticas e poderes intermediários durante a Revolução Francesa".

tra os homens que governam. [...] Nós as denominamos instâncias de legitimação.

Como falar nesses três lugares? A retórica ensinava-o, não sem prevenir que, para os três tipos de discurso, as diferentes virtudes da linguagem deviam ser desenvolvidas [...]. Porque persuadir é um ato diferente conforme o fato de que se fala aos fiéis em nome da divindade, ou que se dirija aos representantes da nação em nome do bem superior da própria Nação, ou ainda que, diante do juiz, se invoque a Lei em nome de uma das "partes" em litígio. Trata-se, com efeito, de obter três tipos de decisão: a conversão (ou contrição) do fiel; o voto dos representantes da nação; e a decisão dos juízes que decidem, segundo sua interpretação da lei, sobre a causa levada ao seu tribunal. Decisões que marcam o instante e abrem um futuro[3].

Uma arquitetura tão densa, tão fortemente estruturada, não pode deixar de intimidar; sem dúvida, ela possui o mérito de atribuir à Retórica a dignidade que alguns lhe negam. Mas, trata-se ali de uma construção transistórica idealizada, útil como horizonte teórico, porém com a condição de que a partir dela seja empreendida uma descrição mais concreta para cada sociedade e para cada época. Ora, na França do século XIX, se é efetivamente possível encontrarmos esse esquema ternário, menos em termos de lugares (a cátedra, a assembleia e o tribunal) que em termos de gêneros do discurso (demonstrativo, deliberativo e judiciário), encontramo-lo unicamente no começo dos manuais que expõem os preceitos da Retórica, porque as antologias de discursos dos oradores, que oferecem aos estudantes e ao grande público exemplos e modelos de eloquência, apresentam outras classificações. Em 1810, o *Manuel du Rhétoricien*, de François Noël continha somente discursos completos anteriores a 1789, que formavam um outro trio: a *cátedra*, o *tribunal* e a *academia*. De 1830, data da compilação de arquivos do Abade Marcel, até 1894, quando aparece a última antologia geral de discursos oratórios franceses, o *Canciones français*, de Joseph Reinach, a classificação mais comum é um quarteto: a *cátedra*, a *academia*, o *tribunal* e a *assembleia*. Contudo, ao longo do século, os sucessivos dicionários (BOISTE, 1800; BESCHERELLE, 1846; LAROUSSE, 1901) expressam um consenso em reconhecer na eloquência "propriamente dita", sendo aquela dos oradores que praticam de viva voz a fala em público, não quatro, mas cinco gêneros maiores: eloquên-

---

3. STAROBINSKI, J. "La chaire, la tribune, le barreau". In: NORA, P. *Les lieux de mémoire* – II La Nation. Paris: Gallimard, 1986, p. 479-480.

cias *religiosa, parlamentar, judiciária, universitária* e *militar*, relacionadas a cinco lugares de seu exercício: a *cátedra*, a *assembleia*, o *tribunal*, a *universidade* e os *campos de batalha*. Em 1848, enfim, a monumental antologia em seis volumes do Abade Henry, que consagra seus dois últimos volumes ao século XIX, inventa uma sexta e última categoria: a *Agitação...* católica, que ocorre com o irlandês O'Connell e seus *meetings* imensos, e com os vibrantes dissidentes do catolicismo social francês, sem demora condenados pelo Vaticano; outros depois do Abade Henry, tais como Gérusez, Tissot, Laboulaye, durante os anos cruéis do Segundo Império, concederão um lugar à *eloquência popular*, que se exerce principalmente nos cafés e em diversos espaços de associações, por vezes, clandestinas, ou então "ao ar livre", nas feiras e nas ruas. Ecoando essas ricas observações e sua considerável evolução de 1800 a 1900, é por meio desses seis gêneros da eloquência que evocarei a renovação da fala pública na França no século XIX, partindo da eloquência militar, uma vez que Napoleão Bonaparte é no começo do século seu único modelo; em seguida, virão os quatro gêneros centrais: primeiramente, as duas cátedras, a religiosa na igreja e a acadêmica na universidade; na sequência, o tribunal judiciário; e, enfim, a assembleia política. A eloquência popular, mais difícil de ser apreendida, fechará o trajeto neste panorama reflexivo, em que predomina a emergência e, depois, a irresistível ascensão do discurso político. Antes de passarmos às considerações sobre a eloquência militar, traço abaixo um quadro com as antologias, suas datas e o percentual de cada uma dedicado à cátedra, à academia, ao tribunal e à assembleia:

Antologias	Cátedra	Academia	Tribunal	Assembleia
François Noël, 1810	53%	33%	14%	0%
Abade Marcel, 1830	30%	22%	22%	26%
Abade Henry, 1848	28%	11%	17%	44%
Joseph Reinach, 1894	8%	12%	11%	69%

1 A eloquência militar

O século XIX abre-se com uma eloquência do campo de batalha que varre, num grande sopro de uma oralidade imediata, a figura até então soberana do homem letrado, motivo de orgulho do século XVIII, que estava se findando. Toda a Europa, em coalizão contra a Revolução Francesa e, em seguida, contra o império conquistador de Napoleão, é vítima da guerra quase sem interrupção durante vinte três anos (de 1792 a 1815); uma guerra massiva, que, apenas no decênio 1804-1814, mobiliza na França dois milhões e quatrocentos mil homens; uma guerra ideológica, diríamos hoje, uma vez que suas razões iniciais são antes políticas que territoriais. A partir do segundo ano desse decênio, em que pela primeira vez ocorre o envolvimento de voluntários, levados em massa e, em breve, sob conscrição obrigatória, uma nova entidade, a República Francesa, chama todos seus *filhos* para a defesa da *Pátria Mãe*; desde então, durante toda a epopeia napoleônica – que "coloca na cartucheira de cada soldado a dignidade de um marechal" – desenvolve-se um modelo de eloquência específica: bastante dissimétrica, na medida em que somente um oficial pode discursar para suas tropas, de modo que cada capitão fazia-o diante de sua companhia, formada por uma quarentena de soldados, por meio de uma proclamação ao exércitos composta com eloquência por seu jovem general-em-chefe; marcada pela ação direta sobre os acontecimentos, uma vez que a vitória dependerá da galvanização das energias; e saturada de virtude heroica, tendo em vista que ela arrasta a maioria ao sacrifício e apenas os poucos restantes, à glória. Nova na Europa moderna, essa intensa experiência de guerra reatualiza paradoxalmente a antiga arte da arenga militar, pouco tematizada nos preceitos da retórica, mas muito presente, tanto nas antologias escolares de textos, tal como o *De viris illustribus Urbis Romae* que reúne grande diversidade de discursos históricos recompostos por Tito Lívio, quanto nos exercícios de composição de discursos com estilo direto, propostos nas aulas de retórica: *Aníbal, na passagem pelos Alpes, estimula a coragem em suas tropas esgotadas* torna-se repentinamente o ancestral evidente, legítimo e útil da proclamação que profere Bonaparte ao exército da Itália, em Nice no quarto ano daquele decênio:

> Soldados, vocês estão nus e mal-alimentados; o governo lhes deve muito e não pode fazer nada por vocês. Sua paciência e a coragem que vocês mostram no meio dessas rochas são admiráveis; mas, elas não proporcionam nenhuma glória e nenhum brilho incide sobre vocês. Eu quero conduzi-los às mais férteis planícies do mundo. Ricas províncias e grandes cidades estarão sob seu poder; nelas, vocês encontrarão honra, glória e riquezas. Soldados da Itália, vão lhes faltar a coragem e a constância?[4]

---

4. BONAPARTE, N. *Lettres, discours, proclamations*. Paris: Mercure de France, 1938, p. 92.

Em sua passagem pelos Alpes, Napoleão considera-se Aníbal, de quem ele imagina reeditar as proezas, a tal ponto que as paradas de sua marcha vitoriosa parecem-lhe "delícias de Cápua" e reavivam-lhe na memória o famoso *Vincere scis, Hannibal, sed victoria uti nescis*; à medida que se aproxima de Roma, ele pensa em despertar "o povo romano" e seus valorosos chefes adormecidos desde a Antiguidade:

> Sim, soldados, vocês fizeram muito... Mas não lhes resta mais nada a fazer? Dirão a nosso respeito que soubemos vencer, mas que nós não soubemos aproveitar a vitória? A posteridade lhes reprovará por terem encontrado Cápua na Lombardia? Mas, eu já os vejo correr às armas... Pois bem; partamos! Temos ainda difíceis caminhadas a fazer, de inimigos, a submeter, de louros, a colher, de injúrias, a vingar. Que tremam aqueles que ergueram seus punhos, incitando a guerra civil na França! É chegada a hora da vingança; mas que os povos estejam sem inquietações; somos amigos de todos os povos e mais particularmente dos descendentes dos Brutos, dos Cipiões e dos grandes homens, que tomamos como modelos. Restabelecer o Capitólio, instalar com honra as estátuas dos heróis que o tornaram célebre; despertar o povo romano entorpecido pela escravidão durante séculos; este será o fruto de nossas vitórias. Elas ecoaram na posteridade; vocês terão a glória imortal de terem mudado a face da mais bela parte da Europa. O povo francês, livre, respeitado no mundo inteiro, dará à Europa uma paz gloriosa, que o indenizará dos sacrifícios de toda sorte que ele fez desde seis anos atrás. Vocês voltarão aos seus lares e seus concidadãos, ao lhes mostrar, dirão: Ele era do exército da Itália![5]

Com o verniz da cultura retórica, Napoleão Bonaparte vive os acontecimentos que ele próprio suscita envolto de prestigiosas reminiscências, ele os reconhece na história e imediatamente os inscreve na imortalidade da memória. Mas sua palavra-mestra, a *Glória*, carrega consigo tanto o *poder* e *as riquezas dos países férteis* quanto a propagação de sua *liberdade*, como se ele mesmo oscilasse entre duas figuras de homem de ação: aquela do líder que comanda os mercenários, conquistador orgulhoso, ávido e brutal – perigo que fará a família real de Portugal escolher o exílio no Brasil, em 1807, acarretando ao cabo de certo processo a independência de sua imensa colônia; ou aquela mais política do conquistador libertador dos povos e grande refundador, com seu apogeu em 1811, quando a França, com seus 130 departamen-

---

5. Ibid., p. 96. São os nobres que, agindo na sombra ou emigrados, "ergueram seus punhos, incitando a guerra civil na França".

tos, estende-se de *Bouches-de-l'Elbe*, cuja capital era Hamburgo, até *Bouches--du-Tibre*, cuja capital era Roma. Após as derrotas de 1812-1814, o exílio, o breve retorno e, em seguida, o desastre em Waterloo, em 1915, a ambiguidade no sentido e no valor da aventura – ou do empreendimento – napoleônica continuará a existir; a despeito de tudo isso, Bonaparte permanecerá como a encarnação da eloquência militar, ao longo de todo o século XIX.

Essa longa experiência da guerra vai marcar vivamente o sistema educacional francês. O próprio Napoleão, nascido em 1769, formou-se entre 1779 e 1783 na Escola Militar de Brienne, onde seguiu com quatorze anos de idade o curso de Retórica de Louis Damairon; e o fez sem dúvida com muito interesse, uma vez que escolheu os *Préceptes*[6] redigidos por seu professor como manual oficial de arte oratória, quando da reforma do ensino que ele projetou em 1802. Com efeito, nessa data, as Escolas Centrais, cuja vocação era científica, criadas em 1794 pela Revolução e substitutas dos colégios religiosos e reais do Antigo Regime, são fechadas por Napoleão e substituídas pelos Liceus imperiais, nos quais o fim dos estudos é desde então sancionado por um diploma nacional, o *Baccalauréat*. Nesses liceus, ecoando as grandes figuras de Alexandre, César e Augusto, rapidamente instala-se o poderoso dispositivo de culto ao imperador ou a "propaganda napoleônica", conforme dirão alguns[7]. Selecionada não mais pelo nascimento, tal como no Antigo Regime, mas pelo mérito escolar, a elite dos jovens frequentadores dos liceus, todos eles rapazes, dirigida imediatamente ao cabo do Baccalauréat para a Escola Militar e, depois, ao campo de batalha, é impelida, em conjunto com o uso do tambor, da farda e do manejo de armas, à arte de conduzir eloquentemente suas tropas à guerra por meio de falas sublimes, prelúdio da arte suprema de morrer com beleza. O testemunho do historiador Edgard Quinet, que nasceu em 1803 e cursou sua disciplina de Retórica aos treze anos de idade entre 1815-1816, nos confirma que o endurecimento espartano e o estoicismo romano, superestimados nos períodos sonoros à Jean-Jacques Rousseau, mesmo na sequência imediata do fracasso da miragem napoleônica, orquestravam ainda a corrida rumo ao sacrifício:

> [...] nós compúnhamos discursos, declamações, amplificações, narrações, como no tempo de Sêneca. Nos discursos, era preciso

---

6. DAMAIRON, L. *Préceptes généraux des Belles-Lettres*. 2 vols. Paris: Laporte, 1784-1785.

7. HOLTMANN, L. *Napoleonic propaganda*. Balton Rouge: LUS, 1950.

sempre uma prosopopeia aos moldes de Fabricius; nas narrações, sempre um combate de generosidade, sempre um pai que disputa com seu filho o direito de morrer em seu lugar, num naufrágio, num incêndio ou numa execução. Tínhamos de escolher entre essas três maneiras de terminar a vida de nossos heróis, assim como tínhamos a liberdade de colocar em suas bocas as falas supremas[8].

As aulas de Retórica, coroação do ensino secundário no Antigo Regime, havia periclitado durante a revolução; o império a restabeleceu plenamente e vemos seu reflorescimento no dia da distribuição de prêmios dos grandes concursos de eloquência, submetidos desde então à atualidade mais imediata; assim, em Marselha, em julho de 1805, temos o elogio de ascensão de Bonaparte ao trono imperial, que ocorreu em dezembro de 1804; temos em julho de 1806 o elogio da genial Batalha de Austerlitz, ocorrida aos 02 de dezembro de 1805; temos em julho de 1807 o elogio fúnebre dos soldados mortos na Batalha Friedland seis semanas antes aos 13 de junho de 1807. Esses métodos de propaganda no calor da hora cessarão após Waterloo e jamais reaparecerão nas aulas, nem mesmo sob o Segundo Império. Não obstante, Napoleão continuará sendo para muitos e por longo tempo um objeto de culto e de imitação racional, tanto na modalidade escrita quanto na oral: Stendhal, que lhe prestava uma devoção sem limites, não estava inclinado à *enérgica precisão* do Código Civil? Ora, é precisamente o estilo direto e diretamente útil à *saúde pública*, que se desejava ensinar no Império da base até o cume da pirâmide escolar, cuja extensão deveria chegar à Escola Politécnica:

> O professor (de Gramática e Belas-letras) deve coordenar suas aulas com todas as demais que são oferecidas pela Escola e que tendem para um objetivo comum, a saber, aquele de formar militares, engenheiros, construtores etc., homens úteis nos diferentes serviços públicos. [...]

> Os alunos, em suas diferentes carreiras às quais eles são instados a abraçar, frequentemente terão memoriais, projetos, relatórios a redigir, ordens a serem dadas oralmente ou por escrito; e é muito importante que uma ordem ou relatório seja redigido claramente e sem ambiguidade! A vitória em uma batalha e a saúde de um exército podem depender disso.

---

8. QUINET, E. "Histoire de mes idées, autobiographie". *Oeuvres completes*. 26 vols. Paris: Germer-Baillère, 1878, p. 136. Poderíamos vislumbrar a ironia nessas lembranças do Liceu, caso Quinet não houvesse escrito em 1836 o vasto poema "Napoleão é o povo", no qual ele canta "esse homem maior que a natureza", "sua luta titânica contra a Europa" e os sentimentos sublimes daqueles que morriam "pelo imperador".

> Nós pensamos portanto que o professor deverá particularmente empenhar-se em dar aos alunos os preceitos da arte de escrever, em fazê-los conhecer as principais qualidades por meio das quais se forma um bom estilo, tais como a clareza, a correção, a precisão, a energia[9].

Esse laconismo eficaz parece vir diretamente da linha proposta pelo Iluminismo, mas a sóbria exatidão cultivada por d'Alembert ou Condorcet não enunciava ordens, mas teoremas, na igualitária liberdade da conversação erudita, em que a fala do comandante possui um lugar menor e mais restrito. O heroísmo autoritário do General Bonaparte difundiu em toda sociedade – a começar pela juventude dos liceus e das grandes escolas – uma eloquência de combate, tensa, viril e mobilizadora, que se inscreve diretamente no levante oratório da Revolução Francesa, que projeta finalmente sobre o conjunto desse período exaltante uma única e exclusiva figura de orador taumaturgo, disposto sobre a massa ou sobre a tropa, que ele direciona para uma causa temível. Essa reconstrução legendária, que faz do orador um *condutor de homens*, assegura durante longo tempo na França o triunfo retórico da arenga sobre o debate, esse triunfo compreendo inclusive a câmara dos deputados, onde não se respeita as regras do debate democrático com o mesmo escrúpulo religioso presente nas tribunas inglesa e norte-americana.

Em seu *Livre des orateurs*, publicado em 1836 e muitas vezes reeditado, Louis de Cormenin descreve longamente as falas dos eleitos sob a restauração monárquica que sucedeu ao império napoleônico. Ora, entre "as profissões que predispõem à eloquência", Cormenin opõe aos advogados e aos professores – "barretes redondos e barretes quadrados" – que cultivam com cuidado o rigor da argumentação e a elegância do estilo, os militares, que podem se permitir numerosos distanciamentos de atitude e de linguagem, tendo em vista o fato de que "aqueles que fazem a guerra" beneficiam-se ainda, sob a monarquia restaurada (1815-1848), de um estatuto de exceção, que lhes assegura imediatamente a confiança e a indulgência do público:

> Os militares abordam a tribuna com ousadia, impaciência e fogo, como abordam uma bateria. Eles mantêm a cabeça erguida. Eles possuem o gesto do comando e olham o auditório de frente. Desconfia-se menos deles, porque se supõe que, se eles podem se

---

9. ANDRIEUX, F.G.J.S. *Cours de Grammaire & Belles-Lettres de l'École Impériale Polytechnique*. Paris: Baudoin, 1804, p. V e X.

enganar, ao menos eles não tentam nos enganar. Atribui-se aos oradores militares o desprezo pela gramática, a amargura grosseira das reprovações, o abuso de figuras retóricas e a desarticulação do discurso. Eles podem lançar-se bruscamente fora do assunto, sem retomá-lo. Eles podem dizer mais ou menos na linguagem que eles quiserem, seja ela trivial ou correta, coesa ou sobressaltada, tudo o que lhes vêm à cabeça, sem colocá-las em ordem. Vi o General Foy bater os punhos e os pés, bater no mármore da tribuna, agarrar-se a ela e agitar-se como um possuído. Ele espumava e a cólera saia-lhe pelos dois cantos da boca. Deixávamo-lo falar. Impusemos o silêncio a um professor. Para mim, ao invés de reclamar desse gosto retórico, prefiro esses militares brutos, que desembainham sua espada e que marcham diretamente em direção ao inimigo aos retores açucarados que nos assassinam com golpes de alfinetes[10].

Sem essa nostalgia da *grandeza militar de todo um povo* talvez não tivesse sido possível ocorrer, entre 1848 e 1852, em proveito de um sobrinho de Napoleão, a captura da Segunda República pelo Segundo Império; brilhante economicamente, mas militarmente digno de pena; não houve uma grande guerra na Europa entre 1815 e 1914! Alguns motins, pequenos conflitos, expedições longínquas e mesmo uma guerra relâmpago entre a Alemanha e a França em 1870 – "Cavaleiros, carregar armas!" – mas, nada de uma conflagração europeia, nada de "luta titânica". Como sobrevier numa tamanha calma? Hervé Mazurel mostrou recentemente como muitos dos veteranos bruscamente desmobilizados, misturados com as "crianças do século" que estavam preparadas para combater e que foram privadas de fazê-lo, envolveram-se nas guerras por independência na Grécia, a exemplo de Byron (1821), ou na América Latina, ao lado de Bolivar e São Martin (1818), antes de lançarem-se na aventura colonial (Argélia, em 1830), uma vez mais meio-*libertadores dos povos* e meio-*mercenários aventureiros*. Depois de Alain Corbin[11], Mazurel destacou o fato de que "um dos maiores efeitos das mobilizações militares de massa dos anos de 1792-1815 foi ter inscrito a prova de fogo

---

10. CORMENIN, L. *Livre des orateurs* [1836]. 11. ed. Paris: Schneider et Langrand, 1842, p. 20. Tão patriota quanto ardente republicano, o General Foy, mesmo se opondo politicamente a Napoleão, combateu lealmente na armada francesa imperial até Waterloo, com exceção dos Cem Dias.

11. CORBIN, A. "'Le sexe en deuil' et l'histoire des femmes". In: PERROT, M. (org.). *Une histoire des femmes est-elle possible?* Paris: Rivages, 1984, p. 142-147.

como um rito de passagem obrigatório para a idade do homem"[12]; diante da impossibilidade de exercê-la na Europa em paz, essa exigência urgente teria gerado entre 1815 e 1914 "uma busca febril de alhures guerrilheiros"[13]. Ora, o que potencializa os efeitos de mobilizações militares de massa, fornecendo aos soldados as palavras mestras – *glória, honra* e *imortalidade* – que dão ao "fogo" seu estatuto de prova exaltante, é precisamente, da escola ao campo de batalha e, depois, nos elogios fúnebres nas homenagens aos mortos, a eloquência militar.

2 A eloquência religiosa

"*Púlpito*: Tribuna ornamentada da qual o padre endereça a fala aos assistentes. Fig. A predicação. *Os oradores da tribuna*: Tribuna na qual se coloca um professor nas escolas públicas. Fig. O ensino. Uma cátedra de retórica"[14].

A noção de *púlpito*, lugar alto de fala do qual a elite dos clérigos expõe ao público as verdades salutares, passou por uma importante perturbação no século XIX, uma vez que ela encontrou-se partilhada desde então por duas instituições: a Igreja e a universidade, que serão aqui abordadas uma após a outra.

Depois das tribulações da Revolução Francesa – emigração do alto clero, cisão entre padres que lhe eram adeptos e refratários, perseguições no distrito de Vendée, concorrência entre distintos cultos deístas – e da ofensiva tutela "galicana" imposta por Napoleão ao Papa Pio VI e, em seguida, ao Papa Pio VII (1799-1814), a Igreja Católica, no congresso de Viena (1814-1815), reencontra, nas monarquias restauradas, a plenitude de seus antigos poderes; poderes seculares por meio da reconstituição dos Estados da Igreja, desta feita deslocados pela progressão territorial da França, e poderes espirituais sobre os bispos e sobre as ordens religiosas, principalmente mediante o restabelecimento dos Jesuítas, sobre os quais recaía uma interdição desde 1773. Na França, de 1815 até o fim do século, o clero católico e seus fiéis, em número crescente, vão desenvolver uma intensa atividade: comemoração

---

12. MAZUREL, H. "Les guerriers de l'Ailleurs – De la croisade philhellène aux guerres lointaines du XIXe siècle". *Ecrire l'Histoire*, n. 7, 2011, p. 61.

13. Mazurel, 2011, p. 138.

14. De acordo com LITTRÉ & BEAUJEAN. *Petit Littré*. Paris: Gallimard & Hachette, 1959, p. 300-301.

em homenagem às vítimas da Revolução e, mais tarde, da Comuna de Paris (1870-1871), por intermédio da construção da Igreja *Sacré Coeur*, de cerimônias de expiação, de procissões solenes e de perdão; de missões de recristianização de áreas rurais, construção de santuários e peregrinações à Virgem (*La Salette*, em 1846; *Lourdes*, em 1858); de obras sociais e apostolado popular nas cidades; de notáveis conferências na *Notre-Dame* de Paris, cursos na faculdade, edições de livros e revistas; do ensino dos colégios e de pequenos e grandes seminários realizados em latim litúrgico e com retórica ativa. Em suma, tratava-se do uso de um aparelho simbólico colossal, em que a predicação propriamente dita é somente um entre outros recursos, tal como era o sermão na missa, em meio à presença real de Deus na Eucaristia e a fausta liturgia que a envolve, aos cantos e à música, às velas, encenações, gestos e arquitetura. Mas, mesmo que acompanhado por outras manifestações, o ritual da pregação dos domingos e festas de Natal, Páscoa e Pentecostes deve ser exercido pontualmente durante todo o ano, de alto a baixo da escala pastoral.

Sobre o humilde terreno das paróquias, para *O bom cúria no século XIX* (Dieudonné, 1846), expande-se bastante o uso dos sermonários, esses instrumentos que auxiliam na predicação e que tomam variadas formas, mais ou menos diretivas. Encontramos[15] inicialmente simples dicionários (o *Dictionnaire Biographique et Bibliographique des Prédicateurs*, de Cousin d'Avallon, publicado em 1824; e o *Dictionnaire d'Éloquence Sacrée*, de Nadal, publicado em 1851); mais tarde, a monumental coleção de autores empreendida pelo Abade Migne, a *Collection intégrale et universelle des orateurs sacrés*, cuja publicação deu-se entre 1844 e 1866, compreendendo 89 volumes, e a antologia de citações úteis e classificadas por temas do Abade Henry, *Les magnificences de la religion. Répertoire de la prédication*, cuja publicação deu-se entre 1859 e 1883, sob a forma de 71 volumes; e, enfim, ordenados segundo o ano litúrgico, a explicação detalhada do texto dos evangelhos lidos na igreja (*Explication des Evangiles des dimanches et de quelques principales fêtes de l'année*, do Monsenhor de La Luzerne, publicado em 1816), os planejamentos de discursos a serem desenvolvidos (*Mémorial de la chaire ou Manuel du jeune prédicateur contenant des sujets variés de textes, prônes et discours à développer pour les dimanches et fêtes de l'année*, do abade Siret, publicado em 1828), os

---

15. BOWMAN, F.P. *Le discours sur l'éloquence sacrée à l'époque romantique* – Rhétorique, apologétique, herméneutique, 1777-1851. Genebra: Droz, 1980, p. 24-27.

brilhantes modelos a serem reproduzidos (*Modèles de l'éloquence chrétienne en France après Louis XIV ou Année apostolique composée des sermons des prédicateurs les plus renomés depuis Bossuet, Bardaloue, Massillon pour chacun des dimanches et fêtes de l'année*, do Monsenhor Guillon, publicado em 1837), e até mesmo obras que dispunham e combinavam em oito colunas dias, temas, planejamentos, citações, exemplos sagrados e profanos, pensamentos notáveis e referências, uma espécie de gramática gerativa do sermão dominical (*Panorama des Prédicateurs ou Répertoire pour l'improvisation et la composition du sermon*, de Chaffrey Martin, publicado em 1850). Existem igualmente uma e, em seguida, três revistas mensais (*La chaire catholique, manuel des prédicateurs*, de 1843; *Le journal des prédicateurs*, de 1845, assim como a *Tribune sacrée*, do mesmo ano), que dispunham sermões-modelo "três semanas ou um mês antes da solenidade na qual ele deve ser proferido"[16]. Tratava-se de um método eficaz para que fosse sem dúvida proferido em cada domingo, em cada paróquia da França, um honorável sermão, de modo que esse apoio retórico entre os clérigos repousasse num controle integral do ciclo litúrgico no qual os fiéis não se manifestavam. Monológica, na medida em que o predicador monopoliza a fala diante de um auditório mudo, a eloquência religiosa recorre a modelos muito diversos de inspiração, sempre tentando não produzir contradições e variando no emprego desses modelos ao longo da longa história da Igreja.

No começo do século XIX, a referência privilegiada é certamente o século XVII e, sobretudo, Bossuet, principalmente por sua concepção da Providência entendida como Deus todo-poderoso, que faz e desfaz conforme sua vontade a história humana; para pensadores como La Harpe, Joseph de Maistre, Bonald e muitos outros, essa concepção revelava o sentido oculto da Revolução Francesa:

> Lembrem-se de que esse longo encadeamento de causas particulares que fazem e desfazem os impérios depende dos ricos segredos da providência divina. Deus controla do alto dos céus as rédeas de todos os reinos; Ele tem em Suas mãos todos os corações: Ele tanto refreia as paixões quanto as libera, e, assim, Ele conduz toda a humanidade.
>
> Ele quer criar conquistadores? Espalha o pavor e inspira neles e em seus soldados uma intrepidez invencível. Ele quer criar le-

---

16. Bowman, 1980, p. 27.

gisladores? Envia aos escolhidos seu espírito de sabedoria e de previdência, de modo que lhes seja possível prever os males que ameaçam os estados e instaurar os fundamentados da tranquilidade pública. Ele conhece a sabedoria humana, sempre curta em qualquer tempo e lugar; Ele a esclarece, estende sua visão e, depois, a abandona a suas ignorâncias; Ele a cega, a precipita e a confunde consigo mesma; ela fica perturbada, embaraça-se em suas próprias sutilezas e suas pretensões lhes são uma armadilha. Deus exerce por esse meio temíveis julgamentos, conforme as regras de sua justiça sempre infalível[17].

Em seu vasto *Essai sur l'éloquence de la chaire*, de 1810, desenvolvendo o que havia formulado em seu *Discours*, de 1777, o Cardeal Maury – antes, abade predicador já célebre no Antigo Regime, eloquente deputado do clero nos estados gerais de 1789, emigrado entre 1792 e 1806, e, depois, defensor convicto e por vezes cínico da política religiosa do império contra o papado – coloca-se como defensor absoluto do século XVII. Preconizando um retorno à grande tradição teológica e apologética de Bossuet, Bourdaloue e Fénelon, ele acredita que o começo da derrocada da eloquência sagrada está situado no *Petit Carême*, de Massillon, pregador em 1719 na corte, no qual se encontra o sermão *Sur l'humanité des grands envers le peupe* – "A glória mais real do soberano é a de ser querido por seu povo e de fazê-lo feliz" – que fez chorar o futuro Rei Luís XV, então com a idade de oito anos. Esse sucesso, que o Cardeal Maury julga "fácil", teria "profanado" a predicação, imprimindo-lhe uma visada moral e social demasiadamente humana, e estaria dotado de temas tão "deslocados" da tribuna religiosa como o elogio da paz ou, ainda pior, o elogio da "beneficência, esse pseudônimo da caridade"[18]. Ora, no mesmo ano de 1810, o *Manuel du rhétoricien*, composto por François Noël, propõe para o exercício da eloquência da tribuna religiosa seis orações fúnebres de autoria de Bossuet, Mascaron e Fléchier, e dois sermões de Massillon, o incontornável *Sur l'humanité des grands envers le peuple*, bem como o *Bénédiction des drapeaux du régiment de Catinat*, que, longe de ser profano, distingue-se nitidamente das *Proclamations* de Bonaparte proferidas para o exército da

---

17. BOSSUET, J.B. *Discours sur l'Histoire Universelle pour l'instruction du Grand Dauphin*. Paris: Mabre Cramoisy, 1681, p. 557-558, apud MÉRIC, E. *Nouvelle rhetorique*. Paris: Maire-Nyon, 1845, p. 270.

18. MAURY, J.-S. *Essai sur l'éloquence de la chaire*. 3 vols. Paris: Firmin Diderot Frères, tomo I, p. 101.

Itália e então amplamente difundidas, uma vez que, diante dos jovens oficiais prontos para partir para a batalha, Massillon não evoca "o fogo", "o sangue", "o valor" e "a glória", mas, antes, "a piedade" e "a salvação", considerando que na guerra é muito difícil não morrer em estado de pecado mortal:

> Não é para relembrá-los aqui das ideias do fogo e do sangue e, pela lembrança de suas vitórias passadas, animá-los a conquistar outras, que eu venho no santuário da paz proferir um discurso evangélico numa cerimônia santa. [...] Falo a uma tropa ilustre que espera de mim antes lições de piedade do que de valor, e antes ensinamentos para fazer a guerra de modo santificado do que exortações para fazê-la de maneira eficaz. [...]

> Que sua sorte seja lamentada, senhores! A via das armas [...] é o único caminho para a glória, é o único lugar digno para um homem que honra seu nome; mas, em matéria de salvação, é a via mais terrível[19].

Aos grandes oradores dos séculos XVII e XVIII agrega-se, no século XIX, um *corpus* novo, aquele dos Padres da Igreja, santos fundadores que se exprimiam em grego (Atanásio, Gregório Nazienzeno, Gregório de Nissa, Basílio, João Crisóstomo) ou em latim (Hilário, Ambrósio, Jerônimo, Paulino, Agostinho), cuja eloquência *evangélica*, que esclarece os fatos e as falas de Jesus Cristo com comentários simples e vivos, sob a forma de movimentos "livres, sagazes, impetuosos e despojados", encontra no Monsenhor Guillon um defensor incondicional (*Comparaison de la méthode des Pères avec celle des prédicateurs du XVIIe siècle*, de 1837). Tendo se tornado acessível graças às edições completas do abade Migne (*Patrologie latine*, de 1844-1855; e *Patrologie grecque*, de 1856-1866), essa herança cristã antiga entrou nas aulas de retórica em 1848 com a monumental antologia do Abade Henry, em seis volumes, entre os quais há um volume inteiramente consagrado à eloquência patrística, *L'éloquence des Saints Pères de l'Eglise*:

> Quanto ao segundo livro, ainda que o tema fosse por si mesmo bastante interessante, ele foi quase completamente desconhecido até então nas aulas de retórica. Em muitos colégios e mesmo em pequenos seminários, os estudos concernentes à Antiguidade ainda são completamente profanos. Os alunos conhecem exclusivamente gregos e romanos, como Demóstenes e Cícero, mas apenas possuem uma vaga ideia sobre os grandes homens que defenderam

---

19. MASSILLON, J.-B. *Bénédiction des drapeaux du régiment de Catinat*; apud NOËL, F. *Manuel du rhétoricien*. Paris: Le Normant, 1810, p. 203 e 209.

• **219**

a Igreja durante os séculos de perseguição ou que anunciaram seus dogmas e sua moral com absoluta engenhosidade no século IV[20].

Essa inovação terá consequências inesperadas, porque um zeloso diretor de um pequeno seminário esboçará a ideia e os meios de ensinar as línguas antigas aos futuros padres sem lhes fazer ler sequer uma única linha de um autor pagão; esse diretor era Jean-Joseph Gaume e suas obras, *Le Ver rongeur des sociétés modernes ou le Paganisme dans l'éducation*, de 1851, e *La question des clássiques ramenée à as plus simple expression*, de 1852. Por seu turno, o Monsenhor Dupanloup combaterá essa delimitação com toda sua eloquência: tal como fez São Paulo junto aos gentis, é no mundo secular que a Igreja deve exercer a missão apostólica que Jesus lhe confiou (*De la haute education intellectuelle*, 1855); a partir de 1857, será introduzido no programa do curso de grego do *Baccalauréat* um texto de São Basílio (século IV), em favor da interação cultural; trata-se do texto *Discours adressé aux jeunes gens* [cristãos] *sur l'utilité qu'ils peuvent retirer de la lecture des auteurs païens*.

Bossuet, Massillon, os Padres da Igreja, teologia, moral, meditação sobre o Evangelho, esses aspectos complementares perdem igualmente seu interesse diante da mística da fala "inspirada", tema desenvolvido pelos oradores românticos, caros a Frank Paul Bowman[21], durante a Restauração. A quintessência da fala inspirada nos é apresentada por Lacordaire na *Conférence* LVI, de sua obra *Sur la prophétie*: "A eloquência é a própria alma, a alma que rompe todas as barreiras da carne, que deixa o peito que a contém e se precipita na alma do próximo..."[22] Atraindo para a catedral de *Notre-Dame* os mesmos jovens curiosos e vivos, tais como Cousin, Guizot e Villemain, que frequentavam a Sorbonne, Lacordaire não pressupõe que eles tenham uma fé solidamente adquirida; antes, ele questiona essa fé, interroga a experiência que eles tiveram a seu respeito, busca suscitá-la, e até mesmo provocá-la e agitá-la:

> Pergunto-me se há homens que buscam Deus como o termo de sua existência passageira, como o princípio seguro de sua felicidade e de sua perfeição. Pergunto-me, antes de tudo, se há homens que

---

20. HENRY, A. *Histoire de l'éloquence, avec des jugements critiques sur les plus célèbres orateurs et des extraits nombreux et étendus de leurs chefs-d'œuvre* (1848). 2. ed. Paris: Jacques Lacoffre, 1855, tomo I, p. viii.

21. BOWMAN, F.P. *Le discours sur l'éloquence sacrée à l'epoque romantique* – Rhétorique, apologétique, herméneutique, 1777-1851. Genebra: Droz, 1980, p. 81-90.

22. LACORDAIRE, D. *Conférences de Notre-Dame de Paris.* 4 vols. Paris: Sagnier & Bray, 1849, tomo 3, p. 266.

amam a Deus, não digo como nós amamos os homens, mas como nós amamos as mais vis criaturas, um cavalo, um cão, o ar, a água, a luz e o calor. Pergunto a mim mesmo essas coisas e, em seguida, pergunto-as a vocês, e espero minha resposta e a sua com um terror típico da espera por algo que decidirá minha vida. Ouço bocas ousadas me dizerem que a virtude é apenas um nome. Ouço do começo ao fim da história o protesto dos céticos, o sarcasmo dos egoístas, o riso dos debochados, a alegria pelas fortunas adquiridas através do suor e do sangue de outros, o grito de lamento dos corações desesperados; e somente a partir desses raciocínios que me conduziram à ideia da verdade e da santidade e do olhar sobre o que chamo de minha alma e sobre o que ainda chamo de Deus, é que espero uma fala que provocará minha queda ou que me fortalecerá como nunca. Quem é que me dirigirá essa fala?

Sou eu que a direi a vocês. Vocês procuram o homem justo, o homem forte, o homem santo, o homem que ama a Deus: eu o conheço, e eu lhes direi seu nome.

Lacordaire segue dezoito séculos de evocação histórica que o conduz à seguinte peroração:

De minha parte, como viajante nos mistérios da vida, encontrei esse homem. Ele traz em sua fronte a cicatriz do martírio; mas nem o sangue vertido nem o decurso dos séculos subtraíram a juventude de seu corpo e a virgindade de sua alma. Eu o vi e eu o amei. Ele me falou da virtude, e eu acreditei na sua própria virtude. Ele me falou de Deus, e eu acreditei em sua fala. Seu suspiro transmitia-me a luz, a paz, a afeição, a honra; não sei quais premissas da imortalidade me separavam de mim mesmo; e, enfim, descobri, amando esse homem, que nós podíamos amar a Deus e que em verdade Ele era amado. Estendi a mão ao meu benfeitor e lhe perguntei seu nome. Ele me respondeu tal como o havia feito a César: "Eu sou cristão"[23].

Por que converter em nome do "homem que ama a Deus", desse "cristão" transistórico, ao invés de em nome do próprio Cristo, o Filho de Deus que se fez homem, segundo as Escrituras? Essa proposta produziu escândalos e seduziu muitos em seu tempo. Na tribuna francesa do século XIX, é ampla a variedade de estilos e de posições defendidas: é a onipotência divina ou a real responsabilidade humana que faz a história? Deve haver independência nacional das igrejas galicana e anglicana ou a submissão mundial ao pon-

---

23. LACORDAIRE, D. "Le Chrétien", apud WEY, F. (org.). *Le tresor littéraire de la France*. Paris: Hachette, 1889, p. 711 e 712.

tífice soberano? Deve haver uma aliança estreita entre o trono e o altar ou uma relativa independência ou até mesmo uma separação entre o Estado e a Igreja? Deve haver abertura cultura ao passado pagão da Europa e ao de outras civilizações ou uma delimitação prudente apenas à tradição cristã? Deve haver prioridades para beneficiar os pobres ou indiferença em relação às condições sociais? Em cada uma dessas questões, adversários e partidários de distintas posições enfrentavam-se por meio de seus escritos, mas também por meio da tribuna, dando a impressão de que o debate religioso era então bastante vivo e livre.

Contudo, crer completamente nessa impressão seria esquecer que existe o controle do pontificado e que na França ele é exercido diversas vezes ao longo do século XIX. Com a Restauração de 1815, o trono e o altar re-instalam-se em conjunto na nostalgia do Antigo Regime, união reforçada pela nova simpatia do papa, antes maltratado por Napoleão. Mas com a Monarquia de Julho, mais burguesa, que a substitui em 1830, o tom modifica-se e voltam a ecoar os princípios de 1789: "Liberdade, Igualdade, Fraternidade". Em torno do escritor *Félicité de Lamennais*, formou-se um grupo de jovens brilhantes, composto pelos padres Dominique Lacordaire e Philippe Guéranger, pelo escritor Charles de Montalembert e pelo Professor Frédéric Ozanam, que lançou em 1831 o jornal *L'Avenir*, órgão do "catolicismo liberal", cujo lema era "Deus e a Liberdade" e cujas reivindicações eram o fim da tutela do Estado sobre a Igreja, a liberdade de ensino e de imprensa e a redução da miséria social. A hostilidade com que os bispos receberam suas ideias os conduziu a Roma, onde buscaram solicitar a opinião do papa: Gregório XVI julga seu movimento "absurdo" e o condena por meio da encíclica *Mirari vos*, de agosto de 1832. Apenas Lamennais recusa-se a submeter-se a ela: ele protesta em seu *Paroles d'un croyant* em 1834 e deixa a Igreja; ele se torna deputado da extrema-esquerda em 1848 e acabará pouco depois, segundo sua vontade, na "vala comum com os pobres". Lacordaire restaurará a ordem pregadora dos dominicanos; Dom Guéranger, aquela dos beneditinos na Abadia de Solesmes; Ozanam fundará a Sociedade Caridosa de São Vicente de Paulo; Montalember lutará em favor da escola livre até a obtenção da lei *Falloux*, em 1850, e em favor da liberdade de culto dos católicos da Irlanda, da Polônia e da Bélgica, chegando a sugerir em Malines, no ano de 1863, a "liberdade de consciência para todos". O que resultará numa nova condenação do papa, desta vez Pio IX, por meio da encíclica *Quanta Cura*, de 1864, que em seu

Syllabus exprimia explicitamente 80 proposições inaceitáveis[24]; eis aqui três delas: "XVI. Os homens podem, em qualquer culto, encontrar a via da salvação eterna e alcançá-la"; "LV. A Igreja deve ser separada do Estado e o Estado separado da Igreja"; e "LXXX. O pontífice romano pode e deve se reconciliar e estar em harmonia com o progresso, o liberalismo e a civilização moderna". Em 1870, no exato momento em que a unidade italiana reduz os estados do papa ao minúsculo Vaticano, o mesmo Pio IX, no Concílio Vaticano I, se mostrará mais conciliador com o mundo moderno, inquietando-se com a perpetuação da condição operária na encíclica *Rerum Novarum*, de 1891, e, em 1892, aconselhando os católicos franceses ainda hostis à república a aderirem a ela, mediante a seguinte tática sutil: "Aceitar a Constituição para mudar a legislação".

Assim, no centro dessa estrutura piramidal que é a Igreja Católica Romana, é entre a fundamentação mecânica oferecida pelos sermonários e a ponta afiada da ira pontifícia que se exerce de modo vivo, criativo e variado a eloquência religiosa do século XIX francês.

3 A eloquência universitária

A França então bastante centralizada no século XIX confia a formação de sua elites científicas e literárias às classes superiores dos liceus e, em seguida, às grandes escolas, criadas essencialmente pela Revolução Francesa: a Escola de Minas, em 1747, a Escola de Pontes e Estradas, também em 1747, a Escola Politécnica, em 1794, a Escola de Línguas Orientais, em 1795, a Escola Normal Superior, também em 1795, e a Escola de Tratamento de Arquivo, em 1821. O Estado detém o monopólio da colação de graus (*baccalauréat*, graduação universitária, doutorado), bem como detém o controle dos concursos nacionais (concurso geral, concurso para as grandes escolas, concursos para a contratação de professores), mesmo depois da implementação da lei *Falloux*, de 1850, que concede certa autonomia ao ensino confessional. Não há, portanto, "universidades" no sentido inglês ou alemão do termo; a palavra francesa de então designava o corpo docente da esfera pública, conforme o atesta o *Grand Dictionnaire Larousse*, de 1901: "*Universite*: refere-se, desde

---

24. Reconhecemos aqui o modo de exposição do Concílio de Trento (1546-1563), que condenou o protestantismo: apenas as proposições consideradas heréticas são explicitadas e, depois, condenadas, empregando a fórmula: *si quis dixerit... anathema sit*.

Napoleão I (17 de março de 1808), ao corpo docente escolhido pelo Estado e encarregado de oferecer em seu nome o ensino primário, secundário e superior". Certamente, existem veneráveis faculdades de Direito, de Medicina e de Teologia, e ainda, para a pesquisa diletante, o *Collège de France*, desde 1530, e a Escola Prática de Altos Estudos, desde 1862. Mas a *Sorbonne*, cujos anfiteatros abrem-se voluntariamente ao grande público (masculino), é antes uma cátedra-tribuna para as ideias dos intelectuais que ali exercem sua eloquência. Georges Gusdorf, que não omite sua ligação com a austera erudição alemã, exercita em seus cursos em Paris seu talento de polemista:

> Na falta de universidade, Paris possui faculdades, mas não possui seminários, ou seja, esses laboratórios literários germânicos de ensino de alto nível. O ensino reduz-se a um ministério da fala, que pode atrair multidões seduzidas por esse ou aquele orador reputado, sobretudo se ele dirige-se a seu público, produzindo sentimentos políticos opostos ao poder governamental. Então, o pacífico curso universitário transforma-se em *meeting*, no qual milhares de ouvintes entusiastas apressam-se para aplaudir as alusões sutilmente dosadas pelo ídolo do dia. Por essa razão, o chefe de Estado, avisado por seus prosélitos denunciadores, suspende o curso e dispensa o professor, que, por sua vez, sai dessa situação com uma reputação recrudescida e espera a próxima revolução que não deixará de reconhecer seus méritos, por meio de lisonjeiras promoções. Foi assim que, depois da queda de Napoleão, o historiador Guizot, o literário Villemain e o filósofo Cousin atraíam à Faculdade de Letras multidões que não se interessavam de modo algum pelo próprio ensino superior. As interdições reais dispersarão em breve essas manifestações[25].

Entretanto, se é a paisagem cultural desses tempos retóricos que pretendemos retraçar, não seria conveniente buscar compreender, sem reduzi-la *a priori* a critérios que lhe são exteriores, esse "ministério da fala" que era exercido pelo professor na tribuna universitária e, principalmente, por Villemain, quando ele oferecia na *Sorbonne* seu grande "Curso de eloquência francesa"?

Protótipo do orador universitário, dotado de experiência política, uma vez que foi acadêmico em 1821, deputado entre 1820 e 1822, conselheiro da França e ministro da Instrução Pública entre 1834 e 1844, o literato Abel-François Villemain compõe, portanto, em conjunto com o historiador François Guizot e o filósofo Victor Cousin, o célebre "triunvirato da *Sorbonne*", cujo

---

25. GUSDORF, G. *Les origines de l'herméneutique*. Paris: Payot, 1988, p.77.

apogeu deu-se entre 1828 e 1830, durante a velha Monarquia de Julho. As ensurdecedoras sessões de aplausos, as visitas de personalidades ilustres, tais como Chateaubriand ou o General Foy, e a atmosfera efervescente de seu *Cours d'Éloquence Française*, no qual havia, segundo as palavras de Sainte-Beuve, "tantos jovens olhos em que brilhavam faíscas e lágrimas"[26], foram descritas frequentemente com entusiasmo ou desdém. Captadas por dois estenógrafos escolhidos pela *Sorbonne* e logo depois publicadas em fascículos que ganharam a província e o estrangeiro – chegaram até Goethe e foram publicadas na *Edinburgh Review*, na *North-American Review*, de Boston, onde Edgar Poe trabalhava – suas aulas dos anos de 1828 a 1830 foram revisadas e coordenadas e proporcionaram a publicação de seu *Tableau de la Littérature au XVIIIe siècle*, no qual o termo "Literatura" engloba a história e a fala pública.

Numa vasta trama narrativa, desenvolvendo as influências da Inglaterra sobre a França e, posteriormente, da França sobre a Alemanha e a Itália, influências frequentemente entrecortadas por aproximações com a Antiguidade grega e latina, Villemain, que se orgulha de jamais falar de romances, de autores contemporâneos e de temas já bastante conhecidos, aborda em seus três primeiros livros, em cinquenta e duas lições, três gêneros da escrita: a "literatura", que inclui a prosa e a poesia, a "história" e a "crítica"; e em seu quarto livro, de feitio sensivelmente diferente, em dez lições, ele trata de dois grandes gêneros oratórios: a "tribuna" e o "fórum". Para falar dos escritores, Villemain formula longos desenvolvimentos sobre suas vidas, que de preferência são aventureiras, e sobre suas obras, que ele expõe brilhantemente sem citá-las – "Senhores, releiam essa obra..." torna-se um dos seus *leitmotivs* favoritos – antes de apreciá-las em termos de inteligência, elegância e originalidade. Ao contrário, para tratar dos oradores, as citações abundam e elas são longas e às vezes, integrais, regularmente retraçando as oposições entre os adversários de um mesmo debate, em circunstâncias históricas bastante precisas para que apareçam claramente as questões envolvidas nos conflitos e seu alcance geral. Essas suas dez lições sobre a eloquência[27] também formam uma verdadeira antologia de discursos políticos e jurídicos.

---

26. SAINTE BEUVE, C.A. *Ecrivains critiques et historiens littéraires de la France. M. Villemain.* Tomo 5. Paris: Revue des Deux Mondes, 1836, p. 74.

27. VILLEMAIN, A.-F. *Cours de litterature française* – Tableau de la litterature au XVIIIe siècle. 4 vols. Paris: Didier, 1854, *Leçons* 48 a 57, tomo IV, p. 1-287.

Ora, para rivalizar com a tribuna antiga, com exceção de Mirabeau, Villemain não apela aos oradores políticos da Revolução Francesa: "seria necessário retraçar lembranças muito sangrentas"[28]; como um liberal consequente, ele empresta da Inglaterra os modelos de eloquência que ele julga úteis a serem difundidos na França em 1828, tal como o segundo Pitt, admirável conforme sua perspectiva, mesmo quando ele é adversário da França:

> Em meio às lutas tempestuosas e regulares para a conquista de uma liberdade apoiada na lei, surgiu um dos grandes atletas da fala, ele foi o ministro dirigente da Europa; ele mostrou ao mesmo tempo a superioridade do gênio parlamentar sobre os conselhos dos reis absolutistas e a força de um Estado livre contra um povo em revolução. Falando de eloquência moderna, eu poderia esquecer-me de um exemplo tão grande? Eu poderia desconhecer o gênio de um homem que reinou pela fala, o que é melhor, de qualquer modo, do que reinar pela censura e pela espada? Eis aí minhas desculpas (intervenção seguida de aplausos)[29].

Ele escolheu cinco grandes debates que agitaram veementemente o parlamento inglês: a independência das colônias da América e a formação dos Estados Unidos; a implantação britânica na Índia; a conduta a ser sustentada diante da França revolucionária e, depois, napoleônica; a liberdade de consciência e a emancipação jurídica dos católicos na Irlanda e, enfim, a abolição da escravatura nas colônias. Sobre essas questões fundamentais, ele se contenta a colocar em cena – "eu vou citar, traduzir e admirar" – os enfrentamentos oratórios da "grande plêiade britânica": Chatham, Burke, Fox, Sheridan, Pitt, apontando os pontos mais notáveis de seus discursos. Assim, quando o primeiro Pitt, tornou-se Lorde Chatham, ele se indignou com o fato de que na América o exército inglês envolvesse os indígenas no combate contra os rebeldes:

> "Chamar por meio de uma aliança civilizada os ferozes selvagens das florestas, impor ao impiedoso índio a defesa de nossos direitos que foram contestados, subornar os horrores dessa guerra bárbara contra nossos irmãos! Meus senhores, essas monstruosidades exigem vingança e punição; se os senhores não as eliminarem, nosso caráter nacional será e permanecerá contaminado. Trata-se de uma violação da constituição; Senhores, eu creio que isto seja contra a lei." Vocês ouvem essa hipérbole eloquente de

---

28. Ibid., p. 173.

29. Ibid., p. 228.

um inglês, que não pensa em nada além dessas palavras: "Eu creio que isto seja contra a lei"?[30]

O processo de um governador da Índia deferido por abusos diante das câmaras e uma série de questões sobre a liberdade de imprensa, cuja defesa empreendida por Pelletier tornou-o perseguido por um complô de Napoleão em Londres, formam com a grande figura de Erskine o componente jurídico desse quadro tão britânico. Ora, trata-se da primeira vez que, sem o auxílio da tribuna cristã, a eloquência moderna ousa ombrear-se com a eloquência antiga, pela importância das causas debatidas e pelo ideal de liberdade que a anima; é esse engajamento que os estudantes de Villemain saudavam com fervor:

> Assim, o estudo da eloquência, longe de nos conduzir à meditação sobre as formas literárias, conforme pretenderam os retores, nos precipita em e nos impele para todas as lembranças da história política e moral de nossa alma e de nossa vida[31].

Embora possamos ter dúvidas sobre isso, nem todos os cursos eram tão tumultuados quanto aqueles de Villemain, de 1828 a 1830, de Michelet e de Quinet contra os jesuítas, suspensos em 1846, ou de Renan sobre "Jesus, um homem admirável", suprimido já em sua abertura em 1862. Para favorecer sua regularização, tornou-se obrigatório em 1845 publicar antecipadamente via edital transmitido ao ministério o título, o horário e o programa dos cursos. Contudo, essa obrigação julgada demasiadamente exigente apenas foi cumprida plenamente depois do começo da autonomia concedida às faculdades entre 1875 e 1877, num ambiente em que a concorrência entre os doadores de fundos temperava então o espírito de independência. Depois das reformas de Louis Liard (1885-1896), que, a exemplo dos vizinhos europeus, conferiu personalidade civil e gestão direta dos créditos das novas universidades, dirigidas por conselhos e que reagrupavam cada uma duas, três, quatro ou cinco faculdades (Letras, Ciências, Direito, Medicina e Teologia), a autonomia é adquirida e o ministério cessa de supervisionar o conteúdo de cada curso: a serenidade da ciência, pensava-se, vai enfim substituir a agitação das ideias. Ora, é somente com o *Affaire Dreyfus*, que explode em 1898, que os universitários voltam a se agitar, a se confrontar e a desempenhar a função de oradores.

---

30. Ibid., p. 85.
31. Ibid., p. 17.

Concretamente, os cursos universitários representam frequentemente a primeira elaboração oral e pública de um pensamento que encontrará em seguida, sob a forma de livro ou de artigo – porque as revistas estão em ebulição – sua expressão definitiva. Eugène Gérusez, que foi o suplente de Villemain na cátedra de eloquência francesa da *Sorbonne*, comenta em seus *Essais d'histoire littéraire* esses novos modos de composição, mais ou menos desconhecidos no século XVIII e já bastante usuais no século XIX:

> Se esses Ensaios possuem algum valor, isso se deve ao fato de que eles são em geral o resultado de um duplo trabalho: eles foram falados antes de serem escritos. Meu pensamento produziu-se inicialmente sob o controle de um auditório inteligente, que consentiu em não observar as negligências devidas ao improviso, mas cuja capacidade de seguir com interesse, de maneira fria ou animada, as ideias que desenvolvíamos diante dele, trouxe benéficas sugestões. O professor aprende muito em sua cátedra, e, quando ele a deixa, deve aproveitar-se bastante disso. É o que eu fiz. [...]
>
> Neste século em que vivemos, quase não dispomos de um livre emprego do tempo e de nossas forças. Como, de fato, podemos nos subtrair à vassalagem da imprensa? As revistas e os jornais exercem sobre nós uma sedução e um império irresistíveis e, por menos que nos tomemos como escritores, tornou-se difícil de não lhes pagar altos tributos.
>
> De resto, essa servidão possui certas vantagens: inicialmente, ela encoraja a produzir pela segurança de ter seus pensamentos impressos e lidos, perspectiva de que não gozam muitos manuscritos; além disso, ela impõe aos autores o estabelecimento de um empenho rigoroso e sintético na elaboração de seus pensamentos para que eles se sustentem no espaço estreito que lhes está reservado e para que lhes seja dada uma aparência conveniente, uma vez que eles cairão, sem dúvida alguma, sob olhos experientes e severos. Há já muitos livros que passaram por essa perigosa provação e que devem uma parte de suas qualidades solidas e brilhantes a esse modelo de composição e de publicação: em breve, existiram ainda outros deles, porque a impressão periódica ganha a cada dia uma nova importância[32].

A mesma "urgência" sem dúvida e as mesmas coerções editoriais deviam pesar sobre os folhetinistas e sobre os romancistas, mas sem essa aura de oralidade que faz com que o professor em sua cátedra seja um verdadeiro orador.

---

32. GÉRUSEZ, E. *Essais d'histoire littéraire*. Paris: Delalain, 1839, p. iv e vi.

Georges Gusdorf não estava satisfeito com a produção de obras sobre oratória. Ainda assim, é preciso considerar que entre o *Cours Public d'Éloquence Française*, de Jules-Amable Pierrot-Deseilligny, de 1822, e o *Essai sur la rhétorique grecque avant Aristote*, de Octave Navarre, de 1900, foram produzidos nesse quadro e desse modo cerca de vinte estudos muito interessantes para a história da eloquência e da retórica. Certamente, a maior parte dentre eles não possui a serenidade idealizada por nossos contemporâneos: *Le christianisme et ses origines*, de Ernest Havet (1871-1884), levanta vivas polêmicas sobre a qualidade e a importância relativas das culturas cristã e pagã na Antiguidade, no mesmo momento em que Jules Simon e o Monsenhor Dupanloup enfrentavam-se na tribuna a propósito do tema da liberdade do ensino superior. Entre literatos e teólogos multiplicam-se as querelas de interpretação em torno de São Bernardo e das cruzadas (Gérusez, 1839; Blampignon, 1858), das guerras religiosas e de sua solução na França (Labitte, 1841; Lezat, 1871) e de Bossuet e da política religiosa de Luís XIV (Freppel, 1856; Lebarcq, 1888): a história da eloquência, entendida aqui como o estudo das formas e das responsabilidades da eloquência na história, antiga ou mais recente, é em verdade constitutiva dos grandes debates políticos e culturais do século XIX. Isso é evidente na história da eloquência revolucionária, alternadamente "descrita" com indignação e dignidade (La Harpe, 1797; Aulard, 1882). Mas isso não é menos verdadeiro para a descrição da eloquência ateniense; certamente, os universitários estudantes de grego repartiam-se no estudo de diversos temas (Aristóteles, em Bonnafous, 1846; Hipérides, em Girard, 1861; Esquines, em Castets, 1872; Iseu, em Moy, 1876; e Demóstenes, em Bredif, 1879) e praticavam a composição de cenários à moda de Fustel de Coulanges (*La Cité Antique*, de 1864), no intuito de construírem a seu respeito a imagem de uma comunidade acadêmica de pesquisa, de um miniambiente humanista em que reinava ao mesmo tempo a sociabilidade letrada do Iluminismo e a desenvoltura da filologia. Contudo, o irresistível crescimento do helenismo na França a partir do Segundo Império e no período de transição que conduz à Terceira República traduz explicitamente a busca de um modelo, menos despótico que a Roma dos Césares cara a Napoleão e mais aberto que a Roma de São Pedro que acabara de se proclamar "infalível" (1870), mas também mais respeitável e mais venerável que a americanização, cujas prosperidades industrial e comercial atraíam então toda a Europa:

Na corrente que conduz a democracia em direção à conquista das realidades práticas, com a predominância crescente dos interesses materiais, nossa eloquência, tal como nossa própria política, está ameaçada de americanizar-se. [...] Deixando Roma para chegar a Atenas, nós nos educamos; não desçamos a Beócia[33].

Mesmo quando ela não afronta diretamente o poder central, a cátedra universitária francesa, pelas ideias que ela sugere e pelos ecos que ela suscita, desempenha o papel de uma relevante tribuna; e, sem dúvida, mais do que ocorre no exterior, nós a encontramos no centro dos debates: as liberdades, o direito de voto, as relações entre Estado e Igreja e entre o Estado e o pensamento, a educação, a justiça; questões fundamentais desenvolvidas ao longo de todo o século XIX, em cujas discussões sempre se ouvia a voz alta e forte de nossos oradores universitários, tenores da *Sorbonne* e do *Collège de France*... Esta não parece ser uma tradição da qual tenhamos de nos envergonhar.

Não parece tratar-se então de uma tradição da qual a França deva envergonhar-se.

Contudo, ela se envergonha dessa tradição ao final do século XIX, quando ela reforma profundamente seu sistema educativo em nome duas palavras-chave da Modernidade: a Ciência e a Laicidade. O progresso espetacular das ciências e das técnicas exige antes a formação de especialistas e de técnicos do que a de oradores; e mesmo em Letras, observa-se o conhecimento erudito do patrimônio nacional proporcionado pela história literária e filológica suplantar desde então o domínio da arte do discurso; a Retórica como disciplina passa a ser reduzida ao comentário crítico dos grandes autores franceses por meio das leis de Jules Ferry de 1880-1890 e depois desaparece da escola secundária, em proveito do ensino da Literatura em 1902[34]. Ao desenvolvimento da ciência e da indústria, que se tornou uma prioridade partilhada por toda a Europa, acrescenta-se na França a preocupação com a laicidade, característica da escola primária, obrigatória e gratuita, de Jules Ferry, em 1882. Não deve haver religião na escola primária pública; nem

---

33. REINACH, J. *Le conciones français: l'éloquence française depuis la revolution jusqu'à nos jours* – Textes de lecture, d'explication et d'analyse pour la classe de premiere (lettres) accompagnées de notices et d'une introduction. Paris: Delagrave, 1894, p. xxxiii-xxxiv.

34. Cf. DOUAY SOUBLIN, F. "La rhetorique en France au XIXe siècle à travers ses pratiques et ses institutions: restauration, renaissance, remise en cause". In: FUMAROLI, M. (org.). *Histoire de la rhétorique dans l'Europe moderne (1450-1950)*. Paris: Presses Universitaires de France, 1999, p. 1.071-1.214.

tampouco deve haver religião, política ou posições "engajadas" no ensino público secundário ou superior: "não doutrinemos nossos alunos" é o princípio da laicidade estendida sustentado por Ernest Lavisse, ao promulgar a lei de 1902. A formação dos oradores profissionais e dos porta-vozes oficiais – porque, apesar de tudo isso, ainda há necessidades desses homens da fala pública nos pronunciamentos e nos debates – será feita a partir de então já na idade adulta nas fieiras e espaços especializados: nos seminários, para os predicadores religiosos; na escola de guerra, para os oficiais; nas faculdades de Direito, para os advogados e promotores; nas escolas de partidos ou de sindicatos, para os eleitos políticos e para os militantes operários. O especialista não pode influenciar a opinião pública em geral, mas pode revelar a evidência de uma verdade surpreendente: o fim proclamado da eloquência universitária.

4 A eloquência jurídica

A eloquência judiciária é o tipo regular de fala pública mais antigo em nossa lembrança, uma vez que remonta às práticas da Atenas aristocrática do século VII a.C., no momento em que as leis de Drácon interditam, sob a pena de morte, a *vendetta*, impondo às vítimas de ofensas ou de crimes, assim como aos seus próximos, não mais o uso de armas para vingar a honra do clã, mas o uso da fala, para queixarem-se diante do magistrado que representa a cidade. Caberá então ao representante da lei fazer com que se busque o culpado e o convoque ao tribunal, onde, após serem ouvidas uma e outra das partes e ainda o próprio texto legal, um juiz e árbitro, na condição de porta-voz de um júri, pronuncia a sentença – clemente ou severa – que declara a inocência do acusado ou fixa-lhe o castigo, se ele for considerado culpado.

Quer o caso pareça ser de pouca monta, tal como aquele do "inválido" suspeito de usurpar sua pensão, cuja defesa fora feita por Lísias em Atenas, quer tenha, ao contrário, uma importância maior, tal como os grandes processos defendidos por Cícero em Roma que tratavam da segurança do Estado (contra Catilina), do controle dos altos funcionários coloniais (contra Verres) ou de crimes de guerra civil (em favor de Milon), esses conjuntos complexos de discursos antagonistas, cujas sentenças seguidas de sua execução produzem ações empíricas, foram frequentemente estudados nas aulas de Retórica e, depois, nas faculdades de Direito, em toda a Europa e em suas extensões coloniais, da Renascença até o século XIX.

• 231

Contudo, juntamente com esse modelo greco-latino amplamente idealizado, afloram também na memória algumas maneiras medievais de fazer justiça, por meio das provas físicas do padecimento que demandam o julgamento de Deus, tal como eram praticadas pela Inquisição contra os hereges e as bruxas até o final das guerras de religião que castigam a Europa nos séculos XVI e XVII. Desde o século XIII, entretanto, os soberanos, um após o outro, minam esses "combates judiciários": São Luís, rei da França, era então o juiz que arbitrava exclusivamente e com a serenidade luminosa de um Salomão. Ora, ainda que no século seguinte o rei da França, Felipe o Belo, comece a organizar cortes de justiça que estarão plenamente estabelecidas no século XVII, a encarnação da justiça na pessoa do rei permanecerá presente até o século XVIII, de modo que um grande números de litígios sejam julgados sem processo: a tomada da Bastilha em 14 de julho de 1789 simboliza o poder arbitrário do rei e sua extensão sob a forma do poder *pater famílias*, uma vez que a grande maioria dos encarcerados na Bastilha eram presos – como o jovem Mirabeau, por suas dívidas; ou o Marques de Sade, por sua conduta – em resposta às queixas de suas famílias junto ao rei ou de seu ministro da Justiça. Por outro lado, quando ocorria um processo, o acusado podia ser seu próprio advogado em sua defesa, como o fez Beaumarchais, no Antigo Regime e, mais tarde, na revolução. Podia ainda acontecer de o acusado ser defendido simultaneamente no tribunal por um advogado profissional e diante da opinião pública por um homem de prestígio, que advoga ali em favor de uma causa precisa, conforme fez Voltaire no caso Calas (1762), que era um jovem protestante de Toulouse injustamente condenado pela morte de seu filho suicida. O eco dessas práticas antigas é ainda ouvido nas aulas de retórica do século XIX, nas quais os exercícios estudantis preveem tanto a atuação da autodefesa em face de uma corte de justiça (cf. *Discursos de Marie Stuart aos juízes*) quanto o pleito diretamente apresentado ao poder real, como por exemplo em favor da liberdade religiosa, acordada pelo Édito de Nantes, em 1598, e suprimida por sua revogação, em 1685 (cf. *Carta de um protestante ao Chanceler Letellier, por ocasião da revogação do Edito de Nantes*)[35].

---

35. PIERROT-DESEILLIGNY, J.-A. *Choix de compositions françaises et latines ou narrations, scènes et discours, lieux communs, développements historiques, vers latins, des meilleurs élèves de l'université moderne, avec les matières et les arguments*. 3. ed. Paris: Hachette, 1859, p. 267 e 313.

Nenhum desses ecos, em contrapartida, é encontrado nos tratados de eloquência do século XIX, que possuem um fundo filosófico e "geométrico" cuja pretensão no anterior século das Luzes era a de reduzir a oratória de defesa, em função da desconfiança sobre sua condição de "pressão lamuriante". Para Montesquieu, Beccaria e Condorcet, o juiz deve aplicar a Lei baseado na pura razão: "O julgamento é como um silogismo, cuja lei constitui a premissa maior, a qualificação do fato, a menor, e a sentença, a conclusão"[36]. Proporcionalidade entre os delitos e as penas, sem considerações pessoais, era esse o ideal de equidade quase matemática que guiava a assembleia constituinte, quando em 1790, ao tornar obrigatórias a abertura de processos e a presença de um defensor, ela também reforçava o poder do juiz, concebido como um especialista idealmente competente, imparcial, impassível e incorruptível. Porém, quando ocorrem os massacres em setembro de 1792, instaura-se uma justiça expeditiva, que endurece ainda mais a lei dos suspeitos em setembro de 1793 e, mais tarde, o tribunal revolucionário de Prairial do ano II, em junho de 1794. O silogismo judiciário sofre então uma brutal redução: a lista dos proscritos, a declaração de identidade e a condenação imediata à morte; ou ainda o indiciamento do mau patriota, que era julgado por cinquenta bons patriotas, sem direito à defesa, e condenado à morte. Contudo, depois da queda de Robespierre, em Termidor do ano II (agosto de 1794), o terror findou-se e a retórica judiciária de defesa, fosse ou não patética, recobrou sua legitimidade, conforme testemunha o único manual de retórica editado durante a Revolução Francesa, o *Ensaio sobre a arte oratória*, de Joseph Droz:

> Uma interessante carreira é aquela de defensor dos acusados nos tribunais criminais. Há pouco tempo, os acusados, que em sua maioria são bastante ignorantes, perturbados ainda por suas angustiantes situações, não podiam apelar a alguém que lhes possibilitasse os meios de defesa. Quase sempre o delito que lhes era imputado, seu julgamento e seu suplício tornavam-se conhecidos no mesmo instante. Esses costumes bárbaros foram substituídos por uma instituição beneficente[37].

A ordem dos advogados, dissolvida como todas as demais associações em 1791, foi reconstituída em 1806. Os professores de eloquência judiciária,

---

36. Apud MANIN, B. "Montesquieu". In: FURET, F. & OZOUF, M. (org.). *Dictionnaire Critique de la Révolution Française*. Paris: Flammarion, 1988, p. 792.

37. DROZ, J. *Essai sur l'art oratoire*. Paris: Merlin & Fayolle, 1799, p. 211.

como Gaspard Delamalle (*Essai d'institutions oratoires à l'usage de ceux qui se destinent au barreau*. Paris: Delaunay, 2 vols., 1816-1822), organizam sessões de exercícios para seus estagiários. Os raros magistrados que ousaram resistir ao terror revolucionário e denunciar sua justiça expeditiva, como François Phélippes de Coatgoureden de Tronjolly (*Essais historiques et philosophiques sur l'éloquence judiciaire*. Paris: Bechet-Charles, 1829), presidem o tribunal de Renes, que protestou vigorosamente contra as interdições coletivas impostas aos religiosos refratários, tornaram-se autoridades admiradas. O maior orador daquele século, segundo seus contemporâneos, Pierre-Antoine Berryer, ardoroso monarquista e fervoroso católico, enobreceu a profissão de advogado ao defender seus adversários políticos, sem trair seus próprios ideais: em 1815, aos vinte e cinco anos, ele defendeu, acompanhado de seu pai e sem sucesso, o Marechal Ney, e, posteriormente, desacompanhado e com sucesso, os generais Debelle e Cambronne, acusados de alta traição para com o Rei Luís XVIII, por terem lutado em Waterloo, ao lado de Napoleão. Em sua defesa, Berryer sustentou a tese de que "a tarefa de um rei não é a de resgatar os feridos do campo de batalha para lança-los ao cadafalso"[38]. Instruídos por suas experiências históricas recentes, todos defendiam desde então que o dever do advogado é o de fazer prevalecer a mediação da fala sobre o extremismo imediato das lutas partidárias armadas e o sentimento de humanidade sobre o rigor iníquo da lei mecanicamente aplicada. Assim compreendido, o fundamento da eloquência judiciária não será mais questionado, do mesmo modo que o dispositivo clássico dos discursos antagonistas sustentados turno a turno pela parte civil, nas figuras do promotor e do advogado. A magistratura pôde, portanto, com a alma tranquila, colecionar suas obras-primas, simplesmente reunidas em vastas antologias, atualizadas com frequência (*Annales du barreau français* chez Warée; *Collection des chefs-d'œuvre de l'éloquence judiciaire en France* chez Panckoucke, commençant avec Honoré Clair & Alexandre Clapier; *Le barreau français, collection des chefs-d'œuvre de l'éloquence judiciaire en France, de l'Ancien Barreau au Barreau Moderne.* 16 vols. Paris: Panckoucke, 1823-1824) ou comentadas em obras que aliam análises e amplos excertos e cujo surgimento se dá a partir da Restauração (BOINVILLIERS, E.-E.F. *Principes et morceaux choisis d'éloquence judiciaire –*

---

38. Cf. LECANUET, E. *Berryer, sa vie et ses œuvres, 1790-1868.* Paris: Bloud & Barral, 1899, p. 38.

Etudes et devoirs de l'avocat. Paris: Eymery, 1826; BERRYER, P.-A. *Leçons et modèles d'éloquence judiciaire*. Paris: L'Henry, 1838). Essas obras que estarão ainda bastante presentes no final do século XIX (MUNIER-JOLAIN, J. *La plaidoierie dans la langue française*. 3 vols. Paris: Chevalier-Marescq, 1896-1900), passam a rarear depois de 1945 e voltam a reaparecer, como um *come--back*, no começo do século XXI.

Duas grandes obras recentemente publicadas ilustram em língua francesa essa atual renovação do interesse pela eloquência judiciária: *Art et techniques de la plaidoirie aujourd'hui*, obra coletiva franco-belga, organizada por advogados e juristas e publicada em 2000; e *Grandes plaidoiries & grands procès du XVe au XXe siècle*, organizada por Nicolas Corato, em parceria com a Ordem do Advogados de Paris, e publicada em 2005. Em ambas, encontra-se igualmente o consenso de que a "advocacia moderna", de que os juristas de nossos dias são herdeiros, data dos anos de 1820 a 1840. A primeira dessas duas obras concebe as *Leçons et modèles d'éloquence judiciaire*, de Berryer (1838), como seu "primeiro grande precursor"[39]; a segunda estima que as "defesas modernas, ou seja, aquelas empreendidas pelos advogados no decurso de processos mediante uma forma e um procedimento que nos são familiares [...], surgiram a partir da Restauração"[40], com uma nova característica, a oralidade do processo, que favorece o desenvolvimento do improviso:

> Desde essa época, a fonte declina e as falas pronunciadas podem se perder. Por que razão? Principalmente, porque os advogados não mais redigem suas defesas. Eles apresentam-nas aos juízes, desenvolvendo-as diante destes últimos sob a forma de raciocínios que fundamentam suas causas. Os advogados preparam suas notas (as famosas notas de defesa) para fundamentar seus discursos e socorrer suas memórias. Mas, frequentemente eles preferem o improviso. Desde então, suas palavras se perdem tão logo eles as pronunciam[41].

Se há, todavia, numerosas coleções dessas defesas, isso se deve às estenografias oficiais, que compilaram por amor à arte da eloquência dos confrades as melhores do gênero – por vezes, retocadas, e, por vezes, reunidas por seus

---

39. GRATIOT, L.; MÉCARY, C.; BENSIMON, S.; FRYDMAN, B. & HAARSCHER, G. *Art et techniques de la plaidoirie aujourd'hui*. Paris: Berger-Levrault, 2000, p. 417.

40. CORATO, N. (dir.). *Grandes plaidoiries & grands procès du XVe au XXe siècle*. Issy-les-Moulineaux: Prat, 2005, p. 6.

41. Ibid.

próprios autores. Havia ainda infatigáveis jornalistas que alimentavam com transcrições das defesas e com anedotas a rubrica judiciária tanto de uma imprensa cotidiana, então em pleno desenvolvimento, quanto das gazetas especializadas, tal como a *Causes célèbres de tous les peuples*, que completam as ricas coleções análogas do século XVIII[42], reduzindo tais processos à sua trama melodramática[43]. Foi, portanto, o entusiasmo de um triplo público – o profissional; o ilustrado; e o popular –, nutrido particularmente pelos casos de difícil defesa, pelos típicos da época ou pelos sensacionais, o que permitiu sua transmissão até nossos dias.

Os crimes e delitos que motivam tais processos, bem como seus motivos e suas qualificações, são de uma tal variedade que descartamos sumariamente a pretensão de esboçar aqui um seu inventário e de seguir sua evolução. Eis aqui somente alguns desses casos peculiares. Lacenaire, "o poeta assassino", que seria mais tarde imortalizado pelo filme de Marcel Carné, *Les efants du paradis*, foi guilhotinado em 1836; o anarquista Ravachol, que dinamitou as residências de juízes e comissários de polícia, foi guilhotinado em 1892. À mesma época, alguns concebiam seus atos como inescrupulosos ou terroristas, ao passo que outros os consideravam como "belos assassinatos". Mas é sobre as acusações de alta traição – os generais do império em face do rei restaurado em 1815 e o *affaire* Dreyfus, que desencadeou o antissemitismo e dividiu a opinião pública, entre 1894 e 1899 – que o século se abriu e se fechou. Observamos nesse período a multiplicação das perseguições a livros e à imprensa, mesmo que a lei de censura extrema, a chamada "lei de justiça e de amor", proposta em 1827, tenha sido refutada pela câmara dos pares. Em fevereiro de 1857, o Procurador Ernest Pinard requereu sem sucesso a censura de *Madame Bovary*, de Flaubert; e em agosto do mesmo ano requereu, desta feita, com sucesso a censura de *Les fleurs du mal*, de Baudelaire, alegando "ofensa à moral pública". O "apelo à sublevação" motivou surpreendentes processos contra a imprensa, tais como os dois abaixo relacionados, que testemunham os climas bastante distintos vividos nos anos de 1830 e de 1860.

---

42. GAYOT DE PITAVAL, F. *Causes célèbres et intéressantes, avec les jugemens qui les ont décidées.* 20 vols. Paris: Poirion/Desprez/Cavelier, 1739-1750. • LE MOYNE DES ESSARTS, N. *Causes célèbres, curieuses & intéressantes de toutes les cours souveraines du Royaume, avec les jugemens qui les ont décidées.* 196 vols. Paris: Lacombe, 1773-1789 [Eles alimentaram as avenidas, o teatro, as novelas e o cinema].

43. CHAMPAGNAC, J.-B. *Causes célèbres anciennes et nouvelles... réduites aux faits les plus intéressants, dégagées de tous les détails fastidieux des procédures...* Paris: Ménard, 1833.

A breve revolução de 1830 depôs o Rei Charles X, reacionário, mas legítimo, porque ascendente do ramo mais velho dos Bourbons, e o substituiu pelo Rei Louis-Philippe, ascendente de seu ramo cadete, menos legítimo, mas mais liberal; o Duque de Berry, filho do Rei Charles X, foi assassinado; na linha de sucessão, restou um seu jovem neto, protegido por sua mãe, a Duquesa de Berry. Quando o ilustre Chateaubriand lhe fez uma visita em 1833, declarou-lhe o seguinte: "Madame, seu filho é o meu rei!" Ninguém poderia equiparar-se a tão alta personagem da época, mas os jornais que publicaram a declaração de Chateaubriand dirigida à duquesa de Berry foram acusados de incitar a sedição. A defesa da causa fora feita por Pierre-Antoine Berryer, um fervoroso defensor da legislação, que procedeu de um modo totalmente surpreendente:

> É a manifestação do progresso da civilização: hoje não há mais opinião religiosa que tenha o direito de condenar uma opinião que lhe seja contrária. Pois bem, por que não ocorreria o mesmo com a liberdade das opiniões políticas? A sociedade civil não foi menos fortemente transformada do que a sociedade religiosa e, como estou certo de que o princípio da tolerância universal para com as convicções religiosas vos governa, estou igualmente convencido de que os senhores também dirão: "Liberdade para todas as opiniões políticas". É assim que as opiniões mais opostas umas às outras poderão viver lado a lado e se esclarecer mutuamente. Encontraremos então uma saída para essa reunião tão desejada dos homens, mas que até aqui mantiveram-se reclusos em campos contrários[44].

"Liberdade para todas as opiniões políticas." Diante do apelo à "tolerância universal", quer tenha ele mais seduzido ou desorientado, todos os acusados foram absolvidos.

Em 1868, o republicano Louis-Charles Delescluze, que havia permanecido exilado entre 1852 e 1860, foi acusado de incitação à sedição por ter lançado no jornal *Le Réveil* uma petição pública destinada a financiar um monumento em memória de seu amigo Alphonse Baudin, morto numa barricada no segundo dia do golpe de estado de dezembro de 1851, que abateu a Segunda República e restaurou o Império em proveito de Napoleão III. Na defesa de Delescluze o jovem Léon Gambetta adota uma linha duplamente provocadora: após elogiar seu cliente de modo vibrante por sua condição de reincidente ("nada mais bem atesta o heroísmo de suas convicções do que

---

44. CORATO, N. Op. cit., p. 332-333.

essa interminável lista de suas condenações políticas"[45]), ele ataca o procurador imperial – cuja denúncia, também ela provocadora, consistia na acusação de que a primeira "incitação à sedição" estava já contida na epígrafe do jornal *Le Réveil*, a saber, *Liberté, Egalité, Fraternité* – sob a forma de uma réplica mordaz proferida num ameaçador tom de desafio político:

> Todos os regimes que se sucederam neste país foram honrados com homenagens ao dia que os viu nascer. Festejamos o 14 de julho[46], o 10 de agosto; as jornadas de julho de 1830 também são festejadas e igualmente o 24 de fevereiro. Há somente dois aniversários, o 18 Brumário e o 2 de dezembro, que jamais foram alçados à condição de solenidade de uma origem, porque os senhores sabem que, se fosse vossa a vontade de fazê-lo, a consciência universal os repeliria. Pois bem, esse aniversário de morte que os senhores recusam, nós o reivindicamos, nós o concebemos como nosso; nós o festejaremos incessantemente; a cada ano, esse dia será o aniversário de nossos mortos, até o dia em que o país, depois de voltar a ser o mestre de si mesmo, vos imporá a grande expiação nacional em nome da liberdade, da igualdade e da fraternidade[47].

Essa peroração agressiva rendeu-lhe uma advertência – "Não trata mais de argumento de defesa!" – e, evidentemente, Delescluze foi condenado a pagar a pena máxima. Em contrapartida, o entusiasmo na imprensa republicana foi enorme; e a energia militante galvanizada, imensa! Dois anos mais tarde, no dia 4 de setembro de 1870, depois da derrota militar de Napoleão III diante da Prússia, o próprio Léon Gambetta, em nome do governo provisório, proclamava a Terceira República.

No século XIX, a instituição judiciária afirma, portanto, definitivamente sua independência em relação à Igreja e ao soberano, estabiliza seus procedimentos e implanta grandes talentos. Mas a instabilidade do Estado, que viu suceder tantos regimes num único século, a exacerbação crescente dos conflitos, dos golpes e dos acertos de conta entre facções rivais, e a pressão doravante onipresente da imprensa transformaram frequentemente o tribunal jurídico num debate político ou, ao menos, tenderam a levar ao tribunal,

---

45. Ibid., p. 520.

46. 14 de julho de 1789 (tomada da Bastilha: monarquia constitucional; 10 de agosto de 1792 (tomada das *Tuileries*: Primeira República); julho de 1830: monarquia constitucional; 24 de fevereiro de 1848 (Segunda República); 18 brumário de 1799 (golpe de Estado de Napoleão Bonaparte); 2 de dezembro de 1851 (golpe de Estado de Napoleão III).

47. CORATO, N. Op. cit., p. 525.

que compreendia diversas posições políticas, a eloquência jurídica, ali concebida como o porta-voz do Direito.

5 A eloquência política

Para a história da fala pública, afeita às disputas entre iguais, a reaparição da tribuna política consiste num evento de grande envergadura. Essa tribuna parlamentar, que no século XVIII nutria significativa invídia pelo Parlamento da Inglaterra de 1688 e que a Revolução Francesa havia instaurado, mas sem conseguir fazê-la funcionar "normalmente" por mais do que alguns anos, havia sido subjugada pelo Império Napoleônico. Em 1814, o Rei Luís XVIII, restaurado, mas ainda investido de direito divino, concede a seus súditos uma carta mediante a qual se dá a instauração de duas câmaras, a câmara dos pares, que seriam nomeados, e a câmara dos deputados, que seriam eleitos via sufrágio censitário estrito. A revolução de julho de 1830 substituiu a bandeira branca pela tricolor; o Rei Louis-Philippe reconhece oficialmente a existência da câmara, cuja base eleitoral, que, mesmo tendo sido um pouco ampliada, permanece censitária; em banquetes tumultuosos, havia campanhas entre os então bacharéis – provenientes de cursos de Retórica – e entre seus professores cuja reivindicação era a do sufrágio *da capacidade*, que relacionaria o direito ao voto com a obtenção do diploma secundário[48], mas também com o montante pago em impostos sobre propriedades; o fato de que os jovens diplomados sejam em sua maioria excluídos do mundo político é, aliás, uma das causas sociais da transformação das cátedras universitárias em tribunas nas quais se reiterava tal reivindicação. É a Revolução de 1848 que instaura, na Constituição da Segunda República, o sufrágio universal masculino: o eleitorado passa então bruscamente de 250 mil homens a nove milhões, enquanto na Inglaterra, sempre concebida como o farol do parlamentarismo, esse número não chegava a um milhão. Ora, na primeira eleição presidencial direta da história da França, em dezembro de 1848, o voto imprevisível de tantos novos eleitores elege o sobrinho de Napo-

---

48. Desde sua criação em 1809 até sua reconfiguração em 1902, a taxa de aprovação no *Baccalauréat* permaneceu estável em 2,75%. • Após encerrar o que corresponderia aproximadamente ao Ensino Médio brasileiro, o estudante na França submete-se a um exame que se chama *Baccalauréat* e cuja dupla função é a de sancionar o fim exitoso do ensino secundário e a de permitir o acesso ao ensino superior [N.T.].

leão I, Luís Napoleão Bonaparte, à presidência da República; este último não tardará a restaurar o Império, por meio do golpe de estado de 2 de dezembro de 1851. Apoiando-se na Igreja e, desde 1849, tomando o partido do papa em sua luta contra Garibaldi, Napoleão III governa inicialmente de maneira bastante autoritária, exilando ou eliminando os opositores, limitando drasticamente o poder das câmaras e a liberdade de imprensa. Contudo, a partir de 1859, ao reverter suas alianças, ele decide apoiar a unidade italiana contra o papa; desde então o imperador permite que se reinstale pouco a pouco na França um ambiente político nitidamente mais liberal. Após a derrota contra a Alemanha em 1870, um governo provisório republicano é rapidamente substituído por um governo de exceção, dito de "salvação pública", que em 1871 elimina a Comuna popular de Paris e, em seguida, alça-se à condição de um governo de "Ordem Moral", que, sem encontrar qualquer rivalidade por parte dos pretendentes ao trono e com o compromisso do potencial "Henri V" à bandeira branca, deveria logicamente conduzir a uma nova restauração monárquica constitucional. Votada consensualmente em 1875, a Terceira República instaura um regime parlamentar bicameral – a câmara dos deputados e o senado, que juntos formam a assembleia nacional – que possui a responsabilidade de eleger indiretamente o presidente da República a partir de 1877. Esse regime estender-se-á até 1940, quando Hitler invadiu a França.

A efervescente história, cujo fácil acesso deve-se à publicação oficial dos *anais do senado e da câmara do deputados*[49], restringe bastante os pronunciamentos parlamentares que tratam de sua própria condição de falas públicas: ferozmente interditado entre 1815 e 1875, quando consistia somente numa frágil prerrogativa, constantemente ameaçada e passível de reversão, o direito à fala pública torna-se uma conquista inalienável e, em seguida, uma evidência banal entre os anos de 1880 e 1900; desde então ele está garantido pelas instituições estabelecidas na Terceira República. Na memória retórica do século XIX, é o início da Restauração que permanece como o auge da efervescência:

> Tratou-se de um período brilhante a época de nossa vida parlamentar, durante a qual a liberdade, por tanto tempo comprimida pela mão de um déspota, conseguiu novamente erguer sua cabeça;

---

49. *Annales du Sénat et de la Chambre des Députés* ou *Annales du Parlement français* [segundo as diferentes séries de sua publicação]. Paris: Imprimerie Nationale, 1787-1942. O periódico é acessível pela internet no site *Gallica* da Biblioteca Nacional da França.

época em que a França assistiu ao despertar de sotaques desconhecidos, em que *a fala pública livrava-se de seu silêncio e falava*, em que todos os interesses, todas as paixões, todas as esperanças pareciam estar reunidas no poder dessa fala, no intuito de disputar por seu intermédio a posse do presente e o domínio do futuro.

O Império, mesmo após ter seu chefe abatido, vivia ainda na memória dos velhos soldados. É preciso sempre possuir a paixão pela França. A liberdade havia substituído a glória. Os emigrados sonhavam com Luís XV, os militares, com Napoleão, e os jovens, com a Revolução. O povo estremecia em torno das tribunas políticas. Um deputado possuía um grande valor! E valor ainda maior um grande orador![50]

Esse vibrante elogio da fala pública na tribuna foi pronunciado por Louis de Cormenin, jurisconsulto, deputado e panfletário conhecido pelo pseudônimo Timon, cujo *Livro dos oradores*, publicado em 1836, e em edição ampliada em 1844, conheceu um imenso sucesso e ganhou numerosas reedições. Trata-se, de fato, de uma longa galeria de perfis: 350 páginas de retratos pessoais em sua segunda parte: Mirabeau, Danton, Napoleão... Villèle, General Foy, Royer-Collard, Benjamin Constant, mas também Guizot, Thiers, Berryer, Lamartine, Lafayette, Arago... e ainda 50 páginas de perfis típicos em sua primeira parte, na qual são opostos os estilos de fala pública segundo os tipos de ação (aqueles que improvisam, os que recitam e os que leem), segundo as profissões eloquentes (os advogados, os professores, os políticos e os militares), segundo os temperamentos (o imaginativo, o lógico, o esperto, o regulamentar, o generalizador, o frasista e o interruptivo) e, enfim, segundo a função exercida na oposição ou na maioria, no ministério, em geral, ou no ministério da guerra ou da instrução pública ou ainda do orçamento. Tais perfis semelhantes aos de Daumier são frequentemente compostos com um ácido senso de humor, ainda que seu desenvolvimento seja estabelecido em nome de altos valores e considerações atribuídos à prática de falar em público e à eloquência, uma arte que Cormenin reconhecia e saudava mesmo em seus adversários:

Berryer é, depois de Mirabeau, o maior dos oradores franceses. A natureza o favoreceu. Sua estatura não é elevada, mas sua bela e expressiva figura expressa e reflete todas as emoções de sua alma. Ele fascina seu público com seu olhar agudo e aveludado, com seus

---

50. CORMENIN, L. *Livre des orateurs*. Bruxelas: Libraires Associés, 1844, p. 191.

gestos tão singularmente belos quanto é bela sua fala. Sua eloquência está presente em seu corpo inteiro. Porém, o que ele possui de incomparável, o que ele possui acima de todos os demais oradores da câmara, é a sua voz, a beleza de primeira ordem para os atores e para os oradores. Ele é um mestre da arte oratória. O que torna Berryer superior aos demais é o fato de que, desde o início de seu discurso, ele observa e conhece precisamente, como se ele ocupasse o topo de uma elevação, o fim ao qual pretende chegar. Ele não ataca bruscamente seu adversário; mas começa a traçar em seu entorno várias linhas de circunvolução; ele o ludibria mediante suas passagens eruditas; aproxima-se dele paulatinamente; espreita-o a cada lance, o segue, o envolve, o pressiona e o sufoca com os nós reforçados de sua argumentação. Esse método consiste naquele que é empregado pelos maiores espíritos.

É uma pena que M. Berryer, que um tão poderoso orador, não esteja ao nosso lado nos combates, nas primeiras fileiras do partido popular! Como um tal espírito não sente em si o vazio das doutrinas da legitimidade? Como ele pode não trabalhar conosco na busca pela liberdade em seu sentido mais amplo, pela emancipação do gênero humano?[51]

Truques de caça e artimanhas de guerra? André Dupin, que então preside a câmara dos deputados, evoca nada menos do que a embriaguez dos cavaleiros do antigo Reino da Numídia na defesa da improvisação:

Mesmo que não esteja preparado quanto às palavras a serem empregadas, se o orador conhece bem as coisas de que vai tratar, se ele as sente vivamente e se ele se fundamenta na consciência do bem, ele conseguirá encontrar no próprio interior de seu grande isolamento, por mais que haja perturbações incessantes sobre o desenvolvimento de seu raciocínio pelas interrupções intensas e pelos clamores por vezes insensatos, que atormentam todas as suas faculdades, os melhores caminhos, expressões e estratégias para mantê-lo fortemente entusiasmado com suas causas.

O que se perderá em seu belo estilo e em sua apropriada disposição, o orador recuperará pela ação oratória. Em sua mão não haverá nenhuma anotação, seu olho não se fixará sobre nada que tenha sido escrito, antes, ele terá seu olhar como sua principal força; seu espírito não estará à mercê das incertezas da memória. Uma vez que sua dinâmica desenvoltura estará absolutamente livre, tal como os cavaleiros numídios que montavam seus animais em pelo e sem rédeas, ele lutara corpo a corpo com seu auditório, terá o

---

51. Ibid., p. 300-301.

domínio para reter ou desprender seu discurso, de deslizar sobre o que poderia começar a desagradar, bem como poderia insistir sobre aquilo que provocasse satisfação. Se ele estiver bem inspirado, seu sucesso ultrapassará o efeito produzido pelos discursos mais bem preparados e estudados previamente[52].

Aqueles que praticam a fala pública eloquente não a descrevem nos termos da retórica; entre os parlamentares, a palavra *retórica* já designa pejorativamente a arte empolada do "fraseólogo", de que Lamartine é, para Cormenin, o mais ilustre representante:

M. de Lamartine é para nossos bons oradores o que a retórica é para a eloquência. O parlamento não é um teatro, para o qual os atores devem vir para declamar amplificações vocais flutuantes e formulações ornamentadas, no intuito de agradar os espectadores. Os senhores dizem que representam o povo! Falem, portanto, como falaria o povo; estando aqui, o povo falaria muito bem![53]

Essa utópica palavra de ordem – "Falem, portanto, como falaria o povo; estando aqui, o povo falaria muito bem" – exprime o ideal da fala pública e da eloquência política progressista daquela época. Porque, a despeito dos ácidos perfis que constrói, Cormenin não busca absolutamente descreditar o princípio da representação popular; ao contrário, se a câmara, em 1844, assim como em 1836, ofereceu aos seus olhos um espetáculo frequentemente ridículo, isso se deveu à estreiteza do escrutínio, a maior responsável por esse erro:

Não, os oradores parlamentares não representam verdadeiramente a opinião das ruas. Nascidos do monopólio, eles apenas representam variações desse monopólio. A maioria entre eles possui somente falas, mas não princípios; eles dispensam a posse de soldados, porque são eles próprios os únicos que compõem seu exército. O agente que representará fielmente as necessidades, os interesses, os desejos, as paixões e as ideias do país será a imprensa, quando ela for livre e sua fala puder contar com uma liberdade ilimitada. O que representará fielmente a nação será o parlamento, quando ele for eleito por todos os cidadãos. A França possui cinco milhões de artesãos e não há na câmara um único deputado que seja artesão. A França possui vinte e cinco milhões de trabalhadores e não há na câmara um único deputado que seja trabalhador. Podemos chamar isso de direito? Podemos chamar

---

52. Apud WEY, F. (org.). *Le tresor litteraire de la France*. Paris: Hachette, 1879, p. 648-649.

53. CORMENIN, L. Op. cit., p. 341.

isso de verdade, de justiça e de nacionalidade? Podemos, enfim, chamar isso de representação?[54]

Em 1848, na condição de vice-presidente do conselho de Estado encarregado de redigir a Constituição, Cormenin impôs a ideia de que até mesmo o próprio presidente da República deve ser eleito exclusivamente pelo sufrágio verdadeiramente popular: o sufrágio universal direto. O maremoto eleitoral de dezembro de 1848, que escolheu o sobrinho do grande Napoleão como príncipe-presidente, revela brutalmente aos republicanos que a França dos artesãos e dos trabalhadores, a dita França *profunda*, rural e cristã possuía principalmente em seu coração, contra a cidade *insurgente* de Paris, o amor à ordem, ainda que ela fosse despótica e belicosa para além dos limites de sua fronteira; o que será confirmado rapidamente pela passagem para o Segundo Império. Essa eleição foi absolutamente chocante para Cormenin; foi-lhe de tal modo uma desilusão, que ele renunciou ao seu mandato de deputado, tendo restado somente a exercer sua função no conselho de Estado, para consagrar os últimos anos de sua vida às obras filantrópicas e ao Epílogo de seu *Livro dos oradores*, redigido em 1863 e no qual se encontra este epitáfio "Eles estarão aqui para sempre!"[55] Voltaremos a ele adiante.

Diferentemente do que fez Cormenin, ao oferecer uma galeria de oradores de grande talento, o Abade Henry organizou o tomo VI de sua vasta *Histoire de l'éloquence*, tomo esse dedicado à "Tribuna francesa e movimento católico", entorno dos destacados debates, sobre daqueles que envolviam uma dimensão moral; assim, tocou em temas como o dos limites do perdão, o das perturbações provocadas em 1819 pela eleição à câmara do Abade Gregório, antigo regicida anistiado pelos serviços prestados à nação, ou ainda o da viva discussão em 1827 sobre um projeto de lei sobre *a justiça e o amor*, que propunha a censura até mesmo das mais leves ofensas a outrem, sob o risco de suspensão da liberdade de imprensa. Para cada uma das questões levantadas, de três a seis discursos antagonistas desdobram-na em sua diversidade e, por vezes, na incompatibilidade dos pontos de vista ali defendidos. Evidentemente, uma vez que se tratava de assuntos tão sensíveis, a indignação fulgura sob a forma de falas veementes, tal como a vibrante apóstrofe de Royer-Col-

---

54. Ibid., p. 19-20.

55. CORMENIN, L. *Livre des orateurs*. 18. ed. Paris: Pagnerre, 1869, p. 319.

lard endereçada aos autores daquela lei "vândala", que pretenderia, em nome da caridade cristã, calar as opiniões:

> Conselheiros da coroa, autores da lei, conhecidos e desconhecidos, permitam-me de lhes perguntar o seguinte: O que os senhores fizeram até aqui para que se elevem além do nível dos demais cidadãos, para que os senhores estejam em condições de lhes impor a tirania? (*Segue uma intensa agitação*) Essa audácia insensata somente encontra-se nas facções radicais. A lei que combato anuncia, portanto, a presença de uma facção no governo e essa presença é tão certa e manifesta que ela parece proclamar-se em alta voz e desfilar com suas bandeiras numa parada.
>
> Não lhe perguntarei quem ela é, de onde vem e para onde vai, pois ela mentiria... Que ela seja chamada de contrarrevolução ou de qualquer outro modo, pouco importa; ela é um retrocesso, ela tende ao fanatismo, ao privilégio e à ignorância, à barbárie e às dominações absurdas, que são favorecidas pela selvageria[56].

A Retórica deixou de ser ensinada nos liceus clássicos em 1890; nossa última antologia de oradores franceses visa, portanto, em 1894, ao público menos letrado, mas potencialmente situado mais à esquerda do espectro ideológico, do ensino *especial*, que não dispunha nem do grego nem do latim. Nesse cenário, deve-se a Joseph Reinach, secretário de Gambetta, advogado, diplomata, patrocinador do jornal *La République Française* e apoiador da causa dreyfusiana, a divisão de 88 discursos completos, pronunciados entre 1789 e 1890, em quatro gêneros da eloquência: política, judiciária, universitária ou acadêmica e sagrada. Mas, é à política que cabe a parte do leão: 68 desses 88 discursos foram classificados como fala pública *política* e os outros 20 possuem ainda e efetivamente uma dimensão política importante, tal como a defesa *judiciária* de Delescluze feita por Gambetta, o discurso *acadêmico* de Littré "Sobre a divisa republicana" ou a breve "Saudação à marinha francesa, classificada como peça da eloquência *sagrada*, que o Cardeal Lavigerie proferiu aos marinheiros, quando de sua visita à Argélia em 1890, e na qual soa sutilmente a adesão dos católicos à República:

> A marinha francesa deu-nos este exemplo: quaisquer que fossem os sentimentos de cada um de seus membros, ela jamais admitiu o rompimento com suas antigas tradições, nem tampouco admitiu separar a bandeira da pátria, *qualquer que fosse a forma, aliás,*

---

56. HENRY, A. *Histoire de l'éloquence avec des jugements critiques sur les plus célèbres orateurs et des extraits nombreux et étendus de leurs chefs-d'œuvre.* Vol. VI. Paris: La Marche, 1855, p. 200.

• **245**

regular, do governo que a ostentava. Sem essa resignação, sem essa aceitação patriótica, nada é verdadeiramente possível para conservar a ordem e a paz, nem para salvar o mundo do perigo social nem para salvar o próprio culto de que somos ministros[57].

Reciprocamente, observamos a tribuna política, ou, antes, o Estado Republicano, assumir o comando do desenvolvimento do saber: com Arago, em 1827, em defesa da introdução das ciências no ensino; com Guizot, em 1833, na reivindicação pela expansão e consolidação da educação primária; com Victor Hugo, em 1850, contra a Lei Falloux e sua postulada liberdade para o ensino confessional; com Jules Ferry, em 1879, em favor da instrução obrigatória; e, enfim, com o apelo de Montalambert pelos refugiados poloneses que chegavam em Paris em 1831, com o discurso de Gambetta aos alsacianos, louvando a Pátria, depois da derrota de 1870, ou ainda com a oração fúnebre de Paul Bert às exéquias de Gambetta, em 1882. A fala pública reclamava o direito e o dever de assumir as funções filantrópicas, místicas e litúrgicas praticadas outrora pela Igreja. Assiste-se aqui à epopeia triunfal da República entoada pela histórica eloquência republicana.

Examinemos, todavia, o último episódio dessa conquista, no decurso do qual a eloquência da fala pública impõe como característica fundamental da Terceira República sua condição de um regime parlamentar e não presidencial: a crise do 16 de maio de 1877. Nessa data, o presidente da República, o General Mac Mahon, é, digamos sem rodeios, de direita; o senado é majoritariamente de direita; as eleições tinham acabado de constituir na câmara dos deputados uma maioria de esquerda; uma vez que a Constituição, bastante recente de 1875, não restringia explicitamente esta possibilidade, o presidente da república recusou-se a nomear alguém de esquerda para a presidência do conselho dos deputados e, no dia 16 de maio de 1877, dissolveu a câmara e anunciou novas eleições. Contudo, a questão não estava definitivamente resolvida, porque nas novas eleições poderia ocorrer novamente a composição vitoriosa de uma maioria de esquerda. O que seria então necessário fazer? A direita, mediante o *Le Figaro*, o grande jornal de alcance nacional, preconiza "o estado de sítio", ou seja, a suspensão da Constituição e a atribuição de plenos poderes ao presidente da República:

---

57. REINACH, J. *Le conciones français* – L'éloquence française depuis la Révolution jusqu'à nos jours. Paris: Delagrave, 1894, p. 426.

É tarde demais para ser moderado. Se pretendermos nos manter na justa medida, não basta ficarmos no que fora conquistado no dia 16 de maio, não basta antepor-se amistosamente ao inimigo.

Agora que o que está feito está feito, que a guerra está declarada, não resta outra coisa a fazer se não a vencer.

Hoje não se trata mais de política; trata-se de uma batalha, de uma batalha pela defesa da sociedade e de uma luta pela vida. Uma vez que se trata de uma batalha, lutemos. Por que não apoiar as vozes dos pequenos jornais das províncias? Por que não decretar o estado de sítio?[58]

A esquerda, por meio de Gambetta, num comício em Lille, lança sua famosa réplica que trata tanto da *Vox Populi*, réplica essa difundida por seu jornal *La République Française*, quanto do infundado processo intentado por Mac Mahon contra seus congressistas:

Quando a única autoridade diante da qual todos submetem-se pronuncia-se, não creiam que ninguém possa ombreá-la. Não creiam que, depois de milhões de franceses, camponeses, operários, burgueses, enfim, eleitores da livre pátria francesa, terem feito suas escolhas e precisamente nos termos em que uma questão lhes foi proposta, não creiam que, depois de eles terem indicado suas preferências e de terem manifestado suas vontades, não creiam que, depois de tantos milhões de franceses terem afirmado suas opiniões, possa haver alguém, qualquer que seja o nível de sua função na escala política ou administrativa, que possa lhes resistir.

Depois de a França ter feito ouvir sua voz soberana, estejam certos de que é preciso submeter-se a ela ou renunciar sua função[59].

Ora, o veredicto das eleições de outubro de 1877 reconduziu à câmara uma maioria republicana. Mac Mahon "submeteu-se", inicialmente, escolhendo o republicano Dufaure para a presidência do conselho da câmara. Em seguida, após a trégua proporcionada pela Exposição Universal em 1878, ocorreram em janeiro de 1879 as eleições parciais ao senado, cujo resultado foi a composição pela primeira de uma maioria republicana: desta vez, Mac Mahon, vencido, "renuncia" e demite-se de sua função de presidente da república, sento sucedido por Jules Grévy. Desde então, o senado, a câmara dos deputados e a presidência da república, ou seja, todo aparelho político da França é integralmente republicano.

---

58. Apud ZÉVAÈS, A. *Au temps du 16 mai*. Paris: Des Portiques, 1932, p. 147.

59. Ibid., p. 161.

• 247

Assim, uma regra constitucional maior fora estabelecida por uma força superior e externa ao quadro oficial: um confronto entre jornais, um comício e um processo desempenharam a função de uma tribuna. O imenso rumor de uma campanha eleitoral fervorosa fez ouvir reiteradamente a sagaz e pequena fórmula "submeter-se ou renunciar"*. Com a imprensa e o sufrágio universal, no decurso do século XIX, a figura do orador dissolve-se e multiplica-se. Uma espécie de música de fundo, difusa e popular, acompanha desde então a fala pública e a eloquência política.

6 A eloquência popular

A fala pública popular e a eloquência dos oradores do povo quase não foi compilada durante o século XIX, em que os inventários mais completos somente acrescentam aos três gêneros tradicionais – que se desenvolvem no altar, no palanque e no tribunal, ou seja, as falas públicas e as eloquências religiosa, política e judiciária – duas extensões efêmeras e contestadas: a fala pública militar e a universitária. Falar nessa época de um "orador popular" – Mirabeau, O'Connell, Gambetta, Jaurès – é saudar ou, por vezes, depreciar o sucesso de sua eloquência veemente antes as massas reunidas para ouvi-lo e entusiasmarem-se. Por essa razão, em nossa busca pela fala pública que emana do povo e de sua eloquência e por aquela que lhe é expressamente dirigida, seguiremos principalmente pistas indiretas: num primeiro momento, nos encaminharemos na direção de lugares alternativos de exercício da fala pública em reuniões coletivas tais como as que ocorrem nos cafés; em seguida, trataremos de novos atores sociais, os "proletários eloquentes" que impõem suas novas reivindicações e renovam as palavras de ordem de seu tempo; enfim, abordaremos os modos de intervenção dos discursos endereçados ao grande público pelos "apóstolos laicos", militantes e professores, que, ao final do século XIX, criam um novo ramo da arte oratória: a *Retórica popular*.

Não faltavam lugares de sociabilidade na França do Antigo Regime, ao menos para a aristocracia e para a alta burguesia – *a corte* e *a cidade*: havia os quatorze parlamentas da províncias francesas, os palácios de justiça, as dioce-

---

* No original francês, a formulação é "l'heurese petite formule rimée se soumettre ou se démettre". Em nossa tradução, optamos por não tentar reproduzir a rima, em benefício do sentido da expressão ali empregada.

ses, as faculdades, as academias, os salões, nos quais se desenvolviam práticas de fala pública e da eloquência real, judiciária, episcopal, acadêmica e profana. Por algum tempo, a Revolução Francesa fechou esses lugares, entre eles, a própria academia francesa foi fechada; abriu à fala pública uma diversidade de novos espaços políticos, tais como a assembleia nacional, os comitês de segurança pública e os clubes, e de novos espaços científicos, tais como as grandes escolas e o Instituto de Educação Nacional; e, simultaneamente, dividiu o território da república francesa em oitenta e três departamentos "iguais", munidos cada um de uma capital que concentrava a administração e a Escola Central, que se tornaria o futuro Liceu. Contudo, os humildes habitantes da zona rural praticamente não com outro lugar de reunião que não fosse a igreja de sua gleba, por vezes possuíam um posto do correio em que chegavam as edições de um veículo da imprensa urbana e eventualmente podia ocorrer a visita de uma missão religiosa ou *patriótica*, durante a revolução. Em 1831, a Lei Guizot pretende equipar cada aldeamento de uma escola primária pública, o que permitirá a Jules Ferry, cinquenta anos mais tarde, em 1882, tornar a instrução primária – ler, escrever e fazer as quatro operações matemáticas na língua nacional – obrigatória, gratuita e laica. O ideal era o de haver tantas escolas quantas fossem as igrejas. Com o desenvolvimento da imprensa e do sufrágio universal masculino em 1848, será instalado sobre todo o território um terceiro lugar de reunião pública outrora reservado somente às cidades: o café; a meca da leitura dos jornais, das discussões e das decisões políticas populares a partir do século XIX.

> O motim engendra-se; e o imperceptível estremecimento que ele excita, antes de ser apreensível mesmo por algum experimentado observador, não ocorre num gabinete de leitura em que se é instado a dar uma opinião particular; não é tampouco no espaço privado de uma residência que ele se processa. É no café que tudo isto acontece. É no seu café que cada um de nós tem a certeza de que encontrará seus amigos; é no seu café que lemos os jornais e onde confabulamos sobre o país na condição de eleitores e como se fossemos membros da guarda nacional. Qual o lugar em que nos encontramos para expressar nossas mais caras recordações? Onde é que nos informamos, que nos encorajamos reciprocamente e que sabemos poder contar uns com os outros? É no café. Nenhum dos trinta mil cidadãos que seguiram o General Pajol a Rambouillet chegou até as fileiras sem antes ter passado por um café. Ali todos haviam bebido militarmente sua cerveja ou seu pequeno copo de absinto. São nos salões dos cafés que se fazem os candidatos à As-

sembleia, os ministros, os presidentes da câmara. Em suma, é assim que se forma todo o sistema político de determinado momento. Contudo, se não houver sobre tal sistema a sanção dos cafés, ele não se perfaz. É nos cafés que germinam, nascem e amadurecem as comoções que mudam e transformam a ordem social[60].

Algumas semanas mais tarde, mediante o golpe de estado do dia 2 de dezembro de 1851, Napoleão III apossou-se do controle desses espaços subversivos pelo decreto do dia 29 de dezembro do mesmo ano, em que se lê as emblemáticas considerações:

> Considerando que a multiplicação sempre crescente dos cafés, dos cabarés e do consumo de bebidas alcoólicas é causa de desordem e desmoralização; considerando que, principalmente, nas zonas rurais tais estabelecimentos tornaram-se em sua maioria lugares de reunião e de afiliação para sociedades secretas e favoreceram de maneira deplorável as más paixões, a partir de então nenhum café, nenhum cabaré e nenhum comércio de bebida alcoólica poderão ser abertos sem a autorização do prefeito[61].

Esses espaços alternativos, que são os cafés, os círculos, os clubes, as redações de jornais, estão repletos de letrados marginais, tais como professores suspensos ou padres desorientados, após a condenação do catolicismo social feita pelo papa. Suas análises políticas e suas palavras de ordem prolongam a Revolução Francesa, detalhando incansavelmente sua divisa *Liberdade, Igualdade, Fraternidade,* mas não sem fazê-la evoluir significativamente. No que respeita ao catolicismo, Frank Paul Bowman demonstrou bastante apropriadamente em sua obra *Le Christ des barricades* que se em 1789 o opressor número 1 é o *aristocrata,* contra o qual Jesus luta, que é o *democrata,* em 1848, o opressor número 1 é o *patrão* ou o *industrial* contra quem luta Jesus, o *comunista.*

> 1789: O Filho de Deus havia se insurgido contra os aristocratas da nação. Ele não cessava de lançar os tiranos do povo, os feitores dos impostos injustos, os déspotas do pensamento e todos os opressores à indignação pública. Os aristocratas indignados insuflaram na alma de seus servos o ódio que os animaram contra o libertador

---

60. Tirada de uma personagem de uma peça de Merville, apud ODOLANT DESNOS, J.J. *Le littérateur des collèges.* Paris: Lavigne, 1836, p. 183. Introduzindo-se na guarda nacional em 1791 e tendo sido general em 1812 em Waterloo, Claude-Pierre Pajol (1772-1844) foi sempre hostil aos Bourbons e assegurou o sucesso da Revolução de 1830, perseguindo o então Rei Charles X em Rambouillet.

61. Excerto citado por LEFÉBURE, C. *La France des cafés et bistrots.* Toulouse: Privat, 2000, p. 31.

dos homens. Enfim, meus caros irmãos, eu já morreria contente após ter pronunciado esta única fala: *foi a aristocracia que crucificou o Filho de Deus*. Acrescentar-lhe-ia em seguida: Jesus morreu pela democracia do universo[62].

1848: Os senhores não leram no Evangelho que Jesus, esse Jesus adorado como um Deus, proclamava a Fraternidade e a Igualdade, que ele condenava a opulência e a riqueza, que ele concentrava toda sua preocupação nos pobres e oprimidos, que ele recomendava a construção de comunidades fraternas, isto é, numa palavra que ele era *comunista*?[63]

Na câmara, Luís de Cormenin, que tanto havia militado por uma melhor representação dos *artesãos* e *trabalhadores*[64], constata em 1848 que o sufrágio universal não havia conseguido mudar nada quanto ao desinteresse desses dois tradicionais grupos pela política nacional, ao passo que em Paris manifesta-se uma força social nova, que, reagrupando sob o nome de proletários os operários, os empregados em geral e todos os demais marginalizados economicamente, interessa-se muito pela política, frequenta os espaços de educação popular emancipatória e aventura-se pelos corredores da assembleia nacional:

Vi frequentemente os proletários eloquentes das escolas, da rua, dos júris, dos gabinetes de leitura e dos clubes sitiarem durante quinze dias os corredores das tribunas públicas e responderem aos oradores da câmara com suas réplicas, com suas investidas, com seus gritos de 'bravo', com seus murmúrios e com suas palavras de ordem. Em contrapartida, quase não vi trabalhadores e artesãos que ali tenham ido para ouvir nossos Demóstenes. Se eu não os vi na câmara, é porque eles estavam alhures, é que alhures tinham eles coisas melhores para fazer[65].

---

62. São palavras de Claude Fauchet, pronunciadas em seu *Discours sur la liberté*, no ano de1789 e citadas em BOWMAN, F.P. *Le Christ des barricades*. Paris: Le Cerf, 1987, p. 9. Ardente revolucionário, mas federalista, o Abade Claude Fauchet (1744-1793), na condição de deputado do Calvados na Convenção, foi guilhotinado com outros Girondinos aos 31 de outubro de 1793.

63. CABET, E. Journal *Le Populaire*, 13/04/1848, apud BOWMAN, F.P. *Le Christ des barricades*. Paris: Le Cerf, 1987, p. 30. Auteur du *Voyage en Icarie* et fondateur d'une communauté égalitariste du même nom en Amérique du Nord, Etienne Cabet (1788-1856) représente pour Engels et Marx le "socialisme utopique".

64. Cf. nota 11, p. 72.

65. CORMENIN, L. *Epilogue do livre des orateurs*. 18. ed. Paris: Pagnerre, 1869, p. 328.

• **251**

Os oradores proletários estavam nos corredores da câmara e ultrapassavam-nos, porque durante os três primeiros meses da Revolução de 1848, que explode em 24 de fevereiro, o governo provisório de tendência altamente progressista autoriza as associações políticas a enviarem delegações à Assembleia cujos membros estavam incumbidos de ler naquele espaço as petições populares, a exemplo do que ocorrera com os Sans-Culottes em 1793; essa prática foi, contudo, reprovada pela maioria de republicanos moderados, que havia se formado a partir das primeiras eleições legislativas sob o sufrágio universal em 23 de abril; e, no dia 12 de maio daquele ano, essa maioria interditou-a. No dia 15 dos mesmos mês e ano, uma imponente manifestação popular invadiu as arquibancadas e a tribuna e proclamou a dissolução da Assembleia, antes que ela tomasse o *Hôtel de Ville*, de onde ela seria retirada via *manu militari*:

> No momento em que o pequeno comunista, de cabelos eriçados e de língua vibrante, gritou na sessão do dia 15 de maio de 1848: "A Assembleia está dissolvida! Representantes do povo, retirem-se!" Os representantes do povo, estupefatos com aquele belo gesto de eloquência, desapareceram ainda mais rapidamente do que ocorrera quando de sua ligeira chegada. Nos vinte anos que ali estive, jamais havia visto um semelhante efeito oratório[66].

Esse breve golpe da esquerda contra a assembleia no dia 15 de maio de 1848 e sucessivo golpe da direita mediante o qual o presidente da República metamorfoseou-se no Imperador Napoleão III conduziram Cormenin à desesperança de ver a democracia instalar-se na França. Para tanto, seria necessário que os grupos políticos formais ou informais possuíssem verdadeiramente a intenção de aperfeiçoar as leis, ao passo que efetivamente tais grupos apenas pensavam em derrubar o regime.

"Pouco importa o regime, desde que o governo não seja despótico"[67]. Eis o que Edouard de Laboulaye ousa, em princípio, postular, quando a França, então vencida pela Alemanha em 1870, interroga-se durante cinco anos sobre qual regime de governo lhe seria mais apropriado: Monarquia, Império ou República? O tipo de governo, afirma Laboulaye, não é o essencial; o essencial consiste no exercício concreto do governo, ou seja, nas leis e em sua aplicação equitativa, o que assegura a cada um seus direitos e liberdades. Compartilhando com Cormenin a mesma análise política e o mesmo

---

66. Ibid., p. 331. A repressão que seguiu esse 15 de maio eliminou a esquerda progressista.

67. Arquivo da Assembleia National. Discurso de M.E. Laboulaye, realizado aos 28 de fevereiro de 1873.

ideal democrático, mas dotado de um temperamento mais otimista, Laboulaye empreendeu, desde o Segundo Império, uma luta constante, variada, divertida e inventiva contra o despotismo: cursos no Collège de France de 1849 a 1882 sobre a Constituição dos Estados Unidos, que poderia fornecer à França o modelo de uma democracia eficaz e próspera; panfletos fictícios de grande sucesso contra o Império autoritário (tais como o *Paris na América*, de 1863; e o *Príncipe-poodle*, de 1868); criação da *União franco-americana* para oferecer a estátua da Liberdade esculpida por Bartholdi e da *Sociedade dos amigos de Benjamin Franklin* para promover a multiplicação de bibliotecas populares, municipais e militares; inúmeras conferências sobre Montesquieu, Quesnay, Cochin, Mann, Channing, nas quais se pregava contra o alcoolismo e a escravatura e, principalmente, em favor da *educação do cidadão*, oferecendo-lhe todos os meios de expressão necessários para *servir à causa da liberdade*. Com vistas a cultivar os discípulos, ele redige em 1869 uma *Retórica popular, ou a Arte de falar em conferências públicas*, obra na qual o gosto pela história divertida e pela anedota emotiva não ofusca a grande figura de Cícero, o paladino eloquente das liberdades romanas. A palavra *retórica* ali está imune ao desdém que lhe é impingido na universidade; mas, sejamos realistas, a "eloquência popular" que a "sociedade moderna" exige necessita primeiramente de compromisso de longo prazo e de intenso fervor educacional, que produzissem na França a liberdade nos costumes:

> Necessitamos de uma eloquência popular. A sociedade moderna quer ser governada por si mesma; ela é fundamentalmente republicana, quaisquer que sejam as formas ou os nomes dos poderes públicos que a rejam. Contudo, para governar a si mesma, são necessários conhecimentos consistentes, é preciso conhecer o ponto de partida e o ponto de chegada. A primeira necessidade dos povos livres é, portanto, uma educação sólida, uma educação econômica, política e social. Não há absolutamente essa educação na França. Em meio aos erros que nos inundam por todos os lados e que continuarão a nos privar uma vez mais da liberdade, caso não lutemos contra essa falta, nossa única chance de salvação é a de encontrar missionários laicos que se devotem à causa popular e que preguem a verdade em todo lugar. Necessitamos não de retores, que mendiguem aplausos, mas de apóstolos cheios de fé, que repitam com São Paulo: *Eu cri e é por isso que eu falei*. Rogo que eu possa suscitar esse sentimento na nova geração![68]

---

68. LABOULAYE, E. *Rhétorique populaire ou l'art de parler dans les conférences publiques*. Paris: Charpentier, 1869, p. vi-vii.

• 253

Quanto aos espaços em que a retórica popular pode manifestar-se, no exercício dessa educação a ser proporcionada ao cidadão, Laboulaye, numa de suas intervenções na *Sociedade dos amigos de Benjamin Franklin*, privilegia os três seguintes: os estabelecimentos a serem construídos em meio às feiras e aos mercados abertos, nos quais se falará para as pessoas simples do povo[69]; as escolas militares, nas quais os jovens iletrados poderão se aproveitar de seu serviço militar para sua iniciação nos rudimentos das letras e do cálculo, bem como em sua instrução cívica; enfim e sobretudo, as escolas públicas, no âmbito municipal, em que se poderá contar com um orador de novo tipo, infatigável *missionário laico*, um verdadeiro *apóstolo* da república, inteiramente devotado a todas as pessoas do povo, para as quais ele saberá desenvolver múltiplas atividades formadoras. Tal orador de novo tipo é o professor primário:

> Nos quartos dos hospitais, nas bibliotecas, nas sessões de leituras públicas, em cursos técnicos, em conferências, nos corais, nos exercícios de ginástica, em todos esses lugares e em todas essas práticas a principal engrenagem do mecanismo e a base de todo esse edifício é o professor primário[70].

Recentemente, Alain Corbin recompôs com seu talento, a partir de seus títulos – *Argélia, Tunísia, Sudão*; *Sobre o patriotismo*; *A geleia: suas causas e efeitos* etc. – uma série de conferências pronunciadas nas noites do inverno entre 1895 e 1986 por um professor primário do Limusino[71], diante de uma boa parte dos habitantes de sua pequena cidade, público que incluía alguns pais de alunos, que eram mais ignorantes do que seus filhos, uma vez que a obrigação escolar foi instituída somente em 1882. O grande historiador da vida cotidiana reinscreve bastante apropriadamente a iniciativa de Paul Beaumord, professor primário em Morterolles, na ampla política educacional fomentada por Jules Ferry em toda França profunda, essa nova França nascida do sufrágio universal e para a qual é absolutamente importante a vitória e a consolidação da República. Porém, Beaumord parece não pensar

---

69. LABOULAYE, E. *Société Franklin pour la Propagation des Bibliothèques Populaires et des Bibliothèques de l'Armée*. Sessão do dia 22 de março de 1874. • *Discours de M.E. Laboulaye sur l'éducation du pays par l'armée*. Paris: Delagrave, 1874, p. 29.

70. LABOULAYE, E. Op. cit., p. 26.

71. CORBIN, A. *Les conférences de Morterolles, hiver 1895-1896* – A l'écoute d'un monde disparu. Paris: Flammarion, 2011.

um instante sequer em reinstalar esse objetivo no interior do movimento militante que visa à educação cidadã emancipatória, impulsionada desde 1869 pela *Retórica popular, ou a Arte de falar nas conferências públicas*, de Laboulaye. O professor primário limusino provavelmente não o faz devido ao profundo esquecimento em que se perdeu quase toda lembrança da *eloquência popular*... Oxalá este breve e alusivo capítulo possa lhe reanimar a memória e (quem sabe?) suscitar o desejo de empreender um estudo a seu respeito.

Considerações finais

No intuito de concluir nossas reflexões, insistimos sobre três observações inesperadas, que merecem a devida atenção.

1) Na França do século XIX, a eloquência conheceu uma idade de ouro entre 1815 e 1848

A despeito do regime monárquico, do positivismo nas ciências e do romantismo da arte pela arte, a eloquência é florescente, multiforme e muito bem-vista na França entre 1815 e 1848. A lembrança da eloquência napoleônica, que emoldurava a guerra de ideais libertadores, impulsiona ainda mais os jovens a partir para as lutas que visavam à libertação da Grécia ou da América Latina. Mesmo que as condenações pontificais tenham lhe feito perder fiéis identificados com as ideologias de esquerda, a Igreja Católica mantém sua condição de grande potência em matéria de fervor, de expressão de valores e de organização de massa. No ensino secundário e superior, em que a "meritocracia", proveniente do sucesso escolar, concorre desde então com a aristocracia de nascimento, o estudo dos oradores gregos, romanos, franceses e britânicos goza de grande prestígio e, ao mesmo tempo, nos exames finais do secundário, figuram as provas de desempenho oratório e as questões de retórica. Reabilitado desde 1794, o aparelho judiciário civil arbitra sobre importantes processos que são apaixonadamente acompanhados pela sociedade e chegará mesmo ao ponto de desafiar a corte marcial, quando do *affaire* Dreyfus (1894-1899). Ressuscitada em 1815 e bem provida de oradores de opiniões bastante diversas, a tribuna política conheceu uma rara efervescência: debates contraditórios e calorosos, cujos desfechos por vezes eram surpreendentes, brilhantes improvisos e ecos imediatos na imprensa, todos com intensa dinâmica e ampla extensão, de modo a conduzir à conquista do sufrágio universal em 1848. Quanto à eloquência popular, então limitada pela condição não letrada de boa parte da população, seria necessário para apreendê-la voltarmo-nos para as imagens, sejam as heroicas, tal como a encontramos em *La liberté guidant le peuple*, de Delacroix (1830), sejas as irritantemente caricaturais, tal como a de *Le massacre de la rue Transnonain*, de Daumier (1834)[72]. Valorizada pela educação e prolongada pelo imaginário do combate, fosse de rua fosse de um alhures longínquo, a pedra de toque da retórica clássica, na cátedra religiosa, na tribuna política e no tribunal de justiça, jamais esteve tão sólida.

2) De 1848 ao final do século XIX instala-se o modelo religioso da propaganda

Com a Revolução de 1848, surgem oradores de um novo tipo na França. Trata-se de um ano repleto de perturbações sociais na Europa, bem como daquele em que se publicou o *Manifesto do Partido Comunista*, de Marx e Engels. Os *proletários eloquentes*, operários, marginalizados de toda sorte, sindicalistas revolucionários, comunistas e anarquistas rejeitam a *retórica burguesa* em nome da *propaganda revolucionária*[73], e fazem-no frequentemente sem mensurar até que ponto esse dispositivo militante – a doutrina, a agitação e a propaganda, a organização – era tributário do potente aparelho de conversão empregado durante o século XVII pela Contrarreforma Católica, mediante seus *milites Christi* e sua *congregatio de propaganda fide*. O *agit'prop* leninista e o *orga* e a *propa* dos partidos comunistas implantarão consistente e mundialmente esse modelo no século XX.

É nesse momento que se elevam as vozes das mulheres militantes adeptas de vários matizes – são-simonistas (Suzanne Voilquin), socialistas (Flora Tristan) e *communardes*[74] (Louise Michel) –, mas cujas formas de expressão eram igualmente panfletárias. Não raras vezes, algumas delas foram condenadas por "delito de fala", tal como ocorreu com Olympe Audouard, ao exigirem, em seus próprios nomes ou tendo de valerem-se de pseudônimos

---

72. Cf. BOUYSSY, M. *L'urgence, l'horreur, la démocratie* –Essai sur le moment frénétique français, 1824-1834. Paris: Sorbonne, 2012.

73. Cf. ANGENOT, M. *La parole pamphlétaire*. Paris: Payot, 1982. • ANGENOT, M. *L'utopie collectiviste*. Paris: PUF, 1994.

74. Partidárias da *Comuna de Paris*, movimento socialista e patriótico que ocorreu em 1871.

masculinos (Daniel Stern, André Léo, George Sand), o direito ao divórcio e a viver livremente suas paixões, o direito de estudar, principalmente a linguagem (Marie-Rose Astié de Valsayre), e de ter acesso às prestigiosas carreiras da expressão verbal (Jeanne Chauvin tornou-se a primeira advogada da França em 1900), o direito de sindicalizar-se (Jeanne Bouvier), o direito de votar (Eugénie Niboyet e Hubertine Auclert), o direito de circular livremente, quando desacompanhadas, e, finalmente, o direito de falar em público.

Nas próprias fileiras da burguesia[75], na ocasião em que a partir de 1880 a Terceira República estabiliza suas instituições e que os sindicatos e partidos políticos encontram-se bem-estabelecidos, observa-se a instauração na câmara de práticas de consignação de voto e de voto previamente combinado que asseguram com eficácia a consistência dos grupos de pressão, tais como os nacionalistas, os empresários, os colonialistas, os cristãos, os socialistas etc. [...] Assim, o orador político perde boa parte da autonomia individual que lhe permitia ainda, antes de 1848, identificar-se com os oradores gregos e romanos. Em 1894, Joseph Reinach afirma que a arte de Demóstenes era uma arte de oposição, para a qual não há mais lugar de existência[76]: a maioria administra a coisa pública sem o brilho oratório. Na esfera dos eleitores, a república triunfante somente precisa de cantores, aos quais os professores primários ensinam fielmente com que nota se deve entoar a melodia.

Já no domínio mais amplo de toda a cultua da época, encontramo-nos ao final do século XIX no apogeu da era da escrita e no tempo áureo dos romances de leitura solitária e silenciosa[77]. A reforma curricular que incidiu sobre as aulas de Retórica e que fora assinada pelo ministro Léon Bourgeois em 1890 focaliza e suprime o exame de composição de um discurso, em proveito da explicação do texto, de maneira a estabelecer a supremacia da contemplação sobre a ação. No manual que redigiu para esse programa, Brunetière vangloria-se de ter *desembaraçado*[78] a literatura francesa de todo e qualquer *homem de ação*, fazendo definhar as antologias em que outrora ladeavam-se o predicador e o advogado, o homem da guerra e o homem do governo. Nada mudou desde então: não há mais oradores nas salas de aula, salvo nas de gre-

---

75. ROSANVALLON, P. *Le peuple introuvable*. Paris: Gallimard, 1998, p. 105-112.

76. REINACH, J. *Conciones français*. Paris: Delagrave, 1894, p. xxvii.

77. Cf. BOURDIEU, P. *Les règles de l'art*. Paris: Le Seuil, 1992.

78. BRUNETIERE, F. *Manuel de l'histoire de la litterature française*. Paris: Delagrave, 1898, p. vi.

go e de latim, disciplinas cada vez mais desertadas. Desde 1890, a eloquência na França não mais possui nem história nem memória.

3) A tecnologia do século XX rompe com toda a continuidade entre a eloquência do século XIX e a fala pública que emerge no século seguinte

Em 1897, ocorre a transmissão da primeira reportagem cinematográfica oficial[79], gravada em doze bobinas: a visita do presidente da república, Félix Faure ao Departamento de Vendée, entre os dias 20 e 28 de abril daquele ano. Nela são expostos os arsenais e a escola, decorações, guirlandas e uma bola popular. Ora, no início das gravações, Félix Faure volta-se espontaneamente na direção de seus interlocutores e apresenta-se frequentemente de lado para a câmera, enquanto uma série de desconhecidos atravessam o campo de visão; a partir da oitava bobina, que registra o dia 24 de abril, todos sabem se afastar e guardar a devida distância, o presidente aperta lateralmente a mão de seu interlocutor e ambos sorriem para a câmera. Em poucos dias, o gestual metamorfoseou-se para tornar-se fotogênico.

Já em 1899, ocorre a primeira gravação fonográfica oficial[80]: ela registrou as falas e a voz do Capitão Dreyfus, na ocasião de seu processo de reabilitação. A invenção em 1902 da TSF (Transmissão sem fio) vai permitir à rádio por volta de 1930 a difusão em domicílio das vozes e das falas de locutores dissociadas de suas presenças físicas. Mas, em 1927, o cinema torna-se falado e, por volta de 1960, eis a chegada da televisão, com seus closes no rosto do orador, o que perturba novamente as condições de exercício da fala pública; a eloquência tornou-se audiovisual, doméstica e íntima à distância. Eis outra mutação profunda neste começo de século XXI: a nuvem dos "assessores de comunicação", os vulgos marqueteiros, que diluem nos vários elementos da linguagem televisiva a própria personalidade do orador, em sua condição de fonte responsável por sua fala pública e por aquilo que ela produz. A questão seguinte já não tarda e nem é mais tampouco contornável: O holograma que em breve falará conosco poderá ainda ser considerado "eloquente"?

---

79. Videoteca *Arte*; série "Mistérios dos arquivos": *Visita do Presidente Félix Faure a Vendée em abril de 1897.*

80. A consulta dessa gravação pode ser feita no INA: Instituto Nacional do Audiovisual de Paris.

MUTAÇÕES CONTEMPORÂNEAS

Da era das massas ao século XXI

A VOZ DO POVO

A FALA PÚBLICA, A MULTIDÃO E AS EMOÇÕES NA AURORA DA ERA DAS MASSAS[*]

Jean-Jacques Courtine
University of Auckland
Université de la Sorbonne Nouvelle

> Enquanto nossas antigas crenças titubeiam e desaparecem, enquanto os tradicionais pilares das sociedades desmoronam-se um após o outro, a ação das multidões é a única força a não ser por nada ameaçada e cujo prestígio continua a crescer. O período em que entramos será realmente a era das multidões (LE BON, G. *La psychologie des foules*).

Acabamos de lê-lo[1]: a fala pública conheceu no curso do século XIX grandes mutações e profundas revoluções. Certamente, os pilares da tradição retórica – a cátedra, o palanque e o tribunal – são ainda perfeitamente reconhecíveis por sua vibrante eloquência. Mas a esses antigos ministérios da fala em público foram acrescentados discursos, oradores, lugares e públicos inéditos. Esses novos objetos, espaços e personagens anunciam a aurora de uma nova era, no decurso da qual a tradição eloquente logo sofrerá transformações irreversíveis. No final do século XIX e nas primeiras décadas do século XX, surgem as sociedades de massa. A necessidade de falar em público desloca, com o desenvolvimento de diversas ordens de democracia, o centro de gravidade do universo dos discursos. Novas questões aparecem e novas inquietudes emergem. Estas últimas já haviam sido suscitadas pelas aglomerações populares que foram constituídas por ocasião da Revolução Francesa e, mais tarde, pela sucessão de movimentos revolucionários que iriam per-

---

[*] Tradução de Denise Leppos, Joseane Bittencourt e Carlos Piovezani.
1. Cf., aqui mesmo, o capítulo de Françoise Douay.

correr o fim do século XVIII e todo o século XIX, especialmente na França, mas também alhures.

As massas e a "governamentalidade"

Assistimos, então, a uma irresistível ascensão do discurso político, no interior do qual seus atores começaram a se perguntar: Como falar para públicos cada vez mais numerosos, cujo próprio agrupamento e cuja concentração em novos fóruns foram produzidos pela urbanização e pela industrialização? Como falar para públicos que foram constituídos como uma comunidade imaginária e dotada de interesses, desejos e emoções comuns pela circulação de uma imprensa de massa em plena expansão? Tais questões passam a perseguir aqueles que aspiram a governar essas novas forças históricas. Por essa razão, delas derivam ainda outras questões: Como devemos nos dirigir ao povo? E o próprio povo como fala? Como será possível, por meio da fala, canalizar o perigo das multidões, dominar o seu poder, aprender a convencê-las e saber guiá-las para onde desejarmos? Todas essas inquietações eram profundamente sentidas na virada do século XIX para o século XX, desde o momento em que as antigas formas de autoridade foram brutalmente derrubadas ou lentamente corroídas. De tais problemas adveio a solução: as massas precisam de um guia. Inventa-se, pois, "a multidão" como objeto do pensamento, bem como inventa-se a psicologia das multidões como campo de saber e objeto de conhecimento. Desenham-se a figura carismática do líder e os poderes que lhe são conferidos; são concebidas as novas formas de falar em público, que deram origem às práticas modernas da propaganda política. Busca-se, enfim, uma eloquência inédita, aquela dos que até então não dispunham do direto de falar publicamente, salvo as excepcionais circunstâncias em que se trata somente de expressar sua revolta sob a forma de seus gritos de cólera. Eis aí emergência de uma eloquência ao mesmo tempo política e popular, que possui seus oradores, seus lugares e seus modelos; eis o surgimento de uma fala pública que se abriga naquele momento sob o manto da velha retórica ou busca, por vezes, desfazer-se das pompas da eloquência aristocrática ou burguesa, no intuito de tentar fundar uma oratória inaugural, que poderia enunciar o advento de um novo mundo.

O momento histórico pelo qual nos interessamos aqui consistiu no laboratório político, social e retórico da fala pública contemporânea, constituiu-se como o cadinho das formas de eloquência que atravessarão o século XX, em que pese o fato de que as mudanças tecnológicas mais recentes do campo da comunicação política tenham-nas tornado largamente irreconhecíveis em nossos dias. Será, portanto, a multidão, surgida na aurora da era das massas, o primeiro objeto destas nossas páginas: a multidão como um acontecimento histórico, mas também como objeto do pensamento; a multidão e os discursos que lhe são dirigidos, mas também a fala que surge em seu próprio interior; a multidão e as emoções que a atravessam, assim como as emergentes tecnologias de governo das grandes aglomerações humanas, que buscam tirar bom proveito da administração das massas.

Estamos, pois, naquele campo que Michel Foucault denominou de "governamentalidade", isto é, "o conjunto crítico constituído pelas instituições, pelos procedimentos, pelas análises e reflexões, pelos cálculos e táticas que permitem exercer, de forma específica, embora muito complexa, o poder que possui como principal alvo a população; o poder que possui como forma mais fundamental de conhecimento a economia política e como instrumentos técnicos mais essenciais os dispositivos de segurança..."[2] No entanto, seu domínio não se limita apenas a estas únicas formas de poder e de saber. Ademais, é estranho constatar que a psicologia das multidões – cujo projeto visa explicitamente ao controle da população, no qual Marx Weber identificava "o encontro da ordem com a docilidade"[3] e ainda no qual a domesticação do grande número de pessoas encontra-se claramente situada na extensão dos dispositivos disciplinares – tenha sido amplamente esquecida em sua incidência direta na governamentalidade. É tanto mais estranho justamente porque a reflexão sobre as intersecções fundamentais entre a governamentalidade e a psicologia das multidões poderia resultar numa série de contribuições essenciais para compreendê-las, uma vez que se trata de fenômenos sociais marcantes do começo do século XX e que consistem num seu capítulo inteiro e, em função desse esquecimento, em larga medida ainda inédito.

---

2. FOUCAULT, M. *Sécurité, territoire, population* – Cours au Collège de France, 1977-1978. Paris: Gallimard/Seuil, 2004, p. 111-112. [Edição brasileira: *Segurança, território, população* – Curso dado no Collège de France (1977-1978). Trad. Eduardo Brandão. Rev. Claudia Berlinder. São Paulo: Martins Fontes, 2008].

3. WEBER, M. *Economie et société*. Vol. I. Paris: Pocket, 1995, p. 95. [Edição brasileira: *Economia e sociedade*. Fundamentos da sociologia compreensiva. Vol. 1. Trad. Regis Barbosa e Karen Elsabe Barbosa. Rev. téc. Gabriel Cohn. 4. ed. Brasília: Editora UnB, 2009].

Foi exatamente nesse vácuo que Yves Cohen apreendeu com muita justeza num conjunto de trabalhos[4] as estreitas relações entre a emergência da psicologia das multidões e outro fenômeno histórico e social de grande profundidade e impacto, cuja presença é, inclusive, determinante no pensamento de Le Bom, qual seja, a necessidade de líderes: "A era das multidões, tal como aquele período foi nomeado por Gustave Le Bon em sua obra que teve sucesso imediato e mundial, anuncia-se como o mesmo movimento que é o da era dos líderes"[5].

Desses dispositivos de governamentalidade de massas humanas, em que o prestígio do líder aparece como a garantia da docilidade das multidões, nós tentaremos identificar inicialmente aqui os desenvolvimentos teóricos, formulados de maneira tão clara e pela primeira vez nos trabalhos de Le Bon, tanto em seu contexto político e intelectual quantos em suas consequências teóricas e práticas. Em seguida, analisaremos as manifestações da fala pública produzida nesse contexto das multidões, a partir de exemplos recolhidos em representações a respeito dessas práticas. Tais exemplos consistem naquelas encenações da fala pública em face das multidões e no interior das multidões, que atravessam e constituem a obra literária de Emile Zola, cujo cuidado quase etnográfico com o qual compõe e elabora a documentação de seu universo ficcional é ostensivamente reconhecido[6].

Assim, entre as teorias e as ficções a propósito do advento das massas e entre os receios e as esperanças que foram inspiradas pelas multidões, emergem as mesmas questões, isto é, interrogações que são absolutamente centrais para a arqueologia e a genealogia da fala pública que este livro tenta esboçar: Como o uso da fala faz com que surjam emoções capazes de se apoderarem de uma massa humana inteira? Como reprimir, dirigir e aproveitar o poder cego das emoções coletivas? A essas questões, em torno das quais

---

4. Cf. em particular: "Foucault déplace les sciences sociales – La gouvernementalité & l'histoire au XXème siècle". In: LABORIER, P. et al. (dir.). *Les sciences camérales*: activités pratiques et histoire des dispositifs publics. Paris: PUF, 2011, p. 68. Cf. esp. *Le siècle des chefs* – Une histoire transnationale du commandement et de l'autorité (1890-1940). Paris: Amsterdam, 2013.

5. COHEN, Y. "Michel Foucault..." Op. cit., p. 68.

6. Cf. em particular: ZAKARIAN, R.H. *Zola's Germinal*: A Critical Study of its Primary Sources. Genebra: Droz, 1972. • *La fabrique de Germinal* – Edition annotée du dossier préparatoire à l'oeuvre. Paris: Sedes, 1986. • ZOLA, E. *Carnets d'enquêtes*. Paris: Plon, 1986 [Terre humaine] [Prefácio de Henri Mitterrand].

se deu no século que chegou recentemente ao seu fim a constituição de cenas frequentemente trágicas, foram formuladas respostas já no início desse período; respostas essas que comprometeriam decisivamente suas próximas décadas e nosso próprio futuro.

A invenção da multidão

"O período em que entramos será realmente a era das multidões": Gustave Le Bon possuía um lado profeta ou, ao menos, era um pregador convicto dos novos tempos. Com efeito, a *psicologia das multidões* não dá nenhuma margem à dúvida, nem tampouco a alguma ilusão sobre o futuro: é o medo da multidão, antes de qualquer outra emoção, que fez desta última um objeto de pensamento. Além disso, é esse mesmo medo que inaugura e prediz um período histórico que seria marcado pela desordem, pelo caos e pela anarquia. Assim, Le Bon observa a multiplicação, entre os anos de 1880 e a Primeira Grande Guerra, dos signos da inquietante potência das multidões, que, por sua vez, correspondia ao prelúdio da destruição de toda civilização pelo desbaratamento que lhe será infligido por essas "multidões inconscientes e violentas, precisamente qualificadas de bárbaras"[7].

É preciso, sem dúvida, compreender esse medo e também os efeitos tardios que ele exerce sobre as representações e o imaginário a respeito das aglomerações humanas, situando-o em seu contexto. Trata-se "da força cega do número", isto é, do desenvolvimento da democracia política com a qual Le Bon tanto se preocupava, assim como alguns de seus contemporâneos[8]. Essa democracia manifesta-se desde as duas últimas décadas do século XIX sob a forma da violência política e social das greves, do progresso dos movimentos trabalhista e socialista e ainda sob a forma da aventura do boulangismo. Mas, a psicologia das multidões também carrega consigo a marca dos conhecimentos científicos de seu tempo: na antropologia criminal de Cesare Lombroso, Le Bon encontrará os germes criminógenos que as massas huma-

---

7. LE BON, G. *La psychologie des foules*. Paris: Alcan, 1896, p. 3 e 4. [Edição portuguesa: *Psicologia das multidões*. Trad. Ivone Moura Debraux. Coleção Pensadores. Lisboa: Edições Roger Debraux, 1980].

8. É na descrição que Taine faz das multidões da Revolução Francesa em *Les origines de la France contemporaine* (Paris: Robert Laffont, 1878-1887) que Le Bon encontra boa parte de suas referências e sua inspiração.

nas concebem, nutrem e abrigam[9]; em Jean-Martin Charcot, de cujas sessões ele era assíduo, lhe fornece a ideia de histeria patológica das multidões; de modo análogo àquelas que foram desenvolvidas por Émile Durkheim ou por Gabriel Tarde ou a outras grandes pesquisas sociais que se processaram nos limites entre a medicina e o nascimento da sociologia, Le Bon gostaria de descobrir "as leis de uma unidade mental das multidões" e de tornar-se uma espécie de Claude Bernard da vida coletiva[10].

A psicologia das multidões sela assim a aliança entre o medo e a ciência, o que certamente explica boa parte de seu sucesso imediato e quase universal e ainda, em seguida, sua longevidade, visto que nem o medo nem a ciência deixariam de estar onipresentes ao longo do século que conheceu fim há menos de duas décadas. Essas ideias centrais atravessariam o século XX praticamente intactas desde seu início até o seu final e forneceriam durante todo esse período as explicações para o comportamento dos indivíduos no interior das massas. Há ainda uma outra razão para essas enormes celebridade e perenidade: os traços das multidões "descobertos" por Le Bon são absolutamente anti-históricas, porque as multidões remetem a um estado natural e nessa concepção praticamente não há nada que pudesse vir perturbar seu caráter eterno. Isso ocorre ainda com mais forte razão, na medida em que os estados psicológicos que as multidões manifestam – tais como a impulsividade, a irritabilidade, a inconstância, os exageros e simplificações dos sentimentos, a credulidade... – "são observáveis em seres pertencentes às formas inferiores de evolução, como o selvagem e a criança"[11], e convém acrescentar imediatamente ao conjunto das formas inferiores a histérica. É exatamente isso o que Le Bon aprendeu com as lições de Charcot, reinterpretado desta feita à luz do darwinismo social: "As multidões são, em todos os lugares do mundo, femininas; mas as mais femininas de entre todas elas são as multidões latinas"[12].

---

9. Trata-se da ideia mesma que também será desenvolvida no interior do mesmo contexto por Scipio Sighele: *La foule criminelle* – Essai de psychologie collective. Paris, Alcan, 1891. [Edição brasileira: *A multidão criminosa*. Ensaios de psicologia coletiva. Rio de Janeiro: Editora Simões, 1954.]

10. Sobre o contexto político e cultural dos trabalhos de Le Bon, cf. particularmente BARROWS, S. *Miroirs déformants* – Réflexions sur le foule en France à la fin du XIXème siècle. Paris: Aubier, 1990. • MOSCOVICI, S. *L'Âge des foules*. Paris: Complexe, 1981. • NYE, R. *The Origin of Crowd Psychology* – Gustave Le Bon & The Crisis of Democracy in the 3rd Republic. Londres: Sage, 1975.

11. LE BON, G. Op. cit., p. 17.

12. Ibid., p. 19.

Principalmente, com a identificação desse último aspecto entre os pontos que levantamos, passamos a melhor compreender o sucesso e a conservação da força das teses de Le Bom durante um longo período: uma das chaves de seu alcance consiste no fato de que suas ideias assentam-se nos modelos mais arcaicos de dominação sexual; é nesses modelos que Le Bon vai procurar o dispositivo intelectual que irá explicar a irracionalidade e a imprevisibilidade da "multidão" – lê-se "a multidão" e entende-se "a mulher". Por essa razão é que se impõe a necessidade de seu controle. Isso porque, em Le Bon, "a multidão" permanece em todo tempo e lugar sempre igual a si mesma, sempre perdida e sempre perigosa. Não há efetivamente espaço para as multidões reais, nem tampouco para a sua existência histórica. Também não há igualmente lugar para os diferentes caracteres das multidões, ora estáticas e pacíficas, ora fervorosas e instáveis; enfim, não há espaço para as classificações que Elias Canetti estabeleceria mais tarde, ao propor suas distinções entre matilhas e massas[13]. Distintamente da concepção do pensador búlgaro, que passa ao largo de tal ponto de vista, para o psicólogo francês "a multidão" é um estado da natureza e esta natureza é feminina. Por sua suposta condição feminina, ela buscaria, portanto, um mestre para dominá-la; por conseguinte, ela iria encontrá-lo. A relação do líder com a multidão inscreve-se no quadro do "modelo arcaico dominante", para retomar a expressão consagrada de Françoise Héritier[14]: o modelo da dominação masculina.

Um último elemento que sem dúvida merece ser salientado, se pretendemos considerar essa surpreendente persistência das ideias de Le Bon: a releitura freudiana empreendida em *Psicologia das massas e análise do eu*[15] praticamente não questiona a estrutura geral do conjunto das ideias de Le Bon. Em todo caso, no limite, Freud o censura por ter confundido as aglomerações efêmeras e violentas com as multidões estáveis e permanentes e também de ter subestimado os impulsos da libido como fator essencial da constituição de uma "alma das multidões". Freud esclarece ainda aquilo que Le Bon compreendia como a sensibilidade das massas à sugestão, que, por

---

13. CANETTI, E. *Masse et puissance*. Paris: Gallimard, 1966. [Edição brasileira. *Massa e poder*. Trad. Sergio Tellaroli. São Paulo: Companhia das Letras, 1995.]

14. Cf. HERITIER, F. (dir.). *Hommes/femmes* – La construction de la différence. Paris: Le Pommier/Cité des Sciences et de l'Industrie, 2005.

15. FREUD, S. "Psychologie collective et analyse du moi". *Essais de psychanalyse*. Paris: Payot, 1981 [1921]. [Edição brasileira: Psicologia de grupo e análise do ego. In: *Edição Standard Brasileira das Obras Completas de Sigmund Freud*. Rio de Janeiro: Imago Editora, vol. XVIII, 1959.]

sua vez, na psicanálise deveria ser concebido como o "contágio" que se apodera dos indivíduos que as constituem: o estar na multidão é um estado de sujeição e de fascinação amorosa, numa relação hipnótica com o líder da massa, que voltará a ocupar o lugar do ideal do eu de cada um (de onde deriva a célebre caracterização freudiana da hipnose como uma "multidão composta por dois indivíduos"). A era das multidões anuncia devidamente o tempo dos líderes. Finalmente, Freud sublinhará o desejo de conformidade e de pertencimento do indivíduo ao grupo dos seus semelhantes, quando ele "abandona sua singularidade" em nome do "amor pelos demais"[16]. É assim que o livro de Le Bon conseguiu preservar uma relativa legitimidade na posteridade freudiana.

No entanto, o destino que conheceu a psicologia das multidões não deixa de ser estranho. Os usos que dela foram feitos no decorrer do século passado poderiam ter sido suficientes para desqualificá-la. Isso porque o objetivo perseguido por Le Bon foi, na verdade, o de obter o controle e a manipulação das aglomerações humanas no início da era das massas. Observamos precisa e justamente em sua obra a condição à qual ele passou a fazer jus, ou seja, um dos inventores das formas modernas de propaganda política[17]. Alguns de seus leitores não se enganaram a esse respeito: Hitler inspirou-se amplamente em *Psicologia das multidões*, ao produzir seu próprio *Mein Kampf*; ademais, a obra de Le Bon tornou-se para Mussolini seu livro de cabeceira favorito[18]. Contudo, nem mesmo essa pesada e perversa herança ideológica, nem a restruturação das aglomerações populares produzidas pelas invenções tecnológicas, que eram inconcebíveis quando Le Bon escreveu seu texto, conseguiram alterar substancialmente essa opinião comum: é ainda no âmbito da psicologia das multidões que mais geral e frequentemente a vida das "emoções coletivas" é representada. A história das emoções, cujo projeto é desenvolvido atualmente pelas ciências sociais, deveria impor-se a tarefa de empreender uma séria e crítica leitura dessa tradição.

---

16. FREUD, S. Op. cit., p. 152.

17. Sobre a posteridade de Le Bon, cf. particularmente TCHAKHOTINE, S. *Le viol des foules par la propagande politique*. Paris: Gallimard, 1939. [Edição brasileira: *A mistificação das massas pela propaganda política*. Trad. Miguel Arraes. Rio de Janeiro: Civilização Brasileira, 1967.]

18. Cf. respectivamente: GOONEN, J.Y. *The Roots of Nazi Psychology*. Lexington: The University Press of Kentucky, 2013, p. 92. • GINNEKEN, J. *Crowds Psychology & Politics, 1871-1899*. Cambridge: Cambridge University Press, 1992, p. 186.

Os ruídos da multidão

Como fala o povo, quando reunido sob a forma da multidão? Essa é uma questão crucial para Le Bon, uma vez que é a partir desta percepção dos usos da fala nas massas que se poderá identificar o que o povo ouve, para, em seguida, saber como lhe falar e como seria possível guiá-lo. O interesse que se nutre no fim do século XIX pelos usos populares da fala pública não possui um escopo efetivamente antropológico. Ele é, antes, eminentemente prático e já antecipa vários aspectos dos saberes e das técnicas que os teóricos da propaganda desenvolverão ao longo de todo o século XX. A essa interrogação central de *A psicologia das multidões*, encontramos uma resposta nos trabalhos de Emile Zola; tal resposta foi gestada no cerne de um tipo de invenção literária para o qual a riqueza documental, que quase consistia na prática etnográfica, tornou-se constante e fundamental. As posições políticas de Zola, que foi um dos mais ardentes defensores de Alfred Dreyfus, certamente não eram as mesmas que as de Le Bon. Não é menos verdade, porém, que, no que se refere à percepção do povo reunido sob a forma das massas, havia um vasto consenso, bastante indiferente às clivagens políticas, que ao mesmo tempo atravessa e unifica em ampla medida o pensamento político francês a partir do final do século XIX. Isso se deve ao fato de que esse consenso provém de uma genealogia muito mais antiga, que mantém decerto a percepção histórica da periculosidade das multidões revolucionárias, mas que toma ainda emprestado para si elementos antropológicos oriundos de uma longa duração, de modo que seu arcaísmo lhe confira uma verdade "natural" e praticamente incontestável.

Em nenhum outro lugar poderíamos encontrar um exemplo mais claro e eloquente dessa genealogia da fala popular do que aquele que aparece em *Germinal* e, no interior desse grande romance da revolta operária, o modelo emblemático da fala do povo encontra-se estampado na cena do discurso na clareira da floresta. Antes de qualquer outra coisa ocorresse em cena, estabelece-se seu cenário:

> Era no vão, naquela vasta clareira que se acaba de abrir com o corte da madeira. Ela se deitava sob uma doce encosta, rodeada por uma alta floresta, de magníficas faias, cujos troncos lineares e regulares cercavam uma colunata branca, líquens esverdeados e gigantes abatidos ainda estavam deitados sob a grama, enquanto que, para a esquerda, um monte de madeiras serradas alinhava seu cubo geo-

• **269**

métrico [...]. Então, Etienne ficou por um instante imóvel sob o tronco da árvore. A lua estava muito baixa ainda no horizonte e apenas iluminava os galhos altos, ao passo que a multidão permanecia imersa nas trevas e se acalmava pouco a pouco, tornando-se finalmente silenciosa. Ele, igualmente sob a penumbra, pôs-se acima dela, no alto da encosta, como um espectro de sombra [...]. Neste momento, a lua que subia do horizonte deslizando nos galhos altos, passou a iluminá-lo. A multidão, ainda na sombra, o avistou, assim, envolto e iluminado pelo branco daquela luz...[19]

O antigo fórum ou o teatro clássico, suas colunas, suas ruínas, seu palco e sua cena... A floresta altera-se para acolher a voz do povo em seu berço original, o antigo templo da fala pública, e para reinstaurar a divisão que a constitui: ao orador a luz do verbo, à multidão as trevas do silêncio. Este dispositivo clássico, que configura perenemente o lugar e os protagonistas da eloquência, confirma que de fato existe na história da fala pública antigos fundamentos antropológicos, cuja permanência assegurava a estabilidade no plano das trocas oratórias. Será que essa estabilidade poderá resistir à emergência das massas nesse cenário, será que ela conseguirá suportar ao repentino tumulto que surge e se ergue das multidões?

Porque, nesse caso, quando o silêncio é rompido, são os ruídos que se sobressaem das massas: algumas mulheres calam-se e ficam "recolhidas [...], graves, como se estivessem na igreja", enquanto outras riem, tossem, protestam[20]. O povo sob a forma de multidão não possui um registro intermediário nítido entre o silêncio e o clamor: os murmúrios são confundidos com as tomadas de fôlego, com os suspiros ou ainda com os rumores; ou podem também ganhar a forma de explosões de vozes, de exclamações e gritos ou dos palavrões. Porém, qualquer que seja sua intensidade sonora, esse não é o regime propriamente linguageiro, diante do qual especificamente nos encontraríamos, quando se trata da fala pública popular; esses ruídos consistem, antes, numa forma de expressão coletiva, cuja descrição é quase esgotada em fontes metafóricas, que se tornaram bastante familiares, graças à escrita e à leitura da obra de Le Bon: os desencadeamentos da natureza[21], os paroxismos

---

19. ZOLA, E. *Germinal*. Paris: Garnier/Flammarion, 1968 [1895], p. 282, 283, 285. [Edição brasileira: *Germinal*. Trad. Silvana Salerno. São Paulo: Companhia das Letras, 2000.]

20. "Maheude, calada, abanava a cabeça aos surdos palavrões de Levaque. Philomena tossia, pelo retorno de sua bronquite desde o inverno. Apenas Mouquette ria com gosto" (ibid., p. 282-283).

21. "Trovões de exclamações", "furacão de vozes", "cabeças inchadas"... (ibid., p. 283 e 286).

da emoção[22], os transbordamentos da sexualidade[23]. Eis aqui um antigo, consolidado e duradouro imaginário sobre a voz do povo. A multidão vocifera, protesta, geme ou delira – de raiva ou de prazer: a massa não fala.

Em suma, justamente lá onde pensávamos poder descobrir as formas políticas originais da fala popular, o que encontramos, antes de mais nada, tanto no romancista da greve quanto no teórico da multidão, é o ruído das vozes e a carne do corpo. Porque é exatamente assim que a multidão é percebida na aurora da era das massas: como se fosse a agitação orgânica de um grande corpo coletivo, anônimo, barulhento e convulsivo. As multidões produzem uma confusão de gestos violentos e miméticos, emprestados daquele que seria o registro típico do hábito popular, que, na dinâmica das massas, é ainda alimentado pela fúria das mulheres[24]. Com efeito, há dois pontos sobre os quais os teóricos das multidões estão de acordo. O "contágio" aventado por Le Bon torna-se a identificação sob hipnose dos indivíduos uns em relação aos outros em Freud e aproxima-se do que, mais tarde, será concebido como uma "descarga", por Canetti: a primeira das condições para que os indivíduos transformem-se em massa é o apagamento dos limites individuais do ser humano e a abolição das distâncias que os separam uns dos outros. "De repente, tudo se passa como o que ocorre no interior de um mesmo corpo"[25].

> É a descarga que constitui a massa. [...] Na descarga, os indivíduos rejeitam aquilo que os separa uns dos outros e todos se sentem iguais. Nesta cumplicidade, onde quase não sobram espaços entre eles e onde um corpo pressiona o outro, cada um está tão próximo dos demais, de tal forma que é como se estivesse numa relação consigo mesmo. *Alívio imenso.* É para desfrutar deste feliz instante, quando ninguém é mais nem melhor do que o outro, que os homens se tornam massa[26].

---

22. "As mulheres deliravam, a Maheude perdeu sua paciência, tomada pela vertigem de fome. A Levaque estava uivando, a velha Brûlé estava fora de si, agitando seus braços de bruxa [...] e a Mouquette estava tão excitada que gritava palavras ternas para o orador [...]" (ibid., p. 287).

23. "Uma fúria de rostos, de olhos reluzentes, de bocas abertas, como se todo o povo estivesse no cio" (ibid., p. 286).

24. "As mulheres se enfureciam: a Levaque, os punhos na cintura, brigava com Philomène [...]; a Mouquette falava de desmontar aos policiais aos chutes por toda parte; a Brûlé, que acabava de ser insultada por Lydie [...] continuava a dar bofetadas no vazio, como se as distribuísse em todos os patrões em que ela gostaria de ter batido [...] (ibid., p. 291-292).

25. CANETTI, E. Op. cit., p. 12.

26. Ibid., p. 14 e 15.

As massas que nascem por essa razão e desse modo permanecem, no entanto, instáveis. Esta é a segunda das grandes preocupações que os analistas da multidão manifestam: a necessidade de seu controle. Estamos aqui justamente no campo da governamentalidade, nesse campo constituído e marcado pelas análises, pelos cálculos e pelos "dispositivos de segurança", cujo alvo principal é a população e a sua condução para o seu devido destino. Porém, estaríamos equivocados, caso atribuíssemos à obra de Le Bon a origem da descoberta da periculosidade das multidões ou da necessidade de sua submissão. Também não nos parece que seu pensamento se situe, tal como se concebe frequentemente, no bojo da irrupção das multidões revolucionárias, do mesmo modo como Taine pôde percebê-las. O pensamento de Le Bon inscreve-se mais profundamente numa genealogia bem mais antiga.

Genealogias: o controle das aglomerações humanas

A percepção da inquietante instabilidade das massas populares e dos perigos do contágio das paixões e dos pensamentos entre seus integrantes preexiste à formação da sociedade de massa no fim do século XIX. Essa percepção possui uma história, cujo recuo poderia remontar ao menos ao nascimento das grandes cidades e de suas aglomerações humanas no curso do século XVIII. Com a emergência dessas cidades e aglomerações, também surgiu a necessidade de seu controle.

A partir dessa consideração, podemos avançar que a psicologia das multidões, fundamentalmente, inventou muito pouco ao tratar das massas. Com efeito, entre os observadores das multidões parisienses acumulam-se, um século antes de Le Bon ou de Zola, as descrições nas quais se constituem os fundamentos arqueológicos dos medos políticos que tomam corpo no fim do século XIX. A maioria dos ingredientes da psicologia das multidões já está presente, ainda que eventualmente num estado embrionário, em tais descrições. Para nos darmos conta dessa presença, basta que leiamos Louis-Sébastian Mercier e seu *Tableau de Paris*, entre tantos outros, tais como Nicolas Restif de la Bretonne ou Jean-François Barbier, para que possamos descobrir quase todos esses ingredientes. É exatamente o que observamos em relação ao "contágio", essa peça central no aparato conceitual de Le Bon:

> Basta que um homem eleve seus olhos e olhe atentamente um objeto, para que vejamos vários outros pararem imediatamente e levan-

tarem também seus olhares para o mesmo lado, acreditando fixar o mesmo objeto. Pouco a pouco a multidão aumentará; e deixará toda a rua obstruída"[27]

A multidão foi então concebida como um problema de circulação urbana antes mesmo de se tornar uma grande preocupação política: como obstáculo à boa circulação, a multidão nasce com a cidade, de modo que tanto os poderes que lhe são atribuídos quanto os temores que ela suscita crescem juntamente com o desenvolvimento urbano. Isso porque a cidade estabelece imediatamente a multidão como um de seus elementos centrais e a desordem que ela mesma provoca como uma de suas consequências inevitáveis. A massa parece ser, aos olhos dos observadores da grande cidade, o berço natural da sedição. É assim que as primeiras formas modernas de "governamentalidade" urbana serão extremamente sensíveis aos divertimentos populares, às distrações das massas e a tudo que pode, literalmente[28], modificar seus percursos, interromper o fluxo de seu escoamento e provocar os congestionamentos e os transbordamentos coletivos.

Configura-se assim, já no século XVII e especialmente no século XVIII, uma polícia das ruas que dará à formação espontânea de grupos humanos na cidade uma atenção toda particular. Os dicionários de polícia testemunham abundantemente essa preocupação e a vigilância cerrada sobre os artistas públicos, assim como sobre todos aqueles que "podem afrontar a ordem pública por meio de sua aglomeração, que costuma ser, poderíamos dizê-lo, uma multidão de desocupados", e postulam a necessidade de fazer "secar uma fonte tão perigosa de desordens"[29]. Porque sob esse medo das multidões já se desenha um medo propriamente político e já se esboça um projeto de controle das massas urbanas:

> É uma assembleia tumultuada de pessoas que querem opor-se à autoridade legítima. [...] É especialmente nas grandes cidades que devemos sempre manter os olhos abertos sobre os menores movimentos que anunciam um projeto de aglomeração; porque o povo não é difícil de ser seduzido pelos exemplos de insubordinação e de licenciosidades que lhes são oferecidos. O povo está pronto para

---

27. MERCIER, L.-S. *Tableau de Paris*. Vol. IX. Amsterdã: Nova edição, 1788, p. 166.

28. A etimologia, conforme frequentemente ocorre, é uma vez mais precisa nesse sentido: "divertir" provém do latim *di-vertere*, "fazer mudar de direção"; "distrair"; do latim *dis-trahere*, "mudar de lado".

29. ESSARTS, N.T. *Dictionnaire Universel de Police*. 7 vols., 1786-1789, tomo III, p. 526.

• 273

acorrer ao menor sinal de perturbação da ordem e a seguir o primeiro homem audacioso que lhe promete uma vida mais feliz da qual ele desfruta"[30].

As peças essenciais do dispositivo da *Psicologia das multidões* estão aqui já reunidas: o número, o contágio, a desordem política, o líder. Com tais instrumentos e sob essa forma, para compor as multidões e para produzir sua desordenada condução, faltariam somente dois elementos: a imaginação fértil de seu conjunto e a violência da metamorfose que ela processa nos indivíduos ordinários. Tais elementos também já estavam à disposição; aqui estão eles:

> Incapaz de reflexão, o que impressiona a imaginação das multidões as arrasta facilmente; e o cidadão pacato, quando em seu interior, torna-se, num instante, um furioso pronto para sacrificar tudo às cegas e quimericamente, em troca da esperança que lhe é dada[31].

A polícia dos ruídos

Da mesma forma, o elo entre as massas, o ruído e a desordem, que tanto Le Bon quanto Zola perceberam muito bem, inscreve-se numa história de longa duração, na qual se formou a ideia de que o ruído é propriedade sonora por natureza e a condição vocal por excelência do povo das cidades.

Os observadores da cidade moderna notaram precocemente, por exemplo, os "gritos de Paris", essa "música social"[32] do povo das ruas, que ressoa nas esquinas. Tais sons foram ouvidos e profundamente lamentados. Os gritos dos vendedores ambulantes e dos camelôs pertencem a uma tradição imemorial que os cronistas da cidade de Paris do século XVIII julgam estridente, desagradável e dissonante.

> Não, não há outra cidade no mundo onde os homens e as mulheres que gritam pelas ruas tenham uma voz mais aguda e mais perfurante [...]. Suas gargantas sobrepujam o barulho e o ruído das esquinas de um modo alto e desolador[33].

---

30. Ibid., tomo I, p. 464.

31. Ibid.

32. KASTNER, J.G. *Les voix de Paris* – Essai d'une histoire littéraire et musicale des cris populaires de la capitale depuis le Moyen-Âge jusqu'à nos jours. Paris: G. Brandus, Dufour & Cia., 1857.

33. MERCIER, L.S. *Tableau de Paris* (1785). Paris: Robert Laffon [Bouquins], 1990, p. 182.

"Clamores confusos", "uivos perpétuos", "gritos patéticos", "sons roucos e terríveis"[34]: bem antes que *A psicologia das multidões* o tivesse percebido, o povo já emitia uma espécie de burburinho orgânico e exalava uma forma de odor acústico que enojava as orelhas aristocráticas e burguesas. Além de lhe atribuir a produção desse enojamento, essa sensível escuta naturalmente associa o ruído à periculosidade e à criminalidade populares[35]. Em seguida, logo surge a tentação de suprimir os gritos de Paris, tal como fora proposto por Restif de la Bretonne[36]. Emprega-se então um policiamento à escuta das aglomerações de rua e das salas de espetáculo, que vai emprestar um ouvido extremamente atento às desarmonias vocais: o ruído torna-se um indicador sonoro do nível de periculosidade das massas e define uma escala, um *crescendo*, das desordens populares.

Do ponto de vista da gestão administrativa da ordem urbana, há contudo sonoridades que podem ser aceitáveis: assim, os aplausos permanecem legítimos, até por que "interditá-los seria uma decisão injusta e uma ação impraticável"[37]. Já não ocorre o mesmo com a algazarra, com os "gritos confusos e turbulentos", com os "aplausos demasiadamente afetados ou ruidosos", que correm o risco de se degenerar em "risos imoderados"[38]. Serão então tomadas medidas nos espetáculos parisienses que visam ao silenciamento dos espectadores; um dos ápices, entre tais medidas, foi o fato de que os assovios tornaram-se passíveis de prisão[39]. Tudo isso porque havia um enorme temor dos tumultos e de suas consequências naturais, que eram os transbordamentos:

> Nos momentos de entusiasmo, a polícia deve manter a ordem e prevenir o tumulto que frequentemente acompanha as grandes

---

34. Ibid., p. 200 e 207.

35. Porque é exatamente assim a forma como a voz do povo é percebida no século XVIII: "Ela é maltratada pelo trabalho e depreciada em todos os segmentos; ela é fundamentalmente um sinal de perigo. As elites temem-na. Os meios bem-intencionados fustigam-na, qualificando-a de inepta e animalesca. [...] Ela fere constantemente os ouvidos dos letrados" (FARGE, A. *Essai pour une histoire des voix au XVIIème siècle*. Paris: Bayard, 2009, p. 199 e 202).

36. "Todos os indivíduos que produzem os gritos de Paris são maus sujeitos; seus filhos são ou se tornarão espiões, ladrões ou prostitutas [....]. Eu sempre detestei os cantores de rua" (KASTNER. Op. cit., p. 57).

37. ESSARTS, N.T. Op. cit., tomo I: "Acclamations", p. 38.

38. Ibid., tomo II, p. 307.

39. Prescrição de 28 de novembro de 1713, contra os perturbadores da tranquilidade dos espetáculos (*Rapports inédits du Lieutenant de Police d'Argenson*. Paris: Cottin, 1891, p. CXXXIV).

aclamações. Ela deve impedir, por meio de sábias precauções, que a massa, como uma torrente impetuosa, não derrube o que encontrar em seu caminho. Essa não é uma das funções das menos difíceis a serem executadas pelos magistrados e pelos oficiais de polícia[40].

Dos tumultos, passa-se aos estrondos; de ambos, aos "bacanais" de toda ordem. Eis que um limiar sonoro é assim atravessado e torna-se o prelúdio da conversão do ruído em movimento: é aí então que a massa transborda e que surge a metáfora da multidão como um elemento líquido, como uma massa móvel que nada mais poderia segurar; enfim, como um fluxo humano do qual Mercier foi um dia testemunha e vítima: "Eu fui levantado ao ar e fiquei suspenso durante quase quatro minutos pelos fluxos tumultuosos de um povo que tinha literalmente a impetuosidade de uma torrente"[41].

A metáfora é antiga e possui a mesma idade das cidades. Nós já a encontramos nas primeiras percepções dos agrupamentos do fórum ou do circo na pena e nas palavras dos observadores da cidade antiga. Entretanto, ela adquire com o nascimento da cidade moderna uma ressonância nova que provém de seus grandes números. Seu alcance e sua pregnância intensificam-se e agravam-se, quando se inaugura efetivamente a era das massas. É nesse momento que aquela torrente que havia suspendido e ameaçado Mercier torna-se, para os contemporâneos de Le Bon, uma imensa e caudalosa maré humana; uma tamanha abundância faz com que seu controle seja um objetivo alçado à condição de uma prioridade política. Canalizar os fluxos humanos, conter os excessos populares e bloquear as multidões... O medo então se faz sentir naquilo que Canetti designa como a massa "aberta", que também poderia ser chamada de "líquida"; seria nessa liquidez que se poderia observar as multidões em seu "estado natural": "Tão logo ela se constitua, a massa tende naturalmente a aumentar"[42].

A domesticação das massas e o nascimento de um líder

Podemos melhor compreender a gênese da *Psicologia das multidões*, desde que a inscrevemos na perspectiva das intuições foucaultianas sobre a

---

40. ESSARTS, N.T. Op. cit., tomo I, p. 38-39.

41. MERCIER, L.-S. Op. cit., cap. CDXCVI, p. 1.357.

42. CANETTI, E. Op. cit., p. 13.

governamentalidade como gestão das populações: um dos projetos políticos essenciais que atravessou todo o século XX foi o da domesticação das massas, ou aquele, para empregar as noções de Canetti, da conversão das massas "abertas" em massas "fechadas". Isso quer dizer que as massas dispõem de um "piso" e de um "teto"; uma vez que sua forma é a de um "líquido contido em um recipiente"[43], é necessário um constante e rigoroso controle para que elas não transbordem. A massa fechada "renuncia então ao seu aumento para concentrar-se especialmente em sua duração. [...] O limite impede um crescimento desordenado, desempenhando igualmente a função de um obstáculo e de um freio para a dispersão"[44]. A massa perde então seu potencial de crescimento, ao passo que recrudesce sua aptidão à estabilidade.

A obsessão política do século XX, que anuncia com toda a clareza o sucesso universal do trabalho de Le Bon, foi a do *fechamento das massas*: quer seja por sua integração sob a forma de partidos no jogo da democracia política; quer seja por sua mobilização permanente e por sua contínua movimentação em favor de projetos totalitários; quer seja ainda por sua lenta absorção nos processos das mudanças econômicas da sociedade de consumo; quer seja enfim por sua imobilização estabelecida e sempre renovada nas engrenagens da burocracia. Porém, em que pesem tais diferenças, na maioria das vezes, a conversão das massas abertas em massas fechadas supõe a presença inicial de um líder carismático. Ela requer ainda o desenvolvimento de dispositivos discursivos e, mais geralmente, cerimoniais, nos quais os rituais e os pronunciamentos organizam o campo das falas públicas que lhes são dirigidas. Canetti concebe tais dispositivos, por sua vez, com base no modelo religioso dos ritos, que os encerram numa espécie de missa política:

> Todas as cerimônias e regras inerentes às instituições destinam-se, na realidade, a obstruir o fluxo das massas; prefere-se, antes, a certeza de uma igreja repleta de crentes à insegurança em todo o mundo. Pela regularidade da frequência na igreja e pela repetição familiar e precisa de certos ritos, garantimos às massas algo como uma experiência domesticada por elas mesmas[45].

O que supõe Canetti aqui é que as formas de governamentalidade política foram derivadas, originalmente, de modelos de domesticação religiosa das

---

43. Ibid., p. 14.

44. Ibid., p. 15.

45. Ibid., p. 18.

massas. Ora, o que Zola nos apresenta no discurso da clareira de *Germinal* é a conversão, no sentido quase religioso do termo, de uma massa aberta em massa fechada. Para tanto, basta apenas que os ruídos do povo sejam substituídos pela fala de um único indivíduo; este último empresta-lhe sua voz e vem falar em seu nome. A era das multidões é também o tempo dos líderes.

> Tão logo um certo número de seres viventes esteja reunido, quer se trate de uma tropa de animais ou de uma multidão de homens, eles colocam-se instintivamente sob a autoridade de um líder. [...] A multidão é um rebanho que não pode prescindir de um mestre[46].

A fórmula de Le Bon testemunha emblematicamente a pouca fé que ele depositava no destino da democracia. Mesmo que nem todos compartilhem de suas tendências para o darwinismo social, são bastante numerosos aqueles entre os quais se esforçaram para pensar a sociedade de massa do fim do século XIX até meados do século XX que reiteraram a necessidade de as multidões serem comandadas por um líder. Assim, entre as propriedades que Canetti atribui à massa – tais como o crescimento, a igualdade e a densidade – há uma que é essencial: a massa precisa de uma "direção"[47]. O termo empregado deve ser entendido em todos os sentidos. Em *Germinal*, caberá a Etienne dar a devida "direção" a essa "massa de resistência" (a expressão também é de Canneti) configurada sob a forma das minorias em greve. Não se trata de mera coincidência o fato de que no mesmo momento em que Zola descreve a revolta dos trabalhadores, Le Bon teoriza sobre a multidão...

> [...] as elites que procuram novos meios de dominar as multidões da indústria, do recrutamento militar e da rua política, assim como aqueles que procuram construir grandes organizações de protestos e de revoluções desenvolvem a figura do líder: um homem (jamais uma mulher), fornece as qualidades morais para as multidões e torna-se um exemplo a ser seguido – tanto em seus comportamentos quanto em suas ações – pelas massas da produção em massa e pelas massas das guerras em massa. Muito frequentemente operários e soldados eram aqueles que constituíam ambas as massas[48].

A cena do discurso da clareira confirma em todos os aspectos essa intuição: assistimos simultaneamente à domesticação de uma massa, ao nascimento de um líder e à invenção de uma nova forma de fala pública. Por ora,

---

46. LE BON, G. Op. cit, p. 69.

47. "Ela está em movimento e coloca-se em direção de qualquer coisa" (ibid., p. 28).

48. COHEN, Y. "Foucault déplace..." Op. cit., p. 68.

é apenas o último desses fenômenos que nos interessa aqui, com vistas ao encerramento do esboço de nossa genealogia.

O advento da eloquência proletária

Etienne projeta-se diante e acima da massa e dirige-se então à multidão. O que sugere Zola é o advento de uma nova fala: através de sua boca, será o grupo dos mineiros e, por extensão, toda a classe trabalhadora que começará finalmente a falar.

Essa eloquência inédita, que enfim articula sob a forma de palavras o clamor confuso dos protestos populares, rompe em muitos aspectos com a tradição retórica, que até então sempre havia fornecido sua arquitetura discursiva às práticas e representações da eloquência política. Conforme veremos, isso é verdade tanto para o emprego do verbo quanto para os usos do corpo do orador. Evidentemente, não é preciso que tomemos essa descrição romanesca como um registro factual de época das falas ocorridas quando das revoltas operárias, embora Zola lhes tenha sido particularmente atento, dispensando uma cuidadosa consideração a suas emergências e a seus desenvolvimentos nas cidades de Anzin, de Carmaux e alhures. Não é menos verdade, porém, que, ao serem cotejadas, as ocorrências do discurso socialista – tal como à época ele podia efetivamente, por exemplo, sair da boca de Jean Jaurès – e a arenga dirigida aos mineiros compartilham numerosas similaridades de estrutura.

Isto é particularmente verdadeiro no que respeita às posições de sujeito enunciador, as quais o orador irá ocupar sucessivamente. Etienne fala, antes de mais nada, a partir da condição de um *expert*: sua voz é aquela que "não murmura mais"; seu tom frio é o "de um simples mandatário do povo que presta suas contas"; seu discurso está em conformidade com a "eloquência científica: os fatos, nada além dos fatos. [...] Ao grupo dos mineiros restava, portanto, somente reconquistar seus bens. Desde então, Etienne impõe sua questão favorita, a atribuição de instrumentos de trabalho para a coletividade"[49]. Em seguida, o *expert* transforma-se em líder, no sentido que Le Bon atribui ao termo, ou seja, torna-se o chefe do bando: sua voz inflama-se com a lembrança das injustiças e dos sofrimentos e sua eloquência ressuscita e

---

49. ZOLA, E. Op. cit., respectivamente p. 283 e 285.

repercute as vozes e os ecos dos injustiçados e sofredores que, desde a Revolução Francesa, não cessaram de protestar contra a desigualdade política e a injustiça social. O discurso da ciência retorna então no discurso da revolta: o líder metamorfoseia-se, para, na sequência, tornar-se um profeta; e a eloquência proletária modifica-se, para, finalmente, tornar-se uma utopia religiosa: "Ele construía a humanidade do futuro, o edifício da verdade e da justiça, que crescia nas sombras do século XX"[50].

Numa obra tal como esta nossa que estabelece como seu objeto a transformação das formas de fala pública numa longa duração, a emergência da voz do povo e o advento da fala operária, tal como Zola a concebe e a apresenta, impõem algumas observações. Em primeiro lugar, é preciso que consideremos sua verossimilhança histórica; conforme havíamos mencionado rapidamente, é certo que encontramos também em Jaurès, entre outros, a mesma imbricação de um discurso com um viés científico em suas falas públicas mais propriamente ideológicas; o que, por seu turno, no decorrer de sua dinâmica e de seu desenvolvimento, acaba por conferir ao discurso uma tonalidade religiosa. Tal matiz religioso no discurso político manifesta-se, nesse caso, principalmente, no processo da evangelização operária, por meio da qual os missionários deverão "levar a fala socialista"[51] sobretudo àqueles que, embora sejam as principais vítimas da exploração capitalista, ignoram seu funcionamento ou o tomam por algo justo, reproduzindo as ideologias dominantes.

Contudo, uma vez que somos atualmente bastante bem-instruídos sobre as astúcias da história contemporânea, não podemos deixar de observar principalmente neste ato de nascimento um duplo mal-entendido. O primeiro consiste no fato de que o povo, que esperou um longo tempo para encontrar sua própria voz, a descobre enfim num fundo discursivo imemorial, das antigas profecias religiosas. O advento da fala popular, por um lado, seria apenas uma repetição mascarada de seu apagamento. Já o segundo mal-entendido reside no fato de que o discurso dos profetas da revolta, que deveria libertar o proletariado de seus grilhões, foi sufocado pelo discurso da es-

---

50. Ibid., p. 286.

51. "Destacamos a importância da dimensão ideológica do discurso, que arrasta o esquema didático para o interior do enunciado político, o que resulta, às vezes, num enunciado do tipo religioso: *levar a fala socialista*" (PROVOST, G. "Approches du discours politique: 'socialisme' et 'socialiste' chez Jaurès", *Langages*, 52, 1978, p. 125).

pecialidade, que foi nutrido no próprio seio da fala dirigida aos trabalhadores pelos porta-vozes da causa operária. Entretanto, além do lamentável encontro perdido da voz do povo com a história, isso concerne mais amplamente toda a genealogia discursiva do século que acabou de terminar: o século XX parece ter sido aquele em que se deu o declínio dos profetas e a irresistível ascensão dos *experts*. Os discursos cinzentos da burocracia conseguiram atingir praticamente em todos os pontos do Ocidente os fogos discursivos da revolta.

O gesto e a palavra

Etienne salta sobre um tronco de uma árvore e, em seguida, permanece imóvel. Levanta um braço num gesto lento e começa seu discurso. Sua fala é, em primeiro lugar, factual e técnica, ao passo que seus gestos são raros e contidos. Logo depois, surge uma enfática, apaixonada e profética exortação à justiça e à rebelião, em cuja realização seus braços são constantemente erguidos e suas mãos amplamente estendidas.

> Pouco a pouco, Etienne se inflama [...]. As palavras lhe faltavam com certa frequência, ele tinha de pressionar sua frase; finalmente, ela lhe saiu por meio de um esforço, como se alguém lhe tivesse dado um empurrão. Somente sob o choque desses golpes contínuos é que ele reencontrava as imagens dotadas de uma familiar energia, com a qual ele cativava seu auditório; enquanto seus gestos são aqueles de um trabalhador do canteiro de obras, seus cotovelos permanecem colocados ao corpo, mas, em seguida, relaxa-os para levantar os punhos; então com sua mandíbula bruscamente avançada, como se fosse morder quem o tentasse impedir de continuar, ele exerce um efeito extraordinário sobre seus companheiros. Todos diziam o seguinte: ele não é muito grande, mas se faz escutar[52].

A voz do povo emerge do corpo do povo. As multidões, garante Le Bon, produzem os líderes à sua imagem e semelhança: a eloquência proletária que foi então inventada vai encontrar o repertório de seus gestos nos hábitos corporais do trabalhador manual e nos gestos profissionais do operário no desempenho de seu trabalho. Tanto em seus gestos quanto em suas falas, a eloquência da tribuna popular instaura-se como uma ruptura com a tradição

---

52. ZOLA, E. Op. cit., p. 285.

de moderação frequentemente recomendada pela *actio rhetorica*, essa arte do corpo eloquente que, desde a origem dos discursos, acompanha o exercício público da fala[53]: eloquência do canteiro de obras, brutalidade do gesto, martelamento dos punhos, tensão das mandíbulas... A percepção do corpo do orador proletário tal como ela nos é oferecida em *Germinal* novamente impõe uma série de observações. É necessário, mais uma vez, reiterar que a obra de Zola é mais do que uma simples composição fictícia, tendo em vista que se trata, antes, de uma reprodução relativamente fiel das percepções do modo como se processou a emergência dos discursos políticos provenientes do movimento operário. Um grande número de testemunhos históricos confirma essa percepção da fala pública popular e fazem-no de um modo estranhamente similar aos da ficção literária. É o que podemos observar no caso daqueles que ouviram Jaurès falar e que guardam em suas memórias as lembranças do impacto e da força da eloquência do político socialista – essa "voz do povo, forte como a de um leão", disse Alain –, tal como ocorreu com Charles Péguy:

> Aqueles que uma única vez tiveram a oportunidade de ouvi-lo jamais poderiam esquecê-lo. [...] Seus gestos não tinham nada de artificial. Porque ele não tem nenhum desses gestos habituais dos oradores; possui, antes, os gestos dos trabalhadores manuais, com os quais segue empurrando suas ideias sobre o estrado de madeira da tribuna, com os quais segue pressionando o polegar para demonstrar sua insistência. Seus gestos são rudes, pesados e instintivamente produzidos por seus ombros tanto densos quanto os de um morador das montanhas[54].

Essa percepção da brutalidade das formas emergentes da fala pública na aurora da era das massas não deveria nos surpreender: para aqueles que desde muito tempo e durante um longo período foram privados do exercício do discurso, será necessário tomar à força a tribuna, sobre a qual finalmente eles poderão dizer de sua cólera. Ante essa apropriação da fala, podemos

---

53. Cf. aqui mesmo o texto de Marc Fumaroli.

54. PÉGUY, C. "La préparation du Congrès Socialiste National". *Cahiers de la Quinzaine*, I (3), fev,/1900 (o texto de Péguy, do qual extraímos a citação, pode ser encontrado no livro: *La République... Notre royaume de France*. Paris: Gallimard, 1946, p. 20). Sobre a condição de orador de Jean Jaurès, cf. em particular: JEANNENEY, J.N. *Jaurès*. Paris: Nathan, 2011. • LAUNEY, M. *Jaurès orateur, ou l'oiseau rare*. Paris: J-P. Rocher, 2000. • REBERIOUX, M. *Jaurès, la parole et l'acte*. Paris: Gallimard, 1994.

conceber a inquietude dos observadores burgueses da vida pública; um desassossego burguês surgia em face da ascensão dos discursos de revolta, nos quais afloravam a violência que tais observadores podiam então sentir na fala operária ou a veemência das primeiras formas de protestos feministas que foram imediatamente tachadas de "histéricas".

Essa é a mesma inquietude que inspirou Le Bon a produzir sua *Psicologia das multidões*[55], mas, sem dúvida, ela não é suficiente para explicar a universalidade de seu sucesso. Isso porque Le Bon não se limitou a ela, que funcionou apenas como um seu ponto de partida. O que ele soube dela deduzir, a partir das características que atribuiu à "vida mental" das massas, foi a possibilidade e a necessidade da figura do líder ideal que poderia e deveria dominá-las.

> Sempre pronto a se sublevar contra uma autoridade frágil, a massa se dobra com submissão diante de uma autoridade forte. [...] Sua coragem a seduz, sua autoridade se impõe sobre ela e sua espada a amedronta[56].

Certamente, podemos não compartilhar os preconceitos políticos de Le Bon nem sua inclinação pela espada, mas é preciso reconhecer, *a posteriori* e munidos tal como nós o somos hoje do conhecimento que a história do século XX nos legou, sua inegável faculdade de antecipação daquelas que seriam as horas mais sombrias desses tempos. Le Bon soube compreender no mesmo momento em que se constituíam as sociedades de massa que as potencialidades de igualdade das quais a sociedade democrática era portadora podiam também secretar um desejo de servidão e uma necessidade de comando. É a partir da figura similar e invertida do líder socialista – tal como Zola nos havia sugerido aos olhos e aos ouvidos em *Germinal* – que Le Bon elabora seu modelo do orador populista, antecipa as características do chefe totalitário e anuncia as técnicas de manipulação e de controle das massas que iriam se desenvolver ao longo da primeira metade do século XX.

Encontraremos uma confirmação espetacular do que antes era apenas o modelo do orador populista, a antecipação do chefe totalitário e o anúncio das técnicas de manipulação e de controle na obra de Alexis Wicart, médico especialista na voz humana, publicada na década de 1930 e cujo título

---

55. "É preciso saber resolver os problemas que a psicologia das massas indica, ao menos pela simples razão de termos medo de ser devorados por elas" (LE BON, G. Op. cit., p. 28).

56. Ibid., p. 28.

é *Les puissances vocales*[57]. Essas tais "potências vocais" são aquelas próprias dos tenores da ópera, mas são também as potências vocais dos tenores da cena política, as quais Wicart ausculta atentamente a partir de sua condição de otorrinolaringologista. Ele foi uma testemunha pessoal da ascensão da eloquência fascista, pela qual parece possuir certa inclinação. O mais interessante, contudo, não reside nessa sua condição, mas no fato de que suas descrições do desempenho oratório de Mussolini e de Hitler, de seus usos da voz e dos empregos de seus gestos inscrevem-se numa linha direta, cuja reconstituição a partir das fontes escritas disponíveis ele imagina poder estabelecer, que remonta a Vergniaud e a Mirabeau, passando por Gambetta, até chegar a Jaurès.

"A ascensão do Führer é uma conquista vocal [...]; sua força magnética age sobre o auditório. [...] O gesto desprende-se; de punhos cerrados, ele martela as palavras sobre a tribuna e sobre seu próprio peito", é uma das observações relatadas por Wicart[58]. Hitler não faz nada diferente do que à mesma época era feito pelo Duce ("o gesto se anima com o vigor de um golpe de seu punho"[59]) ou do que antes dele era feito por Gambetta ("um pescoço potente e golpes vigorosos com seus punhos martelavam suas ideias sobre a tribuna"[60]) ou do que ainda antes era já feito por Mirabeau ("esse macho monstruoso [...], dotado de uma atitude imperiosa, de gestos fulgurantes, de uma face de leão furioso, de cujos olhos lançam-se raios"[61]). Esse retrato nos é agora familiar: trata-se daquele que Zola compôs na clareira de *Germinal* e que Le Bon construiu como a imagem do mestre das multidões. Baseada numa fascinação pelo exercício fálico da dominação masculina produzida mediante a fala e investida de uma genealogia que o torna semelhante às potências vocais da tribuna antiga e dos oradores revolucionários, essa imagem atravessa assim a maior parte das sensibilidades políticas do final do século XIX e da primeira metade do século XX. A eloquência populista, no fundo, não possui uma outra história que não seja a da genealogia imaginária de

---

57. WICART, A. *Les puissances vocales*. 2 vols. Paris: Vox, 1935. • Agradeço a Françoise Douay por sua indicação dessa referência essencial.

58. Ibid., vol. 2, p. 5 e 242.

59. Ibid., p. 176.

60. Ibid., p. 90.

61. Ibid., p. 58 e 62.

uma voz máscula que ressoa em nome do povo e efetivamente não conhece nenhuma fronteira geográfica ou política: Quem há ainda de se espantar com o sucesso imediato e quase universal e com a longevidade de *A psicologia das multidões*? Ela constitui, na aurora da era das massas, um dos primeiros elementos da teorização de um populismo político que identifica claramente seus perigos e aprende a combatê-los, retornando contra eles suas próprias armas oratórias. "Como Hitler pôde conquistar a adesão de massas tão consideráveis?"[62], questiona-se o Dr. Wicart. Não sabemos se ele conhecia ou não o pensamento de Le Bon, mas sua resposta a essa questão poderia ter sido perfeitamente extraída da obra deste último: "Os ditadores atuais não enfrentaram a força do destino com a alma ardente de sua eloquência, bem antes de terem consolidado sua potência sobre os batalhões de diversas cores? [...] Talvez, finalmente e pela primeira vez os alemães estejam diante de um orador político que representa por suas entoações e por seus gestos a fúria e as esperanças da nação. [...] Não se pode negar a existência de uma mística hitleriana nascida da voz, dos gestos e do olhar do Führer"[63].

O governo das emoções

A voz, os gestos e o olhar do Führer... Mas o que fora feito de suas palavras? Praticamente ausentes da obra de Wicart, também em *A psicologia das massas* é dispensada às palavras uma equivalente porção. Isso porque para Le Bon a fala pública é antes de tudo composta pela voz, pelo corpo e pela massa compacta da multidão. As palavras efetivamente importariam pouco, tão pouco como as ideias. No que respeita ao verbo, basta que as palavras sejam marteladas sem cessar; e no que concerne as ideias, basta fazê-las penetrar com força na "alma das multidões"; basta fazer penetrar nessa alma de primitivos, de mulheres e de crianças, da forma mais simples e mais imaginativa possível, as "imagens impressionantes que preenchem e obcecam o espírito. Conhecer a arte de impressionar a imaginação das massas é o mesmo que conhecer a arte de governá-las"[64].

---

62. Ibid., p. 245.

63. Ibid., 242 e 247.

64. LE BON, G. Op. cit., p. 44.

Governar os homens através da imaginação... Eis, portanto, o fim último de *A psicologia das multidões*. Ela não corresponde a uma obra de retórica, porque é insensível às figuras de estilo, nem é tampouco uma análise do discurso, visto que desdenha as posições ideológicas e os recursos argumentativos. Ela não reconhece nada nas palavras que vá além de uma "misteriosa potência", de uma "verdadeira magia": o poder de converter as imagens em emoções:

> A multidão somente pode ser impressionada pelos sentimentos excessivos; o orador que pretende seduzi-la deve abusar das afirmações violentas. Exagerar, reafirmar, repetir e jamais tentar demonstrar nada mediante um raciocínio são os procedimentos de argumentação familiares aos oradores das massas populares[65].

O governo através da imaginação é um governo das emoções. O livro de Le Bom, durante muito tempo considerado como a fundação científica de uma psicologia coletiva, deve ser lido, antes de mais nada, como o que ele é de fato: um tratado político, que se inscreve na longa genealogia das artes de governar. Na aurora da era das massas, a obra reatualiza essa tradição: ela dá corpo aos temores ocasionados pelo recrudescimento do movimento operário nas sociedades democráticas, oferece um meio de conjurar seus perigos, ecoa seus votos e apelos pelos líderes fortes e prefigura a "violação das multidões" pela propaganda política. Podemos ler *A psicologia das multidões* como o esboço de um programa político autoritário, profundamente reacionário, formulado nos primeiros anos do século XX, como um manual de domesticação das massas e das técnicas do comando e ainda como uma contribuição àquele conjunto de saberes e de práticas que Michel Foucault nomeava de "governamentalidade", que compreende o controle das populações.

É por essa razão que a obra de Le Bon deve ocupar um espaço privilegiado neste capítulo, que vai ao encontro do projeto geral deste livro, cujo objetivo é o de restituir à fala pública sua história na longa duração. Com efeito, nessa longa duração histórica, *A psicologia das multidões* marca uma transformação, na qual os usos antigos da retórica, que dominaram durante muito tempo o campo da enunciação política, vão em breve conhecer uma modificação em sua natureza, uma vez que serão cada vez mais confrontados com os conflitos econômicos, sociais e políticos da sociedade urbana e indus-

---

65. Ibid., p. 26.

trial de massa. Novas figuras do orador e de seu público aparecem e novos dispositivos de dominação das multidões são então inventados.

É aí que reside a verdadeira proposta de Le Bon, cuja verificação podemos fazer ao examinar atentamente dois de seus elementos, com vistas a encaminharmos o encerramento destas nossas reflexões. Retomaremos apenas brevemente o primeiro deles: a indiferença em relação às palavras, o desinvestimento das complexidades da argumentação, em proveito de uma mecânica da persuasão, fundamentada na repetição, nos usos da voz, do gesto, do corpo e da imagem. O objetivo de Le Bon não é o de educar as massas, mas o de domesticá-las: compreendemos agora como a redução da longa e da complexa história da eloquência ao exclusivo campo das técnicas de persuasão pôde fazer de Le Bon o precursor da propaganda e da publicidade e pôde ainda prefigurar o sucesso ulterior de uma camada parasita de "*experts*" em comunicação e marketing político, que contribuiu decisivamente para o desvio, quando não do apagamento, em seu benefício próprio da salutar arte do debate democrático. A herança de *A psicologia das multidões* pesa bastante sobre a história da fala pública no século XX.

Se há um segundo elemento dessa herança que deve ser submetido a um inventário crítico, esse elemento é exatamente aquele da "emoção coletiva", um fator central no dispositivo colocado em jogo por Le Bon.

Não se trata aqui, evidentemente, de negar que os fluxos emocionais possam percorrer os ajuntamentos humanos, qualquer que seja a maneira pela qual nós os nomeemos: "contágio", "imitação", "efervescência", "hipnose", "descarga"... Encontraremos em Le Bon, Tarde, Durkheim, Freud ou Canetti as análises que atestam sua presença. Mas aquilo sobre o que convém duvidar é a existência de uma "alma das multidões", que seria agitada pelas emoções coletivas e que estaria ligada a um único corpo ou que seria atribuída genericamente às massas humanas. Que os fluxos de efervescência, que as cadeias de entusiasmo e que os ventos de pânico possam atravessar as multidões, praticamente não suscita dúvidas, embora fosse melhor quando se trata desses fenômenos falar antes de uma "agregação" de emoções, que não pressupõe absolutamente a atribuição à multidão de uma alma e de um corpo coletivo, do que de "emoções coletivas"[66]. Mas existem também mul-

---

66. Cf. a esse respeito: "Collective Emotions: Reasons to Feel Doubtful". *The History of Emotions annual lecture* – Queen Mary. Londres: University of London, out./2013 [Disponível em www.stevenconnor.com/collective/collective.pdf].

tidões estáveis, estáticas, que nada parece poder tirá-las de sua inércia. Nem todas as massas são excitáveis, voláteis e perigosas. Nem todas as massas são rebeldes e arredias ou absolutamente dóceis ao martelamento das palavras de ordem. Algumas multidões apenas possuem vocação para a dispersão; alguns indivíduos em meio às massas, longe de serem apreendidos por algum contágio, somente provam a repulsa pelo contato e o desejo de evadir-se. Enfim, de maneira mais geral, a noção de emoção coletiva acaba por simplificar consideravelmente a distribuição complexa, instável, irregular e efêmera dos regimes emocionais de uma sociedade inteira.

Eis uma última palavra que concluirá esta breve investigação genealógica sobre o surgimento na aurora da era das massas de novas formas da fala pública popular. Nossa pretensão foi a de mostrar como o povo, que durante muito tempo esteve destinado e limitado aos ruídos e à fúria, foi dotado de uma fala política no interior do movimento operário e do socialismo então nascente. Mas também foi nosso intuito mostrar como muito rapidamente simulações e dissimulações populistas foram inventadas para recobrir e apagar essa voz do povo. Nossa reflexão consagrou ainda ao tema da multidão e de sua representação na virada do século XIX para o século XX uma particular atenção, pois a concebe como um fator consideravelmente importante. "O período em que entramos será realmente a era das multidões", predizia Le Bon, em seu tempo e na epígrafe deste texto: a representação que ele produziu das massas e que foi legada aos seus sucessores – essa representação que as expõe como reféns das emoções coletivas, sensíveis às formas degradadas da fala pública e obedientes a uma natureza quase biológica das multidões humanas – nada mais é do que uma *ficção política*, historicamente situada e datada. Trata-se de uma produção que é contemporânea da violência decorrente dos confrontos entre as classes e do recrudescimento dos nacionalismos beligerantes ocorridos na Europa desde final do século XIX. Essa ficção vai desempenhar uma função central na "governamentalidade" das populações europeias no decurso da primeira metade do século XX, em particular, na domesticação das massas, em proveito dos regimes totalitários. Quem, mais do que estes últimos, desejaria ver na multidão um corpo único em que se fundiriam os indivíduos, uma massa compacta de emoções coletivas, a marionete de um chefe carismático, que saberia confiscar a voz do povo em seu benefício próprio? Extasiado com o desempenho oratório de Mussolini, Wicart afirma que o *Duce* em suas arengas às massas "jamais deixa de ser e de modo superior o animador por excelência das praças públicas. Na tribuna dessas praças, sua arte é fulgurante, irresistível. [...] A voz eleva-se, dominadora, lança palavras como se fossem projéteis [...] e atira no espaço essas belas sonoridades humanas cujo magnetismo é indescritível"...[67] Na longa história da fala pública, o século passado, que acabou tão recentemente, permanecerá em nossas memórias e nas lembranças daqueles que nos sucederão como a cena de uma sucessão de episódios trágicos, que ocorreram a cada vez que a voz do povo foi abafada pela de seu mestre.

---

67. Ibid., p. 176.

• **289**

Falar em público na política contemporânea
A eloquência *pop* e popular brasileira na idade da mídia*

Carlos Piovezani
Universidade Federal de São Carlos

É ao abrir a boca que o homem ganha a vida. Mitos de tempos e lugares distintos reiteram-no frequentemente, porque ao fazê-lo o homem respira, alimenta-se e fala. No Gênesis, dos lábios descerrados provêm o fôlego da vida, as palavras da perdição e o anúncio da queda. A fala cria a existência e sua finitude, gerando assim a própria humanidade do homem.

Falar é um fenômeno humano por excelência. Trata-se de um saber e de uma prática que compreende fatores biológicos, culturais, sociais e históricos. Para se desenvolver, a linguagem tomou nosso corpo e o transformou numa máquina de falar, adaptando e empregando elementos e funções de nossas anatomia e fisiologia, destinados originalmente para outros fins, na produção articulada dos sons dotados de sentido. Criar emissões sonoras carregadas de significação pressupõe uma predisposição biológica, dada por propriedades inatas do organismo humano, para cuja efetiva realização exige-se necessária e principalmente a interação social entre os falantes de uma comunidade. É justamente por meio dessa interação que nos tornamos capazes de gerar, compreender e julgar um número infinito de enunciados compostos a partir de um conjunto finito de unidades e de regras de combinação de uma determinada língua. Ademais, adquirimos

---

* A formulação deste texto somente foi possível graças ao apoio da Fundação de Amparo à Pesquisa do Estado de São Paulo (Fapesp), sob a forma de auxílios financeiros para participação em congressos científicos e para a realização de missões de pesquisa no exterior. A Fapesp financia ainda nosso atual projeto de pesquisa "Discursos sobre a voz na mídia brasileira contemporânea" (Processo Fapesp 2014/09947-3), do qual deriva uma série das reflexões e análises aqui empreendidas.

uma aptidão de produzir nossos enunciados conforme as distintas situações de fala nas quais nos encontramos no intuito de aí construir os sentidos que lhe são mais ou menos adequados. Foi com Eugenio Coseriu[1] que aprendemos que saber falar implica, portanto, i) uma faculdade de linguagem, que consiste num saber universal próprio da espécie humana segundo o qual atribuímos sentido ao mundo, articulando sons e significados; ii) uma capacidade idiomática, ou seja, um saber particular constituído no interior de cada comunidade que nos permite o uso de uma língua natural; iii) e uma competência discursiva, que é um saber expressivo, a partir do qual nos tornamos capazes de produzir, interpretar e avaliar textos em variadas condições sociais de produção.

Não há encontros e confrontos entre os homens que não se estabeleçam direta ou indiretamente pelo que é dito nos diversos grupos e campos de uma sociedade. Em sentido amplo e restrito, a política não se encerra na fala, mas começa por ela. Se o dizer os reflete de modo privilegiado, ele mais fundamentalmente engendra os diversos consensos e conflitos humanos. Ao falar com o outro, o sujeito sempre enredado por relações sociais de força e de sentido entra em contato com seu interlocutor ora exprimindo-lhe seus pensamentos e emoções, ora informando-o sobre algo ou alguém, ora ainda buscando explicitamente convencê-lo a aderir a determinado ponto de vista. Aspirando a esses predominantes objetivos, tomamos a palavra pública ou privadamente. Embora não lhe seja exclusiva, uma marca característica do discurso político é sua condição de fala pública cujo propósito mais ou menos manifesto consiste em manter ou em adquirir a adesão ideológica. Consoante com o princípio de que a fala pública é uma dimensão constitutiva da política está o fato de que as distintas maneiras pelas quais o homem se dirige ao homem são absolutamente reveladoras das diferentes construções sociais e históricas das identidades dos homens em sociedade. Com efeito, não há um único modo de os oradores falarem a seus públicos e suas práticas modificam-se no tempo e no espaço, conforme se alteram os regimes de governo e os sistemas de produção, os padrões sociais e as tendências culturais, os dispositivos tecnológicos e os fatores subjetivos.

A fala pública pode ser concebida como um índice seguro, ainda que ambivalente e dinâmico, das relações entre os sujeitos de uma sociedade. É

---

1. Cf. Coseriu, 1992.

partindo desse pressuposto que pretendemos apresentar aqui certos traços da prática de falar em público desempenhada na política brasileira contemporânea em determinadas condições de produção do discurso. Sem a pretensão de abranger toda extensão e complexidade desses campo e fenômeno, nossa reflexão sobre alguns aspectos da oratória política brasileira produzida na idade da mídia compreenderá a) um cotejamento entre três dispositivos de fala pública, a saber, o palanque, o rádio e a televisão; b) uma exposição sobre as propriedades e transformações da voz humana nas práticas de fala pública; e c) uma interpretação do emprego de algumas estratégias discursivas em excertos de pronunciamentos eleitorais do ex-presidente Luiz Inácio Lula da Silva, na ocasião em que sua condição era a de candidato à presidência da República.

Ao tratarmos de certos aspectos da oratória no discurso político principalmente transmitido pela televisão, confrontamo-nos de imediato com o lugar-comum, segundo o qual o advento dos *media* de nossos tempos teria implicado o declínio da eloquência. A história ensina-nos, porém, que a emergência de uma tecnologia – a escrita, a prensa e os tipos móveis, o telefone, o microfone, o rádio, a televisão e a internet – não altera de modo abrupto, exclusivo e unidirecional as práticas humanas de linguagem, ainda que a fala não passe incólume pela fabricação e pelo manuseio de cada uma dessas técnicas e ferramentas. Por essa razão, a tevê, por exemplo, não é a causa privilegiada do que se entende como a pretensa derrocada da arte de bem falar em público, mas reflexo e intensificação dos crescentes desinteresses e antipatias pela política, pelo discurso político e por sua cada vez mais rara grandiloquência, bem como meio e lugar que sintetizam uma sensível modificação nas práticas de fala pública e nos laços sociais.

De fato, vimos paulatinamente consolidar-se uma nova sensibilidade em relação à fala pública, em geral, e ao discurso político, em particular. Via de regra, já não se presta mais atenção a extensos, enfáticos e adornados pronunciamentos, já não mais se tolera nem frequentemente se produz o prolixo, o peremptório e o ornamentado. A demora, o realce e o enfeite não se coadunam bem com as ideias igualitárias nem com as liberais e não se justificam ante os seguintes clichês: "Na política só tem corrupção", "Os políticos só falam, mas não fazem nada", "Discurso político é tudo igual, é tudo mentira" etc. Ademais, o próprio gesto de falar em público parece encontrar-se cada vez mais reduzido a alguns espaços e circunstâncias específicas. Nas escolas e universidades, houve de certo modo uma progressiva substituição do ensino e do exame das práticas orais em que a fala pública desempenhava relevante papel pela aprendizagem da "comunicação", da "relação interpessoal", da "interatividade", das "discussões em grupo" e da formulação de textos escritos. Nem por isso, contudo, os ouvintes contemporâneos estão totalmente inumes a nostalgias da oratória eloquente de outrora e a encantamentos com a desenvoltura e com a ênfase na expressão pública de nossos dias.

Uma vez mais a complexidade da história faz-nos ver que as metamorfoses da fala pública e de sua recepção não correspondem a uma definitiva morte da eloquência. Fora do ambiente escolar, multiplicam-se institutos, cursos, sites e manuais cuja função é a de ensinar a falar em público. A despeito dessa multiplicação, persistem os anúncios da degeneração e do fim da *ars bene dicendi*: desde o desenvolvimento das mídias atuais, a eloquência contemporânea estaria órfã da retórica que a sustentava; e, com o fim da retórica, a morte da arte oratória ocorreria brevemente. Essa triste notícia já foi amiúde anunciada, se considerarmos que o tema do declínio da eloquência é um lugar-comum na história dos julgamentos sobre as práticas de fala pública. Sêneca, Cícero e Tácito fizeram-no desde a Antiguidade (cf. LEVY, 2003). Por essa razão, ao invés de vislumbrarmos uma efetiva degradação da oratória, parece-nos mais acertado dizer que há, antes, uma oratória contemporânea, cujo preceito é o de saber falar em público e ao público, aparentando tratar-se de conversa privada e amena com um interlocutor privilegiado. A chave da eloquência para o orador de nossos tempos consiste em dirigir-se a todos, como se falasse exclusivamente com cada um e sem endereçar-se exclusivamente às elites econômicas, políticas e letradas, conforme ocorria outrora. Lula domina como poucos a técnica retórica para produzir esse efeito e para consolidar seu carisma *pop* e popular, em ampla consonância com a oratória midiática de nossa época.

O palanque, o rádio e a televisão: dispositivos de fala pública[2]

Falar em público no palanque

Não se deve falar do mesmo modo para diferentes públicos, em circunstâncias distintas. Eis aí um conselho fundamental e um ensinamento

---

2. Algumas passagens deste tópico de nosso texto retomam e desenvolvem as reflexões sobre os dispositivos de fala pública que formulamos inicialmente em *Verbo, corpo e voz* – Dispositivos de fala pública e produção da verdade no discurso político. São Paulo: Unesp, 2009.

valioso legados pelos mestres da retórica e da eloquência. No capítulo 12 do livro III de sua *Retórica*, Aristóteles distingue o estilo próprio da modalidade escrita daquele típico dos debates orais e subdivide estes últimos no estilo das assembleias políticas, de um lado, e no dos tribunais judiciários, de outro. Nessa triagem, opõem-se a exatidão da escrita e a *performance* da oralidade, aludindo ainda ao predomínio do *ethos* no âmbito judiciário e do *pathos*, no deliberativo:

> O estilo das composições escritas é mais exato, enquanto aquele dos debates depende da ação. Este último comporta dois tipos: um que exprime os caracteres e o outro, as paixões. [...] Quando se comparam uns e outros, os discursos escritos possuem no debate uma aparência tacanha; aqueles dos oradores, que foram bem proferidos, ao serem tomados nas mãos e lidos, parecem obras de leigos. A razão disso consiste no fato de que esse tipo de estilo tem seu lugar apropriado no debate; e é também essa a razão pela qual os discursos destinados à ação, quando esta é suprimida, não mais desempenham sua função e parecem débeis (III, 12, 1413b 8-19).

Além da inaptidão das ênfases performáticas na escrita e das minúcias precisas na oralidade, torna-se ainda possível depreender do texto aristotélico a menor inclinação à modalidade escrita, à medida que se passa de um gênero retórico a outro. Assim, mais ou menos esquematicamente, ocorreria o seguinte: no epidítico, quando se trata de preocupar-se com o presente, ao elogiar o belo e censurar o feio, deve-se escrever e ler o discurso; no judiciário, quando se trata de preocupar-se com o passado, ao defender o justo e acusar o injusto, deve-se eventualmente escrever e proferir o discurso; no deliberativo, enfim, quando se trata de preocupar-se com o futuro, ao aconselhar o útil e dissuadir o inútil, deve-se sobretudo investir na ação oratória. É insistindo uma vez mais no cotejo entre precisão e desempenho e entre *ethos* e *pathos* que Aristóteles opõe a fala das assembleias àquela dos tribunais:

> O estilo que convém nas assembleias do povo assemelha-se, em todos os aspectos, ao desenho em perspectiva; quanto mais numerosa for a multidão dos espectadores, mais afastado deve ser o ponto donde se olha. Ademais, a exatidão dos pormenores é supérflua e causa efeito enfadonho tanto no desenho como no discurso. No entanto, o estilo judiciário admite maior exatidão, sobretudo quando nos encontramos diante de um só juiz, pois em tal caso não podemos usar senão em pequena escala dos meios da retórica. [...] Daí resulta que os mesmos oradores não agradam indistintamente em todos os gêneros; onde se recorre mais à ação, a exatidão é me-

nos necessária. Ora, a ação é necessária, quando é preciso falar, e sobretudo quando é preciso falar alto (III, 12, 1414a 8-17).

O confronto entre a fala das assembleias e a dos tribunais apresenta uma equação aparentemente paradoxal: quanto maior for o público ouvinte nos debates políticos, menor deve ser a sofisticação dos argumentos, assim como a riqueza e a minúcia de seus detalhes. Ao contrário, se o orador tem diante de si no tribunal judiciário um auditório composto de poucos ouvintes e/ou de um espectador privilegiado, deve primar pela exatidão e pelo rigor argumentativos. As intervenções orais, que se inclinam à interpretação dramática, deveriam ter seus traços performáticos minimizados, quando o público fosse diminuto, e ampliados, quando fosse composto pelas multidões. Ao traçar a analogia entre a fala nas assembleias e o "desenho em perspectiva" (de fato, *skiagraphia*, ou seja, imagem de sombras e cores, disposta de tal modo que a torna indistinta, se observada de perto, e simuladora, se vislumbrada de longe), Aristóteles parece ao mesmo tempo aconselhar o predomínio dessa dimensão à qual os latinos chamariam de *actio*, em relação à lógica argumentativa (*inventio* e *dispositio*) e à sua formulação (*elocutio*), e denunciar as ilusões e mentiras produzidas pelo discurso político.

Essas passagens sobre a fala pública helênica extraídas da *Retórica* dão ensejo às nossas considerações acerca de certas marcas da eloquência contemporânea desenvolvida nos palanques e, mais tarde, no rádio e na televisão. Casualmente, buscaremos compreender algumas das razões pelas quais se deu o deslocamento de um dispositivo de fala pública a outro, considerando que tal movimento não significou a definitiva e excludente passagem do antigo para o novo, como se as práticas de falar em público sobre o palanque ou no rádio tivessem se extinguido e a oratória televisual fosse a única agora existente. Entretanto, se o palanque, o rádio e a tevê convivem em nossos dias, de fato, a tribuna no espaço público foi o meio predominante de circulação do discurso político durante o ocaso do século XIX e a aurora do século XX, ao passo que o rádio prevaleceu na primeira metade do século passado e que a televisão foi aí se tornando hegemônica no espaço privado, a partir da segunda metade desse século. Não se trata aqui somente de vislumbrar a dimensão técnica e instrumental de três *media*, mas de concebê-los como dispositivos diversos que produzem em consonância com a história distintas maneiras de se falar em público.

• 295

Nas assembleias da Antiguidade, a amplitude dos gestos e a intensidade da voz são requeridas pela copresença dos interlocutores no tempo e no espaço. Se a fala, de um lado, e sua recepção, de outro, são simultâneos, a distância que os separa pode ser relativamente grande; daí a importância do desempenho da ação oratória. O verbo, o corpo e a voz são transmitidos por um meio audiovisual quente, mediante o qual se manifestam os acalorados debates, característicos de uma democracia direta e vibrante. As altas temperaturas advêm do fogo da eloquência, essa metáfora quase tão frequente quanto antiga nas alusões à oratória, das ardentes trocas verbais e do calor dos corpos masculinos, conforme um postulado da medicina de Hipócrates. Dotadas de sexo feminino e de sexualidade ortodoxa, as tribunas das assembleias antigas somente são frequentadas pelos varões. O esboço dessas propriedades das assembleias gregas faz suscitar a seguinte questão: A fala pública sobre os palanques, desde o final do século XIX até nossos dias, ainda guardam características semelhantes?

Evidentemente, nos palanques da era contemporânea, a interlocução é sonora e visual e seus integrantes, público e orador, compartilham de um mesmo tempo e espaço, mas as distâncias física e simbólica que agora os separam aumentaram consideravelmente, se comparadas àquela que os afastava outrora. As razões desse aumento são diversas: na ágora grega nem sempre existia espaço para as altas tribunas, enquanto os palanques de nossos dias tendem a ser bastante elevados; o auditório das assembleias helênicas não excedia a algumas centenas de cidadãos, enquanto as plateias desde o fim do século XIX agrupam milhares de pessoas. Por essa razão, a largura dos gestos e o volume da voz intensificaram-se ainda mais para melhor realizar, em estilo predominantemente monológico, longos pronunciamentos, inclinados à irreversibilidade e às hierarquias das democracias representativas ou, ainda pior, dos regimes autoritários. A idealização da dinâmica e dos tumultos participativos das assembleias clássicas, iluministas ou inconfidentes contrasta com o que parecem ser as tendências a uma passividade que caracteriza a assistência pública contemporânea. De acordo com Sennett (1988) e Courtine (2003, 2006 e 2011), sobretudo a partir do século XIX, os Estados Unidos e a Europa assistem à emergência de uma *disciplina do silêncio*, de uma *psicologização da esfera pública* e de uma *personalização do discurso político*, que tornam a fala pública cada vez mais suscetível aos sentimentos pessoais e ao carisma individual do orador. O Brasil, por seu turno, não passou incólume por esse processo, que promoveu certo refluxo da retórica e um relativo declínio da grandiloquência.

No final do século XIX e no começo do século XX, mesmo em algumas ocasiões em que o homem público falava diante de centenas ou de alguns milhares de pessoas, a voz poderosa ainda era instrumento suficiente para a boa escuta e um baixo palanque improvisado conseguia dar visibilidade ao corpo e aos gestos largos do orador. Contudo, houve à época um notável crescimento demográfico que incidiu no aumento do público; o que, por sua vez, com que se tornasse necessária a adoção de alguns recursos técnicos e de alguns avanços tecnológicos: para falar a um público de vários milhares de pessoas o orador quase sempre se valeu de um microfone e de uma alta e imponente tribuna. Registros da época mostram que oradores de estilos distintos como Lenin, Hitler e Vargas usaram abundantemente esses expedientes para falar ante as massas compostas de milhares de pessoas.

A utilização desses recursos diminui, mas não elimina a considerável distância que separa o orador dos ouvintes nem suprime as dificuldades relativas à escuta, apesar da potência vocal então ampliada pelo instrumento técnico. O contato entre os interlocutores, no entanto, é direto e a temperatura da situação, conforme dissemos, candente, em função de estarem eles num mesmo tempo e espaço de enunciação. As massas diante do orador podem até estar suscetíveis à sua "manipulação", mas representam também um perigo real. A ocasião de fala pública assemelha-se a uma guerra, na qual as armas eram o verbo, o corpo e a voz, e os adversários são não apenas os inimigos ideológicos, mas também a própria audiência que ali podia reagir hostilmente. Ao lado da virtualidade dos perigos, contudo, situa-se a possibilidade da conivência e da cumplicidade do público que, mediante suas manifestações de apoio, sob a forma de aclamações, redobram a força viril das relativamente longas e enfáticas coisas ditas. Para enfrentar e arrebatar a multidão, além dos gestos enérgicos, os oradores valem-se das modulações da voz, cuja melodia apresenta consideráveis picos e alterações, cujo ritmo é lento, apesar de frequentes acelerações e desacelerações no tempo de fala, e cujo volume é quase sempre alto e potente, mesmo nas circunstâncias em que o microfone o dispensaria. Por essas razões, *grosso modo*, a prática de fala pública nos palanques parece caracterizar-se pelo engajamento do *ethos*, pela constância do *pathos* e pela presença oscilante do *logos*.

Falar em público no rádio

Depois de termos apontado algumas características da fala pública realizada sobre os palanques, no início do século XX, passaremos agora a considerar certas propriedades dessa prática, quando de sua transmissão pelo rádio. Antes, porém, mencionaremos brevemente alguns usos do rádio pelas forças políticas como meio privilegiado de veiculação da propaganda estatal e dos pronunciamentos oficiais e apresentaremos algumas críticas a respeito dessa utilização. Concebemos as apreciações de Adorno e Horkheimer (1985) como índices da importância do rádio para os poderes políticos e da força de seu impacto sobre a expressão pública, a partir da década de 1920, na Europa e na América do Norte, e da década de 1930, no Brasil. A "indústria cultural" promovia a incorporação das estratégias publicitárias pelos discursos dos regimes autoritários, desenraizava o uso da língua da experiência que antes lhe dava fundamento e encontrava no rádio um instrumento privilegiado para fazê-lo:

> Na rádio alemã de **Flesch** e **Hitler**, os estereótipos podem ser notados no alto-alemão afetado do locutor, quando este declama para a nação um "Boa noite" ou "Aqui fala a Juventude Hitlerista" e mesmo "O Führer", com uma entoação imitada por milhões. Essas expressões rompem o último laço entre a experiência sedimentada e a linguagem, laço este que durante o século dezenove, ainda exercia, no interior do dialeto, uma influência conciliatória. [...] **O locutor de rádio não precisa mais falar de maneira pomposa. Aliás, seria esquisito, caso sua entonação se distinguisse da entonação de seu público ouvinte.** Em compensação, a linguagem e os gestos dos ouvintes e espectadores, até mesmo naquelas nuanças que nenhum método experimental conseguiu captar até agora, estão impregnados mais fortemente do que nunca pelos esquemas da indústria cultural (ADORNO & HORKHEIMER, [1944] 1985, p. 155-156; grifo nosso).

No momento em que os pensadores alemães publicaram seu ensaio, destacando a mudança no uso da voz na nova configuração da fala pública praticada no novo *medium*, a implementação e a utilização política do rádio já estavam consolidadas. Em meados dos anos de 1920, a Itália e a França tornaram o rádio monopólio estatal, enquanto o Japão homologava leis que proibiam a veiculação radiofônica de publicidades comerciais. Em 1939, o governo alemão interdita a audiência de emissoras estrangeiras e, no ano seguinte, as rádios nacionais passam a transmitir somente programação de caráter ultranacionalista, já sob o jugo do nazismo de Hitler. Nos sombrios dias de junho de 1940, as ondas do rádio encarnavam tanto a cessão de Philippe Pétain quanto a resistência de Charles de Gaulle. Aos 17 de junho daquele ano, Pétain anunciava pelo rádio o armistício com os alemães e a implantação de um novo regime na França. E aos 18, o General de Gaulle iniciava uma série de pronunciamentos na BBC, de Londres, no intuito de mobilizar a resistência francesa, inicialmente, contra os ataques alemães e, quatro dias depois, contra a sua efetiva ocupação. Na voz do general francês, criou-se um "lugar de memória" nos corações e mentes de seus conterrâneos e produziu-se performativamente a própria resistência francesa: *"Quoi qu'il arrive, la flamme de la résistance française ne doit pas s'éteindre et ne s'éteindra pas. Demain, comme aujourd'hui, je parlerai à la Radio de Londres"*[3] (RIVIÈRE, 1980).

Por seu turno, os políticos brasileiros não poderiam permanecer por muito tempo indiferentes à emergência dessa poderosa ferramenta de comunicação de massa. Já aos 7 de setembro de 1922, o discurso do então presidente da República, Epitácio Pessoa, em comemoração ao centenário da Independência, foi veiculado pelo rádio. Tratava-se da primeira transmissão oficial pelo novo meio de comunicação. Mas o apogeu da exploração do rádio como veículo de comunicação política somente seria atingido na próxima década, durante o Estado Novo. O tipo de governo instaurado por Getúlio Vargas não correspondia a uma extensão do nazismo ou do fascismo, porém, as experiências totalitárias alemã e italiana inspiraram o regime brasileiro no que concerne à propaganda estatal. Na ampla literatura especializada, o fato de o totalitarismo ter dispensado muito tempo e dinheiro na intensificação das emoções por meio dos veículos de comunicação é consensual. Ora, o conjunto dos instrumentos que materializavam e transmitiam suas ideologias era mais amplo e compreendia "literatura, teatro, pintura, arquitetura, ritos, festas, comemorações, manifestações cívicas e esportivas", de modo que todos esses elementos podiam "entrar em múltiplas combinações e provocar resultados diversos" (CAPELATO, 1999, p. 168). Ademais, a variedade dos meios institucionais de comunicação (imprensa, rádio e cinema) e dos gêneros discursivos (livros, revistas, folhetos, cartazes, programas de rádio, sobretudo jornalísticos, musicais, políticos, radionovelas, filmes, documentários

---

3. "Aconteça o que acontecer, a chama da resistência francesa não deve se apagar e não se apagará. Assim como hoje, amanhã eu falarei pela Rádio de Londres."

etc.) era considerável. Apesar dessa diversidade, não seria errôneo afirmar que os meios mais utilizados pelo Estado-Novo para divulgação da propaganda política foram a imprensa e o rádio (cf. CAPELATO, 1999).

Com efeito, assim como ocorria na Itália fascista, também no Estado-Novo a imprensa foi, durante a maior parte do tempo de duração do varguismo, mais importante do que o rádio. Isso não significa, porém, que o rádio tenha sido concebido como um meio de comunicação menor ou que ele não tenha efetivamente desempenhado um papel de extrema relevância na tentativa de legitimar o novo poder, junto à sociedade brasileira, em geral, e de conquistar o apoio das classes trabalhadores, em particular. De modo análogo à criação do Ministério da Informação Popular e da Propaganda, criado na Alemanha e entregue ao comando de Joseph Goebbels, em 1933, o governo de Vargas desenvolveu o Departamento de Propaganda e Difusão Cultural, antes vinculado aos Ministérios da Educação e da Justiça, concebeu e instituiu o DIP (Departamento de Imprensa e Propaganda), em 1939, dando-lhe autonomia e ligando-o diretamente ao poder executivo. Com o DIP, a propaganda política atingiu um nível de produção e organização sem precedentes no país. Se a propaganda é constitutiva do exercício do poder político independentemente do regime de governo instaurado numa sociedade, não é verdade que nos regimes totalitários sua força tende a se tornar menor. O controle dos meios de comunicação e a utilização de estratégias publicitárias de persuasão conjugam-se com o monopólio dos aparelhos repressivos, criando uma hegemonia que congrega a força física à simbólica.

Qual foi o uso que o Estado Novo fez efetivamente do rádio? Segundo Capelato (1999), a principal utilização política do rádio durante o governo Vargas era a de reproduzir pronunciamentos do presidente e dos ministros, mensagens e notícias oficiais. Para tanto, além da programação já consolidada, na qual se incluíam programas humorísticos, musicais, transmissões esportivas, radiojornalismo e radionovelas que, direta ou indiretamente veiculavam valores nacionalistas, foram criados os programas "A Voz do Brasil" (1935) e "Repórter Esso" (1941). Além disso, em muitas praças de cidades do interior, foram instalados alto-falantes, no intuito de se conquistar uma maior audiência e, por extensão, de angariar uma maior legitimidade para o governo. Essa iniciativa era justificada pela insistência no fato de que as mensagens do rádio deveriam chegar até o homem do interior do Brasil e contribuir, assim, para a integração nacional. Por outro lado, diante de uma certa diversidade da programação, os pronunciamentos políticos não eram a sua parte mais esperada e apreciada pela população. Contudo, ainda que não fossem exatamente uma preferência ou uma unanimidade, os discursos dos políticos no rádio despertavam um considerável interesse. Mas como eram esses pronunciamentos? Considerando que um de seus principais e mais declarados objetivos era o de divulgar os novos direitos sociais e trabalhistas ainda desconhecidos pelos próprios trabalhadores que eram seus beneficiários, conforme reiteravam os membros do governo, a fala de Vargas e de seus correligionários deveria ser simples e clara[4]. Em seus pronunciamentos, o presidente "usava *slogans*, palavras-chave, frases de efeito e repetições ao se dirigir às massas" (CAPELATO, 1999, p. 171).

Tendo em vista que já fizemos uma rápida alusão a alguns casos de uso do rádio pela classe política, retomaremos aqui nosso propósito de apontar certas características da fala pública transmitida por esse instrumento de comunicação. Os pronunciamentos no rádio podem ser ou não simultâneos à escuta, ou seja, podem ou não compartilhar do "mesmo" tempo, mas necessariamente a produção e a recepção das mensagens radiofônicas serão feitas em diferentes espaços. E enquanto a fala pública nos palanques é veiculada por um meio audiovisual, no rádio ela é transmitida por um canal exclusivamente sonoro. Desses dois fatores, derivam "perdas" e "ganhos": a *actio* reduz-se à *pronunciatio*, isto é, a expressividade corporal, gestual e facial do orador, no rádio, limita-se à sua voz, cujas propriedades são amplamente ressaltadas; os ouvintes estão distantes do falante e dispersos uns dos outros, mas podem chegar a um número impensável para um mesmo espaço; esse notável aumento do público ouvinte também tende a conduzir a uma considerável ampliação de sua heterogeneidade, de modo que a projeção da imagem do outro a quem se fala torna-se mais complexa; o conforto de receber o discurso em domicílio contrapõe-se às grandes dificuldades de reversibilidade dialógica, ou seja, a possibilidade de troca de papéis entre o locutor e

---

4. Evidentemente, a diversidade dos discursos e de seus efeitos não se encerra nessa generalização. Somente a título de exemplo, poderíamos nos referir ao trabalho de Osakabe, que, analisando alguns discursos de Vargas, do período de 1930 a 1937, constatou três diferentes tipos de estratégias argumentativas: "No caso dos discursos observados, o ato de argumentar parece estar fundado em três atos distintos que guardam entre si uma relação aproximada à relação do tipo implicativo: um ato de **promover** o ouvinte para um lugar de decisão na estrutura política; um ato de **envolvê-lo** de forma tal a anular a possibilidade da crítica; e um ato de **engajar** o ouvinte numa mesma posição ou mesma tarefa política" ([1979] 1999, p. 110).

o interlocutor é mínima. A chama, essa recorrente metáfora empregada para caracterizar a dinâmica e enérgica retórica das interlocuções face a face passa a ser concebida como uma espécie de água morna, quando se começa a observar a quase total irreversibilidade da fala pública transmitida pelo rádio e a sensível mitigação da grandiloquência.

Ante as crescentes ondas da "interatividade", a irreversibilidade tornou-se um problema cada vez maior. Soluções recentes foram propostas e experimentadas e parecem amenizar, mas não eliminar os inconvenientes. De maneira similar à participação pública na imprensa por meio das "cartas do leitor", é possível telefonar para a emissora de rádio, com vistas a tentar interferir na programação e mesmo dialogar ao vivo com o locutor ou com os convidados dos programas. Em um caso, como no outro, reconhecemos, porém, o controle e a prévia seleção que regulam as intervenções que terão efetivamente espaço para manifestação. A quase impossibilidade de diálogo efetivo na fala pública radiofônica contrasta com a progressiva emergência de um estilo conversacional e dialógico que já se delineava antes do rádio, mas que com ele sofre uma considerável aceleração. Assim, observamos que o advento de uma tecnologia não instaura por si mesmo e imediatamente uma transformação de práticas e representações; é inegável, porém, que os instrumentos e técnicas prolongam e intensificam processos históricos já em curso. A grandiloquência do verbo, do corpo e da voz já havia começado a declinar paulatinamente, desde o século XIX, em função das transformações nas mentalidades, dos avanços democráticos e do recrudescimento do controle das sensibilidades individuais em público. Na imagem de Jamieson (1988), tratava-se da passagem da *flame oratory* ao *fireside chat*. As falas de Franklin Delano Roosevelt no rádio são concebidas pela autora como um signo desse deslocamento do *orator* ao *speaker*:

> A conversa doméstica de Roosevelt sugeria um novo modelo de comunicação: uma pessoa em um espaço particular de sua sala de estar comunicando-se com milhões de outros indivíduos em seus próprios espaços. Esse discurso ainda poderia ser denominado de pronunciamento público? Alguns argumentam que a comunicação de massa aos núcleos familiares ou aos telespectadores solitários já não era uma comunicação pública no sentido tradicional da expressão. Além disso, a conversa privada com as famílias por meio de canais publicamente acessíveis já não parecia aproximar-se de pronunciamentos. O seu "público" transformou-se em privado e o seu "pronunciamento", em conversa. De modo análogo, em vez

de oradores, aqueles que se dirigem desde então ao público seriam mais bem designados ao serem chamados simplesmente de falantes (JAMIESON, 1988, p. 55).

Eis aqui uma significativa ruptura na história da fala pública em tempos pós-revolucionários e midiáticos: o "orador", termo durante muito tempo honrado e prestigiado, perde seu crédito e passa a carregar a pecha de verborrágico e demagogo. Os discursos deveriam se tornar mais breves e supostamente mais simples e mais claros. A própria noção de "fala pública" passa a ser questionada, quando se trata de um pronunciamento político que passa a se apresentar como se fosse uma conversa pessoal e, não raras vezes, até mesmo íntima, recebida não mais por um público num espaço público, mas pelas famílias ou indivíduos, isolados no conforto de suas casas. Em algumas interpretações desse fenômeno, vemos desesperos e entusiasmos: por um lado, ressurgem os recorrentes temas que rondam a degeneração generalizada, manifesta no declínio da retórica e da eloquência e no desaparecimento das tribunas e palanques; isto é, haveria aí uma degradação e, no limite, o próprio fim dos discursos e dos debates políticos; por fim, a alegada extinção das distinções entre o âmbito público e privado iria desencadear ou intensificar a deterioração da moral e dos bons costumes. Por outro lado, há os que aí veem o começo de uma nova era democrática, sem hierarquias e autoritarismos, na qual os longos monólogos peremptórios estariam sendo substituídos pelas breves formas dos diálogos amenos; enfim, as sociedades democráticas liberais seriam "o fim da história", conforme a célebre e polêmica fórmula de Fukuyama. Fechar os olhos para os eventuais e insuficientes desenvolvimentos democráticos, mas principalmente não reconhecer as novas formas de poder e sua construção simuladora de efeitos dialógicos, parece-nos ser duas faces de uma mesma moeda.

Em que pese o fato de que a produção e a recepção da fala pública no rádio ocorressem geralmente em espaços fechados e definidos, ou seja, os pronunciamentos políticos, por exemplo, eram realizados nos prédios das emissoras ou, eventualmente, em gabinetes devidamente equipados, e recebidos nas residências familiares, a circulação das mensagens radiofônicas era mais difusa do que se poderia pensar. Lembremo-nos de que, já nas décadas de 1930 e de 1940, a programação era ouvida não apenas nas casas de família, mas nas fábricas, no comércio e em alto-falantes instalados ao ar livre, em praças públicas, fosse na Alemanha, de Hitler, ou no Estado Novo, de Vargas.

• 303

E apesar da força e da constância dos usos políticos do rádio, eles não poderiam esgotar a amplitude de seu alcance, justamente num período da história que ficaria conhecido como "A Era do Rádio". Durante essa época, as poderosas vozes de locutores, cantores e personalidades políticas encantavam a audiência e tornavam-se verdadeiras celebridades. A potência vocal, aliás, era signo de uma distinção entre os gêneros: as tonitruantes vozes masculinas frequentavam o âmbito político e a instância cultural, já as doces e belas vozes femininas limitavam-se à segunda esfera. Além disso, no que respeita particularmente à propaganda política, vimos que muitos governos nacionais dispunham de um arsenal de comunicação composto por vários meios de difusão e por vários gêneros discursivos. Entre eles, o rádio e a imprensa tinham funções importantíssimas no interior do dispositivo responsável pelo empreendimento das ações sobre as ações dos outros.

Falar em público na televisão

Após o transcurso de mais de cinco décadas do advento da televisão no Brasil e com seu uso já consolidado entre os políticos nacionais, a experiência de observação nos mostra que hoje, na tevê, fala-se em público de maneira sensivelmente distinta da oratória antes e eventualmente ainda praticada no palanque e no rádio. Nesse mais recente dispositivo, a fala pode ser ou não mais ou menos simultânea do processamento de sua escuta, mas será forçosamente realizada em um espaço e recebida em outro lugar. De modo análogo ao palanque, seus canais de transmissão da fala pública são de natureza visual e sonora. A distância que separa os polos de produção e de interpretação da fala altera, contudo, a veiculação por esses meios: o falante só vê uma câmera e não seus interlocutores, enquanto os ouvintes não veem o corpo daquele que lhe fala, mas somente uma sua imagem; tampouco é a voz intacta do locutor que se escuta, mas uma substância fônica da expressão intermediada e alterada pelo *medium*. Além disso, o espaço e, amiúde, o tempo que separam os interlocutores tendem a fazer com que as trocas de papéis entre falante e ouvintes se transformem na irreversibilidade dos lugares de emissor e de receptores. É justamente nisso que consiste o *monopólio da fala*, tal como Muniz Sodré o concebe, ou seja, o monopólio é a impossibilidade da real e efetiva interlocução, tendo em vista que "*na relação instituída pelos modernos meios de informação, falar é um ato unilateral. Sua regra de ouro é silenciar ou manter a distância o interlocutor*" (SODRÉ, 1999, p. 25).

Ao traçar um paralelo entre as práticas de fala pública no palanque e na televisão, Courtine (2003, p. 29-30) afirma que o deslocamento do primeiro para a segunda produz a inversão de um paradoxo: passa-se de uma *distância próxima* para uma *proximidade distante*. Na tribuna, o orador tradicional está relativamente afastado do olhar da multidão que assiste ao seu desempenho, mas esse afastamento se dá num contexto enunciativo no qual locutor e auditório estão efetivamente presentes, compartilhando de um mesmo tempo-espaço, de modo que o olhar e a escuta instauram-se numa distância que os aproxima. Inversamente, na televisão, o político está diante da contiguidade dos olhares e escutas do telespectador, que está e não está lá, numa modalidade bastante peculiar de presença. Nesse caso, entre quem fala e quem ouve e vê se estabelece uma relação de proximidade que os afasta. A questão aqui não é decerto meramente espacial; trata-se, antes, da constituição de uma ambiência, de um tom e de um estilo de fala, que, em princípio e em conjunto, constroem um contexto de menor engajamento político. Os *close-ups* televisivos, em conjunção com um tom familiar, reduplicam os efeitos de uma conversa íntima e produzem um tipo de política da vida privada:

> Um *close-up* televisivo nos dá mais detalhes da aparência de nossos governantes do que temos da maioria de nossos amigos. Aqui temos a proximidade até então reservada às crianças, aos amantes e aos atores de comerciais de antisséptico bucal. As palavras que cotidianamente ouvimos de rostos tão próximos são íntimas e reveladoras. Por estimular uma relação de tamanha proximidade espacial entre o observador e o observado, a televisão é um meio que contribui para um discurso autobiográfico e autorrevelador (JAMIESON, 1988, p. 62-63).

Se os contatos face a face das interações promovidas pelo discurso político no palanque consistem em um encontro "real" do ator político com sua assistência, na televisão, esse encontro é produzido sob a forma de uma "ilusão". Entretanto, como dissemos, ao mesmo tempo em que o dispositivo midiático impede, pelas propriedades de seu funcionamento, a assimilação do corpo "real" da percepção, ele proporciona a produção de efeitos de real, sobretudo graças à sua capacidade de associar a imagem ao movimento e ao som. Assim, o corpo do político na tevê é uma imagem procedente de parâmetros técnicos visuais, das escolhas de composição imagética efetivadas pela instância de produção: escalas dos planos, ângulos, enquadramentos, movimentos de câmera etc. Na televisão, o ator político é também **uma silhueta**, cujos gestos e movimentos foram suavizados e controlados, na conjunção de um complexo processo histórico com a emergência de novas tecnologias. Além disso, considerando a predileção televisiva pelos *close-ups*, podemos dizer que o corpo do político é antes de tudo **um rosto**. Os exemplos da atenção dispensada à boa apresentação do rosto pelos homens públicos contemporâneos são muitos: no começo dos anos de 1980, o então candidato à presidência da França, François Mitterrand, limava seus caninos superiores; enquanto, em 2002, o então candidato Lula não somente limou os dentes, mas ainda cortou os cabelos e aparou consideravelmente a barba. Sem dúvida, um rosto e uma silhueta, mas não só... Dado que a televisão é um *medium* **audio**visual, o político é também **uma voz**[5].

Ora, cabe às modulações vocais um papel privilegiado na função de dar realidade carnal e acústica ao conjunto de luzes, sombras e cores que se projeta na tela: o *grão da voz* é um pedaço de corpo e um resto de real. Além disso, o discurso político na tevê é amiúde uma escrita oralizada a partir do uso de *teleprompters*. Em sua utilização produz-se uma leitura de texto que visa a dissimular sua própria existência. À passagem dos gestos largos do orador político na tribuna aos meneios expressivos, mas rigorosamente controlados, na televisão, corresponde uma série de transformações da voz (de que voltaremos a tratar adiante no item "Constâncias e metamorfoses da voz na fala pública de nossos tempos"). Ela era **pulmonar**, quando se materializava exclusivamente por meio das cordas vocais. Mas, desde o final do século XIX, quando assistimos ao desenvolvimento de um conjunto de tecnologias da voz, ela conheceu algumas profundas alterações: passou a ser **amplificada**, com a invenção do microfone, e, posteriormente, **capturada**, **gravada** e **transmitida**, pelo rádio e pela tevê. Uma das consequências desses avanços técnicos, em consonância com várias transformações históricas, é que a gravação da imagem e do som abriu a possibilidade de um olhar e de uma escuta de si, e instaurou, por conseguinte, um tipo particular de controle e autocorreção.

O discurso político na tevê simula uma enunciação autêntica e um enunciado sincero: sua enunciação se passa por uma autêntica e espontânea interlocução e seus enunciados, por um conjunto de francas declarações. Se, por um lado, a televisão *expropria a palavra do público*, por outro,

---

5. Cf. Coulomb-Gully, 2001; Piovezani, 2005 e 2009.

tenta contrabalancear esse déficit, produzindo efeitos de real, ao apresentar um mundo que se presentifica na tela do aparelho: o dispositivo pretende dissimular o processo de produção, simulando verossimilhança e veridicção em seu produto. Trata-se da criação de efeitos de proximidade e de simultaneidade em relação à experiência da percepção realizada pelo telespectador, de efeitos construídos com base numa retórica do "ao vivo", que concorrem para a realidade e para a franqueza produzidas pela fala política televisiva. Ademais, em consonância com fatores históricos e sociais, a televisão é parcialmente responsável por certa homogeneização dos discursos políticos contemporâneos. A despeito de diferenças entre os programas de governo, as formas e os conteúdos dos discursos de diversos partidos políticos têm se assemelhado cada vez mais, sem dúvida, em função dos valores hegemônicos, que praticamente impedem as críticas de fundo e os efetivos dissensos, mas também em razão de sua adaptação ao modo de difusão televisivo. A demasiada submissão das falas políticas ao padrão da tevê e a monotonia que é seu corolário contribuem para eventuais desenvolvimentos junto ao público de uma vontade de ver e ouvir alguém lhe falar de outro modo, de uma nostalgia pela eloquência política clássica própria dos grandes oradores antigos ou do desejo por alguma diferença que destoe dos padrões estabelecidos, mas provavelmente dentro de certos limites.

A sofisticação do *marketing* político no Brasil, sobretudo a partir do final dos anos de 1980, promoveu ainda uma considerável intensificação da tendência à psicologização da esfera pública e do discurso político. Cada vez mais seriam buscados os traços da personalidade individual e coletiva dos eleitores, com vistas a tentar isolar um comportamento político do eleitorado; cada vez mais serão construídas imagens psicológicas dos homens públicos, em geral, e dos candidatos políticos, em particular, alheias às plataformas políticas bem definidas, instaurando uma crescente despolitização dos agentes políticos na progressão das políticas da personalidade. Outro paradoxo inscrito na prática do discurso político na tevê liga-se estreitamente a esse último: a tevê proporciona uma grande aproximação do olhar do público sobre o candidato ou governante, mas constrói, ao mesmo tempo, o distanciamento de que falamos entre os polos da produção e da recepção do discurso. A nitidez do rosto e a clareza da voz do ator político na televisão, que deveriam em tese revelar sua personalidade e suas mais profundas intenções, são frequentemente concebidas como uma encenação mentirosa. Não raras vezes, na proximidade midiática entre o político e seu interlocutor em que se produz a política da personalidade emerge uma política sem contato e sem efeito.

Diante de uma transformação das mentalidades e de um aumento das sensibilidades contemporâneas, a fala pública na televisão não poderia mais se processar aos modos de outrora. Considerando que o curso da história havia imposto um conjunto de mutações discursivas que tocavam, não apenas, mas, de modo particular, as maneiras de se falar em público, como poderia o político dirigir-se no interior desse dispositivo ao seu auditório por meio de longos, monológicos e hierárquicos discursos, proferidos em tom manifestamente enérgico e peremptório? Nem todos os oradores conseguiram adequar-se à passagem de um padrão de fala pública a outro. Já vimos essa lei em outro lugar: a sobrevivência depende da boa adaptação aos meios... Alguns não conseguiram, alguns outros recusaram-se a usar a nova mídia e eventualmente denegriram-na, ao passo que outros ainda adaptaram-se perfeitamente a ela. O dispositivo televisivo requer que o orador fale ao seu auditório, construindo o efeito de que está dirigindo sua intervenção a cada um dos indivíduos que compõem a imensa massa invisível e anônima.

A regra e, ao mesmo tempo, o desafio consiste em instaurar uma relação pessoal com uma massa praticamente desconhecida. Nesse contexto, a conversação apresenta-se como um gênero discursivo bastante propício para o estabelecimento dessa estranha identificação entre o político que fala e a multidão de indivíduos isolados que a recebe separadamente: "Ele pode falar por nós, porque fala como nós mesmos falamos". Além da possibilidade de promover essa identificação, outro benefício desse estilo incide sobre a relação entre a autoria e a *mise en scène* dos pronunciamentos políticos. Quem é o "verdadeiro" autor das palavras pronunciadas diante do público? O *marketing* e a assessoria política são suficientemente conhecidos para que boa parte das pessoas saiba que frequentemente são os *ghostwriters* os responsáveis pela formulação de um pronunciamento político. Por isso, é preciso tentar apagar a presumível divisão entre aqueles que escrevem os discursos e aqueles que os pronunciam, espalhando índices prosódicos e linguísticos, no intuito de simular uma espontaneidade sincera e um improviso franco, efeitos sobremaneira almejados por um discurso frequentemente taxado de mentiroso.

Do viril ao feminino: transformações da fala pública na contemporaneidade

No cotejamento entre esses dispositivos de fala pública, tudo se passa como se ao calor da sinceridade da ágora helenística, mas também dos púlpitos medievais e das tribunas modernas, fosse contraposta a frieza falsa das interlocuções radiofônicas e, principalmente, dos contatos televisivos. Nesse deslocamento do antigo para o contemporâneo, três alegorias dessa travessia poderiam ser entrecruzadas numa caracterização da fala pública de nossos tempos: a do fogo para a eletricidade, a da guerra para o esporte e, finalmente, a do macho para o gênero feminino.

Poderíamos, então, pensar inicialmente a prática de falar em público, sob o signo da passagem *from fire of eloquent platform to the electrified fireside chat* (JAMIESON, 1988, p. 51). Essa imagem sugere que o contato entre o falante e o ouvinte pode ser concebido como uma "condução elétrica", mas testemunha paradoxalmente, conforme já dissemos, o surgimento de uma política sem contato, a partir da irrupção das tecnologias elétricas e eletrônicas da comunicação na vida pública. Um dos efeitos da fala implicado nessa metáfora consiste na passagem de um espetáculo pirotécnico, no qual as palavras e gestos do orador são chamas que aquecem e até queimam seus ouvintes, para um fluido elétrico gelado e descarregado sobre o público. Trata-se então de uma produção menos espetacular de energia ardente em sua fonte e de uma manutenção mais discreta da corrente elétrica, cuja função é a de religar a grande distância que separa os dois polos da interlocução. A ênfase desloca-se da origem para a circulação da energia produzida, indicando um relativo aumento da sensibilidade em relação aos efeitos promovidos sobre a audiência. Desse modo, a fala pública inscreve-se num esquema da comunicação e começa a deixar o domínio retórico, no qual se privilegia o orador. No final do século XIX e no começo do XX, o aparecimento de uma problemática da comunicação, em sentido amplo, parece ser, ao mesmo tempo, o reflexo das mudanças tecnológicas na transmissão da voz e um dos signos da intensificação do longo processo de desencantamento do corpo do governante e da fala política nas relativas democracias ocidentais[6].

---

6. "Desencantamento do político: o poder é um lugar vazio, que homens comuns ocupam fisicamente. Pouco a pouco são elaboradas as formas de um carisma secular, reflexo da equalização progressiva das condições numa sociedade de massa. No momento em que a mensagem política

O abrandamento dos tons enfáticos e a rarefação dos longos e monológicos pronunciamentos, em benefício da conversação, fazem com que seja o esporte, e não a guerra ou o conflito ideológico, a alegoria mais adequada para caracterizar a fala política televisiva. Ainda que os golpes baixos sejam frequentes nas "campanhas negativas", as disputas eleitorais e os dissensos entre governo e oposição tendem a ser menos sangrentos hoje do que teriam sido outrora. A analogia mais conveniente entre a competição política e a esportiva não parece ser a luta, mas a corrida, a "corrida eleitoral". Em ambas, encontraremos, por exemplo, o vencedor e o vencido, as equipes, os líderes e os árbitros, que se apresentam num jogo quase desprovido de espírito agonístico, mas repleto da livre-concorrência do mercado. A lógica esportiva capitalista não se restringe a regular o funcionamento do âmbito político, mas atravessa e modela vários domínios da vida. Certo apagamento da luta de classes e dos embates ideológicos e ainda o recuo das paixões bélicas e da veemência verbal promoveram uma "democracia esportiva", na qual a assistência se parece mais com simpatizantes de uma determinada tendência ou com torcedores eventuais de um time interessante do que com militantes mobilizados por uma causa.

A despolitização da política, quando ela se assemelha a uma competição esportiva, guarda, ao menos, uma vantagem, que consiste na possibilidade de pensá-la mais facilmente sob os termos do espetáculo. Ora, o espetáculo é permanente tanto no esporte quanto na política. Ambos apresentam aspectos espetaculares, desde tempos remotíssimos, mas o espetáculo nesses dois domínios adquire novas formas e dimensões, a partir do surgimento dos *media* de comunicação de massa. Não há, portanto, nada de novo no fato de a política ser um espetáculo, mas há decerto novidade no fato de os homens políticos não serem mais os mestres soberanos e encantados dessa espetacularização. De certo modo, a política incorporou e foi incorporada por um espaço espetacular com lógica, formas e conteúdos próprios, aos quais o discurso político teve de se adaptar, para seduzir ou, ao menos, para sobreviver.

---

não é mais percebida como a expressão de uma vontade divina nem carregada de sentido por uma ordem política e social transcendente, é na dimensão individual e psicológica das aparências e dos sentimentos que se forjou uma nova legitimidade. É esse fenômeno que Richard Sennett havia chamado de *as tiranias da intimidade*: a vida pública é completamente absorvida pelo espetáculo do eu, crenças e convicções repousam cada vez mais na percepção da sinceridade do homem político encenada em sua fisionomia" (COURTINE, 2011, p. 126).

A eletricidade e o esporte, mas também a diferença entre os gêneros é útil para a reflexão sobre as metamorfoses pelas quais passou a prática de falar em público e sobre algumas de suas atuais características. Desde longa data, a sedução e a perdição mantêm laços estreitos com o universo feminino. Helena, as Sereias, Vênus e Eva fascinaram os homens e representaram a ruína masculina. Com vistas a se acomodar ao meio televisivo e a tentar convencer suave e delicadamente sua audiência, o discurso político feminizou-se. Na Antiguidade Clássica, conforme já observamos, a medicina hipocrática pressupunha que os corpos podiam ser quentes ou frios, respectivamente, segundo a pertença ao gênero masculino ou feminino. Daí derivava a participação masculina na *polis*, no calor da vida pública, e a permanência feminina no *oikos*, na tepidez da vida privada. O corpo e a fala masculina na ágora grega são quentes e essa temperatura se manifesta nas "acaloradas" intervenções dos oradores, nas assembleias helênicas. Contudo, a passagem ao *electrified fireside chat* e ao esporte pleno de *fair play* nas práticas de fala pública implica também uma maneira mais íntima, branda e "feminina" de falar em público, de modo que os debates e os pronunciamentos enfáticos, que exploravam a força dos gestos e a potência da voz, tendem a se transformar em conversas privadas, de tom ameno, tão ao gosto feminino, segundo não poucos estereótipos. Certo arquétipo sempre atrelou a suavidade e a delicadeza das formas femininas à tentação, ao prazer e à queda dos homens.

A televisão possibilita a superação de imensas distâncias existentes entre os interlocutores, ajuda a baixar as altas temperaturas dos embates políticos e consolida um estilo dialógico de falar em público, mas sobre seu funcionamento recaem graves suspeitas e duras acusações, entre as quais se destaca a pecha de mentiroso atribuída aos discursos políticos (LE BART, 1998). O mesmo mecanismo sobre o qual recaem desconfianças constrói efeitos de verdade e condiciona práticas e discursos de modo praticamente indistinto: o controle exercido pelo dispositivo televisivo está inserido numa ordem da liquidez, que instaura simultaneamente a rapidez dos fluxos do capital, a velocidade da produção de bens e serviços de consumo e o dinamismo da circulação de informações, que quase instantaneamente tornam-se obsoletas. No campo político, a pressa faz com que as cerimônias de inauguração de obras sejam já realizadas no momento de instalação da pedra fundamental. A fala pública agenciada por essa ordem incorporou em seu funcionamento os modos de ação e as astúcias da liquidez. No discurso político transmitido pela tevê, observamos uma consonância entre a supressão de elementos característicos de sua memória ideológica durável, a heterogeneidade e a brevidade de suas configurações semióticas, a rapidez dos modos e meios de sua circulação e das formas de recepção que ele projeta. Por essa razão, as falas públicas contemporâneas prescindem frequentemente da memória e são ditas breve e simplesmente para serem também rapidamente esquecidas.

Constâncias e metamorfoses da voz na fala pública de nossos tempos

Haec dicens clamabat e *Non clamabit neque vociferabitur*. Em Lucas (VIII, 8), a parábola do semeador encerra-se com Jesus clamando: *Qui habet aures audiendi, audiat*; já em Isaías (42,2) diz-se que o servo do Senhor não *audietur vox eius foris*. O impasse entre a voz forte e a moderada, que se pode depreender da Sagrada Escritura, recobre mais ou menos diretamente um outro: convence-se mais com a força do *pathos* ou com discernimento do *logos*? Em seu célebre exame do tema, que já foram também, como vimos, examinado por Aristóteles em sua *Retórica*, o Padre Antônio Vieira constata, por um lado, que "há muita gente neste mundo com quem podem mais os brados que a razão" e, por outro, que "o falar mais ao ouvido que aos ouvidos, não só concilia maior atenção, mas naturalmente e sem força se insinua, entra, penetra e se mete na alma" (2011, p. 158-159). Se um ou outro uso da voz não é o único responsável pela alegada infecundidade da Palavra de Deus, retores e oradores antigos e modernos ressaltaram e continuam a reiterar, porém, sua centralidade e relevância na fala pública persuasiva e ainda suas estreitas relações com o exercício do poder (POIZAT, 2001).

A despeito dos distintos dispositivos em que se produzem as práticas de falar em público e das profundas transformações pelas quais passaram estas últimas, a voz permanece como um instrumento essencial nas diferentes relações entre os oradores e seus ouvintes. Justamente porque os usos da voz são decisivos no exercício da vida pública é que observamos as constantes preocupações que lhes são dispensadas na construção da fala e na produção da escuta. Ora, é impossível pronunciar uma única palavra sem entoação, cadência e timbre. A prosódia das falas públicas constitui-se sempre em meio a imposições e alternativas sociais e históricas: dever dizer e poder dizer em alto ou baixo volume, com uma qualidade grave ou aguda da voz e numa cadência lenta ou acelerada torna-se um fenômeno fundamental do exercício de falar em público e seu estudo pode nos oferecer preciosas indicações sobre as propriedades e transformações da vida pública de uma sociedade.

No século VI a.C. assistimos na Grécia ao deslocamento da importância atribuída à fonte divina das falas do aedo, do profeta e do soberano, de onde provinha sua força, sua qualidade indivisível e sua condição de verdade, para a preocupação dispensada ao desempenho oratório dessas falas públicas, sobre o qual as análises da *mousikē* distinguiram vogais e consoantes, identificaram a extensão das sílabas e nestas últimas e em suas combinações na palavra e nas combinações entre as palavras nas frases as modulações da melodia e as dinâmicas do ritmo da voz e sua incidência sobre as paixões e as memórias despertadas e conversadas em seus ouvintes (DESBORDES, 1989). As modificações de uma mentalidade predominantemente teocêntrica, que privilegia o todo em detrimento das partes, para uma tendencialmente antropocêntrica, que em nome das partes não prioriza o todo, e, em consonância com elas, a passagem de regimes de governo monárquicos e/ou oligárquicos para formas mais democráticas de organização e administração pública teriam produzido, ainda segundo Desbordes (1989) essa metamorfose na concepção da fala pública e conduzido à valorização dos usos da voz, quando de seu desempenho.

Vinte e cinco séculos mais tarde, por razões históricas, sociais e tecnológicas, vimos uma série de transformações da voz: nas primeiras décadas do século XX de nossa era, fossem nas tribunas, nos altares, nos saraus, nos teatros ou no rádio, a força da voz residia ainda na altura de seu volume, no peso de sua gravidade, no espaçamento de sua cadência e na alteração de sua melodia. Esse modelo de grandes, graves, aristocráticas e protocolares vozes começa a dividir seu espaço com aquele de um emprego mais casual, popular e espontâneo da voz nos próximos decênios do século passado. Em sua segunda metade, particularmente, depois do surgimento e da consolidação da tevê, a potência, a pompa e o protocolo vocais foram substituídos por relativas liberdades de expressão e por condicionais espontaneidades da voz. Desde então, a fala pública e sua voz parecem estar condenadas a mostrarem-se livres, leves, breves e espontâneas, pois a gravidade, a morosidade e a coerção tornaram-se quase insuportáveis à sensibilidade de nossa escuta.

Não se trata da invenção de algo absolutamente inédito, pois que em outros tempos, lugares e pensamentos já se afirmou a força da delicadeza: *lingua mollis confringet ossa* (Pr 25,15) e "As palavras mais quietas são as que trazem a tempestade. Pensamentos que vêm com pés de pomba dirigem o mundo" (NIETZSCHE, 2011, p. 138). Porém, em nossas sociedades de massa e de consumo e em nosso mundo do espetáculo, o fácil, o efêmero e o casual impuseram-se como atributos supremos da configuração aparente da fala pública, cuja produção exige um enorme e pesado arsenal de artifícios e tecnologias. O segredo, a vontade e o poder do ardil e da mediação é sua discrição, quiçá seu apagamento. Como vimos, entre os anos de 1930 e de 1940, nos Estados Unidos, Roosevelt optava por pronunciamentos pelo rádio que se apresentavam sob a forma de conversas, nas quais predominava a ausência de efeitos oratórios: "Roosevelt fazia com que todos os discursos que ele proferia parecessem algo de tão pessoal que ele se exprimia como se estivesse numa conversa. Jamais tínhamos a impressão de que ele lia diante de um público; e tampouco jamais tínhamos a impressão de que ele recitava"[7]. O caráter coloquial de suas intervenções e as ondas do rádio produziam certo esquecimento de sua deficiência motora e uma voz sem as limitações físicas de um corpo, que então podia manifestar-se na escuta como onipresente e familiar. Aqui, uma vez mais, é mister a precaução com o anacronismo, desta feita na oitiva: ao ouvirmos os pronunciamentos dos políticos de apenas algumas poucas décadas atrás, tais como os do próprio Roosevelt, mas também talvez em alguma medida os do General de Gaule ou de Getúlio Vargas, é bastante provável que os concebamos como solenes, circunspectos e artificiais. Contudo, tratava-se para o público de sua época de falas que soavam próximas das conversas cotidianas e espontâneas, porque produzidas com entonações calmas e comedidas e com registro linguístico próximo do informal.

Podemos ainda observar as dinâmicas e ambivalências da voz no processo histórico, quando cotejamos o estilo de fala pública de Roosevelt com o de Hitler, tendo em vista que, a despeito de suas consideráveis diferenças, ambos conviveram no mesmo período e desfrutaram igualmente de grande prestígio e sucesso. Se, por um lado, os pronunciamentos do *führer* eram longos, repetitivos e verbosos em sua forma e quase nada originais em seu conteúdo, por outro, sua voz de timbre duro e metálico, em consonância com

---

7. Cf. Jackson, 2003, p. 159.

os gestos mecânicos e repentinos de seu corpo, construíam os efeitos de força, fúria e ameaça. Há provavelmente mais chance de a potência do corpo e da voz mostrar-se como tal, à medida que se contrasta com o silêncio e a suavidade e que, a partir deles, se dá num crescendo. Hitler parecia possuir bom domínio de técnicas oratórias, que lhe permitiam promover e controlar os excessos cênicos de sua coreografia:

> Ele não era estrondoso o tempo todo nem vociferava sem cessar (o que seria fisicamente impossível para um homem que fosse falar durante mais de duas horas); ao contrário, dirigia-se inicialmente ao seu auditório com um tom calmo e até mesmo hesitante. [...] Hitler retarda sua entrada em cena. Uma vez sobre o estrado da tribuna, ele observava uma pausa, que aos poucos ia se tornando quase insuportável. Ele então começava a falar doce e lentamente. Essa introdução em *halftone* aspirava a fazer crescer progressivamente a tensão. Ele falava de modo cada vez mais forte e adotava um tom cada vez mais agressivo (KARPF, 2008, p. 372).

Com vistas a denegrir seus alvos, a injuriar seus adversários, a conquistar potenciais adeptos e a manter os já prosélitos, a retórica agressiva de Hitler contornava a demonstração argumentativa, em nome da ameaça que elide a polêmica e a refutação. Suas elocuções eram de tal maneira agressivas que praticamente impunham uma única direção aos ouvintes de seus auditórios e quase não lhes deixavam margem para resistir a esses ataques. Se, por ventura, os integrantes de seu público não pretendessem se tornar o iminente objeto de toda aquela violência, deveriam identificar-se com o sujeito das agressões. No desempenho dessa retórica, a voz de Hitler era considerada tão importante que um dos planos mais mirabolantes do serviço secreto norte-americano durante a Segunda Guerra Mundial consistia em implantar hormônios sexuais femininos nas refeições do chanceler alemão, que tornariam sua qualidade vocal cada vez mais aguda e sua compleição cada vez mais afeminada[8].

Ainda que tal plano não tenha sido realizado, o padrão *Aliado* venceu o modelo do *Eixo* tanto na guerra das armas quanto na dos estilos de vida e de fala. Hitler não conheceu sucessor, ao passo que Roosevelt teve seus passos seguidos e intensificados por John Kennedy, Ronald Reagan, Bill Clinton e

---

8. Conforme a descrição de PERSICO, J. *Roosevelt's Secret War*: FDR and World War 2 Espionage, apud Karpf, 2008, p. 376.

• **315**

Barack Obama. A voz de Clinton, bem como a de Tony Blair são frequentemente carregadas de emoção, produzindo efeitos de empatia e autenticidade; esta é a razão pela qual Karpf (2008, p. 386) afirma que essas duas vozes introduzem o movimento de feminização nos usos públicos da voz masculina, em que pese os séculos de tradição contrária, que tendeu, antes, a excluir a voz das mulheres do campo da política. O ex-primeiro-ministro britânico teria conjugado hesitações deliberadas ao relaxamento articulatório para a produção desses efeitos, mas eventualmente também enrijecia o aparelho fonador em outros segmentos para não tornar sua pronúncia demasiadamente feminina.

Com efeito, nas relações humanas, as duras e eventuais conquistas progressistas são frequente e infelizmente precedidas e sucedidas de simulações e dissimulações conservadoras: ante a dominação masculina, um aparente recrudescimento de práticas e valores femininos; ante a desterritorialização global, uma suposta abertura aos sons e às cores da minha aldeia; ante a hegemonia das hiperelites, um pretenso gosto pelo popular. Por essa razão, não deveria nos surpreender o fato de que os abastados Georges W. Bush, nos Estados Unidos, e Nicolas Sarkozy, na França, tenham adotado em suas campanhas eleitorais vitoriosas e em seus mandatos o estilo coloquial e popular em suas falas públicas. Tão ingênuo e nocivo quanto apenas celebrar entusiasticamente o relativo despertar do feminino, do local e do popular, como se nele somente houvesse vias para a igualdade e a emancipação, seria exclusivamente condená-los de modo sumário, como se fossem só embustes e ocultamentos. As marcas populares em falas de Bush, de Lula e de Hugo Chavez não são idênticas e nem tampouco convergem necessariamente para uma mesma orientação ideológica. Em todo caso e a despeito de suas diferenças, a cordialidade, a simpatia e mesmo a intimidade não consistem mais num triunfo do homem público, antes, tornaram-se uma exigência, a ser particularmente demonstrada nos usos de sua voz em público. Em geral, a fala política popularizou-se e os oradores de nossos dias devem falar de maneira próxima, amena e familiar. A voz da autoridade foi substituída por uma semelhante àquela de nosso vizinho ou amigo; porém, com a trivial especificidade: essa voz amigável é a que continua a comandar boa parte de nossos destinos.

Outra série de transformações sofridas pelas práticas de fala pública foi promovida, conforme expusemos acima, pelo advento e consolidação de tecnologias que permitiram à voz humana ser amplificada, capturada, gravada e transmitida, o que ao mesmo tempo suscitou o encanto e a desconfiança dos homens. A partir do último terço do século XIX e ao longo do século XX, do fonógrafo e do microfone, passando pelo telefone e pelo rádio, até a televisão, o *voxbox* e o *autotune*, a voz humana não é mais somente constituída pelos sons emitidos por seu aparelho fonador. Após milênios de uma relação inextrincável, o elo entre o corpo e a voz distendeu-se e por vezes foi desfeito, em função do que se tornou possível com os instrumentos de amplificação, fixação e manipulação vocal. De certo modo, livre do peso do corpo, a voz desencarnada pôde por fios e ondas aumentar enormemente seu alcance e fazer prosperar bastante a potência da escuta; porém, não pôde impedir que igualmente fossem suscitadas as acusações de estar agora menos investida de alma ou de paternidade. Parece que ouvimos a cada advento de tecnologias da voz os ecos das palavras de Sócrates, no *Fedro*, de Platão: "Se vozes discordantes confrontam-no, se ele é injustamente injuriado, o discurso precisa sempre apoiar-se em seu pai. Em verdade, sozinho torna-se incapaz de refutar um ataque e de defender-se por si mesmo" (2002, § 275e, p. 275).

Tratando do surgimento do telefone, um jornal norte-americano dizia o seguinte: "É difícil imaginar que as potências do mal não estejam ligadas a essa máquina". Em contrapartida, há depoimentos bem mais favoráveis à nova invenção: "O telefone é mais pessoal do que uma carta. O que eu quero saber é o que minhas amigas sentem e não somente o que elas pensam; e isso eu posso ouvir pelo telefone"[9]. Enquanto o telefone rompia as barreiras do espaço, o fonógrafo transpunha as fronteiras do tempo. Edward Johnson, o assessor de imprensa do inventor dessa nova máquina vocal, Thomas Edison, buscava então minimizar as desconfianças e fomentar os entusiasmos sobre o aparelho: "Qualquer um que fale no receptor do fonógrafo e cujas palavras tenham sido gravadas pode estar seguro de que suas falas serão reproduzidas nitidamente e nas mesmas entoações durante muito tempo depois que ele mesmo, após sua morte, retorne ao estado de pó. [...] Sua fala terá se tornado, por assim dizer, imortal"[10]. A euforia de Johnson não era compartilhada por

---

9. Karpf, 2008, p. 394-395.

10. JOHNSON. E. "A wonderful invention – speech capable of indefinite repetition from automatic records". *Scientific American Maganize*, 17/11/1877 [Disponível em http://www.scientificamerican. com/magazine/sa/ – Acesso em 08/11/2014.

todos os seus contemporâneos, muitos dos quais criam, antes, na degeneração da voz e da memória dos indivíduos e da nação.

Não se poderia também passar incólume por uma tecnologia da voz que parecia torná-la ainda mais imaterial, porque sua transmissão agora dispensava cabos elétricos e cilindros magnéticos e circulava livre e invisivelmente pela evanescência do ar sem que pudesse ser vista nem tocada. Esperanças e inquietações foram, portanto, novamente despertadas com o surgimento do rádio: por um lado, a onipresença do homem, uma vez que sua fala e sua escuta agora podiam ter um imenso alcance, e, por outro, seu descontrole pelas forças ocultas e/ou pelas fraquezas mentais, que faziam com que vozes sem corpo e não se sabia de que almas fossem então ouvidas. De fato, o surgimento num mesmo contexto do telefone, do fonógrafo e do rádio, mas também do microfone, do gramofone e de outras tecnologias da voz humana produziram uma revolução nos regimes de escuta, pois incidiam sobre dimensões perceptivas, cognitivas, psicológicas e sociais. Ao final da década de 1940, o jornalista Ray Lapica afirmava que, "depois de duas décadas do rádio e do cinema falado, o homem ocidental havia se tornado mais auditivo do que visual"[11]. Tendo contribuído decisivamente para atrair a atenção para a escuta, o rádio fez ouvir novas maneiras de falar, que, por sua vez, podem ser concebidas como um dos fatores presentes no começo do fim da arte oratória clássica.

Foi inicialmente pelas ondas do rádio que a voz começou a substituir a pompa pela naturalidade. A conjunção entre o recrudescimento das ideologias igualitárias e das "tiranias da intimidade" (SENNETT, 1988) foi potencializada pela radiodifusão e fomentou os discursos que defendiam a fala de igual para igual, sem afetações e hierarquias. Se "nos anos de 1930, a rádio britânica estava quase totalmente fechada para as classes trabalhadoras, cujos membros deviam contentar-se com sua condição de ouvintes" (KARPF, 2008, p. 403), o que provavelmente também aconteceu em outras partes desenvolvidas do mundo, no Brasil seria preciso ainda esperar muitas décadas para que as vozes pobres, operárias e femininas pudessem conquistar algum direito de fala, além do âmbito do entretenimento. Por mais restrito que seja ainda hoje o seu espaço na esfera pública brasileira, nas eventuais circunstân-

---

11. Apud Newman, 2004, p. 119.

cias em que elas se fazem ouvir, seu léxico e sua gramática, suas figuras e prosódia são constantemente estigmatizados, na tentativa amiúde bem-sucedida de fazer calar a boca dos desvalidos e a de seus porta-vozes.

Uma nova fase nas relações entre o homem e as máquinas de fala, entre a fala e as tecnologias da voz iria processar-se com o surgimento das mídias audiovisuais. Enquanto o rádio e o cinema mudo compensavam a ausência do corpo e da voz, permitindo ao público ouvinte criar as imagens dos corpos a partir das vozes ouvidas e possibilitando ao público vidente imaginar as vozes a partir dos corpos vistos, o cinema falado e, mais tarde, a televisão produziram outro regime de assistência e escuta, no qual mais facilmente poderia ocorrer uma saturação das fantasias que antes podiam ser construídas sobre o que se poderia ver e ouvir. Nessas novas tecnologias, a imaginação não mais podia forjar do mesmo modo a harmonia perfeita entre o corpo e a voz das pessoas e personalidades que aparecem e falam nas telas grandes e pequenas. Passados os anos de sua condição de novidade em conjunto com o movimento em direção às falas cada vez mais espontâneas e às vozes cada vez mais cotidianas, a dimensão sonora tornou-se mais discreta e, nesse sentido, a voz, quase inaudível. Talvez aqui se trate novamente da força da delicadeza: a voz que ostenta autoridade em nossos tempos parece ser menos eficiente para controlar e induzir do que aquela que apaga sua própria condição material e intermediária entre os sujeitos da fala e da escuta.

Assim, sua discrição e certo apagamento não correspondem efetivamente ao fim da voz. Em princípio, a televisão poderia dar a impressão de que uma imagem vale mais do que mil palavras e de que as propriedades e inflexões vocais destas últimas não teriam grande importância. Ademais, diante do rádio, que dispunha somente da oralidade dos locutores para transmitir seus ditos e suas maneiras de dizer, a televisão poderia oferecer aos telespectadores o corpo e o rosto, o verbo e a voz dos falantes. A tevê sem dúvida produziu consideráveis modificações no campo da fala pública, mas não o fez imediatamente por algumas razões e quando o fez não foi sem prolongar tendências que já a precediam. Houve ainda aqueles que no começo da segunda metade do século XX acreditaram poder resistir a fazer dela um seu instrumento de fala e aqueles que resistiram a então fazer dela um seu objeto de atenção.

Um texto daquele período pode iluminar alguns aspectos para os quais talvez não estejamos mais atentos. Trata-se de uma reportagem veiculada numa revista brasileira de grande circulação, em sua edição de 30 de outubro de 1968, cujo primeiro parágrafo inicia-se assim: "Foi o maior 'clique' da história da televisão brasileira: 650 mil pessoas, de repente, desligaram seus aparelhos de TV. A maioria assistia ao *show* de abertura do IV Festival de Música Popular Brasileira pela TV Record, quando entrou no ar a 'propaganda eleitoral gratuita' dos candidatos às próximas eleições municipais". No excerto, podemos identificar o baixo número de televisores nas residências brasileiras, o desinteresse pela política dos poucos que os possuíam e a grande diferença entre a programação de entretenimento ali transmitida e a propaganda eleitoral televisiva da época. Em menos de três décadas mais tarde, apenas perdurou a relativa indiferença pela política, pois a quantidade de aparelhos de tevê passou a ser imensa e o *marketing* político esmerou-se em tornar a propaganda eleitoral praticamente idêntica à programação convencional da televisão.

Abaixo, na mesma reportagem, em tom peremptório, tão ao gosto do ambiente autoritário brasileiro da época e da ideologia de seu partido, Adel Carvalho, então candidato a vereador pela Arena para a Câmara Municipal de Porto Alegre, afirmava o que hoje seria uma espécie de suicídio eleitoral: "Faço minha campanha pelo rádio e em comícios. Televisão não dá votos"[12]. As vitórias de Kennedy sobre Nixon, em 1960, nos Estados Unidos, de Giscard d'Estaing sobre Mitterrand, em 1974, na França, e de Collor sobre Lula, em 1989, se não podem exclusivamente ser atribuídas aos desempenhos dos candidatos na tevê, contaram em ampla medida com esse fator e estabeleceram uma via e um modelo dos quais ainda não conseguimos escapar. Em relação ao primeiro desses embates, alguns especialistas afirmam que os dois candidatos demonstraram *grosso modo* uma força persuasiva equivalente; porém, sua apresentação em duas mídias distintas teria sido decisiva: "aqueles que ouviram o debate pelo rádio declararam que Nixon o havia vencido. Mas os 70 milhões que lhe assistiram pela televisão viram um candidato debilitado e evidentemente desconfortável diante do bem-estar e do suave carisma demonstrados por Kennedy. Tais telespectadores concentraram-se naquilo que viram e não naquilo que ouviram. Uma série de estudos indicou

---

12. Cf. Revista *Veja*, n. 8, 30/10/1968, p. 62-63.

que entre os telespectadores Kennedy foi considerado como vencedor do debate por uma grande maioria"[13].

O confronto francês também opôs um candidato que, fascinado pelo *marketing* político americano, estava melhor preparado para a encenação televisiva, a outro que desdenhava de sua inabilidade ante as câmeras. Embora houvesse diferenças de estilo, pois d'Estaing apresentou-se, antes, como *expert* dos negócios públicos e Mitterrand predominantemente como altivo e apaixonado pelas ideias comunistas, o sucesso do primeiro sobre o segundo teria sido conquistado porque ele soube atrair para si a câmera, produzindo uma imagem de homem dinâmico, soube ainda reagir às propostas de seu adversário com gesticulação facial que as descreditava e soube finalmente proferir as célebres fórmulas, tão afeitas ao modelo da tevê e aos seus protocolos de escuta: "Vous n'avez pas le monopole du coeur" e "Vous êtes un homme du passé"[14]. Naquele momento, na televisão, Mitterrand era, de fato, um homem do passo; num futuro próximo, nas eleições seguintes, ele demonstraria que havia se adaptado ao presente. O processo de adaptação de Lula à tevê e a certos aspectos da ideologia conservadora brasileira foi aparentemente um pouco mais demorado, mas seu apogeu não deixaria nenhuma dúvida de que o ex-sindicalista havia se tornado um porta-voz das camadas populares e uma figura emblemática do carisma *pop* (AB'SÁBER, 2011) tão benquisto em nossos tempos.

Usos da voz na fala pública *pop* e popular: o caso de Lula

No primeiro programa do PT da última semana do segundo turno das eleições presidenciais de 2002, reapresenta-se um debate entre Lula e os jornalistas da tevê Bandeirantes. O debate não permite que o candidato faça longos pronunciamentos, nem tampouco que ele monopolize a fala. Essa situação caracteriza-se pelas trocas conversacionais, pelo princípio da alter-

---

13. TYNER-ALLEN, E. "The Kennedy-Nixon presidential debates, 1960". *The Museum of Broadcast Communications* [Disponível em www.museum.tv/eotv/kennedy-nixon.htm – Acesso em 08/11/2014].

14. "O senhor não tem o monopólio do coração" e "O senhor é um homem do passado". Cf. BOURDON, J. *Haute fidélité*. Pouvoir et télévision (1935-1994). Paris: Seuil, 1994, p. 165-6.

• 321

nância e pelos assaltos aos turnos de fala, enfim, pela constante passagem da condição de locutor para a de ouvinte.

No discurso político contemporâneo, o aspecto conversacional é, ao mesmo tempo, mas possivelmente não na mesma medida, uma simulação da propaganda eleitoral e uma conquista das sociedades mais ou menos democráticas. Diferentemente de outrora, quando o orador político usufruía grande prestígio e gozava de uma hegemonia da fala e da autoridade pública, atualmente, em tese, os adversários, os jornalistas e a sociedade, de modo geral, podem interrompê-lo, questioná-lo e, até mesmo, refutá-lo publicamente. O próprio cenário do debate impõe outra configuração para a prática de fala pública desempenhada nesse contexto: se, das assembleias homéricas até os comícios nos palanques de nossos dias, o orador ocupa uma posição de destaque, manifestando seu engajamento com a *res publica* pela energia de seu corpo ereto e altivo, de seus gestos largos e de sua voz potente, diante das massas que o ouvem e o veem, no debate televisivo com os jornalistas, o entrevistado e os entrevistadores sentam-se todos civilizadamente ao redor de uma mesa, num estúdio inacessível à multidão. Sentados, equitativamente, todos falam, ninguém discursa, ainda que frequentemente o candidato seja o centro das atenções. As conquistas de um longo processo histórico apresentam-se, quando todos dialogam e ninguém mais detém a exclusividade da palavra.

Mas não nos enganemos com as aparências dessa justa e tranquila distribuição da fala, não nos esqueçamos que o discurso, tal como nos ensinou Foucault (1985 e 1996), é objeto de desejo, de saber e de poder, mesmo nas sociedades mais democráticas, mesmo nas situações discursivas aparentemente mais igualitárias. No debate, em questão, existe, decerto, a presença do caráter conversacional e desse aspecto democrático, mas há também a disputa pelo direito de fala. Observamos que os jornalistas e, sobretudo, o candidato utilizam-se do corpo e da voz para tentar manter ou assaltar o turno de fala. Tomemos como exemplo desse fenômeno a seguinte passagem, em que Lula era o locutor, considerando que, onze segundos antes, ele já havia sido interrompido pelo jornalista Fernando Mitre, e que, seis segundos, após essa interrupção, depois de duas insistentes tentativas, Lula retomava o turno:

> Nós não podemos *a priori* dizer: "Fulano de tal não presta ou cicrano não presta. Eu não vou conversar". Não existe isso no meu dicionário, meu caro. **Eu vou conversar com todas as pessoas**, vou tentar juntar todos os homens e todas as mulheres de bem do nosso querido Brasil [...].

Enquanto o candidato falava, a expressão *meu caro* fora quase totalmente encoberta pela sobreposição de voz do jornalista Fábio Pannunzio que, mesmo não sendo o destinatário direto de Lula, tentava interrompê-lo, interpelando-o repetidamente pelo vocativo *Candidato* e valendo-se, para tanto, de uma maior altura e velocidade de voz do que as que eram naquele momento utilizadas por Lula. Nesse exato instante, o candidato reage do seguinte modo: eleva consideravelmente o volume de sua voz, produzindo uma tessitura de nível alto, e diminui sensivelmente seu ritmo de fala, além de fazer um gesto forte e enfático, levantando e abaixando a mão direita espalmada, e de orientar seu corpo e olhar na direção oposta àquela em que se encontrava o jornalista que queria assaltar seu turno. Não há como impedir que aí aflorem as memórias do confronto entre a força do trabalhador e certa sutileza insistente do letrado, que quer fazer calar o porta-voz daqueles que quase nunca tiveram voz na história brasileira. Aqui, não se trata somente de uma busca pelo reconhecimento da pertinência do ponto de vista do enunciador por meio de uma modulação melódica de sua voz, mas, antes ou ao menos principalmente, de uma variação de intensidade vocal cujo objetivo é a preservação do direito de fala.

Mais adiante, já ao final de sua participação no debate com os jornalistas, Lula vale-se emblematicamente de sua voz com vistas a produzir de modo sedutor seu carisma ante o telespectador. Os recursos vocais empregados acentuam-se particularmente, à medida que se processa uma modificação em aspectos precisos de sua voz. Nessa altura de sua intervenção, Lula, na iminência de uma vez mais ser interrompido, desta feita pela jornalista Márcia Peltier, utiliza uma fala "enfática" e "dramática"[15]:

> **Porque este país tem potencial. As pessoas tão com vontade, tão com disposição.** O que precisa é o presidente da República ser o coordenador; o que precisa é o presidente da República **levantar às seis da manhã e ir dormir todo dia à meia-noite**; sabe?! Con-

---

15. Cf. Madureira, 1996, p. 91.

• 323

versando com quem for necessário conversar, viajando onde for preciso viajar, pra que as coisas aconteçam.

O alto volume da voz, os movimentos bastante vigorosos de articulação fonética, as flagrantes alterações de *pitch* e de tempo e os alongamentos segmentais ocorrem principalmente nas passagens em negrito e destacam-se ainda mais dado seu contraste com o baixo volume vocal, com a cadência desacelerada e com o relaxamento da voz empregados nos demais pontos da intervenção de Lula. Assim, os expedientes vocais de que se vale Lula desempenham um papel fundamental na produção de efeitos de ênfase, de autoridade e de convicção no dizer do candidato, conjugados com certa moderação construída nas passagens em que sua voz é modal ou até mesmo distensa.

Em seu último turno de fala, Lula diz o seguinte:

> **Eu tenhu reformas**: a tributária, a legislação sindical e trabalhista; a previdência; a pulítica... *Qui são coisas qui nós vamo mexê cum carinhu... i eu só queru a chanci du povu mi elegê presidenti, pra podê fazê issu cum muita tranquilidadi.*

Sua primeira oração[16] é produzida com articulação mais ou menos vigorosa, com volume vocal relativamente alto e com um tempo um pouco rápido. A partir da enumeração das "reformas", os aspectos prosódicos que se destacam são as pausas entre cada sintagma, o tempo cadenciado e a ênfase nas sílabas tônicas salientes (menor em "tribu**tá**ria" e maior em "previ**dê**ncia"

---

16. Esta última sequência da intervenção de Lula foi aqui reproduzida graficamente, respeitando certa proximidade fonética com sua efetiva pronúncia. Trata-se ali de usos fonéticos e prosódicos, que embora pareçam, segundo o imaginário corrente, ser desvios da chamada norma culta padrão da língua portuguesa, são absolutamente compatíveis com ela, porque consistem na maneira de pronunciar os segmentos fonéticos marcados do mesmo modo como o faria uma absoluta maioria de falantes que dominam o que se convencionou designar como norma culta padrão. Esse imaginário, bastante sólido e que continua a ser frequente, extensa e intensamente consolidado em nome da ideologia da distinção social, fundamenta-se numa contradição, que ele apaga: os desvalidos socioeconomicamente tendem a imaginar sua própria fala como bem mais distante do que ela realmente está da dita norma culta padrão, ao passo que aqueles que pertencem a camadas privilegiadas da sociedade creem que suas falas coincidem completamente com um ideal de pretensa correção. Não sem razão, em *Linguagem, escrita e poder* Maurizio Gnerre afirma o seguinte: "Uma variedade linguística 'vale' o que 'valem' na sociedade os seus falantes, isto é, vale como reflexo do poder e da autoridade que eles têm nas relações econômicas e sociais. [...] A linguagem constitui o arame farpado mais poderoso para bloquear o acesso ao poder" (1998, p. 6-7 e 22). Os membros dos grupos dominantes acreditam e fazem acreditar que são detentores de uma maneira de dizer que é mais, e frequentemente creem que ela seja a única, correta, culta e elegante.

e, sobretudo, em "pulítica"). Em seguida, ocorre uma grande modificação na voz de Lula; a passagem "Qui são coisas qui nós vamu mexê cum carinhu..." é pronunciada numa cadência mais ou menos lenta, com movimentos brandos dos articuladores e alteração ou elisão de segmentos, fenômenos linguísticos absolutamente comuns na fala em norma padrão culta do português brasileiro (os "i" no lugar dos "e"; os "u" no lugar dos "o"; a supressão do "s" em "vamu" e do "r" em "mexê") e ainda com volume vocal rebaixado. Finalmente, na última sequência de sua fala, o volume da voz é ainda mais bemolizado, seu tempo torna-se mais cadenciado, sua articulação mais branda e sua fala ainda mais relaxada; há também uma mudança na orientação de seu olhar e na projeção de seu interlocutor, uma vez que a partir de "i eu só queru a chanci [...]" Lula olha diretamente para a objetiva e promove com essa modificação do olhar e com as alterações na voz uma substituição dos jornalistas pelos telespectadores como seus interlocutores diretos. Aqui, impõem-se duas observações: a primeira consiste no fato de que, evidentemente, os telespectadores já eram os interlocutores indiretos do candidato em toda sua intervenção, porém, desse ponto em diante, o locutor não mais fala aos jornalistas, mas endereça sua elocução diretamente aos telespectadores; já nosso segundo destaque refere-se aos efeitos de singularidade e de individualidade[17] produzidos pelo modo como Lula fala: há alguns milhões de telespectadores, mas o candidato fala como se tivesse um único e privilegiado destinatário de sua intervenção.

Contudo, os signos sem dúvida mais ilustrativos de cumplicidade e sedução contidos na expressão de Lula são o sorriso e a piscadela que se processam entre "[...] mi elegê presidenti" e "pra podê fazê issu com muita tranquilidadi", conjugados com uma tessitura vocal rebaixada e adocicada. Ainda que tivessem sido produzidos separadamente, tais gestos já indicariam a conivência pretendida por seu executor, mediante o encantamento que deseja exercer sobre o outro; em conjunto, tal efeito é ainda maior. Eis aqui um carisma de nossos tempos, que apresenta identidade e diferença em relação àquele descrito por Max Weber. Em sua clássica e já célebre definição do carisma, o sociólogo alemão afirma que se trata de

---

17. A propósito do processo linguístico e discursivo de intensificação das interpelações pessoais pela publicidade e pela propaganda de massa, conferir o texto "Das técnicas publicitárias de identificação: personalização, individualização, singularização" (FERREIRA, 2005).

> qualidade extraordinária (em sua origem atribuída de maneira mágica tanto aos profetas, sábios, terapeutas e juízes quanto aos chefes dos povos caçadores e aos heróis de guerra) de um personagem que é, por assim dizer, dotado de forças ou de traços sobrenaturais ou supra-humanos ou ainda dotado ao menos de algo que está fora do comum da vida cotidiana e que é inacessível aos meros mortais ou, finalmente, de alguém que é considerado como um enviado de Deus, como um exemplo a ser seguido e que é, por conseguinte, considerado como um chefe (WEBER, 1971, p. 249).

O carisma weberiano pressupõe hierarquia e desigualdade entre o que possui o dom extraordinário e os demais que estão dele desprovidos; estes últimos reconhecem a virtude excepcional daquele e lhe prestam obediência. Desde sua emergência pública nacional no final dos anos de 1970, Lula já era considerado uma liderança política e tal condição deveu-se às relativamente inéditas força e coragem com que enfrentou a classe patronal e o comando político da ditadura brasileira. Conforme parece ser próprio da eloquência popular[18], a fala pública do já então trabalhador rompe tanto em sua forma quanto em seu conteúdo com alguns parâmetros da retórica tradicional.

Sob a forma do *expert*, do líder e/ou do profeta, o porta-voz da classe trabalhadora desfruta de certas prerrogativas. De algum modo, passa a haver uma dívida e quase nenhuma dúvida dos trabalhadores em relação àquele que finalmente lhes deu voz e que lhes revelou o perverso funcionamento da máquina que os explora. O porta-voz é ainda "um dos nossos", é ainda um igual, mas já é também um superior e um herói para os demais. Assim, uma vez mais, mas, desta feita, de outra maneira, a voz do povo é ouvida e mais ou menos silenciada. Em todo caso, a força da exortação à luta não poderia expressar-se em verbo, corpo e voz sem energia. As falas, as elocuções e os gestos de Lula continham a firmeza, a rigidez e a potência dos corpos que trabalham nos canteiros de obras, nos chãos das fábricas e nos campos e currais do mundo inteiro, mas estavam também investidos de poderes não compartilhados pelos demais companheiros. Ora, Lula é desde então um igual superior...

Pouco mais de trinta anos depois, pela quarta vez na condição de candidato à presidência, Lula mantém ainda traços do carisma de Weber em

---

18. Cf. neste mesmo volume "A voz do povo", de Jean-Jacques Courtine.

suas intervenções públicas, tal como a energia relativamente incomum de seu corpo e de sua voz para um orador pós-moderno, mas nele destacam-se também as marcas de um carisma de outra natureza, muito próximo daquele chamado de "secular" por Sennett (1988) ou de "carisma *pop*" por Ab'Sáber (2011), que poderia ser melhor designado se fosse precedido ou sucedido pelo adjetivo "popular". Isso porque tanto ao sociólogo americano quanto ao psicanalista brasileiro parecem escapar a força e o alcance dos desempenhos linguístico, vocal e gestual próprios dos meios populares tão intensa e extensivamente desprovidos de voz e estigmatizados nas sociedades em que imperam desigualdades abissais. Ao alto volume vocal, à tensão articulatória e à ênfase dos gestos conjugam-se e sobrepõem-se a voz adocicada e a tessitura baixa, o sorriso e a piscadela, que produzem uma "dominação" *light* por meio de um reconhecimento *soft* provenientes do possível amor por aquele que se nos apresenta como um semelhante aos milhões de brasileiros pobres e trabalhadores.

Trata-se talvez menos de um carisma que domina e mais de um que seduz... Porque Lula seria um de nós, um membro da classe trabalhadora que chegou *lá*, tal como no verso mais célebre de seu famoso jingle, cujos ritmo e melodia fizeram parte da educação política e sentimental de uma geração de brasileiros: "Lula lá"[19]. Esse "lá" utópico, ao qual, finalmente, depois de 500 anos, chegariam os desvalidos e os trabalhadores, mostrou-se mais próximo, mas ainda bastante distante dos que sempre foram postos à margem da história do Brasil. Observamos aí um relativo desencantamento, uma vez que se, por um lado, houve certa proximidade, afinidade e identidade entre o povo de nosso país e o que foi dito e feito em suas altas esferas do poder, por outro, houve menos discursos e práticas transformadoras do que seria necessário para a tão desigual sociedade brasileira. Os impasses e os atrasos do Brasil devem-se em ampla medida à força das ideologias e discursos conservadores e reacionários que, gestados por sua elite e nutridos por ela mesma e por boa parte das classes médias, disseminam-se contraditoriamente entre aqueles que são seus principais alvos e os mais prejudicados por tal disseminação.

---

19. Cf. o texto de Freda Indursky (2003), intitulado "Lula lá: estrutura e acontecimento".

Qualquer programa social progressista que se anuncie ou se implemente é posto imediatamente na mira dessas ideologias e discursos e fartamente alvejado por eles. Porque se trata de instrumento e foco privilegiados de resistência e desconstrução que lhes poderiam ser feitas, o mesmo ocorre com os ditos e as maneiras de dizer oriundos dos meios populares, que são pronta e profundamente infamados. Assim, a oratória e a eloquência que carregam as marcas do povo pobre brasileiro são intensa e extensamente tachadas de incorreção, de deselegância, de vulgaridade e, quando não, de barbárie. Em que pese sua onipresença, há contextos em que sua ocorrência torna-se ainda mais patente e agressiva, tal como aconteceu quando da repercussão do anúncio do câncer de laringe de Lula, em outubro de 2011, e da divulgação de sua cura, no final de março de 2012. Numa paráfrase da paráfrase que Millôr Fernandes fez da famosa frase de Samuel Johnson, poderíamos dizer o seguinte: *O preconceito linguístico é um último refúgio dos canalhas*. No Brasil, frequentemente, é também o primeiro. Eis abaixo as palavras de uma jornalista de outro grande veículo de nossa mídia tradicional:

> O presidente que cometeu mais gafes na história do Brasil conseguia quase sempre roubar a cena ao abrir a boca. [...] Sua voz rouca, com erros de português, metáforas de futebol e piadas do povão, era o elo com a massa, na versão sindicalista exaltado ou do lulinha paz e amor. O Brasil teve outros oradores inflamados [...] que se expressavam com vigor também na escrita. Lula não. Exerce uma liderança oral. A maioria da população brasileira não domina a palavra escrita. [...] Num país assim, a voz é hipervalorizada como capital simbólico. Lula sempre falou demais[20].

A capacidade comunicativa do ex-presidente é subsumida numa série de supostas impropriedades, que a questionam e denigrem. Apesar de conseguir "roubar a cena ao abrir a boca", de estabelecer um "elo com a massa" e de exercer uma liderança, Lula somente os teria feito na modalidade oral e, conforme a acusação preconceituosa da jornalista, cometendo gafes como nenhum outro presidente jamais o fizera, "com erros de português, metáforas de futebol e piadas do povão" e sempre falando demais. Os dois estilos do orador, "sindicalista exaltado" e "lulinha paz e amor", correspondem às

---

20. AQUINO, R. "A voz de Lula". *Revista Época*.

"duas caras" do sujeito, cujo público, que o legitima com seu apoio, é também deslegitimado e descreditado: a "massa", a "maioria da população brasileira", que lhe dera tanta popularidade, fizera-o, segundo a tendenciosa opinião da jornalista, porque pretensamente não domina a elegância e a precisão da "razão gráfica" e deixa-se ludibriar pela manipulação retórico-vocal do ex-presidente. Por sua vez, na noite do primeiro dia de abril de 2012, em entrevista exibida pelo programa *TV Folha*, exibido na *TV Cultura*, logo após o anúncio da cura de sua doença, o próprio Lula falou dramática e emotivamente de sua voz: "Eu, eu, eu sinceramente, eu diferentemente de muita gente, eu tinha mais preocupação de perder a voz do que de morrer. Ou seja, porque eu, se eu perdesse esta voz, eu já tava morto; entende?"

Lula então dava provas de sua consciência sobre a importância de sua fala e de sua voz. Sua maior preocupação com a voz do que com a morte reitera a seu modo o que tantos já haviam dito sobre os riscos que ele corria, caso se desse a perda de sua fala ou uma significativa alteração de sua voz, motivada pelo câncer de que ele até então sofria. Naquela ocasião, houve outros atores que souberam também reconhecer a relevância da voz de Lula para ele próprio, para a sociedade e para a história brasileira. É o que podemos ler seguintes passagens do texto de Ab'Sáber:

> Lula tem voz de trovão do popular que rompeu o pacto conservador do homem cordial brasileiro. [...] é o popular moderno e finalmente liberto que rompeu o gesto de ser calado pelo intelectual e pela autoridade.
>
> Para quebrar aquele cala-boca real do jogo da conciliação cordial brasileira [...] com sua tradicional concentração de poder, e seu rebaixamento do popular a espectador e a matéria neutra da história, que não deveria ter voz nem mesmo para as próprias dores, era necessário um corpo muito forte, de torneiro mecânico, e uma voz muito especial, também ela forte, consciente da própria potência, que explodisse tais laços consentidos de submissão que se perdiam nas noites dos tempos mais profundos da má conciliação brasileira. (2012, p. 66 e 67)

Distintamente do que fora afirmado pela mídia tradicional, Ab'Sáber sustenta que a perda da voz de Lula significaria o fim prematuro de nossa época, tendo em vista a familiaridade e a onipresença da voz de Lula para todos os brasileiros, sejamos nós seus partidários irrestritos, seus simpatizantes moderados ou seus adversários resolutos. A voz de Lula é, pois, uma das marcas de nossa época. Já sua força reside em sua energia de "trovão" capaz de romper "o pacto conservador do homem cordial brasileiro" e "o gesto de ser calado pelo intelectual e pela autoridade", de "quebrar aquele cala-boca real [...] com sua tradicional concentração de poder" e de explodir os "laços consentidos de submissão que se perdiam nas noites dos tempos mais profundos da má conciliação brasileira". Por meio da "potência" e de sua "inteligência" vocal, marcada apropriadamente com certos traços de seu timbre grave, áspero e gutural, Lula deu voz aos trabalhadores pobres brasileiros que, condenados e impelidos ao silêncio submisso, tal como o fora Fabiano, de *Vidas Secas*, não podiam (e imaginavam não raras vezes nem sequer saber) expressar suas constantes dores e sofrimentos e tampouco suas raras alegrias. Com sua eloquência popular, materializada numa "voz energizada", o sindicalista dos anos de 1970 defrontou-se e negociou com patrões e políticos durante a ditadura militar.

Astúcias políticas e retóricas: os dois timbres na voz de Lula

Quatro séculos antes de Lula ter declarado que preferiria a morte à perda de sua voz, do outro lado do Atlântico, no capítulo VIII, intitulado "Da arte de conversar", do livro III de seus *Ensaios*, Michel de Montaigne afirma que, se lhe coubesse tal escolha, consentiria, antes, "em perder a vista do que o ouvido ou a fala"[21]. A despeito da existência de eventuais afinidades e de aparentes semelhanças entre o que foi dito pelo ex-presidente brasileiro e o que foi escrito pelo filósofo francês, é provável que haja antes diferenças entre eles. A entrada e a saída de Lula de sua condição de presidente da República ligam-se tal como as faces de Janus e formam um único círculo virtuoso: sua vitória nas eleições presidenciais de 2002 foi sem dúvida um dos mais importantes acontecimentos da história brasileira e o final de sua gestão foi coroado com uma imensa aprovação popular em 2010. Ao longo desses oito anos, o ex-sindicalista conquistou um sucesso político praticamente hegemônico. Se não antes[22], já durante sua vitoriosa campanha eleitoral, prenunciava-se

---

21. MONTAIGNE, M. *Ensaios*. Brasília: UnB/Hucitec, 1987, p. 242-258.

22. Em *ABC da Greve*, de Leon Hirszman, é possível observar que em sua ascensão à condição de líder sindicalista Lula desempenhou um papel de "porta-voz", uma vez que naquela ocasião ele "fala em nome dos seus e parlamenta com o adversário" (PÊCHEUX, 1990, p. 17). Sobre essa mesma noção cf. tb. Zoppi-Fontava, 1997. A partir dessa posição, Lula avança, reivindica, negocia

sua estratégia política e retórica para consegui-lo: "Eu vou conversar com todas as pessoas, vou tentar juntar todos os homens e todas as mulheres de bem do nosso querido Brasil!" Para falar a "todos" os brasileiros foram necessários ao menos dois timbres...

A que se deve esse êxito político de Lula? À inédita, efetiva e eficaz implementação de programas sociais e à adesão não menos real a certos aspectos da política arcaica, conservadora e clientelista da cultura brasileira, simultaneamente possíveis graças ao seu espírito conciliador e ao seu carisma popular. Em suas palavras e ações, o ex-presidente falou e fez como nunca antes algo pelos pobres e miseráveis e quase não falou e fez menos do que devia para alterar profundamente a absurda concentração de renda no país. A pedra angular de seu *modus operandi* foi a constante e explícita vontade de articular os polos extremos em seu governo, em seu corpo e em sua voz. Neles, Lula conciliou os ecos de sua condição de nordestino, a força e certa rudeza do trabalhador, pobre e popular, porque atento às mazelas de uma imensa parte de seu povo, e seu estado de brasileiro e a suavidade e certa fineza de presidente, burguês e cosmopolita, porque ajustado à lógica do capital globalizado.

Eis aí uma mistura bem brasileira entre um *il faut faire* e um *laissez-faire*, que redunda em transformações importantes, mas insuficientes e atravessadas por uma péssima conservação do *status quo* para os miseráveis e por uma sua ótima manutenção para os riquíssimos. Enfim, sua autoridade carismática foi produzida por reconhecimento e produziu obediência, mas não por um "poder extraordinário"; antes, Lula sempre se nos apresentou como um "igual": de maneira espontânea e emotiva, em léxico e gramática de meio de semana, ele pôde falar de pobreza, fome, analfabetismo e exploração com o lastro da autenticidade da experiência vivida. Seu carisma popular não impe-

---

e recua, ao dirigir-se principalmente aos trabalhadores, mas também falando com as elites políticas e econômicas. O porta-voz dos trabalhadores não se confunde com os empresários e com os políticos conservadores, mas também não é mais só mais um trabalhador: o funcionamento da fala pública operária produz uma afinidade entre orador e ouvintes e diferenças e distâncias entre a liderança sindical e os "peões" do chão da fábrica. A observação desse funcionamento, entre outros fatores, pode ser tomada como ponto de partida para que possamos aventar a hipótese segundo a qual não há, conforme reitera certo senso comum, uma radical alteração na posição ideológica e na eloquência popular de Lula, principalmente a partir da virada da década de 1990 para o início dos anos de 2000.

diu, porém, a manutenção dos pactos reacionários gestados e nutridos pelo que há de pior nas elites econômicas e políticas do Brasil.

Numa palavra, no corpo e na voz de Lula está inscrita nossa história. Em sua mão esquerda, a ausência do dedo mínimo é a presença do poder da navalha na carne do trabalhador brasileiro, um estigma de classe gravado em seu próprio corpo; porém, já há muito tempo que ele não mais padece dos sofrimentos do trabalho que faz brotar o suor na pele sob o sol ou no rés-do--chão das fábricas. Por seu turno, a voz de frequência lenta e tom grave, de qualidade rouca e áspera e de pronúncia por vezes abafada de Lula é também uma síntese de traços das diferentes temporalidades e valores da história brasileira: mediante suas propriedades e modulações, foram ouvidos gritos de dor, de resistência e de libertação, tal como num verso de Gregório de Matos: "Oh voz zelosa, que dobrada... brada"; mas também nela lamentavelmente ecoaram notas de antigas e renitentes vozes conservadoras.

Aos dois timbres de Lula, aventados como um dos fatores de seu sucesso retórico, eleitoral e político, talvez pudéssemos articular a paradoxal união entre idiossincrasia e universalidade de que ele parece estar investido. Um dos aspectos da universalidade de que falamos aqui pode ser ilustrado com uma passagem que se encontra no capítulo LIX do terceiro livro do *De Oratore*, de Cícero, na qual o retor romano afirma o seguinte: "As palavras atingem unicamente aqueles que pertencem à comunidade que fala a mesma língua; [...] já a ação retórica, que traduz para o exterior as emoções sentidas no interior da alma, emociona a todos sem distinção." (2002, § 223, p. 94). Essa universalidade na expressão das emoções por meio do seu corpo, do seu rosto e da sua voz possivelmente contribuiu para que Lula fosse ouvido e bem-recebido por diferentes e antagônicos segmentos sociais no Brasil e igualmente pela comunidade internacional. O lugar-comum segundo o qual aquilo ou aquele que agrada a todos não agrada a ninguém, se ligeiramente relativizado, não encontra comprovação em Lula. Se ele não agradou a todos, foi, contudo, bem-aceito por uma grande maioria. Isso provavelmente porque soube falar a quase todos, sem a insipidez das convenções bem-aceitas da cerimônia; ou seja, aproximando-se e distinguindo-se dos demais. A soma dos ecos da energia trabalhadora com o jogo de cintura conciliador e com a graça da espontaneidade concorreu decisivamente para que sua presença, seu rosto e sua voz se tornassem inconfundíveis.

* * *

Silentii tutum praemium. A closed mouth catches no flies. La parole est d'argent, mais le silence est d'or. El hombre es amo de lo que calla, y esclavo de lo que dice. Em diferentes línguas, são muitas as falas que pregam o silêncio. Ora menos ora mais alegoricamente, afirma-se há muito e reiteradas vezes o preceito de que se manter calado é arte valiosíssima nos convívios sociais seculares e religiosos.

O valor dessa arte do silêncio deriva dos poderes e perigos implicados no ato tão banal quanto sublime de falar. Isso porque os grandes riscos tendem a habitar a mesma morada das preciosas conquistas. É, portanto, preciso uma vez mais e sempre abrir a boca para ganhar a vida, pois é ao falar que constituímos e organizamos o pensamento, comunicamos nossas ideias, apresentamos nossos argumentos, empreendemos ações de consenso e de conflitos. Ademais, o uso da linguagem articulada consiste num elemento constitutivo da condição humana e de sua subjetividade, visto que por seu intermédio construímos ao mesmo tempo quem fala, de quem e a quem se fala. Ou seja, o homem existe porque fala, mas fala porque existe o outro com quem ele disputa e compartilha o mundo.

Se isso já não é pouco, ainda não nos é, contudo, o bastante. Fizemos da fala sobre nossa própria fala uma singularidade de nossa natureza humana, por meio da qual nos foi possível dar um salto evolutivo na cognição e no espírito de nossa espécie, fazendo com que nós humanos nos tornássemos ainda mais humanos[23]. Ora, esses saltos cognitivos e espirituais também devem ser políticos, porque a fala e a fala sobre a fala são condições fundamentais para a transformação do mundo. Não poderíamos sem remorsos nem sem retrocessos prescindir de nossa extraordinária capacidade de falar e do maravilhoso engenho de falar sobre nossa fala. Ambas representam, portanto, um grande avanço cognitivo, uma enorme ascensão espiritual e um imenso poder emancipatório.

---

23. "Porque a linguagem não é simplesmente um mero objeto de saber entre outros, mas consiste numa *cognitio clara confusa*, que é própria ao homem e que torna ainda possível outro conhecimento, a *cognitio clara distincta adaequata* a propósito do mundo todo e, portanto, da própria linguagem e deste ser para quem esse conhecimento consiste em sua marca específica, ou seja, o ser humano" (TRABANT, 2004, p. 19).

• 333

Ainda que frequentemente necessária e recomendada, a prudência sob a forma de um eventual silêncio e, *a fortiori*, a conveniência cômoda ou covarde não devem, pois, sobrepor-se à exigência da fala pública comprometida com as práticas e ideias progressistas e igualitárias. Lembremo-nos aqui do emblemático enunciado de Prometeu: "Para mim, é sem dúvida doloroso tomar a palavra, mas é ainda mais doloroso calar-me" [24]. Era então preciso que o titã rompesse o silêncio, retomasse a fala e se defendesse das acusações e dos castigos infligidos pelos enviados de Zeus; em seguida, a Hermes, outro destes últimos, Prometeu reage e resiste com o silêncio: "Tu não terás uma única palavra minha em resposta às questões que me lançaste"[25]. Seu derradeiro gesto não seria, contudo, de resistência, caso não fosse precedido, sucedido e atravessado pela potência e pelo ato de sua fala. Sendo conterrâneo e mais ou menos contemporâneo de Ésquilo, Górgias, de modo análogo ao dramaturgo, em seu célebre *Elogio de Helena*, também constatou e, além disso, vaticinou de forma cintilante o poder da palavra: "O discurso é um grande soberano que, por meio do menor e mais inaparente dos corpos, realiza os atos mais divinos"[26]. Esses pequenos e invisíveis corpos são os sons da voz humana que dão corpo e vida aos nossos discursos. Não poderia nos causar estranheza que o temor de perdê-los tenha atormentado os homens de diferentes épocas e lugares e de distintas índoles e ideologias.

Michel de Montaigne e Luiz Inácio Lula da Silva definitivamente não dizem a mesma coisa, quando de suas falas sobre a possibilidade de perdê-las: para o primeiro, a arte da conversação não corresponde a ouvir e a dizer o que cada um deseja escutar, ou seja, não consiste na busca por eliminar as tensões; ao contrário, pretende promovê-las num firme e renitente, mas não violento nem inflexível corpo a corpo verbal. Para Lula, a perda da voz representaria um silenciamento dos desvalidos, mas também a ruína de sua comunicação carismática, conciliadora e dirigida ao mesmo tempo aos muito pobres e aos muito ricos da nação brasileira. Com Lula, parte daqueles conseguiu sem dúvida e finalmente alguma vez e alguma voz; principalmente em seu acesso aos meios essenciais de subsistência e na possibilidade de

---

24. ÉSQUILO. *Prometeu acorrentado*, 1999, verso 198, p. 331.

25. Ibid., verso 966, p. 351.

26. Górgias, 2005, p. 296.

projetar outros desejos nessa mesma ordem de produtos e serviços. Quiçá em outras. Alguns deles continuam, contudo, a esperar de longe uma efetiva cidadania plena; muitos outros dentre eles, pela premência do essencial e/ ou pela suposta satisfação do supérfluo, infelizmente, por ora e ainda, nem sequer podem sonhar com ela.

Referências

AB'SÁBER, T. "A voz de Lula". *Serrote*, n. 10, 2012, p. 63-71. São Paulo.

_____. *Lulismo, carisma* pop *e cultura anticrítica*. São Paulo: Hedra, 2011.

ADORNO, T.W. & HORKEIMER, M. *Dialética do esclarecimento*: fragmentos filosóficos [1944]. Rio de Janeiro: Zahar, 1985.

ARISTÓTELES. *Rhétorique*. Livros I, II e III. Paris: Les Belles Lettres, 2003.

CAPELATO, M.H. *Multidões em cena* – Propaganda política no Varguismo e no Peronismo. Campinas: Papirus, 1998.

CÍCERO. *De l'orateur*. 3 vols. Paris: Les Belles Lettres, 2002.

COSERIU, E. *Competencia lingüística*: la teoría del hablar. Madri: Gredos, 1992.

COULOMB-GULLY, M. *La démocratie mise en scènes*: télévision et élections. Paris: CNRS, 2001.

COURTINE, J.-J. "As metamorfoses do *Homo politicus*". In: PIOVEZANI, C. & SARGENTINI, V. (orgs.). *Legados de Michel Pêcheux*: inéditos em Análise do discurso. São Paulo: Contexto, 2011, p. 117-127.

_____. *Metamorfoses do discurso político*: derivas da fala pública. São Carlos: Claraluz, 2006 [Org. e trad. de Carlos Piovezani e Nilton Milanez].

_____. "Os deslizamentos do espetáculo político". In: GREGOLIN, M.R. (org.). *Discurso e mídia*: a cultura do espetáculo. São Carlos: Claraluz, 2003, p. 21-34.

DESBORDES, F. "Les idées sur le langage avant la constitution des disciplines spéfiques". In: AUROUX, S. (dir.). *Histoire des idées linguistiques* – Tomo I: La

• **335**

naissance des métalangages en Orient et en Occident. Liège/Bruxelas: Pierre Mardaga, 1989, p. 149-161.

ÉSQUILO. "Prométhée enchaîné". *Les tragiques grecs*: Eschyle, Sophocle, Euripide (Théâtre complet). Paris: Fallois, 1999, p. 317-364.

FERREIRA, L.C. "Das técnicas publicitárias de identificação: personalização, individualização, singularização". *Revista da Anpoll*, n. 18, 2005, p. 143-158. São Paulo.

FOUCAULT, M. *A ordem do discurso*. São Paulo: Loyola, 1996.

_____. *Microfísica do poder*. Rio de Janeiro: Graal, 1985.

GÓRGIAS. "Elogio de Helena". In: CASSIN, B. *O efeito sofístico*. São Paulo: Ed. 34, 2005, p. 293-301.

INDURSKY, F. "Lula lá: estrutura e acontecimento". *Organon*, vol. 17, 2003, n. 35, p. 101-121.

JACKSON, R.H. *That man*: An Insider's Portrait of Franklin D. Roosevelt. Oxford: Oxford University Press, 2003.

JAMIESON, K.H. *Eloquence in an Electronic Age* – The Transformation of Political Speechmaking. Nova York: Oxford University Press, 1988.

KARPF, A. *La voix*: un universe invisible. Paris, Autremente, 2008.

LE BART, C. *Le discours politique*. Paris: PUF, 1998 [Collection Que sais-je?].

LEVY, C. "Le 'lieu commun' de la décadence de l'éloquence romaine chez Sénèque le Père et Tacite". In: BONNAFOUS, S. et al. (org.). *Argumentation et discours politique*. Rennes: Presses Universitaires de Rennes, 2003, p. 237-248.

MADUREIRA, S. "A matéria fônica, os efeitos de sentido e os papéis do falante". *Delta*, n. 12, 1996, p. 87-93. São Paulo.

NEWMAN, K. *Radio Active*: advertising and consumer activism (1935-1947). Berkley, LA: University of California Press, 2004.

NIETZSCHE, F. *Assim falou Zaratustra*. São Paulo, Companhia das Letras, 2011.

Nova vulgata – Bibliorum Sacrorum Editio [Disponível em http://www.vatican.va/archive/bible].

OSAKABE, H. [1979]. *Argumentação e discurso político*. São Paulo: Martins Fontes, 1999.

PÊCHEUX, M. "Delimitações, inversões, deslocamentos". *Caderno de Estudos Linguísticos*, n. 19, 1990, p. 7-24. Campinas.

PIOVEZANI, C. *Verbo, corpo e voz* – Dispositivos de fala pública e produção da verdade no discurso político. São Paulo, Unesp, 2009.

_____. "Metamorfoses do discurso político contemporâneo: por uma nova perspectiva de análise". *Revista da Abralin*, vol. 6, n. 1, 2007, p. 25-42.

PLATÃO. *Phèdre*. Paris: Les Belles Lettres, 2002.

POIZAT, M. *Vox populi, vox Dei* – Voix et pouvoir. Paris: Métailié, 2001.

RIVIÈRE, J.-L. "La vague de l'air". *Traverses*. Paris, De Minuit, n. 20, nov./1980, p. 17-25.

SENNETT, R. *O declínio do homem público* – As tiranias da intimidade. São Paulo: Cia. das Letras, 1988.

SODRÉ, M. *O monopólio da fala*. Petrópolis: Vozes, 1999.

TRABANT, J. *Constitution du langage en objet de savoir et traditions linguistiques* – Conferência de abertura da *École Européenne d'Été d'Histoire des Théories Linguistiques*. Lyon, set./2004 [Manuscrito inédito concedido pelo autor].

VIEIRA, A. "Sermão da Sexagésima". In: BOSI, A. (org. e intr.). *Padre Antônio Vieira* – Essencial. São Paulo: Companhia das Letras, 2011, p. 133-169.

WEBER, M. *Économie et societe*. Paris: Plon, 1971.

ZOPPI-FONTANA, M. *Cidadãos modernos* – Discurso e representação. Campinas: Unicamp, 1997.

Sobre os autores

Belmiro Fernandes Pereira é professor de Cultura Clássica e Retórica da Universidade do Porto. Seus trabalhos consagram-se à história da retórica e ao humanismo renascentista. É autor de *As orações de obediência de Aquiles Estaço* (Instituto Nacional de Investigação Científica, 1991), de *Ad Praelegendum* (Granito, 1997), *Retórica e Eloquência em Portugal na época do Renascimento* (Imprensa Nacional/Casa da Moeda, 2012). Além disso, organizou, entre outras, as seguintes obras: *Symbolon I: Amor e Amizade* (Universidade do Porto, 2009) e *retórica e teatro* (Universidade do Porto, 2010).

Carlos Piovezani é professor de Linguística e Análise do discurso da Universidade Federal de São Carlos. Seus trabalhos consagram-se à fala pública, ao discurso político e aos discursos sobre a voz humana. É autor de *Verbo, corpo e voz: dispositivos de fala pública e produção da verdade no discurso político* (Unesp, 2009) e organizador das seguintes obras: *Discurso, semiologia e história* (Claraluz, 2011), *Legados de Michel Pêcheux* (Contexto, 2011), *Presenças de Foucault na análise do discurso* (EdUFSCar, 2014) e *O discurso social e as retóricas da incompreensão* (EdUFSCar, 2015).

Françoise Douay é professora emérita de Linguística Francesa da Université de Provence/Aix-Marseille. Seus trabalhos consagram-se à retórica clássica, moderna e contemporânea e à história da retórica na Europa. Além da publicação de vários artigos, de capítulos de livros e de outras obras, organizou o livro *Pierre Emile Fontanier, la rhétorique ou les figures de la Révolution à la Restauration* (Presses Universitaires de Laval, 2007). É de sua autoria o magnífico ensaio *La rhétorique en France au XIXème siècle – A travers ses pratiques et ses institutions: restauration, renaissance, remise en cause*, publicado na obra *Histoire de la Rhétorique dans l'Europe Moderne* (PUF, 1999).

Hervé Martin é professor emérito de História da Idade Média da Université de Rennes II. Seus trabalhos consagram-se à mentalidade, à sermonística e à predicação medieval europeia. É autor das seguintes obras: *Pauvreté volontaire et prédication à la fin du Moyen Âge* (Klincksiech, 1975), *Le métier de prédicateur en France à la fin du Moyen Âge* (Cerf, 1988), *Mentalités medievales* (Presses Universitaires de France, 1998), *Culture et Société dans l'Occident Médiéval* (Orphis, 2000) e *Pérégrin d'Opole: un prédicateur dominicain à l'apogée de la chrétienté médiévale* (Presses Universitaires de Rennes, 2008).

Jacques Guilhaumou é diretor emérito de pesquisas do Centre National de Recherche Scientifique e pesquisador-associado da École Normale Superiéure de Lyon. Seus trabalhos consagram-se ao discurso político, à Análise do discurso e à fala pública na Revolução Francesa. É autor, entre várias outras, das seguintes obras: *La langue politique et la Révolution Française* (Klincksieck, 1989), *La parole des Sans* (ENS, 1998), *L'avènement des porte-parole de la République* (Presses Universitaires du Septentrion, 1998) e *Discours et événement – L'histoire langagière des concepts* (Presses Universitaires de Franche Comté, 2006).

Jean-Jacques Courtine é professor de *European Studies* da University of Auckland e professor emérito da University of California e da Université de la Sorbonne Nouvelle. Seus trabalhos consagram-se à história do corpo, do rosto, da virilidade da fala pública. É autor das seguintes obras: *Análise do discurso político* ([Larousse, 1981] EdUFSCar, 2009), *História do rosto* (em coautoria com Claudine Harochee; [Payot, 1988] Teorema, 1995), *Metamorfoses do discurso político: derivas da fala pública* (Claraluz, 2006) e *Decifrar o corpo: pensar com Foucault* ([Jérome Millon, 2011] Vozes, 2013). Courtine é ainda um dos organizadores da *História do corpo* ([Seuil, 2005] Vozes, 2008) e da *História da virilidade* ([Seuil, 2011] Vozes, 2013).

João Adolfo Hansen é professor titular de Literatura Brasileira da Universidade de São Paulo. Seus trabalhos consagram-se à cultura letrada do período colonial brasileiro e à história da retórica no Brasil. É autor das seguintes obras: *A sátira e o engenho – Gregório de Matos e a Bahia do século XVII* (Companhia das Letras, 1989), *Alegoria – Construção e interpretação da metáfora* (Hedra/Unicamp, 2006) e *O que é um livro?* (Sesc, 2013). Além de várias outras publicações, organizou ainda muitas outras obras, entre as quais, destacam-se *Antônio Vieira – Cartas do Brasil* (Hedra, 2003) e *Obra completa do Padre Antônio Vieira – Sermões de Nossa Senhora* (Círculo de Leitores, 2013).

Marc Fumaroli é professor emérito da cátedra *Rhétorique et Société en Europe* do Collège de France e membro da Académie Française. Seus trabalhos consagram-se à história da retórica, à cultura e à literatura francesa do século XVII. É autor de *L'Âge de l'éloquence* (Droz, 1980), de *Héros et orateurs – Rhétorique et dramaturgie cornéliennes* (Droz, 1990), de *L'École du silence* (Flammarion, 1994), de *Exercices de lecture de Rabelais à Paul Valéry* (Gallimard, 2006) e de *Le livre des métaphores* (Robert Laffont, 2011). Além de ter publicado muitas outras obras, organizou ainda tantas outras, entre as quais, destaca-se a *Histoire de la rhétorique dans l'Europe moderne* (PUF, 1999). Pelo conjunto de sua obra, Fumaroli recebeu uma série de valiosos prêmios e condecorações na França e em vários outros países.

Roberto Acízelo de Souza é professor titular de Literatura Brasileira da Universidade do Estado do Rio de Janeiro. Seus trabalhos consagram-se à literatura brasileira, à teoria da literatura e à história da cultura letrada e da retórica no Brasil imperial. Entre outras obras, é autor de *Império da eloquência: retórica e poética no Brasil Oitocentista* (Eduerj/Eduff, 1999), de *Teoria da literatura* (Ática, 2007), de *Uma ideia moderna de literatura – Textos seminais* (Argos, 2011), de *Do mito das musas à razão das letras* (Argos, 2014) e de *História da literatura: trajetória, fundamentos, problemas* (É Realizações, 2015).

Silvia Montiglio é professora de Estudos Clássicos e Helenísticos da Johns Hopkins University. Seus trabalhos consagram-se à cultura, à literatura e à história da Grécia e da Roma antigas. Além de outras publicações, é autora de *Silence in the Land of Logos* (Princeton University Press, 2000), de *Wandering in Ancient Greek Culture* (The University of Chicago Press, 2005), de *From Villain to Hero: Odysseus in Ancient Thought* (The University of Michigan Press, 2011) e de *Love and Providence: Recognition in the Ancient Novel* (Oxford University Press, 2012).